中古語文初學集

真大成 著

中西書局

图书在版编目（CIP）数据

中古语文初学集／真大成著. — 上海：中西书局，
2022

ISBN 978－7－5475－1997－4

Ⅰ.①中… Ⅱ.①真… Ⅲ.①古汉语—文集 Ⅳ.
①H109.2－53

中国版本图书馆 CIP 数据核字（2022）第 163417 号

中古语文初学集
ZHONGGU YUWEN CHUXUEJI

真大成 著

责任编辑	刘 博	
装帧设计	梁业礼	

出版发行	上海世纪出版集团	
	中西書局（www.zxpress.com.cn）	
地 址	上海市闵行区号景路 159 弄 B 座（邮政编码：201101）	
印 刷	江苏常熟市兴达印刷有限公司	
开 本	890×1240 毫米 1/32	
印 张	14.375	
字 数	374 000	
版 次	2022 年 9 月第 1 版 2022 年 9 月第 1 次印刷	
书 号	ISBN 978－7－5475－1997－4/H·131	
定 价	72.00 元	

本书如有质量问题，请与承印厂联系。电话：0512－52381162

弁　言

　　本书收入长长短短的论文 23 篇,长的近四万字,短的不过两千余字;各篇成文时间跨度很大,最早的写于本科三年级,最晚的定稿于今年;大多数刊布于各学术刊物,少数几篇一直存于箧中。

　　书名中的"中古"大抵指三国至唐初这一时期,有几篇逸出这一时段,因没有更周全的说法,只好以"中古"涵括了。"语文"之"语",自然指语言(汉语),"文"既指文字(汉字),也指文献,故以"语文"统称。"初学集"云云,当然是用了钱牧斋的书名,但真实表达了编集时的心绪。

　　本书内容驳杂,如果稍做归纳,大体可以拈出"语料""常用词""地域""辨释""异文""校读""辞书"这几个关键词,故而据以部分。各篇已发表的论文均经程度不一地修改,格式、体例等方面也做了统一处理,因此与发表版本略有差异,希读者察之。有几篇论文的情况可以稍加说明:

　　《中古"衍生性文本"的生成及其语料意义——以〈世说新语〉为例》近四万字,《中国语文》2020 年第 1 期刊出的《论中古"衍生性文本"的语料意义》乃是此文的后半部分,这次得以呈现全貌,文气自然更顺,也能更完整地体现我对中古"衍生性文本"的认识。

《也说"博换"》原先只是一篇读书笔记,发表时也是点到即止;本次编集时曾打算从时空两个维度对"博"表交换义的来龙去脉进行比较完整的考察,可惜始终未能得暇,只能稍做订正,未克进一步展开,再次留下遗憾。

《中古新词"辟方"辨释》原题《释"辟方"》,情况也类似,"辟方"的构词理据一直没搞清楚,这次本想重新探究,但最终也只能在原稿基础上语焉不详地提出一种假说,是否合理,未敢自必,还请读者诸君指教。

《"屈子"名义小考》本是一篇短札,作为"补白"发表时一再压缩篇幅,这次将全文收入本书。

《中古小说校释琐记》融合了旧文和新作,其中有关《搜神记》《异苑》的部分以早年发表的文章为基础,其余则由识于简端的笔记整理敷衍而成。

《〈抱朴子内篇〉校读记》同样以历年来的读书札记为基础,其中一部分过去曾以"《抱朴子内篇》异文考释"为题发表过,其余部分承蒙《古籍研究》和《中国训诂学报》厚爱,也得以刊发。我素喜读稚川书,《抱朴子》内外篇曾循复数过,也有意于研治《抱朴子》语言并从事文献校理,惟目前手头科研任务太重,这项工作大概只能俟诸异日了。

《〈声类〉索隐》初稿写就于 2009 年,后经修订发表于《国学研究》。"中古已佚小学书辑考"本是我拟定的博士后课题,当时已做了一些准备工作,也积累了一些材料,后来由于其他原因改事中古史书校订,此文算是这段未了因缘的"小结果",具有特殊意义(近来在浙江古籍出版社的支持下,正在进行"中古已佚小学典籍辑录、整理和研究"这一课题,算是再续前缘)。

　　本书不少篇章烙上了个人生活历程的印记,其实就相当于一段段人生记忆。《中古"衍生性文本"的生成及其语料意义》是夜半在卫生间写成的;《谈当前汉语常用词演变研究的四个问题》《试论北朝史书所见若干带有地域性的词》写于香江之畔;《动词"物色"的来源和发展初探》成稿于塞外风雪中;《"塌坊"名义考》是负笈金陵时在鼓楼四条巷斗室中恣意读杂书的产物;2009 年国庆假期足不出户吃了一周泡面赶写《〈声类〉索隐》,至今记忆犹新;《〈正法华经〉疑难词语释义三题》写成后诚心请教,岂料发生一段令人啼笑皆非又不足为外人道的插曲,让我真切感受到"学者"的多面相;《中古小说校释琐记》中的一些条目出自本科三年级的学年论文,而《中古新词"辟方"辨释》最初是本科毕业论文中的一条。面对这些并不成熟乃至颇为青涩的文章,仿佛看到我涉学二十年来一路上深深浅浅的脚印,虽然无甚高明,但不乏温情、坚守与感念,正是基于这种考虑,我不惮将它们结集出版,权作私人学术途程中的纪念品,也算是送给自己的一份小礼。

目　　录

一　中古汉语语料研究

二　汉语常用词演变研究

三　中古地域性词研究

四　中古词语辨释研究

五　中古文献异文研究

六　中古文献校读研究

七　中古语文辞书研究

壹

中古汉语语料研究

中古"衍生性文本"的生成及其语料意义
——以《世说新语》为例

一、"衍生性文本"和"始源性文本"

张舜徽《广校雠略》指出中国古代典籍大致有三种类型：

> 载籍极博，无踰三门：盖有著作，有编述，有钞纂，三者体制不同，而为用亦异。名世间出，智察幽隐，记彼先知，以诱后觉，此之谓著作；前有所因，自为义例，镕铸众说，归一家言，此之谓编述；若夫钞纂之役，则惟比叙旧事，综录异闻，或订其讹，或匡其失，校之二科，又其次也。①

尔后他在《中国文献学》中再次申明这一观点，阐述著作、编述、钞纂三者的区别：

> 第一是"著作"，将一切从感性认识所取得的经验教训，提高到理性认识以后，抽出最基本最精要的结论，而成为一种富于创造性的理论，这才是"著作"。第二是"编述"，将过去已有的书籍，重新用新的体例，加以改造、组织的工夫，编为适应于客观需要的本子，这叫做"编述"。第三是"钞纂"，将过去繁多复杂的材料，加以排比、撮录，分门别类地用一种新的体式出现，这称为

---

① 张舜徽《广校雠略》，武汉：华中师范大学出版社，2004年，第13页。

"钞纂"。……由汉到隋八百年中，编述的书籍比较兴盛，包括两汉传注、六朝义疏以及史部群书，都属于这一类。①

该书第二章《编述的体例》进一步阐述了"编述"文献的形成方式：

"编述"的体例，和"著作"、"钞纂"都有所不同。"著作"固然以创造性的理论为多，而"钞纂"则完全成于辑录，"编述"便介乎二者之间。……"编述"……乃是将那些来自不同时间和不同空间的资料，经过整理、融会的工作，使成为整齐划一的文体，以崭新的面貌出现。那末，这些材料既已由各自分立的旧质变为综合统一的新质了，用不着再来标明它的出处。②

由此可见，"编述"文献是在以往既有文献基础上进一步衍变生发而形成的，依照这种生成方式，我们将此类文献称为"衍生性文本"，它所依据的既有文献相应称为"始源性文本"。

二、作为衍生性文本的《世说新语》

中古名著《世说新语》（以下简称《世说》）就其生成方式而言，即属上述衍生性文本。它是以相关文献为始源性文本，经过进一步"加工"和"制作"而生成的新文本。对于这种情况，古人已经有所认识，如高似孙《纬略》指出"宋临川王义庆，采撷汉晋以来佳事佳话为《世说新语》"，嘉趣堂本《世说》袁褧序也说"临川撰为此书，采掇综叙"。

清代以来，学者们不仅明确指出《世说》是在前代相关文献基础上写成的，而且做了一定程度的史源学考察，指明《世说》所依据的具体文献。马国翰《玉函山房辑佚书·语林》序："（《语林》）文笔清隽，刘义庆作《世说新语》取之甚多。"鲁迅《中国小说史略》第七篇《〈世

---

① 张舜徽《中国文献学》，郑州：中州书画社，1982 年，第 31 页。
② 张舜徽《中国文献学》，郑州：中州书画社，1982 年，第 34 页。

说新语〉与其前后》："《世说》文字,间或与裴、郭二家书所记相同,殆亦犹《幽明录》《宣验记》然,乃纂缉旧文,非由自造。"《集外集·选本》："《世说新语》并没有说明是选的,好像刘义庆或他的门客所搜集,但检唐宋类书中所存裴启《语林》的遗文,往往和《世说新语》相同,可见它也是一部抄撮故书之作,正和《幽冥录》一样。"

特别要提出的是,清末以来学者在为《世说》作笺注时,往往指明具体条目之"史源"。如李详《世说笺释》在《品藻》7 末云"此条采自荀绰《冀州记》"。余嘉锡《世说新语笺疏》不仅从宏观角度指出"凡《世说》所载事,皆自有出处",且能一一征实,说明某一条目所依凭的材料,如《德行》4"此出袁山松《后汉书》……又出袁宏《后汉纪》二十二",《伤逝》2"此事盖出裴启《语林》",《栖逸》1"此出戴逵《竹林七贤论》",《贤媛》8"《世说》此条本之孙盛《魏氏春秋》",《宠礼》3"此出《晋阳秋》",《排调》6"此出王隐《晋书》",等等。

凡此均说明古今学者均已意识到《世说》不是原生性文本,而是和众多始源性文本有着密切关系,是在它们基础上经过剪裁、修改、整合而成的,属于典型的衍生性文本。

对今本《世说》全书 1130 条逐一排检,相当一部分条目可以大体确定其始源性文本。①

三、《世说》的始源性文本

即使从现存材料来看,《世说》的始源性文本也是极为多样的,绝不局限于《语林》《郭子》,也绝不仅仅来源于"街说巷语"之"小说"。② 依

---

① 王能宪《世说新语研究》(南京:凤凰出版社,2000 年)、萧虹《世说新语整体研究》(上海:上海古籍出版社,2011 年)、刘强《世说学引论》(上海:上海古籍出版社,2012 年)均做过这方面的研究,不过或不全面,或不准确,还有待细致全面的考察。

② 王能宪《世说新语研究》指出刘义庆编撰《世说》的材料来源主要有三类:第一类是与《世说》同一类型的记载人物言行的轶事小说,第二类是当时的史书,第三类是当时的杂史。

照《隋书·经籍志》的分类法,可以将《世说》的始源性文本分为正史、古史、霸史、旧事、杂传、地志、杂家、小说家等类别。大略而言,可以将正史、古史、霸史、旧事、地志统归于史籍;杂传虽属史部,但它比较特殊且重要,独立为一类;小说家为一类。下文即按史籍、杂传、小说及其他四类分别叙述,并初步建立始源性文本与《世说》间的文际关系模型。

(一) 史籍

《世说》文本的生成与史籍有着密切关系,史籍是《世说》重要的始源性文本。汉魏以来纪传体史书创立并流行,这一体裁的史书对于"前言往行,无不识也……人事之纪,无不达也",[①]以人物为记述主体,[②]有关言行的材料特别丰富。非纪传类的史部著作,也往往重视载录人物言行。即使条记地理、风俗、物产的地志著作,也多记载人物故事,具有小说化书写的特征。[③] 对于旨在载录汉晋以来士人嘉言懿行、突出人物个性的《世说》而言,史籍自然是最可取资的始源性文本。下举数例:

> 汉成帝幸赵飞燕,飞燕谮班婕妤好祝诅,于是考问。辞曰:"妾闻'死生有命,富贵在天'。修善尚不蒙福,为邪欲以何望?若鬼神有知,不受邪佞之诉;若其无知,诉之何益?故不为也。"(《贤媛》3)

> 鸿嘉三年,赵飞燕谮告许皇后、班婕妤挟媚道,祝诅后宫,詈及主上。许皇后坐废。孝问班婕妤,婕妤对曰:"妾闻'死生有命,富贵在天'。修正尚未蒙福,为邪欲以何望?使鬼神有知,不受不臣之诉;如其无知,诉之何益?故不为也。"(《汉书》)

---

① 《隋书·经籍志二》。
② 参看钱穆《中国史学名著》,北京:三联书店,2005 年,第 70 页;胡宝国《汉唐间史学的发展》(修订本),北京:北京大学出版社,2014 年,第 12—18 页。
③ 余嘉锡《四库提要辨正》卷七《太平寰宇记》条:"东汉以后,……地理书则往往兼及人物。"又可看江永红《六朝私撰地志中小说化内容书写的演进》,《云南师范大学学报》2016 年第 1 期。

司马文王问武陔:"陈玄伯何如其父司空?"陔曰:"通雅博畅,能以天下声教为己任者,不如也;明练简至,立功立事,过之。"(《品藻》5)

文王问陔曰:"玄伯何如其父司空也?"陔曰:"通雅博畅,能以天下声教为己任者,不如也;明统简至,立功立事,过之。"(《三国志》)

时人道阮思旷:"骨气不及右军,简秀不如真长,韶润不如仲祖,思致不如渊源,而兼有诸人之美。"(《品藻》30)

时人云:"裕骨气不如逸少,简秀不如真长,韶润不如仲祖,思致不如殷浩,而兼有诸人之美。"(王隐《晋书》)

王珣、郗超并有奇才,为大司马所眷拔。珣为主簿,超为记室参军。超为人多须,珣状短小,于时荆州为之语曰:"髯参军,短主簿,能令公喜,能令公怒。"(《宠礼》3)

王珣为桓温主簿,郗超为记室,温并亲待之,故府中为之语曰:"髯参军,短主簿,能令公憙,能令公怒。"郗髯、珣短故也。(《晋阳秋》)

李元礼风格秀整,高自标持,欲以天下名教是非为己任。后进之士有升其堂者,皆以为登龙门。(《德行》4)

膺风格秀整,高自标持,欲以天下风教是非为己任。后进之士有升其堂者,皆以为登龙门。(《后汉纪》)

冀州刺史杨淮二子乔与髦,俱总角为成器。淮与裴颜、乐广友善,遣见之。颜性弘方,爱乔之有高韵,谓淮曰:"乔当及卿,髦小减也。"广性清淳,爱髦之有神检,谓淮曰:"乔自及卿,然髦尤精出。"淮笑曰:"我二儿之优劣,乃裴、乐之优劣。"论者评之,以为乔虽高

韵,而检不匝;乐言为得。然并为后出之俊。(《品藻》7)

准子峤字国彦,髦字士彦,并为后出之俊。准与裴颜、乐广善,遣往见之。颜性弘方,爱峤之有高韵,谓准曰:"峤当及卿,然髦小减也。"广性清淳,爱髦之有神检,谓准曰:"峤自及卿,然髦尤精出。"准叹曰:"我二儿之优劣,乃裴、乐之优劣也。"评者以为峤虽有高韵,而神检不逮,广言为得。(《冀州记》)

(二) 杂传

东汉至东晋时期,杂传极为盛行。钱穆《中国学术思想史论丛》:"杂传一类,尤为当时人所特感兴趣……主要为人物传记。"[1]时人之所以对杂传"特感兴趣",乃是受到当时人物品评风气的影响,甚至可以说,杂传就是此类风气的产物。[2]《世说》作为"谈助之书",与人物品评关系自然十分密切,杂传的内容、趣味与之最为契合,因此《世说》从中撷取大量素材就是自然之事了。下举数例:

> 山公与嵇、阮一面,契若金兰。山妻韩氏,觉公与二人异于常交,问公,公曰:"我当年可以为友者,唯此二生耳。"妻曰:"负羁之妻亦亲观狐、赵,意欲窥之,可乎?"他日,二人来,妻劝公止之宿,具酒肉。夜穿墉以视之,达旦忘反。公入曰:"二人何如?"妻曰:"君才致殊不如,正当以识度相友耳。"公曰:"伊辈亦常以我度为胜。"(《贤媛》11)

> 山涛与阮籍、嵇康皆一面,而契若金兰。涛妻韩氏尝以问涛,涛曰:"当年可为友者,唯此二人耳。"妻曰:"负羁之妻亦观狐赵,意欲一窥之,可乎?"涛曰:"可也。"二人至,妻劝涛留之宿,□其酒食,夜穿牖

---

① 钱穆《中国学术思想史论丛》,北京:三联书店,2009 年。
② 参看逯耀东《魏晋史学的思想与社会基础》(北京:中华书局,2006 年)、胡宝国《汉唐间史学的发展》(北京:商务印书馆,2003 年)、刘湘兰《中古叙事文学研究》(北京:北京大学出版社,2011 年)。

而窥之。涛入曰:"所见何如吾?"妻曰:"君才殊不如也,正当以识度相友。"涛曰:"然,伊辈亦当谓我识度为胜。"(《竹林七贤论》)

陈仲举尝叹曰:"若周子居者,真治国之器。譬诸宝剑,则世之干将。"(《赏誉》1)

仲举尝叹曰:"周子居者,真治国之器也。"(《汝南先贤传》)

阮宣子有令闻。太尉王夷甫见而问曰:"老庄与圣教同异?"对曰:"将无同。"太尉善其言,辟之为掾。世谓"三语掾"。卫玠嘲之曰:"一言可辟,何假于三?"宣子曰:"苟是天下人望,亦可无言而辟,复何假于一。"遂相与为友。(《文学》18)

太尉王君,见阮千里而问曰:"老庄与圣教异?"阮曰:"将无同。"太尉善其言,辟之为掾,世号阮瞻"三语掾"。王君见而嘲之曰:"一言可以辟,何假于三?"阮曰:"苟是天下民望,亦可无言而辟,复何假于一。"(《卫玠别传》)

(三) 小说

《隋志》小说家类所著录的《语林》《郭子》与《世说》性质最为接近,是《世说》最直接的始源性文本。正如马国翰所云,《世说》"取之甚多"。下举数例:

王子敬问谢公:"嘉宾何如道季?"答曰:"道季诚复钞撮清悟,嘉宾故自上。"(《品藻》82)

王子敬问谢公:"嘉宾何如道季?"答云:"道季诚抄撮清悟,嘉宾故自胜。"桓公称云:"锵锵有文武。"(《郭子》)

王处仲每酒后,辄咏"老骥伏枥,志在千里。烈士暮年,壮心不已",以如意打唾壶,唾壶边尽缺。(《豪爽》4)

王大将军每酒后,辄咏"老骥伏枥,志在千里,烈士暮年,壮心不已",便以如意击珊瑚唾壶,壶尽缺。(《语林》)

(四) 其他

何晏、邓飏、夏侯玄并求傅嘏交,而嘏终不许。诸人乃因荀粲说合之,谓嘏曰:"夏侯太初一时之杰士,虚心于子,而卿意怀不可交。合则好成,不合则致隙。二贤若穆,则国之休。此蔺相如所以下廉颇也。"傅曰:"夏侯太初志大心劳,能合虚誉,诚可谓利口覆国之人。何晏、邓飏有为而躁,博而寡要,外好利而内无关籥,贵同恶异,多言而妒前。多言多衅,妒前无亲。以吾观之,此三贤者,皆败德之人尔,远之犹恐罹祸,况可亲之邪?"(《识鉴》3)

是时何晏以材辩显于贵戚之间,邓飏好变通,合徒党,鬻声名于闾阎,而夏侯玄以贵臣子少有重名,为之宗主,求交于嘏而不纳也。嘏友人荀粲,有清识远心,然犹怪之,谓嘏曰:"夏侯泰初一时之杰,虚心交子,合则好成,不合则怨至。二贤不睦,非国之利,此蔺相如所以下廉颇也。"嘏答之曰:"泰初志大其量,能合虚声而无实才。何平叔言远而情近,好辩而无诚,所谓利口覆邦国之人也。邓玄茂有为而无终,外要名利,内无关钥,贵同恶异,多言而妒前;多言多衅,妒前无亲。以吾观此三人者,皆败德也。远之犹恐祸及,况昵之乎?"(《傅子》)

仅参照以上所举之例,《世说》的始源性文本即已相当丰富;如果考虑到已经完全亡佚的文献,《世说》的始源性文本势必更为庞杂。

(五) 相关文本与《世说》间的"文际关系模型"

据上文举例来看,某一语句与《世说》相同相似或相关、时代在《世说》之前的文本似乎即可确定为始源性文本。但实际上,在历史文献大量逸失的当下,讨论《世说》的始源性文本,或者说确定《世说》

的始源性文本,本身就是件先天不足的工作,其中具有许多复杂的情况。从现存文献材料看,相关文本与《世说》间的关系至少存在以下几种类型,本文称之为"文际关系模型":

模型一:由于文献不存,《世说》不少条目的始源性文本无由确定。图示如下:

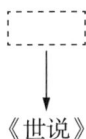

$$\Box$$
$$\downarrow$$
《世说》

模型二:始源性文本衍生出《世说》,是最常见的模型。例不赘举。图示如下:

始源性文本
$$\downarrow$$
《世说》

模型三:始源性文本不止一个($始_1$、$始_2$),$始_1$、$始_2$均是《世说》的始源性文本。图示并举例如下:

$始_1$ $始_2$
$$\searrow \swarrow$$
《世说》

> 何晏、邓飏令管辂作卦,云:"不知位至三公不?"卦成,辂称引古义,深以戒之。飏曰:"此老生之常谈。"晏曰:"知几其神乎,古人以为难;交疏吐诚,今人以为难。今君一面,尽二难之道,可谓'明德惟馨'。《诗》不云乎:'中心藏之,何日忘之!'"(《世说》)

> 晏谓辂曰:"闻君蓍爻神妙,试为作一卦,知位当至三公不?"……飏曰:"此老生之常谭。"(《三国志》= $始_1$)

> ……因请辂为卦。辂既称引鉴戒,晏谢之曰:"知几其神乎,古

人以为难;交疏而吐其诚,今人以为难。今君一面而尽二难之道,可谓'明德惟馨'。《诗》不云乎:'中心藏之,何日忘之!'"(《管辂别传》=始₂)

模型四: A 文本衍生出 B 文本,B 文本又衍生出《世说》,三种文本存在线性的衍生关系,那么 B 文本是《世说》的直接始源性文本,A 文本为间接始源性文本。图示并举例如下:

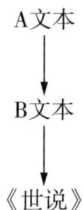

A文本

↓

B文本

↓

《世说》

何平叔美姿仪,面至白。魏明帝疑其傅粉,正夏月与热汤饼。既啖,大汗出,以朱衣自拭,色转皎然。(《世说》)

何平叔美姿仪,面绝白。魏文帝疑其着粉,夏月与热汤饼。既啖,大汗出,随以朱衣自拭,色转皎然。(《语林》= B 文本)

何晏,字平叔。美姿仪,面绝白。魏帝疑其付粉,后至[正?]夏月,唤来而与热汤饼,大汗出,遂以朱衣自拭,色转皎然。(《魏略》= A 文本)

模型五: 几个文本具有平行关系,其中仅有某一文本(设定为 A 文本)是《世说》的始源性文本,其他文本与《世说》并无关系。图示并举例如下:

A文本　　B文本　　C文本

《世说》

谚曰:"后来领袖有裴秀。"(《世说》)

裴秀才[年]十余岁,叔父徽有声名,宾客诣徽,出则过秀,时

人谣曰:"后进领袖有裴秀。"(王隐《晋书》= A 文本)

秀字季彦,河东闻喜人。父潜,魏太常。秀有风操,八岁能著文,叔父徽有声名。秀年十余岁,有宾客诣徽,出则过秀,时人为之语曰:"后进领袖有裴秀。"(虞预《晋书》= B 文本)

裴秀有风操,十余岁,时人为之语曰:"后进领袖有裴秀。"(孙盛《晋阳秋》= C 文本)①

模型六:B 文本和《世说》均衍生于 A 文本,同源而异流。B 文本与《世说》不存在衍生关系,而是平行关系;A 文本才是《世说》的始源性文本。图示并举例如下:

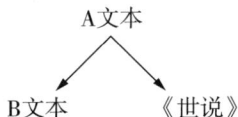

李元礼风格秀整,高自标持,欲以天下名教是非为己任。后进之士有升其堂者,皆以为登龙门。(《世说》)

桓帝时,朝廷日乱,李膺风格秀整,高自标尚,后进之士升其堂者以为登龙门。(袁山松《后汉书》= B 文本)

膺风格秀整,高自标持,欲以天下风教是非为己任,后进之士有升其堂者,皆以为登龙门。(《后汉纪》= A 文本)

模型七:A 文本和《世说》各有始源性文本,异源而异流;它与《世说》之间也只是平行关系。A 文本和《世说》的始源性文本目前已不可见。图示并举例如下:

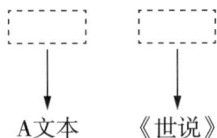

---

① 在此例中,A 文本也可能是虞预《晋书》或孙盛《晋阳秋》。

桓宣武少家贫,戏大输,债主敦求甚切,思自振之方,莫知所出。陈郡袁耽俊迈多能。宣武欲求救于耽。耽时居艰,恐致疑,试以告焉,应声便许,略无嫌吝。遂变服怀布帽随温去,与债主戏。耽素有艺名,债主就局,曰:"汝故当不办作袁彦道邪?"遂共戏。十万一掷,直上百万数,投马绝叫,傍若无人,探布帽掷对人曰:"汝竟识袁彦道不?"(《世说》)

桓公年少至贫,尝摴蒲,失数百斛米。齿既恶,意亦沮。自审不复振,乃请求于袁彦道。桓具以情告,袁欣然无忤,便即俱去,出门云:"我不但拔卿,要为卿破之! 我心要作快齿,卿但快唤!"既戏,袁形势呼咀[呬]慨壮,掷必卢雉,二人齐叫,故家震惧丧气。俄顷,获数百万。(《郭子》=A 文本)

以上诸种"文际关系模型"只是理想状态下的逻辑推演,并不能完全反映文本间的真实关系。面对具体的几个文本,它们之间的关系到底属于哪种模型,有时难以确定。不过,构建"文际关系模型"有助于厘清文本间关系,从而确立真实的文本衍生关系,保证比较研究的真实性和有效性。

衍生性文本与其始源性文本构成了一个文本群。在这个群内,衍生性文本与始源性文本或者是一对一的情况(一个衍生性文本对应一个始源性文本),更多的是一对多的情况(一个衍生性文本对应多个始源性文本)。两类文本具有密切的相关性,构建了确实的互文关系,互文性特征表现得非常鲜明。①

如果说互文性一方面表现为两种文本间的密切合作,那么另一方面则表现了激烈冲突。构成互文的双方是合作与对立的共同体。

---

① "互文性"概念最早由法国符号学家朱丽娅·克里斯蒂娃提出,当前关于文本互文性的研究成果较多,为省篇幅,兹不赘述。

四、"即彼陈编,就我创制":
《世说》文本生成的方式

这一文本群中具有互文性的不同文本之间所存在的合作而冲突的局面,是由衍生性文本最终生成的方式造成的。

就作为文本生成终端的衍生性文本而言,它的生成方式主要有承袭、改换、删减、增益、拼合、摘录、调序、隐括以及综合多种手段等。①

(一)承袭

完全承袭始源性文本的词、句,甚至篇章,是《世说》文本生成的常用方式,也是两种文本发生互文关系的基础。

这种情形早在秦汉时期即已屡见不鲜。② 中古已降,此风犹存,尤以史部著作为烈。《世说》之编纂自然也受浸染,从前代文本中直接承袭、援据材料为我所用。由句而段而篇,均不乏其例,如:

> 王右军见杜弘治,叹曰:"面如凝脂,眼如点漆,此神仙中人。"(《容止》26)
> 王右军见杜宏[弘]治,叹曰:"面如凝脂,眼如点漆,此乃神仙中人。"(《语林》)
>
> 庾子嵩目和峤:"森森如千丈松,虽磊砢有节目,施之大厦,有栋梁之用。"(《赏誉》15)

---

① 王能宪《世说新语研究》:"刘义庆编撰之法有三:一为简化;二为增添;三是个别字词的润饰。"范子烨《世说新语研究》概为五种方法:一、简择法,二、增益法,三、拆分法,四、兼存法,五、附注法。(南京:江苏古籍出版社,1992年)
② 明人郎瑛《七修类稿》卷二三即指出"秦汉书多同"的现象。这种不同文献的相同相似的词句,或称为"重文"(郑良树《诸子著作年代考》,北京:北京图书馆出版社,2001年),或称为"同文"(李锐《同文与族本——新出简帛与古书形成研究》,上海:中西书局,2017年)。

庾顗见［目］和峤曰："森森如千丈松,虽磈砢多节目,施之大厦,梁栋之用。"（王隐《晋书》）

王中郎以围棋是坐隐,支公以围棋为手谈。（《巧艺》1）
王中郎以围棋是坐隐,支公以棋为手谈。（《语林》）

（二）改易

衍生性文本既然是一种新创制的文本,自然不能完全承袭始源性文本;体现"新",最直接、最经济的做法便是在既有文本基础上稍作改易,以示自出机杼。这种做法同样渊源有自,如《史记》改换《尚书》之词。① 总体而言,是在不改变语义的基础上改换不同的表达方式。就改易的具体对象而言,大体包括词和句。

殷洪乔作豫章郡,临去,都下人因附百许函书,既至石头,悉掷水中,因祝曰:"沉者自沉,浮者自浮,殷洪乔不能作致书邮。"（《任诞》31）

殷洪乔作豫章郡,临去,人寄百余函书,既至石头,悉掷水中,因咒之曰:沉者自沉,浮者自浮,殷洪乔不能作达书邮。（《语林》）

曹公问裴潜曰:"卿昔与刘备共在荆州,卿以备才如何?"潜曰:"使居中国,能乱人,不能为治;若乘边守险,足为一方之主。"（《识鉴》2）

太祖问潜曰:"卿前与刘备俱在荆州,卿以备才略何如?"潜

---

① 吕思勉《吕思勉读史札记》"匈奴不讳名而无姓字"条:"古人著书,有所本者,大抵直录其辞,不加更定。《史记·陈涉世家》谓'其子孙至今血食',而《汉书·涉传》沿袭其文,是其一例。今《史》、《汉》辞句同异,非传写讹误,即妄人改易,而为钞胥所删节者尤多,《汉书》虚字,恒较《史记》为少以此。"（上海:上海古籍出版社,1982 年,第 591 页。）按:古人固有"直录其辞,不加更定"的情况,但把《史记》《汉书》辞句之异,全归于"非传写讹误,即妄人改易",恐非事实。实际上,古人著书,即使"本"前人之作,更定字词句者也比比皆是。

曰:"使居中国,能乱人而不能为治也。若乘间守险,足以为一方主。"(《三国志》)

王夷甫雅尚玄远,常嫉其妇贪浊,口未尝言"钱"字。妇欲试之,令婢以钱绕床,不得行。夷甫晨起,见钱阂行,呼婢曰:举却阿堵物。(《规箴》9)

王夷甫雅尚玄远,又疾其妇贪浊,口未尝言"钱"。妇欲试之,夜令婢以钱绕床,不得行。夷甫晨起,见钱阅[阂]之,令婢举阿堵物。(《郭子》)

(三) 删减

删省始源性文本的一部分语句,也是《世说》文本生成的重要手段之一。被删减的语句,在始源性文本里或是另一事,或是补充说明性的内容,或是细节。

王子敬问谢公:"嘉宾何如道季?"答曰:"道季诚复钞撮清悟,嘉宾故自上。"(《品藻》82)

王子敬问谢公:"嘉宾何如道季?"答云:"道季诚抄撮清悟,嘉宾故自胜。"桓公称云:"锵锵有文武。"(《郭子》)

顾和始为扬州从事,月旦当朝,未入顷,停车州门外。周侯诣丞相,历和车边,和觅虱,夷然不动。周既过,反还,指顾心曰:"此中何所有?"顾搏虱如故,徐应曰:"此中最是难测地。"(《雅量》22)

顾和为扬州从事,月旦当朝,未入,停车州门外。须臾,周侯已醉,着白裕,凭两人来诣丞相,历和车边,和先在车中觅虱,夷然不动。周始见,遥[遙]过,去行数步,复又还,指顾心问曰:"此中何所?"顾择虱不辍,徐徐应曰:"此中最是难测地。"(《语林》)

（四）增益

与删减相反的是,《世说》文本生成时还会在始源性文本基础上增补一些原文所无的内容。

> 有问秀才:"吴旧姓何如?"答曰:"吴府君圣王之老成,明时之俊乂。朱永长理物之至德,清选之高望。严仲弼九皋之鸣鹤,空谷之白驹。顾彦先八音之琴瑟,五色之龙章。张威伯岁寒之茂松,幽夜之逸光。<u>陆士衡、士龙鸿鹄之裴回,悬鼓之待槌。凡此诸君:以洪笔为鉏耒,以纸札为良田;以玄默为稼穑,以义理为丰年;以谈论为英华,以忠恕为珍宝;著文章为锦绣,蕴五经为缯帛;坐谦虚为席荐,张义让为帷幕;行仁义为室宇,修道德为广宅。</u>"(《赏誉》20)

> 一日侍坐,言及吴士,询于刍荛,遂见下问。造次承颜,载辞不举,敕令条列名状,退辄思之,今称疏所知:吴展字士季,下邳人。忠足矫非,清足厉俗,信可结神,才堪干世。仕吴为广州刺史、吴郡太守。吴平,还下邳,闭门自守,不交宾客。诚圣王之老成,明时之儁乂也。朱诞字永长,吴郡人。体履清和,黄中通理。吴朝举贤良,累迁议郎,今归在家。诚理物之至德,清选之高望也。严隐字仲弼,吴郡人。禀气清纯,思度渊伟。吴朝举贤良,宛陵令。吴平,去职。九皋之鸣鹤,空谷之白驹也。张旸字威伯,吴郡人。禀性坚明,志行清朗。居磨涅之中,无淄磷之损。岁寒之松栢,幽夜之逸光也。(蔡洪《与刺史周俊书》)

刘孝标云:"蔡所论士十六人,无陆机兄弟,又无'凡此诸君'以下,疑益之。"

（五）拼合

将来源不同文本的内容拼合为一处,在《世说》文本生成过程中也屡见其例。"拼合"实际上和上文之"增益"相同,不过拼合所据文本的来源明确、可知,而增益部分可能有文献依据,也可能出于自撰。基于此,将"增益"和"拼合"分为两种不同的手段。

> 庞士元至吴,吴人并友之。见陆绩、顾劭、全琮,而为之目曰:"陆子所谓驽马有逸足之用,顾子所谓驽牛可以负重致远。"或问:"如所目,陆为胜邪?"曰:"驽马虽精速,能致一人耳。驽牛一日行百里,所致岂一人哉?"吴人无以难。"全子好声名,似汝南樊子昭。"(《品藻》2)

> 瑜卒,统送丧至吴,吴人多闻其名。及当西还,并会昌门,陆绩、顾劭、全琮皆往。统曰:"陆子可谓驽马有逸足之力,顾子可谓驽牛能负重致远也。"谓全琮曰:"卿好施慕名,有似汝南樊子昭。"(《三国志》)

> 或问统曰:"如所目,陆子为胜乎?"统曰:"驽马虽精,所致一人耳。驽牛一日行三百里,所致岂一人之重哉?"(《吴录》)

(六) 摘录

选择、摘录始源性文本中的若干语句,重新编排整合,也是《世说》文本生成的一种有效手段。

> 时人欲题目高坐而未能,桓廷尉以问周侯,周侯曰:"可谓卓朗。"桓公曰:"精神渊著。"(《赏誉》48)

> 庾亮、周顗、桓彝一代名士,一见和尚,披衿致契。曾为和尚作目,久之未得。有云:"尸利密可称卓朗。"于是相始咨嗟,以为标之极似。宣武尝云:"少见和尚,称其精神渊著,当年出伦。"其为名士所叹如此。(《高坐传》)

(七) 调序

有时调换始源性文本语句之先后次序。

冀州刺史杨淮二子乔与髦,俱总角为成器。淮与裴頠、乐广友善,遣见之。頠性弘方,爱乔之有高韵,谓淮曰:"乔当及卿,髦小减也。"广性清淳,爱髦之有神检,谓淮曰:"乔自及卿,然髦尤精出。"淮笑曰:"我二儿之优劣,乃裴、乐之优劣。"论者评之,以为乔虽高韵,而检不匝;乐言为得。然并为后出之俊。(《品藻》7)

淮子峤字国彦,髦字士彦,并为后出之俊。淮与裴頠、乐广友善,遣往见之。頠性弘方,爱峤之有高韵,谓淮曰:"峤当及卿,然髦小减也。"广性清淳,爱髦之有神检,谓淮曰:"峤自及卿,然髦尤精出。"淮叹曰:"我二儿之优劣,乃裴、乐之优劣也。"评者以为峤虽有高韵,而神检不逮,广言为得。(《冀州记》)

(八)隐括

隐括指概括始源性文本的大意,以新的表述撮述之。

山季伦为荆州,时出酣畅。人为之歌曰:"山公时一醉,径造高阳池。日莫倒载归,酩酊无所知。复能乘骏马,倒着白接篱,举手问葛强,何如并州儿?"高阳池在襄阳。强是其爱将,并州人也。(《任诞》19)

山简字季伦,司空涛子。永嘉三年出为征南将军,都督荆、湘、交、广四州诸军事,假节,镇襄阳。于时四方寇乱,天下分崩,王威不振,朝野危惧。简优游卒岁,唯酒是耽。诸习氏,荆土豪族,有佳园池,简每出嬉游,多之池上,置酒辄醉,曰:"此我高阳池也。"有童儿歌曰:"山公出何许,往至高阳池。日夕倒载归,酩酊无所知。时时能骑马,倒着白接离。举鞭问葛强,何如并州儿?"(《襄阳耆旧记》)

(九)综合

实际上,《世说》文本有一些条目是综合上述多种手段而生成的。

冀州刺史杨淮二子乔与髦,<u>俱总角为成器。</u><u>淮与裴颜、乐广友</u><u>善,遣见之。</u>颜性弘方,爱乔之有高韵,谓淮曰:"乔当及卿,髦小减也。"广性清淳,爱髦之有神检,谓淮曰:"乔自及卿,然髦尤精出。"<u>淮笑曰:"我二儿之优劣,乃裴、乐之优劣。"</u>论者评之,以为乔虽高韵,而检不匝;乐言为得。然并为后出之俊。(《品藻》7)

淮子峤字国彦,髦字士彦,<u>并为后出之俊。</u>淮与裴颜、乐广友善,遣往见之。<u>颜性弘方,爱峤之有高韵,谓淮曰:"峤当及卿,然</u><u>髦小减也。"广性清淳,爱髦之有神检,谓淮曰:"峤自及卿,然髦</u><u>尤精出。"</u>淮叹曰:"我二儿之优劣,乃裴、乐之优劣也。"评者以为峤虽有高韵,而神检不逮,广言为得。(《冀州记》)

冀州刺史杨淮,字彦清。二子乔、髦有识,俱总角为成器。<u>淮与裴颜、乐广友善,遣见之。</u>颜谓淮曰:"乔当及卿,髦小减也。"广谓淮曰:"乔自及卿,髦尤精出。"淮笑曰:"<u>我二儿之优劣,</u><u>乃裴、乐之优劣。</u>"议者皆许之。(《郭子》)

本条综合运用承袭/增益、改易、调序等手段。

通过承袭、改易、删减、增益、拼合、摘录、调序、隐括、综合等手段,《世说》文本最终生成。总体看来,《世说》作为衍生性文本是基于多源文本(当然不排除自撰部分)、运用多种手段重新整合的结果。它虽是衍生物,但实际上已是独立的新文本,与始源性文本存在着鲜明的互文性:既表现为互相依存的关系,又显示出互相对立的态势。

(十)《世说》文本的性质

据上所述,关于《世说》文本的性质可以得到以下两点基本认识:

(1)《世说》作为衍生性文本不是一种共时文本。始源性文本时代不一,由此衍生的各部分也随而参差,因此《世说》文本的各组成部分并不处于同一个时代平面,实际上是由各种处于不同时期的材料纵贯而成,整个文本呈现立体分层的态势。就《世说》文本而言,目前所知的最早的始源性文本是《汉书》,若论以成书时代,约在公元 1 世纪;最晚的自然是编纂者的自撰语,约在 5 世纪,前后历时 400 年。

（2）《世说》作为衍生性文本不是一种同质文本——"质"包括时间、地域、作者、语体、文体等要素。《世说》文本由来源于特定文本群的各种不同性质的材料经过改造融合而成,各组成部分的"质"并不整齐划一,整个文本呈现杂糅不一的态势。

以上两点可以推而广之,适用于所有衍生性文本。

五、"笔写耳取":形塑文本的多种角色

《世说》既然是一种异时异质的衍生性文本,那么参与该文本生成的就不仅仅只是"作者"了（二者互为因果）。从肇始至终端的文本生成链条来看,至少包括原创者、记录者以及编述者三种角色——这些以往统属于"作者"。

《世说》载录西汉至刘宋时期士人嘉言逸事及人物品评,隽言嘉语最初在口头产生和流传,逸闻趣事同样也在口头形成和传播。就《世说》文本而言,这些口头形态的原创者乃是文本最初的生成者。

言与事在口头生成、传播的过程中,可能会发生叠加、附会、变形,之后被写定于书面。将口传内容写于书面,实施这一行为的主体就是记录者,这是文本生成过程中的又一角色。记录者可能会对已有的口头"信息"进行甄别、辨正、去取,经过有意识的"沙汰",最终落实于书面。记录者既是文本的生成者,也是文本的传播者。很显然,记录者对于文本的结构、详略、语体等要素的形成和变化具有举足轻重的作用。就《世说》文本而言,我们不妨将陈寿、孙盛、王隐、郭澄之、裴启、戴逵等人看作记录者。

利用既有文本,通过一系列手段,生成新的文本,这是编述者的

工作。就《世说》文本而言,编述者就是刘义庆及其僚属。① 编述者是衍生性文本生成的关键角色,他们影响或决定了文本最终面相的各个维度。

原创者、记录者及编述者是参与文本生成的主体,主体本身的多种因素——情感性格、社会阶层、身份职业、知识水平、语言风格、表达习惯、创作(记录、编述)目的、预设对象(听者、读者)等,均会对文本生成的多个环节与层面以及最终面貌产生影响和作用。把参与《世说》文本生成链条中的角色分解为原创者、记录者及编述者三类,实际上就是消解了"作者"。消解"作者",可以进一步采用分析的方式观察、细读《世说》文本,有别于以往笼统的、不加区判的解读模式。

六、中古具有类型意义的衍生性文本

中古时期,和《世说》文本生成的过程、机制及文本性质相同的文献并不在少数,因此可以说衍生性文本是当时一种具有类型意义的文本形态。下面分别以史书、僧传、医书为例略做分析。

(一) 史书

史书是衍生性特征表现得比较明显的一类文本。中古史书在编纂过程中往往以前代相关材料为依据,"征求异说,采摭群言",以成一家之书。对此,刘知幾《史通·采撰》举证详备。②

《史通·采撰》:"范晔增损东汉一代。"《书事》:"范晔博采众书,

---

① 《宋书·宗室传·长沙景王道怜附义庆》:"为性简素,寡嗜欲,爱好文义,文词虽不多,然足为宗室之表。……招聚文学之士,近远必至。太尉袁淑,文冠当时;义庆在江州,请为卫军咨议参军。其余吴郡陆展、东海何长瑜、鲍照等,并为辞章之美,引为佐史国臣。"

② 《史通·采撰》的主旨在于批评中古史书采择不当,不过从反面角度来看,恰好说明中古史书所依据的始源性文本是多样的。

裁成汉典。"这是说范晔参考、利用相关文献通过"增损"等手段最后"裁成"《后汉书》。《东观汉记》、华峤《后汉书》(汉后书)、司马彪《续汉书》、谢承《后汉书》、薛莹《后汉记》、袁宏《后汉纪》、袁山松《后汉书》等时人有关东汉历史的著作均为所取材,其中《东观汉记》为诸家《后汉书》之祖,华峤《后汉书》最得时人欣赏,①为范晔所资尤多,是《后汉书》直接的始源性文本。《采撰》又云:"王乔凫履,出于《风俗通》;左慈羊鸣,传于《抱朴子》。"由此可见,范书还从《风俗通》《抱朴子》等文献中取材。范晔《后汉书》正是基于这些始源性文本通过承袭、改易等手段剪裁而成,正是一种典型的衍生性文本。

《宋书·自序》:

> 宋故著作郎何承天始撰《宋书》,草立纪传,止于武帝功臣,篇牍未广。其所谓志,唯《天文》《律历》。自此外,悉委奉朝请山谦之。谦之孝建初又被诏撰述,寻值病亡,仍使南台侍御史苏宝生续造诸传,元嘉名臣,皆其所谓。宝生被诛,大明中,又命著作郎徐爰踵成前作。爰因何、苏所述,勒为一史,起自义熙之初,讫于大明之末。至于臧质、鲁爽、王僧达诸传,又皆孝武所造。……臣以谨更创立,制成新史。

据此,沈约撰写《宋书》之前已有何承天、徐爰等人写就的旧作,沈约只是以之为底本稍加剪裁,故仅一年即成书。所谓"新史"实际上从旧史衍生而来,赵翼即谓"约书多取徐爰旧本而增删之者也"(《廿二史札记》)。除先前写就的史文外,沈约还从相关文献取材以做增益,胡宝国《汉唐间史学的发展》以《宋书·孝义传》为例进行考察,发现这一部分的史文大抵来源于宋躬《孝子传》和萧广济《孝子传》,从而说明正史与杂史杂传在文本上的紧密关联,"彼此的界限并非泾渭分明,杂史、杂传的部分内容不断被引入正史。这种情形可能

---

① 《文心雕龙·史传》:"《后汉》纪传,发源《东观》。……若司马彪之详实,华峤之准当,则其冠也。"《史通·古今正史》也说:"推其所长,华氏为最。"

具有普遍性"。由此可见,《宋书》也是在多种多样的始源性文本的基础上衍化出来的衍生性文本。推而广之,史书文本大抵具有这种衍生性特征。

(二) 僧传

慧皎《高僧传》是中古时期最有代表性的僧传作品。慧皎撰写《高僧传》有着大量的多种类型的史源材料。《高僧传》卷十四《序录》:

> 此土桑门,含章秀起,群英间出,迭有其人。众家记录,叙载各异。沙门法济,偏叙高逸一迹;沙门法安,但列志节一行;沙门僧宝,止命游方一科;沙门法进,乃通撰传论;而辞事阙略,并皆互有繁简,出没成异。考之行事,未见其归。宋临川康王义庆《宣验记》及《幽明录》、太原王琰《冥祥记》、彭城刘俊《益部寺记》、沙门昙宗《京师寺记》、太原王延秀《感应传》、朱君台《征应传》、陶渊明《搜神录》,并傍出诸僧,叙其风素,而皆是附见,亟多疏阙。齐竟陵文宣王《三宝记传》,或称佛史,或号僧录。既三宝共叙,辞旨相关,混滥难求,更为芜昧。琅琊王巾所撰僧史,意似该综,而文体未足。沙门僧祐撰《三藏记》,止有三十余僧,所无甚众。中书郎郄景兴《东山僧传》、治中张孝秀《庐山僧传》、中书陆明霞《沙门传》,各竞举一方,不通今古,务存一善,不及余行。……尝以暇日,遇[遍]览群作,辄搜捡杂录数十余家,及晋、宋、齐、梁春秋书史,秦、赵、燕、凉荒朝伪历,地理杂篇,孤文片记。并博咨古老,广访先达,校其有无,取其同异。

此段叙述虽然是慧皎对以往相关著作的批评,但它们无疑也是撰写《高僧传》的依据和参考,大体而言,主要有以下几类:一是前代各种僧传(类传、别传),如《名僧传》《出三藏记集》《高坐传》《佛图澄别传》等;二是佛教徒的墓志、碑文、行状等;三是佛教感应故事,如

《宣验记》《幽明录》《冥祥记》等,四是其他文献中关于僧人的记载,如《搜神后记》《十六国春秋》《世说新语》等。①

下以《支遁传》为例试做分析。

支遁,字道林,本姓关氏,陈留人,或云河东林虑人【支遁,字道林,河内林虑人,或曰陈留人,本姓关氏。(《高逸沙门传》)】。幼有神理,聪明秀彻。初至京师,太原王濛甚重之,曰:"造微之功,不减辅嗣。"【遁神心警悟,清识玄远。尝至京师,王仲祖称其造微之功,不异王弼。(《支遁别传》)】陈郡殷融尝与卫玠交,谓其神情俊彻,后进莫有继之者。及见遁,叹息以为重见若人。家世事佛,早悟非常之理。隐居余杭山,深思《道行》之品,委曲《慧印》之经。卓焉独拔,得自天心。年二十五出家。每至讲肆,善标宗会,而章句或有所遗,时为守文者所陋,谢安闻而善之,曰:"此乃九方堙之相马也,略其玄黄,而取其骏逸。"【遁每标举会宗,而不留心象喻,解释章句,或有所漏,文字之徒多以为疑,谢安石闻而善之,曰:"此九方皋之相马也,略其玄黄,而取其儁逸。"(《支遁传》)】……王羲之时在会稽,素闻遁名,未之信,谓人曰:"一往之气,何足言。"后遁既还剡,经由于郡,王故诣遁,观其风力。既至,王谓遁曰:"《逍遥篇》可得闻乎?"遁乃作数千言,标揭新理,才藻惊绝。王遂披衿解带,流连不能已。【王逸少作会稽,初至,支道林在焉。孙兴公谓王曰:"支道林拔新领异,胸怀所及乃自佳,卿欲见不?"王本自有一往隽气,殊自轻之。后孙与支共载往王许,王都领域,不与交言。须史支退。后正值王当行,车已在门,支语王曰:"君未可去,贫道与君小语。"因论《庄子·逍遥游》。支作数千言,才藻新奇,花烂映发。王遂披襟解带,留连不能

---

① 详情可参看纪赟《慧皎〈高僧传〉研究》,上海:上海古籍出版社,2009年。关于僧传的互文性特征,还可参看李熙《僧史与圣传——〈禅林僧宝传〉的历史书写》,北京:中国社会科学出版社,2014年。

已。(《世说》)】……<u>太原王濛,宿构精理,撰其才词,往诣遁作数百语,自谓遁莫能抗,遁乃徐曰:"贫道与君别来多年,君语了不长进。"濛惭而退焉。</u>乃叹曰:"<u>实缁钵之王何也。</u>"【支道林初从东出,住东安寺中。王长史宿构精理,并撰其才藻,往与支语,不大当对。王叙致数百语,自谓是名理奇藻。支徐徐谓曰:"身与君别多年,君义言了不长进。"王大惭而退。(《世说》)王濛恒寻遁,遇祇洹寺中讲,正在高坐上,每举麈尾,常领数百言,而情理俱畅。预坐百余人,皆结舌注耳。濛云:"听讲众僧,向高坐者,<u>是钵釪后王何人也</u>。"(《高逸沙门传》)】郗超问谢安:"林公谈何如嵇中散?"安曰:"嵇努力裁得去耳。"又问:"何如殷浩?"安曰:"亹亹论辩,恐殷制支。超拔直上渊源,浩实有惭德。"【郗嘉宾问谢太傅曰:"林公谈何如嵇公?"谢云:"嵇公勤着脚,裁可得去耳。"又问:"殷何如支?"谢曰:"正尔有超拔,支乃过殷;然亹亹论辩,恐口欲制支。"(《世说》)】……<u>遁淹留京师,涉将三载,乃还东山。上书告辞曰:"遁顿首言:……裹粮望路,伏待慈诏。"诏即许焉。资给发遣,事事丰厚。一时名流并饯离于征虏,蔡子叔前至,近遁而坐,谢万石后至。值蔡暂起,谢便移就其处。蔡还,合褥举谢掷地,谢不以介意。</u>【支道林还东,时贤并送于征虏亭。蔡子叔前至,坐近林公;谢万石后来,坐小远。蔡暂起,谢移就其处。蔡还,见谢在焉,因合褥举谢掷地,自复坐。谢冠帻倾脱,乃徐起,振衣就席,神意甚平,不觉瞋沮。(《世说》)】……<u>遁幼时尝与师共论物类,谓鸡卵生用,未足为杀,师不能屈。师寻亡,忽见形,投卵于地,瞉破雏行,顷之俱灭,遁乃感悟,由是蔬食终身</u>【晋沙门支遁,字道林,陈留人也。神宇隽发,为老释风流之宗。常与其师辩论物类,谓鸡卵生用,未足杀之,与诸蠕动不得同罚。师寻亡,忽见形,来至遁前,手执鸡卵,投地破之,见有鸡雏出瞉而行,遁即惟寤,悔其本言,俄而师及鸡雏并灭不见。(《冥祥记》)】。……<u>后高士戴逵行经遁墓,乃叹曰:"德音未远而拱木已</u>

繁,冀神理绵绵,不与气运俱尽耳。"【戴公见林法师墓,曰:"德音未远,而拱木已积。冀神理绵绵,不与气运俱尽耳。"(《世说》)】遁有同学法虔,精理入神,先遁亡,遁叹曰:"昔匠石废斤于郢人,牙生辍弦于钟子,推己求人,良不虚矣。宝契既潜,发言莫赏,中心蕴结,余其亡矣。"【支道林丧法虔之后,精神霣丧,风味转坠。常谓人曰:"昔匠石废斤于郢人,牙生辍弦于锺子,推己外求,良不虚也。冥契既逝,发言莫赏,中心蕴结,余其亡矣。"(《世说》)】

陈寅恪很早就敏锐地发现僧传与前代经录的文本承继关系,上引《梁传》序录后附王曼颖书,其中"其唱公纂集最实近之"(指宝唱《名僧传》)句下陈氏《高僧传笺证稿本》云:

> 慧皎《高僧传》卷五《道安传》云:"自汉魏迄晋经来稍多。而传经之人名字弗说。后人追寻,莫测年代。安乃总集名目,表其时人。诠品新旧,撰为经录,众经有据,实由其功。"僧祐《出三藏记集录》上卷第二云:"爰自安公,始述名录。铨品译才,标列岁月。妙典可征,实赖伊人。"据此,"译经"一门诸传,皆取自此类经录。……可知今之传文,大抵取材于旧时经录。盖自道安后诸家悉依其体例,于经目之后并附译者名字事迹,故为后来传记所由本也。①

据此可见,无论《高僧传》还是《名僧传》,其衍生性特征是非常鲜明的;由此可以进一步推断,中古僧传也属衍生性文本。

(三) 医籍

中古医籍同样具备典型的衍生性文本的特征。元末戴良《九灵山房集》卷二六《沧州翁传》:

> 有曰《内经素问》,世称黄帝岐伯问答之书,及观其旨意,殆

---

① 陈寅恪《陈寅恪集·读书札记三集》,北京:三联书店,2001 年,第 304－305 页。

非一时之言,其所譔述亦非一人之手。……而其大略正如《礼记》之萃于汉儒,而与孔子、子思之言并传也。……皇甫谧之《甲乙》、杨上善之《太素》亦皆本之于此而微有异同。……《伤寒论》十卷乃后汉张机仲景用《素问》势论之说,广伊尹《汤液》而为之,至晋王叔和始因旧说,重为譔次。……《难经》十三卷,乃秦越人祖述《黄帝内经》设为问答之辞以示学者。……《脉经》十卷,乃西晋太医令王叔和本诸《内经素问》《九灵》及扁鹊、仲景、元化之说衰次而成。……《病源论》五十卷,乃隋大业太医博士巢元方等奉勒譔集,原诸病候而附以养生导引诸法,衰成一家之书。

由此可见,汉晋以来医籍大抵"本""因"前代文献,通过"祖述""衰次"而成。下以《诸病源候论》为例试加比照:

夫邪气之客于人也,或令人目不得眠,何也?曰:五谷入于胃也,其糟粕、津液、宗气分为三隧。故宗气积于胸中,出于喉咙,以贯心肺,而行呼吸焉。荣气者,秘[泌]其津液,注之于脉也,化为血,以荣四末,内注五脏六腑,以应刻数焉。卫气者,出其悍气之剽疾,而先行于四末分肉皮肤之间而不休者,昼行于阳,夜行于阴。其入于阴,常从足少阴之分肉间,行于五脏六腑。今邪气客于脏腑,则卫气独营其外,行于阳,不得入于阴;行于阳则阳气盛,阳气盛则阳蹻满,不得入于阴,阴气虚,故目不得眠。(《诸病源候论》)

黄帝问于伯高曰:夫邪气之客人也,或令人目不瞑,不卧出者,何气使然?伯高曰:五谷入于胃也,糟粕、津液、宗气,分为三隧。故宗气积于胸中,出于喉咙,以贯心脉[肺],而行呼吸焉。营气者,泌其津液,注之于脉,化以为血,以荣四末,内注五脏六腑,以应刻数焉。卫气者,出其悍气之慓疾,而先行于四末分肉皮肤之间而不休者也。昼日行于阳,夜行于阴,常从足少阴之分间,行于五脏六腑。今厥气客于五脏六腑,则卫气独卫其外,行于阳,不得入于阴。行于阳则阳气盛,阳气盛则阳跻陷[满];不得入于阴,阴虚,故目不瞑。(《灵枢》)

可知《诸病源候论》此段完全承袭自《内经》。

问曰:"血痹病从何得之?"师曰:"夫尊荣人骨弱肌肤盛,重因[因]疲劳汗出,卧不时动摇,加被微风,遂得之。但以脉自微濇,在寸口、关上小紧,宜针引阳气,令脉和紧去则愈。"(《金匮要略》)

问曰:"血痹从何得之?"师曰:"夫尊荣人骨弱肌肤盛,重因疲劳汗出,起卧不时动摇,如[加]被微风,遂得之,形如风状。但其脉自微濇,在寸口、关上小紧,宜针引阳气,令脉和紧去则愈。"(《脉经》)

血痹者,由体虚邪入于阴经故也。血为阴,邪入于血而痹,故为血痹也。其状,形体如被微风所吹。此由忧乐之人骨弱肌肤盛,因疲劳汗出,卧不时动摇,肤腠开,为风邪所侵也。诊其脉自微涩,在寸口、(而)关上小紧,血痹也。宜可针引阳气,令脉和紧去则愈。(《诸病源候论》)

《诸病源候论》此段或从《金匮要略》衍生而来,或从《脉经》衍生而来,承袭之余,亦有改易,如陈述句"形如风状"变为被动句"为风邪所侵",意念被动句"加被微风"变为有标记被动句"被微风所吹",而"被N所V"式出现时代较晚(大约南北朝始见),巢元方以新兴句式改易旧文。

总而论之,衍生性文本是整个中古时代比较常见且具有类型意义的一种文本形态,除上述之小说、史书、僧传、医籍外,经注、义疏和子书也存在这种类型的文本;此外,佛教文献中某些"译经"、特别是"异译经"或许同样具有这种"衍生性"。中古衍生性文本频见的背后,应当有复杂的原因,还有待进一步探索。

（四）文本衍生性与始源性的转化

不过需要注意的是,中古的衍生性文本不是绝对的、固定的,衍生性文本在一定的历史语境下又可转变为始源性文本。一个文本可以兼具始源性和衍生性两种性质,这同样是互文性的表现。美国Berkhofer(伯克霍福)《超越伟大故事:作为文本和话语的历史》认为:"文本间性(引者按:即'互文性'的异译)可以指一个文本从一个或多个其他文本中吸取材料,把它们当作前文本(引者按:即本文所谓'始源性文本'),也可以表示一个文本是如何作为前文本而被其他文本利用的。这种前文本分析对于历史学者以及人文学学者来说是阐释的一个重要来源。"①所以在考察中古衍生性文本的时候,不仅应瞻"彼"之始源性,还应顾"此"之始源性。以《世说》为例,它既是上述多种始源性文本的衍生品,同时也是后代如《高僧传》《小说》《晋书》等的始源性文本。

七、衍生性文本的语料意义

当衍生性文本作为语言(汉语史)研究的语料时,其意义和价值是相当多元而丰富的,这里主要探讨语料断代、语料断域、语料(反映语言现象的)真实性、语体分析、语言比较、语义阐释、文本校理等七个方面的问题,讨论的对象包括但不限于《世说》。

（一）语料断代

语料断代也就是判断语料的时代性。如前所述,衍生性文本具有多源性、异时性,作为语料,自然给精确断代带来了极大的

---

① Berkhofer Jr R F.《超越伟大故事:作为文本和话语的历史》,邢立军译,北京:北京师范大学出版社,2008 年。

障碍。

中古史书语料的时代性是一个颇受争议的话题,迄无定说,根本原因就在于史书作为典型的衍生性文本的特殊生成方式和特殊性质。对于史书语料的时代性,以往主要有两种判定方法:一是将史书语料归属于所记史事的时代或作者所在时代;[1]一是将史书语料分为两类,不同类别的材料具有不同的时代性。[2]

前者将史书语料看成一个整体;后者将其分解为(甲)当朝文献、(乙)叙述评论语、(丙)人物言辞三类文本,甲类定于所记述史事所在时代,乙、丙两类定于成书时代。

史书语料,无论整体还是分类,均属衍生性文本,和始源性文本存在着互文性,这表现为两者既互重,又相异。下以《后汉书》为例试做分析。

例 a

及王郎起,光武自蓟东南驰。……及至南宫,遇大风雨,光武引车入道傍空舍,异抱薪,邓禹爇火,光武对灶燎衣。	《后汉书》
王郎起,光武自蓟东南驰。及至南宫,遇大风雨,乃引车入道傍舍,冯异抱薪,邓禹爇火,光武对灶燎衣。	《东观汉记》

---

① 郭在贻《读江蓝生〈魏晋南北朝小说词语汇释〉》(《中国语文》1989 年第 3 期)主张史书语料的时代应以叙述年代为准,而王力《汉语史稿》(北京:中华书局,1980 年)以"著书的时代"为判定史书语料时代的标准得到柳士镇《〈世说新语〉〈晋书〉异文语言比较研究》(《中州学刊》1988 年第 6 期)、朱庆之《佛典与中古汉语词汇研究》(北京:文津出版社,1992 年)的响应。

② 潘维桂、杨天戈《魏晋南北朝时期"了"字的用法》(载中国人民大学文学院《语言论集》编辑部编《语言论集》第 1 辑,北京:中国社会科学出版社,1980 年)提出应将史书中的材料分为两类:一类是史学家引录的诏令、奏疏、文章等大量文献资料,以及史书中所记载的属于历史人物的对话与言论;另一类是史学家对历史事件的叙述和评论。前者属于史书叙述年代的语料,后者则属于史书撰著年代的语料。方一新《东汉魏晋南北朝史书词语笺释》(合肥:黄山书社,1997 年)和方一新、王云路《谈六朝史书与词汇研究》(载《庆祝中国社会科学院语言研究所建所 45 周年学术论文集》,北京:商务印书馆,1997 年)将史书分为"原始资料"和"其他资料"两大类,前者指史书中引录的当朝文献以及《三国志》《后汉书》旧注所征引的汉魏六朝典籍,属于当朝人的作品;后者包括记事和记言两类,记事指史书作者本人的叙述语,记言指史书中人物的对话和言论,属于史书作者年代的语料。

例 b

异为人谦退不伐,行与诸将相逢,辄引车避道。进止皆有表识,军中号为整齐。每所止舍,诸将并坐论功,异常独屏树下,军中号曰"大树将军"。	《后汉书》
冯异,字公孙,为人谦退,与诸将相逢,辄引车避道。每止顿,诸将共论功伐,异常屏止树下,军中号"大树将军"。	《东观汉记》

例 c

异复因间进说曰:"天下同苦王氏,思汉久矣。今更始诸将从横暴虐,所至虏掠,百姓失望,无所依戴。今公专命方面,施行恩德。夫有桀纣之乱,乃见汤武之功;人久饥渴,易为充饱。宜急分遣官属,循行郡县,理冤结,布惠泽。"光武纳之。	《后汉书》
冯异因间进说曰:"天下同苦王氏,思汉久矣。更始诸将纵横暴虐,所至虏掠,百姓失望。今公专命方面,施行恩德。夫有桀纣之乱,乃见汤武之功;民人饥渴,易为充饱。宜急分遣官属,徇行郡县,理冤结,布惠泽。"上纳之。	《东观汉记》

例 d

更始将北都洛阳,以光武行司隶校尉,使前整修宫府。于是置僚属,作文移,从事司察,一如旧章。时三辅士大夫东迎更始,见诸将过,皆冠帻,而服妇人衣,诸于绣镼,莫不笑之。或有畏而走者。及见司隶僚属,皆欢喜不自胜。老吏或垂涕曰:"不图今日复见汉官威仪!"由是识者皆属心焉。	《后汉书》
更始欲北之雒阳,以上为司隶校尉,先到雒阳整顿官府。文书移与属县①。三辅官府吏东迎雒阳者,见更始诸将过者已数十辈,皆冠帻,衣妇人衣,诸于绣拥裾,大为长安所笑。知者或畏其衣,犇走入边郡。见司隶官属,皆相指视之,极望。老吏或垂涕曰:"复见汉官威仪!"贤者蚁附。	《东观汉记》

例 e

帝性褊察,……常以事怒郎药崧,以杖撞之。崧走入床下,帝怒甚,疾言曰:"郎出! 郎出!"崧曰:"天子穆穆,诸侯煌煌。未闻人君自起撞郎。"帝赦之。	《后汉书》
明帝性褊察,尝以事怒郎药崧,以杖撞之。崧走入床下,上怒甚,疾言曰:"郎出! 郎出!"崧曰:"天子穆穆,诸侯皇皇,未闻人君自起撞郎。"上乃赦之。	华峤《后汉书》

---

① 据《后汉书》李贤注引补。

例 f

下诏曰:"故居巢侯刘般嗣子恺,当袭般爵,而称父遗意,致国弟宪,遁亡七年,所守弥笃。盖王法崇善,成人之美。其听宪嗣爵。"	《后汉书》
和帝纳之,诏下曰:"故居巢侯刘般嗣子恺,当袭父般爵,而称父遗意,致国弟宪,遁亡七年,所守弥固。盖王法崇善,成人之美。其听宪嗣爵。"	《东观汉记》

例 g

代刘合为司徒。帝欲造毕圭灵琨苑,赐复上疏谏曰:"窃闻使者并出,规度城南人田,欲以为苑。昔先王造囿,裁足以修三驱之礼,薪莱刍牧,皆悉往焉。先帝之制,左开鸿池,右作上林,不奢不约,以合礼中。今猥规郊城之地,以为苑囿,坏沃衍,废田园,驱居人,畜禽兽,殆非所谓'若保赤子'之义。"	《后汉书》
杨赐,字伯献,代刘合为司徒。帝欲造毕圭灵昆苑,赐上疏谏曰:"窃闻使者并[出],规度城南民田,欲以为苑。昔先王造囿,裁足以修三驱之礼,薪采刍牧,皆悉往焉。先帝之制,左开鸿池,右作上林,不奢不约,以合礼中。今猥规郊城之地,以为苑圃,广坏田园,废居民,畜禽兽。殆非所谓'保赤子'之义。"	《东观汉记》

例 h

留书与盛曰:"鸿贪经书,不顾恩义,弱而随师,生不供养,死不饭晗。皇天先祖,并不祐助,身被大病,不任茅土。前上疾状,愿辞爵仲公,章寝不报,迫且当袭封。谨自放弃,逐求良医。如遂不瘳,永归沟壑。"	《后汉书》
留书于盛曰:"鸿贪经书,不顾恩义,弱而随师,生不供养,死不饭晗。皇天祖称,并不祐助,身被大病,不任茅土。前上疾状,愿辞爵,章不报。迫于当封,谨自放弃。"	《东观汉记》

例 i

论曰:夫贵者负埶而骄人,才士负能而遗行,其大略然也。二子不其然乎!冯衍之引挑妻之譬,得矣。夫纳妻皆知取警己者,而取士则不能。何也?岂非反妒情易,而恕义情难。光武虽得之于鲍永,犹失之于冯衍。	《后汉书》

　　上引例 a、例 b 为叙述语,例 c 为言辞,例 d、例 e 为叙述语＋言辞,例 f 为诏书,例 g 为奏疏,例 h 为书信,例 i 为史论。根据上述分类法,例 f、例 g、例 h 为甲类,例 a、例 b、例 i 为乙类,例 c 为丙类,例 d、例

e 跨乙、丙两类。

例 a 衍生性文本和始源性文本基本一致;例 b 二者用词有别,见对应的部分;例 c 基本一致;例 d 差异较大,而例 e 又基本相同;例 f 基本一致;例 g 微有差别;例 h 基本一致;例 i 下李贤注"自此以上皆华峤之词",可见承袭于华峤《后汉书》。

将《后汉书》这样的衍生性文本逐一分解后,甲、乙、丙三类材料与始源性文本一一对照,可见二者充斥着互重兼相异的情形,这种互文矛盾的局面决定了不论整体还是分类笼统地、单一地判定甲、乙、丙三类材料的时代均不可行,而以记述时代或成书时代来判定更与事实相违。

既然从整体和类别意义上进行区分均不可行,那么何不具体材料具体分析? 如例 a、例 c、例 e、例 f、例 h 中《后汉书》材料不妨判定为东汉,例 i 不妨判定为西晋,例 d 不妨判定为范晔所在的南朝宋(其中某些词语判定为东汉)。

上述例子通过对照衍生性文本与始源性文本,可发现其间的互文性,那么由于文献不足征无法获得始源性文本,如何判断衍生性文本的时代? 笔者认为,即使如此,仍应充分重视和把握衍生性文本的语料特性,与其鲁莽灭裂、机械地判定时代,不如原始要终,将问题落实于具体语言现象,按照情势做具体分析。

吴金华《试论"R 为 A 所见 V"式》依据东汉寇荣《上桓帝书》认为"R 为 A 所见 V"句式"最初出现于东汉后期的文献"[①],吴金华《〈试论"R 为 A 所见 V"式〉补正》则据班彪《复护羌校尉疏》认为该句式"至迟在公元一世纪已经出现了"[②]。朱庆之《"R 为 A 所见 V"式被动句的最早使用年代》重理此案,除上述 2 例外,还举出阳球《迁平原相教》、梁妠《上书自讼》、吕强《上疏陈事》3 例;不过他

---

① 吴金华《试论"R 为 A 所见 V"式》,《中国语文》1983 年第 3 期。
② 吴金华《〈试论"R 为 A 所见 V"式〉补正》,《中国语文》1984 年第 1 期。

认为这 5 例均出自范晔《后汉书》，不是"同时资料"，不能作为东汉已经出现"R 为 A 所见 V"式被动句的证明，而应视作范晔所在的刘宋时期的用例。朱文还特地比较《后汉纪》，发现寇荣《上桓帝书》"为专权之臣所见批抵"、梁嬺《上书自讼》"为窦宪兄弟所见潛诉"在《后汉纪》中分别作"独为权门所嫉""为窦宪兄弟潛虐"，以此说明《后汉书》《后汉纪》只能视为研究南朝、东晋（作者所在时代）语言的"后时资料"。①

寇荣见《寇恂传》、班彪见《西羌传》、阳球见《酷吏传》、梁嬺见《梁竦传》，现存《东观汉记》遗文尚能见到寇恂、西羌、阳球、梁竦的一些记载，虽然没有明确的始源性文本与范书对照，但由此可以推想，范书关于这些人物的记载及保存的书、疏、教等材料应即依据《东观汉记》。在此情况下，如何判断这些语料的时代性，与之密切相关的问题就是如何断定"R 为 A 所见 V"式被动句的产生时代——是否如朱文所认为的刘宋时代？

既然范书材料存在存旧和易新两种可能——这种矛盾的局面决定了无法确切地进行语料断代，那么不如从宏观层面具体分析某一语言现象的发展和变化，从而判定它的产生时代。据朱文，"R 为 A 所见 V"式非佛教文献 40 例，佛教文献 337 例。非佛教文献中最早最可靠的是西晋武帝泰始六年《任城太守夫人孙氏碑》，佛教文献中最早最可靠的例证是三国译经 4 例，西晋译经 132 例。统观朱文所举例证，我们可以了解这样一个基本事实："R 为 A 所见 V"式在三国西晋文献中具有大量用例，这充分说明这种句式在当时已经普遍使用；那么，如果判定它在此时刚刚出现，似乎不可能在短时内出现如此多的文献用例——这实际上说明"R 为 A 所见 V"式的产生时间还需上探至东汉——只有东汉已经产生，经过一段时间的沿用、扩散，至三国

---

① 朱庆之《"R 为 A 所见 V"式被动句的最早使用年代》，载洪波、吴福祥、孙朝奋主编《梅祖麟教授八秩寿庆学术论文集》，北京：首都师范大学出版社，2015 年。

西晋行用开来,反映于文献才有如此众多的用例(文献用例具有滞后性),如此事理俱洽。这样看来,《后汉书》5 例"R 为 A 所见 V"式完全可能是东汉语言的真实反映,它们所在语料的时代与其断为刘宋,不如定于东汉。

朱文引举非佛教文献用例,按照"例句出处的写作年代"的先后排列次序,揆其意,是以"例句出处的写作年代"判定例句语言的时代,如将《三国志》所载胡综《伪为吴质作降文》定为西晋、《三国志》裴注引《魏略》所载明帝《敕辽东吏民公文》定为刘宋、裴骃《史记集解》所引《汉书音义》定为刘宋、《文选》所载陆机《谢平原内史表》定为南朝梁、《晋书》所载卞壶《上笺自陈》定为唐、李善《文选注》所引晋灼定为唐、《太平御览》所引《上清九真中经内诀》定为宋,《三国志》《晋书》二例姑且不论,其他例句时代的判定,与文献学的一般认识相悖。这种处理方式,显然是以例句所在文献的写成年代作为判定例句时代的观念的产物;与此同时,文章似乎还进一步夸大了这种观念。

实际上,若能平情而论,依据上述"R 为 A 所见 V"式在三国西晋具有众多用例的事实、可能产生于东汉的推测,回头观察文章所引用的例子,可以发现,在《三国志》所载胡综《伪为吴质作降文》、《三国志》所载吴废帝《改葬诸葛恪等诏》、《魏略》所载明帝《敕辽东吏民公文》、《魏略》所载孙权《上魏王笺》、《魏名臣奏》所载张既《答文帝问苏则》、管辰《叙管辂》中使用"R 为 A 所见 V"式完全是自然之事,我们可以观察到这样一个发展脉络:至迟东汉初年产生(班彪疏),东汉一代沿用(阳球教、梁竦书、吕强疏、寇荣书),至三国西晋行用(胡综文、废帝诏、明帝文、孙氏碑等),这种文献例证从点到面、递用有序的表现正是语言现象的历时性和社会性的反映。因此,于事于理,都应将《三国志》所载胡综文等语料定为三国时代。其实,依照东汉、三国、西晋文献次第使用的情况,还可推定"R 为 A 所见 V"式在汉晋时代应是书面语的产物,并无口语基础,因而仅出现于疏、诏、书、教、碑等正式文体中;之所以在译经中普遍使用,只不过恰好满足了译经文体节律的需求。①

朱文还将寇荣书、梁媄书 2 例与《后汉纪》做比较,据以证明难以判断此二例的时代。作为衍生性文本的《后汉书》《后汉纪》与作为始源性文本的《东观汉记》间的关系就是上述文际关系模型 6。不同的衍生性文本在生成过程中对同一始源性文本有着不同的处理方式,《后汉书》《后汉纪》也不例外。例如:

> 冯异因间进说曰:"天下同苦王氏,思汉久矣。更始诸将纵横暴虐,所至房掠,百姓失望。今公专命方面,施行恩德。夫有桀纣之乱,乃见汤武之功;民人饥渴,易为充饱。宜急分遣官属,徇行郡县,理冤结,布惠泽。"(《东观汉记》)

> 异复因间进说曰:"天下同苦王氏,思汉久矣。今更始诸将从横暴虐,所至房掠,百姓失望,无所依戴。今公专命方面,施行恩德。夫有桀纣之乱,乃见汤武之功;人久饥渴,易为充饱。宜急分遣官属,循行郡县,理冤结,布惠泽。"(《后汉书》)

> 因曰:"天下同苦王氏,思汉家。今下江诸将纵横恣意,所至房掠财物,略人妇女,百姓已复失望,无所戴矣。今公专命方面,广施恩德。有桀纣之乱,乃见汤武之功;民之饥渴,易为饮食时也。宜急分遣官属,理冤结,施恩惠。"(《后汉纪》)

此例为人物言辞。《后汉书》《后汉纪》与《东观汉记》相较,显然《后汉书》基本遵从《东观汉记》,而《后汉纪》做了较大改动。

> 上闻之,下诏让吴汉副将刘禹曰:"城降,婴儿老母②,口以万数,一旦放兵纵火,闻之可为酸鼻。禹宗室子孙,故尝更职,何忍行此?仰视天,俯视地,观于放麇啜羹之事,二者孰仁矣?失斩

---

① 依照朱文所提出的"R 为 A 所见 V"式首见于三国译经,那么它极可能是佛经翻译的产物,随后扩散至中土文献;若如此,晋武帝泰始六年《任城太守夫人孙氏碑》便使用了此种句式,它竟以如此迅疾的速度扩散至碑文这样正式的文体,是很难解释的。

② 《文选》李善注引"婴"作"孩",与《后汉书》同。

将吊民之义。"(《东观汉记》)

又让汉副将刘尚曰:"城降三日,吏人从服,孩儿老母,口以万数,一旦放兵纵火,闻之可为酸鼻。尚宗室子孙,尝更吏职,何忍行此? 仰视天,俯视地,观放麑啜羹,二者孰仁? 良失斩将吊人之义也。"(《后汉书》)

上闻之,诏让吴汉、刘尚曰:"城中老母婴儿,口以万数,兵火大纵,可为酸痛,^①甚违古人吊民之义。公等戴天履地,何忍行此邪?"(《后汉纪》)

此例为皇帝诏书。与原诏相比,《后汉纪》行文显然做了很大程度的改写,几乎"改头换貌";而《后汉书》基本承袭原诏。

虽然仅举二例,但也可见对于作为始源性文本之《东观汉记》,范晔多承袭(亦可参看上引例 f、例 g、例 h),而袁宏多节略改写。据此推论,范书"为专权之臣所见批抵""为窦宪兄弟所见谮诉"极可能承自旧史,《后汉纪》"独为权门所嫉""为窦宪兄弟谮虐"反而是袁宏改写的结果。

衍生性文本在生成过程中确实会对始源性文本做出各种方式的改易,不过也要承认的是,相当一部分实际上乃是承袭旧文本。重视、正视改易,是对语料准确断代的积极态度;如果一味强调甚至夸大改易,以为衍生性文本皆出于后人改写,对语言现象时代性一味"后延"而不敢"前伸",同样会有虚无之弊。^②

(二) 语料断域

语料断域,即判断语料所反映的语言现象的地域性。衍生性文

---

① "酸痛"表悲痛乃晋宋以来新义。
② 太田辰夫《汉语史通考》(重庆:重庆出版社,1991 年)论及北朝之"汉儿言语"时说"这一时期的口语就是'汉儿言语'的最初形态,但它只不过在《北齐书》《北史》《隋书》等史书中有极片断的传述。这些书籍都是在唐代编纂的,尽管如此,好像还没有必要把这些书里面记录的语言下限推到唐代"。这是很通达的看法。

本的内在统一性消失,作为一个整体,其语言的性质也是不易厘清的,甚至可以说,根本无法断定;地域性亦同理。

罗杰瑞《闽语里的古方言字》从音韵、词汇、语法三方面论证今闽语、吴语是古江南方言的后代,①梅祖麟《汉语方言里虚词"着"字三种用法的来源》补充了一个例子:

> 《世说·德行》"吴郡陈遗家至孝,母好食铛底焦饭",这个"铛"字意思是锅,本字是"鼎",闽语管锅叫"鼎",……"铛"是"鼎"字都挺切元音由高变低以后产生的方言字。②

梅文之所以将"铛"看作古江南方言词,主要依据在于刘义庆是南朝宋人,《世说》乃"六朝江南文献",其语言反映南方口语。

余嘉锡《世说新语笺疏》指出:"陈遗见《南史·孝义传》,较此为详。考《法苑珠林》四十九、《御览》四百十一引宋躬《孝子传》,《广记》百六十二引《孝子传》,并有陈遗事。字句大同小异,盖同引一书也。……宋躬书即著于齐代,临川已不及见。《世说》此条,必别有所本。"③据此,《世说》本条具有始源性文本,"铛"极可能承自该文本,而非《世说》所始创;由于已经难以觅得该始源性文本,其语言的地域属性不得而知,那么"铛"恐怕也不可率尔判为江南方言词。④

《〈百喻经〉与〈世说新语〉词汇比较研究》(上)认为"《百喻经》和《世说新语》成书时间约相差半个世纪,地点都在建业(今南京)一带,所以两书的语言具有'共时共域性',可以大致确定为'南朝通语+吴语'",⑤就《世说》文本而言,所谓"共时共域性""南朝通语+

---

① 罗杰瑞《闽语里的古方言字》,《方言》1983 年第 3 期。

② 梅祖麟《汉语方言里虚词"着"字三种用法的来源》,《中国语言学报》1988 年第 3 期。

③ 余嘉锡《世说新语笺疏》(修订本),上海:上海古籍出版社,1993 年,第 50 页。

④ 业师汪维辉教授指出《齐民要术》常见"铛",由此可见"铛"在南北朝时未必仅行用于江南。

⑤ 汪维辉《〈百喻经〉与〈世说新语〉词汇比较研究》(上),《汉语史学报》第十辑,上海:上海教育出版社,2010 年。

吴语"未必与事实相合。

《吴语虚词及其语法化研究》从汉语史角度讨论指示词"尔"时指出："指示词'尔'在中古汉语南方口语色彩明显的文献中频繁出现，最突出的便是南朝刘义庆所撰的《世说新语》里有'尔'作指示词的大量用例，不但语法功能上呈现多样化，而且还可以构成其他一些指示词，同样带有明显的中古南方的口语色彩。"①这也是将《世说》当作纯质语料而推定其语言地域背景的思路。

有学者认为《世说新语》的编撰者刘义庆，一生都在南方活动，把《世说新语》视作五世纪的南方语料，应不致大谬，这种观点在目前具有一定代表性；还有不少学者不加区辨地将《宋书》《魏书》分别视作反映南方和北方汉语的材料，从而比较当时汉语的南北差异，这是一种无视衍生性文本复杂性的简单化的做法，难有探本中鹄之论。

（三）语料（反映语言现象的）真实性

衍生性文本的"作者"已被消解，原创者、记录者及编述者三种角色先后参与了文本生成，他们均拥有"制作"文本的"合法权利"（在古代，拥有这种"权利"的还有"读者"，写本时代尤然，不过这已越过文本生成阶段，处于文本传播阶段），那么最后生成的文本所反映的语言多大程度上是真实的？或者说反映的是何种角色的语言？这是以衍生性文本为语料来推定语言真实面貌必然面临的困境。下以对话为例分析。

陆机诣王武子，武子有数斛羊酪，指以示陆："卿东吴何以敌此？"（《郭子》）

陆机诣王武子，武子前置数斛羊酪，指以示陆曰："卿江东何以敌此？"（《世说》）

又尝诣侍中王济，济指羊酪，谓机曰："卿吴中何以敌此？"（《晋书》）

---

① 郑伟《吴语虚词及其语法化研究》，上海：上海教育出版社，2017年，第98页。

如果孤立地以《世说》为语料，那么可以推定"卿江东何以敌此"反映了王武子的实际口语；如果把握其衍生性，比照始源性文本进行观察的话，那么王武子说的到底是"东吴"还是"江东"？若以《晋书》为衍生性文本，以《郭子》《世说》为始源性文本的话，就更复杂了，"东吴""江东""吴中"哪一个是原创者言语的实录？哪一个是记录者的措辞？或者人物原话早已消泯，"东吴""江东""吴中"就是记录者或编述者的措辞，语言真实性已经被"解构"，目前所见之"东吴""江东""吴中"都是"重构"的产物。

《世说·言语》9：

> 南郡庞士元闻司马德操在颍川，故二千里候之。至，遇德操采桑，士元从车中谓曰："吾闻丈夫处世，当带金佩紫，焉有曲洪流之量，而执丝妇之事？"德操曰："子且下车。子适知邪径之速，不虑失道之迷。昔伯成耦耕，不慕诸侯之荣；原宪桑枢，不易有官之宅。何有坐则华屋，行则肥马，侍女数十，然后为奇？此乃许、父所以慷慨，夷、齐所以长叹。虽有窃秦之爵，千驷之富，不足贵也。"士元曰："<u>仆生出边垂</u>，寡见大义，若不一叩洪钟，伐雷鼓，则不识其音响也！"

《三国志·蜀志·庞统传》："庞统字士元，襄阳人也。……进围雒县，统率众攻城，为流矢所中，卒，时年三十六。"庞统之卒，《资治通鉴》系于建安十九年。庞统既然生活在三国之前，绝不会将襄阳称为"边垂"。余嘉锡《笺疏》早已发现此端："襄阳之在汉世，不得谓之边垂，此明是魏晋人语。"[①]余氏进一步考察庞统、司马徽之本事，指出"此必晋代文士所拟作"。《世说》此条必有所本，其始源性文本当作于三国或东晋以后。"生出边垂"云云只能是记录者之语，或是编述者改写之辞，而不会是人物的真实语言。

---

① 余嘉锡《世说新语笺疏》（修订本），上海：上海古籍出版社，1993年，第69页。

怀疑衍生性文本所反映的语言的真实性,当然不应陷入虚无主义和不可知论,否则汉语史研究就根本无法利用此种材料。实际上,这种疑虑只是为了警示研究者不能孤立地、想当然地、绝对化地观察分析衍生性文本的语言,从而以为就是当时语言的真实表现和反映;使用衍生性文本时,不妨面向多个维度,考虑多种可能性。

(四) 语体分析

从上述衍生性文本的生成过程可知,它往往在保持语义一致性或相关性的基础上改易始源性文本的词句,某些改写的主观动机就在于转换语体,某些改写的客观结果则恰好体现了语体转换,因此可据衍生性文本和始源性文本间的互文特性,以对比显示差异的方式从事汉语历史语体研究。

唐修《晋书》在编纂时大量采录了《世说》材料,因此从二者的文本关系来说,唐修《晋书》为衍生性文本,《世说》即为始源性文本。柳士镇《〈世说新语〉〈晋书〉异文语言比较研究》比较二书异文,发现《晋书》在采撷《世说》材料时"固然有一部分是全文实录,但大部分又经过了编纂者的改造。这种改造是在不变更《世说》原意的基础上进行的,主要表现为更换了部分词汇,改易了一些造句方式,目的显然是使改造后的文句能与《晋书》通书的语体风格协调一致"。作为衍生性文本,《晋书》在生成时改写《世说》文句,其动机就在于主动转换语体,将始源性文本中一些比较通俗的、口语化的表达方式易作比较典雅的、符合上古文言表达规范的文句,从而使《晋书》全书语体呈现为典雅庄重的风格。下据柳士镇《〈世说新语〉〈晋书〉异文语言比较研究》略举数例:

> 骠骑王武子是卫玠之舅,俊爽有风姿。(《世说》)
> 骠骑将军王济,玠之舅也,俊爽有风姿。(《晋书》)

> 明帝在西堂会诸公饮酒。(《世说》)

帝宴群公于<u>西堂</u>。(《晋书》)

孝武在<u>西堂</u>会,伏滔预坐。(《世说》)

孝武帝尝<u>会于西堂</u>,滔豫坐。(《晋书》)

当《世说》作为衍生性文本,改写始源性文本所发生的词句变化同样体现了语体转换。

宣王曰:"为云'艾艾',<u>终</u>是几艾?"(《语林》)

晋文王戏之曰:"卿云'艾艾',<u>定</u>是几艾?"(《世说》)

"终""定"用于疑问句,表示进一步追究结果的疑问语气,相当于"终究""到底"。"终"上古已见,不赘言。"定"出现并流行于中古,如《南齐书·张敬儿传》:"今日举错,定是谁恶久言邪?"《乐府诗集·华山畿》:"闻欢大养蚕,定得几许丝?"《世说》以"定"改"终",乃是使用当时口语词。

抚军与之<u>语</u>言,咨嗟称善。(《郭子》)

抚军与之<u>话</u>言,咨嗟称善。(《世说》)

周侯独留,与饮酒言<u>语</u>。(《郭子》)

周侯独留,与饮酒言<u>话</u>。(《世说》)

"语"表示言谈、谈说,先秦虽已见,但用例不多,中古口语应已不再使用;《郭子》作"语",乃用上古文言。"话"在上古做动词偶见,表告诉义;表言谈、言说,乃是晋宋以来的新义。《世说》中"话言"3见,"言话"2见,"谈话"1见。另如东晋佛陀跋陀罗共法显译《摩诃僧祇律》卷三五:"从今已后不得闭门语话,亦不得踰墙而入。"《出三藏记集》卷十五《道安法师传》:"坚每与侍臣谈话,未尝不欲平一江左。"《颜氏家训·风操》:"北人无何便尔话说,及相访问。"晋宋以来,"话"必定用于时人口头,到唐代已成为普遍行用的口语词,用法也有所扩展。《世说》作"话",是以当时口语改换《郭子》的文言。

　　仍引酒御肉,颓然而已复醉矣。(《竹林七贤论》)
　　便引酒进肉,隗然已醉矣。(《世说》)

　　蔡邕《独断》:"御者,进也。凡衣服加于身,饮食入于口,妃妾接于寝,皆曰御。""御"表示进食、食用义,如《诗·小雅·吉日》:"发彼小豝,殪此大兕,以御宾客。"《楚辞·九章·涉江》:"腥臊并御,芳不得薄兮。"王逸章句:"御,用也。"中古时期,"御"显然已是文言,虽然当时文献还能见到用例,不过仿古而已。"进"表进食,则是当时新出之义,《世说》屡见,《雅量》42:"羊不大应对之,而盛进食,食毕便退。"《术解》2:"荀勖在晋武帝坐食笋进饭,谓在坐人曰:'此是劳薪炊也。'"《任诞》2:"阮籍遭母丧,在晋文王坐进酒肉。"《尤悔》1:"自选可食者而进,王弗悟,遂杂进之。"他如陶潜《杂诗》之二:"一觞虽独进,杯尽壶自倾。"《魏书·太武五王传》:"或性至孝,事父母尽礼,自经违离,不进酒肉,容貌憔悴,见者伤之。"《北齐书·文宣帝纪》:"暨于末年,不能进食,唯数饮酒,曲糵成灾,因而致毙。"此义之"进"在当时应有口语基础。《世说》以"进"易"御",其转换语体的意图是很明显的。

　　下面再举几例:

　　孙休好射雉,至其时,则晨往夕返。(《语林》)
　　孙休好射雉,至其时,则晨去夕反。(《世说》)

　　公勿作强口马,我当并卿控。(《郭子》)
　　卿莫作强口马,我当穿卿鼻。(《世说》)

　　客至,併挡不尽,余两小盩,以置背后。(《语林》)
　　客至,屏当未尽,余两小簏,箸背后。(《世说》)

　　王大将军每酒后,辄咏"老骥伏枥,志在千里,烈士暮年,壮

心不已",便以如意击珊瑚唾壶。(《语林》)

王处仲每酒后,辄咏"老骥伏枥,志在千里,烈士暮年,壮心不已",以如意打唾壶。(《世说》)

公曰:"麈尾过丽,何以得在?"(《语林》)
公曰:"此至佳,那得在?"(《世说》)

戎年七岁,亦往观焉。(《竹林七贤论》)
王戎七岁,亦往看。(《世说》)

上述诸例以口语性明显的成分改换文言成分,以致衍生性文本相对于始源性文本发生了"歧变"。一般说来,文本发生变化的背后蕴含着某种具有指向性的意图。就《世说》文本生成而言,编述者显然有意地引入新兴的使用于时人口头的语言成分,其意图指向何方,耐人寻味。

《世说》实质上是一部清谈品评言论集,其读者(受众)必定是当时上层士人,而作为编述者的刘义庆及其僚属都是"爱好文义"、具"辞章之美"的皇族与文士;《世说》文本在生成过程中引入许多新兴的口语成分,似乎说明在当时的社会环境中上层士人对汉语的更新是比较敏感的,对语言新质也持开放态度,在书面文本中对此类成分容受度较高(当然不能一概而论)。这可能正是中古时期含有较多口语成分的文本逐渐出现的内在动因之一,而这又与六朝的整体社会风气和氛围密切相关(从汉语发展史的角度来看,此类时段中汉语变化往往最烈)。

(五) 语言比较

衍生性文本和始源性文本间所具备的互文性使得比较两种文本所反映的语言的差异成为可能,柳士镇《〈世说新语〉〈晋书〉异文语言比较研究》正是采用此类材料(《世说》和《晋书》)进行语言比较研究,获得了许多创见。

不过,正如上文所述,衍生性文本的始源性文本往往相当复杂;要准确地获得两种文本所反映的语言差异,就必须厘清两种文本的真实对应关系(即上述之"文际关系模型"),既然衍生性文本是独一无二的,那么也就需要认准真实的始源性文本,这样所构建的互文关系才是真切的,对比其间差异才是有效的。

作为衍生性文本,《晋书》的始源性文本相当多样而复杂,《世说》仅是其中比较重要的一种,《世说》又有多种前源材料,因此《晋书》未必从《世说》取材,而是取资于《世说》的前源材料,这时《晋书》的始源性文本就不是《世说》,而是他书。时人往往不达此端,见一事同见于《晋书》《世说》,便以为《晋书》采《世说》。余嘉锡《笺疏》早揭此弊:

> 凡《世说》所载事,皆自有出处,《晋书》往往与之同源。后人读《晋书》,见其与《世说》同,遂谓采自《世说》,实不然也。[1]

柳士镇《〈世说新语〉〈晋书〉异文语言比较研究》的某些论证即将《世说》误认为《晋书》的始源性文本,以致结论可以进一步商讨。

> 致意尊公,家国之事,遂至于此! 由是身不能以道匡卫,思患预防。愧叹之深,言何能喻? (《世说》)
> 致意尊公,家国之事,遂至于此! 由吾不能以道匡卫。愧叹之深,言何能喻? (《晋书》)

柳士镇《〈世说新语〉〈晋书〉异文语言比较研究》指出"《世说》比较注意吸收魏晋南北朝期间新近发生发展的词汇,往往具有时代的特色,而《晋书》则常常回改为上古汉语习用的词汇",所举第一条证据即上引《世说》《晋书》之"身-吾"异文,据此以为"《世说》中的'身'字是魏晋南北朝期间才普遍运用开的第一人称代词,但是这一

---

[1] 余嘉锡《世说新语笺疏》(修订本),上海:上海古籍出版社,1993 年,第 428 页。

用法到唐代时已日趋消亡，因此《晋书》改为自上古以来习用的'吾'字"。

但是《晋书》此条的始源性文本恐怕不是《世说》，而是他书。《晋阳秋》："致意尊公，家国之事，遂至于此！由吾不能以道匡树[卫]，思患豫防，魄叹之深，言何能喻？"（《艺文类聚》卷一三引）《续晋阳秋》："致意尊公，家国之事，遂至于此！由吾不能以道自[匡]卫，思患豫防，魄叹之深，言何能喻？"（《太平御览》卷九九引）两相比勘，可知《晋书》此条的始源性文本正是《续晋阳秋》。① 既然《晋书》"吾"承自前代旧史之文，则无由言其将《世说》之魏晋新词改为上古旧词。②

有人语王戎曰："嵇延祖卓卓如野鹤之在鸡群。"（《世说》）

绍始入洛，或谓王戎曰："昨于稠人中始见嵇绍，昂昂然如野鹤之在鸡群。"（《晋书》）

柳士镇《〈世说新语〉〈晋书〉异文语言比较研究》依据"有人-或"异文以为《晋书》将《世说》中的口语词"有人"改作书面语词"或"。

《竹林七贤论》："嵇绍入洛，或谓王戎曰：'昨于稠人中始见嵇绍，昂昂然野鹤之在鸡群。'"（《艺文类聚》卷九〇引）可见《晋书》的真实始源性文本乃是《竹林七贤论》而非《世说》，因而并不能据"有人-或"异文认为《晋书》将《世说》中的口语词改为书面语词，反而可能是《世说》将书面语词改为口语词。

庾穉恭为荆州，以毛扇上武[成]帝。武[成]帝疑是故物。侍中刘劭曰："柏梁云构，工匠先居其下；管弦繁奏，钟夔先听其

---

① 《隋书·经籍志二》："《晋阳秋》三十二卷。讫哀帝。孙盛撰。"又云："《续晋阳秋》二十卷，宋永嘉太守檀道鸾撰。"据此可知孙盛《晋阳秋》编年纪事讫于哀帝司马丕，檀道鸾所著之书名"续"当即接续记载哀帝以后事，而上举"致意尊公"云云出简文帝司马昱，正在哀帝后，可知《晋书》当本檀道鸾《续晋阳秋》《类聚》引作"晋阳秋"，实即"续晋阳秋"，非有脱字，因唐人习将檀书题作"晋阳秋"，这从唐人著作如《史通》《开元占经》《初学记》等的征引可以很明显地看出。

② 《续晋阳秋》撰于《世说》之后，或本《世说》，或与《世说》同源一书。

音。稽恭上扇，以好不以新。"庾后闻之，曰："此人宜在帝左右。"（《世说》）

怿尝以白羽扇献成帝，帝嫌其非新，反之。侍中刘劭曰："柏梁云构，大匠先居其下；管弦繁奏，夔牙先聆其音。怿之上扇，以好不以新。"后怿闻之，曰："此人宜在帝之左右。"（《晋书》）

柳士镇《〈世说新语〉〈晋书〉异文语言比较研究》依据"听-聆"异文以为《世说》采用接近口语的词汇，而《晋书》又回改为书面语色彩较浓的词汇。

《语林》："庾廙为荆州都督，以毛扇上成帝。帝疑是故物。侍中刘劭曰：'柏梁云构，工匠先居其下；管弦繁奏，夔牙先聆其音。廙之此扇，以好不以新。'"（《艺文类聚》卷六九引）《语林》："庾翼为荆州都督，以毛扇上成帝。疑是故物。侍中刘邵曰：'柏梁云构，匠者先居其下；管弦繁奏，夔牙先聆其音。翼之上扇，以好不以新。'季恭闻之曰：'此人宜在帝左右。'"（《太平御览》卷七〇二引）两相比较，可知《晋书》实据《语林》衍生而来。《晋书》《世说》并未构成真实的互文关系，亦即"听-聆"之异并未发生于《世说》《晋书》之间，因而不能据以判定《晋书》改《世说》之文。

（六）语义阐释

衍生性文本往往用语义相同或相关的表述改写始源性文本相应的词句，正是基于这种语义一致性或相关性，可以比较两种文本的差异，依据语义明确的一方来推阐另一方模糊的或有歧解的语义。对于这种思路和方法，前贤早已认识并广泛运用，这里不再赘言。

这里以《世说》为衍生性文本，据其始源性文本阐释语义。

魏文帝受禅，陈群有戚容。帝问曰："朕应天受命，卿何以不乐？"群曰："臣与华歆服膺先朝，今虽欣圣化，犹义形于色。"（《世说》）

此例中"服膺"一词，张万起《世说新语词典》（商务印书馆，1993年）释作"服事"，张永言《世说新语辞典》（四川人民出版社，1992年）释作"心服；心悦诚服"，蒋宗许等《世说新语大辞典》（上海古籍出版社，2016年）同张永言《世说新语辞典》。那么，要判断何种解释更准确可靠就可以对照此条的始源性文本：

> （文帝）以问尚书令陈群曰："我应天受命，百辟莫不说喜，形于声色，而相国及公独有不怡者，何邪？"群起离席长跪曰："臣与相国曾事汉朝，心虽说喜，义干其[形于]色，亦惧陛下实应见[且]憎。"（华峤《谱叙》）

可见"服膺"对应于"事"，即服事之义，[1]《世说新语词典》为得。《晋书·王虞传》载其疏："臣托备肺腑，幼蒙洪润，爰自龆龀，至于弱冠，陛下之所抚育，恩侔于兄弟，义同于交友……昔司马相如不得睹封禅之事，慷慨发愤，况臣情则骨肉，服膺圣化哉！"又可作"伏膺"，《晋书·庾亮传附庾冰》载庾冰疏："臣朝夕伏膺，犹不能畅，临疏徘徊，不觉辞尽。""服膺（伏膺）"均服事之义。[2]

> 许允为晋景王所诛，门生走入告其妇。妇正在机中，神色不变，曰："早知尔耳。"门人欲藏其儿，妇曰："无豫诸儿事。"后徙居墓所，景王遣钟会看之，若才流及父，当收。儿以咨母，母曰："汝等虽佳，才具不多，率胸怀与语，便无所忧；不须极哀，会止便止；又可少问朝事。"儿从之。会反，以状对，卒免。（《世说》）

张万起《世说新语词典》"咨"条仅立"商议，咨询"义，张永言《世说新语辞典》"咨"条立①"咨询；询问"、②"商议；汇报"、③"嗟叹；

---

① 参看汪维辉《〈世说新语〉词语考辨》，《中国语文》2000年第2期。
② 这里的"事"和相当于"服事"的"服膺"，应指担任（公职）。《周礼·地官·大司徒》："颁职事十有二于邦国都鄙，使以登万民……十有二曰服事。"郑玄注引郑司农曰："服事谓为公家服事者。"汪维辉《〈世说新语〉词语考辨》将"服膺"解释为"服事"是对的，但从下文的考述看，将"服事"理解为侍奉、服务，或可商。

叹息"三个义项,蒋宗许《世说新语大辞典》同张永言《世说新语辞典》。此例之"咨",张万起等《世说新语译注》(中华书局,1998 年)注为"咨询",译作"请教";许绍早等《世说新语译注》(吉林教育出版社,1989 年)译作"商量";柳士镇等《世说新语全译》译作"求教",意见也不一致,那么该取何义? 可比照此条之始源性文本:

> 允后为景王所诛,门生走入告其妇。妇正在机,神色不变,曰:"早知尔耳。"门生欲藏其子,妇曰:"无预诸儿事。"后移居墓所,景王遣钟会看之,若才艺德能及父,当收。儿以语母,母答:"汝等虽佳,才具不多,率胸怀与会语,便自无忧;不须极哀,会止便止;又可多少问朝事。"儿从之。会反命,具以状对,卒免其祸,皆母之教也。(《魏氏春秋》)

据"咨"对应之词为"语",可以判断"咨"的确切含义应指禀报,指将"景王遣钟会看之"这个情况向母亲禀报。《说文·口部》:"咨,谋事曰咨。"本义指商议。引申可有陈述、讲说义,《三国志·吴志·孙翊传附孙松》:"(孙松)黄龙三年卒。蜀丞相诸葛亮与兄瑾书曰:'既受东朝厚遇,依依于子弟。又子乔良器,为之恻怆。见其所与亮器物,感用流涕。'其悼松如此,由亮养子乔咨述故云。"西晋竺法护译《正法华经》卷六:"宣叙阔别,谘讲经典,乃还本土。"当强调说者与听者双方的上下级关系或地位尊卑时,对于说者一方来说,这种中性的"陈说""讲述"义就相当于略带表敬意味的"禀告""报告",如《三国志·魏志·后妃传》:"值三主幼弱,宰辅统政,与夺大事,皆先咨启于太后而后施行。"《晋书·刑法志》载熊远上奏:"府立节度,复不奉用,临事改制,朝作夕改,至于主者不敢任法,每辄关咨,委之大官,非为政之体。"《宋书·刘穆之传》:"穆之既卒,京邑任虚,乃驰还彭城,以司马徐羡之代管留任,而朝廷大事常决穆之者,并悉北咨。"据此,张永言《世说新语辞典》所立"汇报"义最为得实。

> 郭林宗至汝南,造袁奉高,车不停轨,鸾不辍轭;诣黄叔度,

乃<u>弥</u>日信宿。人问其故,林宗曰:"叔度汪汪如万顷之陂,澄之不清,扰之不浊,其器深广,难测量也。"(《世说》)

汪维辉《〈世说新语〉词语考辨》:"这个'弥日信宿'……应该是指'连日',否则不足以表现……郭泰与黄宪的相得情深。'弥日信宿'实际上就是'弥日累夜'的同义语。"

这个说法成立与否,可以用此条之始源性文本作检验。

初,泰始至南州,过袁奉高,不宿而去。从叔度,<u>累</u>日不去。或以问泰,泰曰:"奉高之器,譬之泛滥,虽清而易挹。叔度之器,汪汪若千顷之陂,澄之不清,扰之不浊,不可量也。"(谢承《后汉书》)

郭泰入汝南,交黄叔度,至南州,先过袁奉高,不宿而去,从叔度<u>累</u>日。或以问泰,泰曰:"袁奉高之器,譬诸轨[泛]滥,虽清而易挹也。叔度之器,汪汪若万顷之陂,澄之而不清,混之而不浊,不可量也。"(司马彪《续汉书》)

两相比较,可知"弥日"对应的是"累日",就是连日之义。《世说》作"弥日"是用同义词改换始源性文本之"累日"。据此可以进一步证明汪说中的。

再举《世说》之外的例子:

(张)普惠以天下民调,幅度长广,尚书计奏,复征绵麻,恐其劳民不堪命,上疏曰:……仰惟高祖废大斗、去长尺、改重秤,所以爱万姓,从薄赋。知军国须绵麻之用,故云幅度之间,亿兆应有绵麻之利,故绢上税绵八两,布上税麻十五斤。万姓得废大斗、去长尺、改重秤,荷轻赋之饶,<u>不适</u>于绵麻而已,故歌舞以供其职,奔走以役其勤。(《魏书》)

《汉语大词典》"不适"条列五个义项,无一合于此例文意,因此仅从"不适"字面解释其义,恐难得确诂。若将《魏书》看作始源性文本,对照以后世衍生性文本,对阐释"不适"之义当有所启迪。

孝明帝时，张普惠上疏曰：仰惟高祖废大斗，去长尺，改重秤，所以爱百姓，从薄赋。……亿兆荷轻赋之饶，<u>不但</u>于绵麻而已，故歌舞以供其赋，奔走以役其勤。(《通典》)

与《魏书》"不适"对应之辞为"不但"。《孟子·告子下》："饮食之人无有失也，则口腹岂<u>适</u>为尺寸之肤哉？"赵岐注："口腹岂但为肥长尺寸之肤邪？"王引之《经传释词》卷九"啻 翅 适"条以为"'但'字正释'适'字"。既以"但"释"适"，足证二词义同。由此看来，"不适"就是不但之义，不只、不仅。

"不适"何以有不只、不仅义呢？还可以进一步比较衍生性文本以阐释其理据。

尚书奏复征民绵麻之税，张普惠上疏，以为：高祖废大斗，去长尺，改重称，以爱民薄赋。……民以称尺所减，<u>不啻</u>绵麻，故鼓舞供调。(《资治通鉴·梁武帝天监十七年》)

与《魏书》"不适"对应之辞为"不啻"。王引之《经传释词》卷九"啻 翅 适"条引王念孙曰："《说文》：'适，从辵，啻声。'适、啻声相近，故古字或以'适'为'啻'。"《战国策·秦策二》："疑臣者不适三人，臣恐王之为臣投杼也。"高诱注："适音翅。"鲍彪注："适、啻同。"王引之谓"不适与不啻同"。据此，"适"实为"啻"的通假字。《三国志·魏志·武帝纪》注引《魏略》："汉自安帝已来，政去公室，国统数绝，至于今者，唯有名号，尺土一民皆非汉有，期运久已尽，历数久已终，非适今日也。""适"也读作"啻"，"非适"犹言不仅。

此例先后比较两个衍生性文本，首先证明"不适"即"不但"，"适"为仅、只义，其次证明"不适"即"不啻"，"适"为"啻"之通假，分别考求其含义与理据。

当然，利用衍生性文本与始源性文本的互文性来对比阐明语义，也应力避简单比附之弊，限于篇幅，这里不能详论。

（七）文本校理

基于衍生性文本和始源性文本间的互文关系,比勘两种文本的差异,互校讹误,有关学者已运用这种方法校订文本,多有创获,①不必赘说。

词汇史研究有时会出现不察误字而立说的情况,如果能准确把握衍生性文本与始源性文本的互文性,系联互勘,可得讹误以避误说。

首举据始源性文本订衍生性文本讹误之例。《略论形音义与词语演变的复杂关系》认为,"遥"在汉魏六朝和唐宋时有径直、直接义,其得义之由是"遥"与"遥"形近相混,从而使"遥"有了"遥"义。② 所举之证有以下一例:

> 陶公自上流来,赴苏峻之难,令诛庾公。谓必戮庾,可以谢峻。庾欲奔窜,则不可;欲会,恐见执,进退无计。温公劝庾诣陶,曰:"卿但遥拜,必无它,我为卿保之。"庾从温言诣陶,至便拜,陶自起,止之曰:"庾元规何缘拜陶士衡?"(《世说》)

文章认为:"'卿但遥拜'谓你只管径直拜,也就是下文的'至便拜'。"据上下文,这个"遥"确应理解为径直、直接,似乎能为作者"'遥'有径直、直接义"的观点提供佐证。但若比照始源性文本进行观察的话,作为衍生性文本的《世说》是否确作"遥"字是很值得怀疑的。

> 陶公自上流来,赴峻之难,含怒于公。公谓必戮己,进退无计。温父[公]乃劝诣陶公:"卿但俓[俓]拜,必无他,我为卿保之。"殊未了而不得不往。乃从温言诣陶,至便拜,风姿雅润,陶

---

① 参看吴金华《三国志校诂》(南京:江苏古籍出版社,1990 年)、朱铸禹《世说新语汇校集注》(上海:上海古籍出版社,2002 年)。

② 王云路《略论形音义与词语演变的复杂关系》,《汉语史学报》第十辑,上海:上海教育出版社,2010 年。

见拜,不觉自起,止之曰:"元规何缘拜陶士衡?"(《郭子》)

两相比较,《世说》"卿但遥拜"显然就是《郭子》"卿但俓拜",由此可以推断,《世说》"卿但遥拜"的"遥"应该就是"俓"的误字,而非"遥"有径直、直接义。

次举据衍生性文本订始源性文本讹误之例。《释"踊跃"及其他——兼谈词义演变的相关问题》指出中古汉语有"喜跃""欢踊"这类由表示喜悦、高兴情绪的心理动词和表示跳跃的动作动词复合而成的双音新词:

> 中古文献中有这样一例:
>
> 向晓,有虎负人而至,投树之北,见安,如喜如跳,伏安前,安为说法授戒,虎据地不动,有顷而去。(《冥祥记》,鲁迅辑《古小说钩沉》)
>
> 此处"如喜如跳"义同"喜踊",只是将"喜跳"拆开来说。可见表示跳跃的词在人们的心目中已经带上了喜悦的意义,只是不会单音节使用,而是在"如喜如跳"、"喜踊"这样的结构中才出现。①

此例初看起来是非常有力的证据。但若进一步查考《冥祥记》的衍生性文本,就会发现,这个"如喜如跳"的例子其实不能成立。

南朝梁慧皎《高僧传》卷六亦记载法安(即引文中的"安")遇虎事,当是依据《冥祥记》,那么梁传此条为衍生性文本,其始源性文本即为《冥祥记》。可观察两种文本的记叙:

> 向晓,有虎负人而至,投树之北,见安,<u>如喜如跳,伏安前</u>,安为说法授戒,虎据地不动,有顷而去。(《冥祥记》)
>
> 向晓,闻虎负人而至,投之树北,见安,<u>如喜如惊,跳伏安前</u>,

---

① 王云路、张凡《释"踊跃"及其他——兼谈词义演变的相关问题》,《中国语文》2008年第3期。

安为说法授戒,虎踞地不动,有顷而去。(《高僧传》)

两相比勘,即可知目前所见《冥祥记》显然在"跳"前脱略"惊"字,"跳"也应与下文"伏"连缀而读。"如喜如惊"犹言又喜又惊。

如此,文章所举之"如喜如跳"的例证事实上并不存在,汉语里也没有"如喜如跳"这样的说法。依据"如喜如跳"这样有讹误的材料来推阐,结论自然未必可靠。

不过须要注意的是,利用互文语义相关性作校勘依据,同样不可轻易改字,仍应细心考求原文是非。

(陶)侃少为寻阳吏,鄱阳孝廉范逵尝过侃宿,时大雪,侃家无草,湛彻所卧荐剉给,阴截发,卖以供调。(《晋阳秋》)

鄱阳孝廉范逵寓宿于侃,时大雪,湛氏乃彻所卧亲荐,自锉给其马,又密截发,卖与邻人,供肴馔。(《晋书》)

吴金华《世说新语考释》据《晋书》认为"既然截发是为了换取酒肴以供宾客,那么'供调'应当是'供设'之误。……'供设'连文,特指陈设饮食或物品,是汉魏六朝常语"[1]。"供调"与"供肴馔"互文,语义相关而各自表述,"调"非"设"之误。"调"有置办、备办义,《汉书·赵广汉传》:"至冬当出死,豫为调棺,给葬敛具。"颜师古注:"调,办具之也。"《梁书·张齐传》:"调给衣粮资用,人人无所困乏。""供调"就是供办。[2]

八、余　论

既然汉语史研究无论如何回避不了历史文献,那么把握汉语发

---

[1]　吴金华《世说新语考释》,合肥:安徽教育出版社,1994年。

[2]　"供调"后又转变为名词,指供调之物。隋达磨笈多译《大方等大集经菩萨念佛三昧分》卷二:"广施灯明众供调,奉献世间天人师。"隋阇那崛多译《大法炬陀罗尼经》卷十三《供养法师品》:"汝为法师办诸供调,如前所许,勿令违异。"

展的历史性,首先应该把握历史文献自身的历史性。

衍生性文本是在一定历史语境下以某种特定方式生成的,自身构成的多源性,影响或决定了文本所反映的语言的多元性。

因此,以衍生性文本作为汉语史研究的材料,必须认识其构成与性质的复杂性,并进一步认识它所反映的语言现象的复杂性;以衍生性文本为语料,切不可一味"拿来主义",必须树立语料历史观,重视语料分析,灵活运用,避免机械主义。

历史文献的流传,往往伴随着竞争与淘汰。衍生性文本与始源性文本同样存在着竞争,一般而言,始源性文本往往逐渐散逸,衍生性文本成为"赢家"而传世,以致在后世成为一种单一"叙事",这可能导致文本所表现的语言事实发生消散、变形,因而以衍生性文本为语料时,汉语史研究者应当时刻提醒自己:汉语的历史事实与历程可能并不是如眼下呈现在我们面前,特别是呈现在某些历史文本中的单纯和整齐。

贰

汉语常用词演变研究

谈当前汉语常用词演变研究的
四个问题

　　1995 年,张永言、汪维辉发表《关于汉语词汇史研究的一点思考》,①吹响汉语常用词演变研究的号角。而后此类研究蓬勃兴起,响应者众,至今已经成为研究热点,论著不断涌现。总的看来,汉语常用词演变研究方法不断创新,方式越发多样,视野愈加开阔,对象得以扩展,内容更为深入;但也存在着不少缺失与不足,涉及研究的基础问题,以致此类研究面临着困境,呈现出窘态。本文就语料、词义、书写形式、溯源四个方面展开讨论,以证其是非,明其得失。

一、关于常用词研究的语料

　　从一般意义讲,汉语史研究的语料就是历史文献。所谓语料问题,实即研究所涉及的文献的真实性、有效性问题。历史文献是否发生错讹改动,时代、作者是否有疑误,以及文本构成、语体性质等均属此列。常用词演变研究,若语料使用不当,那么观点就未必可靠了。

(一) 应注意发生讹误或窜改的语料

　　蒋绍愚《近代汉语研究概要》指出"资料问题是任何语言研究都

---

　　①　张永言、汪维辉《关于汉语词汇史研究的一点思考》,《中国语文》1995 年第 6 期。

必须重视的",在谈到资料鉴别时,特别提出应辨识讹误和窜改。① 常用词由于字面普通,发生讹误、窜改往往不易察觉,研究时极易误用语料,尤应留意。下面分别举几个例子。

例1,《魏晋核心词"胸"语义场研究》认为:"在我们所考察的魏晋文献中,表'乳房、乳汁'义的'奶'就已经出现,《肘后备急方》(治痈疽妒乳诸毒肿方第三十六):'葛氏,疗奶发,诸痈疽发背及乳方。'"②

文章所引例证"葛氏疗奶发诸痈疽发背及乳方"出自今本《肘后备急方》卷五,此例前言"奶",后言"乳",初看起来确是"奶"当乳房讲的有力证据;然而此句应读作"疗奶发/诸痈疽发背及乳方"还是"疗奶发诸痈疽/发背及乳方"? 若是前者(如文章所读),"奶发"是何义? 若如后者,也不通顺。总之,这一句含义不明,难以读通。

唐王焘《外台秘要》卷二四收录了前代医籍治疗痈疽的各种方子,其中《痈疽发背杂疗方》一节引述《备急》中的有关医方,第一则是"葛氏疗始发诸痈疽发背及乳房方:皆灸上百壮","葛氏"即葛洪③。今本《肘后》与之相较,"奶发"作"始发"。"奶-始"异文,孰是孰非?

治疗刚发作的痈疽,往往用艾灸灼患部之法。唐孙思邈《千金要方》卷六六《痈疽》:"凡痈疽始发,……若无医药处,即灸当头百壮;其大重者,灸四面及中央二三百壮,数灸,不必多也。"

据此,含义晦涩的"疗奶发诸痈疽发背及乳方"的"奶"若作"始",则文意贯通——治疗刚开始发于背及乳房的痈疽的方子。

由此可明,"奶"实是"始"的错字——"奶"或作"妳",与"始"形近而误。

由于文章依据的关键语料中的"奶"实为讹字,那么魏晋时期表

---

① 蒋绍愚《近代汉语研究概要》(修订本),北京:北京大学出版社,2017 年,第 18 页。

② 龙丹《魏晋核心词"胸"语义场研究》,《云梦学刊》2011 年第 5 期。

③ 据高文铸《外台秘要方校注》,北京:学苑出版社,2011 年,第 941 页。《备急》或是唐代王方庆《随身左右百发百中备急方》。

乳房、乳汁义的"奶"是否已经出现就必须重做考量了。

例2，《"拦截"概念场主导词的历时更替》指出唐代"拦"的对象可以是"棹"这样的事物："'拦'的对象……也可是事物，如'轿/船、街/门、云头/河'等，其中'棹/笔/足/手/胳膊'等较少用于其他主导词。如《全唐五代词》卷三李珣《南乡子》：'拦棹声齐罗袖敛，池光飐，惊起沙鸥八九点。'"①

"棹"是船桨，"拦棹"义不可通。其实"拦"应作"栏棹"之"栏"，②并非"遮拦"之"拦"。古代"木"旁、"扌"旁每不别，故"拦""栏"讹混。"栏棹"即"兰棹"，"兰"受偏旁类化的影响而增"木"旁。③ 这样也就谈不上"拦"的对象为"棹"。

例3，《汉语"冷类语义场"变迁史考》谈到魏晋以后"冷"的语法功能的发展："（'冷'）作中心语，可受程度副词'过'修饰。《肘后备急方》卷7：'食猪肉过冷不消，必成虫症，下之方。'"④

魏晋以后，"冷"的确可受程度副词"过"修饰；但文章所用语料并不妥切，因为其中"过"实为"遇"之讹。唐孙思邈《千金要方》卷七二《解毒杂治方·解食毒》引《肘后方》作"遇"。正统道藏本《肘后备急方》亦作"遇"，尚不误。隋巢元方《诸病源候论》卷十九《鳖症候》："有食鳖触冷不消生症者，有食诸杂物得冷不消变化而作者，此皆脾胃气弱而遇冷不能克消故也。""触冷""得冷""遇冷"义同。

例4，《"拐（枴）"的语义演变及其所在两个语义场词汇的历时替换》谈及"棍棒"义名词"棍"：

---

① 颜洽茂、王浩磊《"拦截"概念场主导词的历时更替》，《浙江大学学报》2012年第5期。

② 曾昭岷等编《全唐五代词》校勘记："拦，毛本《尊前集》作栏。"

③ 唐胡曾《咏史诗·汉江》："借问胶船何处没，欲停栏棹祀昭王。""栏"，宋洪迈《万首唐人绝句诗》作"兰"。《文苑英华》卷三一八孟浩然《冬至后过吴张二子檀溪别业》诗："草堂时偃曝，栏棹日周旋。""栏"，本集作"兰"。李珣《南乡子》词："兰棹举，水纹开。"亦用"兰棹"一词。

④ 王盛婷《汉语"冷类语义场"变迁史考》，《宁夏大学学报》2010年第2期。

"棍"宋以后才出现,明末清初用例开始超过"杖"、"棒"。

附注②:"棍"的早期用例如:众人执瓦石棒棍,东西互击。(北宋《太平广记》卷四百八十一①)②

文章称宋以后才出现表"棍棒"义的"棍",是准确的;但附注所举《太平广记》的例子却不能作为确证。此例出《太平广记》卷四八一"龟兹"条引《酉阳杂俎》,检《酉阳杂俎》前集卷四,原书实作"杖";那么《太平广记》作"棍"是不是编者以当时(北宋太平兴国年间)新词改易原书"杖"的结果呢?恐怕也不是。清人孙潜据以校勘谈恺本(《太平广记》现存最早刻本,也是目前传世各本之祖本)的南宋钞本作"板",③显然是"杖"之误;由此可以推想,宋本《太平广记》原文也应作"杖"。明清时期"谈恺-四库"这一版本系统的《太平广记》④作"棍",更可能是明人以当时(嘉靖、隆庆年间)通行之词改易前代版本而产生的。⑤ 因此,四库本《太平广记》这样经过后人窜改的语料,并不是证明《太平广记》所在之时已有表棍棒义的"棍"的有效证据。

例5,《"拦截"概念场主导词的历时更替》探讨"拦"在唐五代的发展情况:

"拦"新增的口语性状语也不见用于"遮",如形容词"活"、副词"便/卒乍/休"、时间名词"白昼"、介词短语"就NP"等,如唐张鷟《朝野佥载》卷二:"昌宗活拦驴于小室内"。

《太平广记》卷二六七"张易之兄弟"条引《朝野佥载》"拦"作"係"。文章所据《朝野佥载》为中华书局点校本,此本据明代陈继儒

---

① 据该文参考文献,文章依据的是文渊阁四库全书本。
② 刘曼《"拐(枴)"的语义演变及其所在两个语义场词汇的历时替换》,《合肥师范学院学报》2013年第2期。
③ 据张国风《太平广记会校》,北京:北京燕山出版社,2011年,第8681页。
④ 一般认为,谈恺本是文渊阁四库全书本《太平广记》的底本。
⑤ 谈恺刊刻《太平广记》所据底本(《会校·整理说明》径称"宋钞")错误很多,"亥豕鲁鱼,甚至不能以句"(谈恺本书前识语),由此推想谈氏所据底本此处也错作"板",谈恺不知是"杖"之误,遂据文意以当时习用之"棍"校改"板"。

《宝颜堂秘笈》本整理。明人辑书刻书好改易文字,《秘笈》也摆脱不了这种习气,清人黄廷鉴即谓"《秘籍》中诸书,皆割裂分并,句删字易,无一完善,古书面目全失"①,叶德辉也批评说"至晚季胡文焕《格致丛书》、陈继儒《秘笈》之类,割裂首尾,改换头面,直得谓之焚书,不得谓之刻书矣"②。笔者曾以《太平广记》引文对勘《秘笈》本,发现《广记》引文中许多合于唐人用法的词语、句式,到了《秘笈》本,即作后代始见或习用的词句,显经辑录者改窜。③ 因此今本《金载》"活拦驴"之"拦"未必是原文,反而更可能是经后人改易的文字;据以认为唐代前期"拦"新增了"活"这样的"口语性状语",恐须再做斟酌。

(二) 应注意时代疑误的语料

众所周知,许多古代文献所题署的作者和时代均存疑误,汉语史研究若以这些文献为材料依据,所得结论就未必可靠。近年来,汉语史研究越来越注意甄辨文献的作者、时代,避免误用材料,这是非常值得肯定的。然而在常用词研究中,以时代疑误的文献作为立论依据的情况仍非鲜见。本着常用词研究应作绣花式的精细功夫的原则,特别在只有孤例的情况下,切勿以此类文献为论据。它们充其量只在有着更可靠的例证的情况下当作旁证而已。

例6,《"拦截"概念场主导词的历时更替》认为:

> "挡"为"当"的分化字。"当"自先秦就较多用作抵挡义……至宋才由此衍生出遮拦义,……并首现了"拦攩、止当、阻挡"等组合,如邵雍辑《梦林玄解》卷一七《饮食部·杂物》:"兰有拦攩之

---

① 《第六弦溪文钞》卷一《校书说二》,后知不足斋丛书本,南京:凤凰出版社,2010年,第4252页。

② 叶德辉《书林清话》卷七"明人刻书改换名目之谬"条,上海:上海古籍出版社,2008年,第159-160页。

③ 参看真大成《〈朝野金载〉校补》,载中华书局编辑部编《文史》第二辑,北京:中华书局,2014年。

义,马被拦足不得前矣。"与主导词"拦"的连用反映了概念场对"挡"语义地位的认同。

"当"是否确至宋代方才衍生出遮拦义姑且不论,但据"邵雍辑《梦林玄解》"来证明宋代已经出现"拦攩"这样的"组合""连用"恐怕不妥。据该文参考文献,所用《梦林玄解》为崇祯刻本;检《四库存目丛书》影印中科院图书馆藏明崇祯刻本,此书题"晋稚川葛洪原本宋康节邵雍纂辑明养吾陈士元增删",文章称"邵雍辑"或本此。① 实际上,此书就是陈士元所撰。书前陈士元《小引》"甲子之春,购得一书,名为《圆梦秘策》,卷端有记曰'康节先生辑',则为宋尧夫邵子之所编无疑,但未知其始于何人也……又属仙翁葛稚川所著无疑"、何栋如《叙》"实晋仙翁葛稚川真本,宋邵尧夫先生所辑,而陈公则购罗衰集而成"、《凡例》"发千古之秘藏"云云,均是明人托名古贤伪造古书的鬼把戏;也早已被《四库全书总目》识破②(《总目》径题"明陈士元撰")。此类伪书绝不可作为汉语史研究的语料(至多作为作伪时代的证据)。

例7,王力《汉语史稿》认为汉代"皮"才用于人的皮肤,《先秦"皮"的语义场研究》却认为:

> 事实上,"皮"在先秦就用于人了。任学良就曾举了一个很有说服力的例子:人皮应天,人肉应地。(《素问·针解》)事实上,《素问》中"皮肤"对举的例子有 30 例,《灵枢经》中"皮肤"并举有 60 例。这些数据说明,"皮"在先秦医籍中用于人已经很常见了。先秦非医籍的文献中也有"皮"用于人的例子:《管子·内业》:"人能正静,皮肤裕宽,耳目聪明,筋信而骨强。"③

---

① 在爱如生公司开发的"中国基本古籍库"检索软件中,此书检索界面首页即题"邵雍辑"。
② 参看《四库全书总目》卷一一一"梦林元解"条,北京:中华书局,1965 年,第 951 页。
③ 吴宝安、黄树先《先秦"皮"的语义场研究》,《古汉语研究》2006 年第 2 期。

《黄帝内经》(《灵枢》和《素问》)和《管子》成书过程非常复杂,二书均非一人一时所作,其撰著时代自不能限定于先秦。所谓"很有说服力的例子",恐怕并不怎么坚确。比较而言,还是王力的观点更为审慎,因为语料(《史记》)的作者、时代明确可靠。

其他如以《列子》为据讨论先秦常用词,所得结论显然不能尽确,就不再赘言了。

(三) 应注意羼入他书内容的语料

某些文献本身的时代、作者没有问题,只是在流传中或为后人增补修缀,散佚后或为后人裒辑,以致当前的文本构成比较复杂,或有后世累增的材料,或有他书羼入的片段。常用词研究以这些文献作为论据,尤应注意区辨。

例8,《动量词"顿"的产生及其发展》发现晋代就已有动量词"顿":

> 但在晋代,笔者发现了动量词"顿"的用例,见于该时期的医书《肘后备急方》,用来称量饮食行为的次数。例如:1)菘根和鲫鱼煮,作羹,食之三两顿,即便差耳。(《肘后备急方》卷三)2)待至六日,则饱食羊肉博饦一顿,永差。(同上)3)若一日两度服,即恐利多;每日服一顿,即微利,不得杂食。(同上卷四)。①

《汉语"冷类语义场"变迁史考》描述了"魏晋以后,'冷'获得充分发展"的各种表现:

> 第一,口语性十足,用于命名,除了"冷池、冷溪、冷泉",还有食品名。《肘后备急方》卷2:"似茶吸之,时人呼为冷饮子。"……第四,自动词用法发展迅速,出现大量"V₁ + (O) + 令/使 + V₂"用例,如"捣令冷……"《肘后备急方》卷2:"再捣令冷,可丸如鸡头大。"作补语,有"放冷、停冷……"组合,……《肘后备急方》卷2:"炒令

---

① 王毅力《动量词"顿"的产生及其发展》,《语言研究》2011 年第 3 期。

转色,放冷,再捣为细散。"又卷3:"以面裹于热火灰中煨令熟,出,停冷,去椒。"

《魏晋核心词"油"语义场初探》考察了魏晋"油"语义场成员"脂""肪"的使用情况:

（3）鳗鲡鱼脂敷之。（《肘后备急方》卷三,"治中风诸急方第十九"）

（12）以韭根,炒存性,旋捣末,以猪脂油调,敷之。（《肘后备急方》卷五）

（18）雁肪四两,炼,滤过。每日空心暖酒一杯,肪一匙头,饮之。（《肘后备急方》卷三）

（21）猪肪脂以冷水浸,搨之。（《肘后备急方》卷五)①

《魏晋"羽毛"语义场探微》认为:

魏晋"羽毛"语义场共有 5 个成员:羽、毛、翮、翰、翎……"翎"在所考察的魏晋文献中仅见《肘后备急方》一孤例。……魏晋时期"翎"仅见 1 例:

其水如涎,将真蛤粉,不以多少旋调敷,以鸡翎扫之疮上,日可十余度,其热痛止,疮便愈。（《肘后备急方》卷五,"治痈疽妒乳诸毒肿方第三十六"）②

今本《肘后备急方》的文本构成非常复杂。葛洪撰《肘后备急方》,后经陶弘景增补,金代杨用道又做增补,列为"附方"。今本葛、陶部分已难区分（原本用墨、朱书区别）,杨用道增补部分因单列为"附方",较为醒目。使用此书如不察文本构成,往往误将"附方"当作《肘后》原书,以致误判语料时代性。上举四文所引《肘后备急方》例,其实均在"附方",完全不是葛洪之书,因此所下结论、所做阐释均不准确。

---

① 龙丹《魏晋核心词"油"语义场初探》,《广西社会科学》2007 年第 7 期。
② 龙丹《魏晋"羽毛"语义场探微》,《郧阳师范高等专科学校学报》2008 年第 1 期。

例9,《汉语"冷类语义场"变迁史考》考察"冷"在东汉的使用情况：

> 东汉时期……"冷"还用于命名(可对比"寒食节",以"冷"命名节日,反映出其强烈的口语色彩)。崔寔《四民月令》："齐人呼寒食为冷节,以麯为蒸饼样,团枣附之,名曰枣糕。"

崔寔《四民月令》早佚,清代以来有任兆麟、王谟、严可均、唐鸿学四种辑本,缪启愉指出这些辑本"多误辑"(《四民月令辑释·前言》)。文章所引"齐人呼寒食为冷节"一例是否是《四民月令》原文呢？ 实际上,"齐人呼寒食为冷节"一句出杜诗王洙注,"以麯为蒸饼样,团枣附之,名曰枣糕"一句出严有翼《艺苑雌黄》,[①]任兆麟、王谟辑本误作《四民月令》之文,[②]严可均辑本(《全后汉文》卷四七)归入"王谟本六事俟考",已经表示怀疑。[③] 缪启愉《四民月令辑释》、石声汉《四民月令校注》均未辑入,已知其误。如此则"东汉时期……'冷'还用于命名"的说法自然不能成立。

(四) 应注意经"累积"后难以区别各组成部分的语料

有些文献自成书后经历了"累积"的过程,各部分时代不一,后人称述时名称歧出,又不别本文和注文。延至今日,实已无法区分,其时代性更加难以确定。以这样的材料为论据,尤应审慎。

例10,《常用词"窃""盗""偷"的历时演变》指出"偷"在西汉已有偷窃义：

> 西汉时期,还出现了"偷"表示"偷窃"义的现象,但用例很少,仅在《淮南子》中出现 1 次。……释慧琳《一切经音义》卷四

---

① 见陈元靓《岁时广记》卷十五、祝穆《事文类聚》前集卷八引。
② 《古今图书集成·岁功典·清明部·杂录》引《四民月令》："齐人呼寒食为冷节。"任、王或本此而误辑。
③ 参看石声汉《严可均辑本〈四民月令〉的序和两个附件》,载崔寔著、石声汉校注,《四民月令校注》附录二,北京：中华书局,2013 年。

十五引《仓颉》:"媮,盗也。""媮",同"偷"。《仓颉》是秦至西汉时期的字书,书中将"媮"释为"盗",即偷窃,亦可以证明至迟在西汉时期"偷"已经产生了"偷窃"义。①

《淮南子》自然是证明"偷"在西汉已有偷窃义的可靠论据,但以慧琳《一切经音义》所引《仓颉》作为旁证则未必有效了。

秦李斯撰《仓颉篇》(7 章),②汉初闾里书师合《仓颉篇》《爰历篇》《博学篇》为一书,统称《仓颉篇》(55 章)。扬雄续撰《训纂篇》、贾鲂续撰《滂喜篇》,合称"三仓"。③后代引述所称"仓颉篇",实际已很难区辨到底是 55 章《仓颉篇》,还是"三仓"。

扬雄撰《仓颉训纂》,杜林撰《仓颉训纂》《仓颉故》,均为 55 章《仓颉篇》作注。④张揖撰《三仓训诂》、郭璞撰《三仓解诂》(又称《仓颉解诂》),顾名思义,则是为《三仓》作注。

《仓颉篇》原书由单字组成,并无释义,后代所引题《仓颉篇》凡作解释者,实出上述诸家之注。慧琳《一切经音义》称引"仓颉篇",题署繁杂,有"仓颉""仓颉篇""三仓""苍颉解诂""三仓解诂""苍颉训诂""三苍训[诂]""三苍解诂"等,同样出于上述诸家注解,然而无从分辨到底为何家之注。

明乎此,慧琳《一切经音义》所引《仓颉》"媮,盗也",既不能确定字头"媮"是否为"秦至西汉时期"原有,也不能确定此注为何人何时所作,因而用这条材料来证明"至迟在西汉时期'偷'已经产生了'偷窃'义",恐未安。

(五) 应注意文本构成比较特殊的语料

某些文献传承有绪,作者、时代向无疑义,但由于文本构成特殊,

---

① 王毅力《常用词"窃""盗""偷"的历时演变》,《语言科学》2009 年第 6 期。
② "仓"或作"苍"。
③ 孙星衍认为是晋张轨所合,姚振宗认为是贾鲂所合。
④ 据《汉书·艺文志》,还有佚名《仓颉传》。

也不宜直接用作调查、统计的语料。如以《后汉书》为南北朝语料，依照研究对象在该书中的用次来窥探它在南北朝的使用状况，显然不妥；又如依照作者时代将《法苑珠林》《艺文类聚》等类书、《通典》等政书、《群书治要》《意林》等书钞看作唐代语料，将《云笈七签》《太平御览》看作宋代语料，而未注意它们文本构成的特殊性，忽视构成材料时代多层次的状况，自然也不妥当。这一问题非短章所能尽述，就不展开了。

二、关于常用词的词义

（一）应准确把握常用词的词义

常用词研究实质上以词的义位为核心，因而需要正确把握研究对象的含义，否则不免郢书燕说。常用词字面普通，其义往往显明，似乎易于理解；然而研究实践表明，未能准确认定对象含义而做蹈空之论的情况并非罕见。

例 11，《常用词"矢""箭"的历时替换考》探讨"箭"之"矢"义的发展过程：

秦汉时期，"箭"作"箭矢"义的用例零星出现了。如：

今天下锻甲砥剑，桥箭累弦，转输运粮，未见休时，此天下之所共忧也。（《史记·平津侯主父列传》）①

《史记》"桥箭"之"箭"相当于"笴"，指箭杆，而不是"矢"。"桥"即"挢"，通"矫"，《汉书·严安传》即作"矫箭"，颜师古注："矫，正曲使直也。"《说文·矢部》："矫，揉箭箝也。"段注："不言矢言箭者，矫施于笴不施于镝羽也。"王筠句读："矫从矢，所矫者，矢之笴也。""桥

---

① 史光辉《常用词"矢""箭"的历时替换考》，《汉语史学报》第四辑，上海：上海教育出版社，2004 年。

（挢/矫）箭""揉（煣）箭"之"箭"所指相同,均谓"矢之笴"。

例12,《中古汉语"逮捕"概念场动词词义演变研究》认为"逮"表"逮捕""捕捉"义秦汉即已出现:

> "逮"有追及、赶上义。……若追上并提取之,则引申出逮捕义,"逮"的对象处所一般为监狱,比较明确。秦汉时期已见其用例,如:
>
> （1）移人在所县道官,县道官狱讯以报之,勿征逮。征逮者以擅移狱论。（《居延新简》,EPS4T2·101）
>
> （2）河南治,逮淮南太子,王、王后计欲无遣太子,遂发兵反,计犹豫,十余日未定。（《史记·淮南衡山列传》)①

《史记·淮南衡山列传》:"河南治,逮淮南太子。"张守节正义:"逮谓追赴河南也。"②"逮"犹言传唤、传讯,与凭借武力以强制手段胁迫的抓捕、捕捉尚隔。《汉书·高帝纪下》:"贯高等谋逆发觉,逮捕高等。"刘攽云:"逮者,其人存,直追取之;捕者,其人亡,当讨捕也。故有或但言逮,或但言捕,知异物也。"又云:"逮,徒呼名召之;捕,加束缚矣。"可见"逮"指传唤、传讯。《汉书·张汤传》:"汤掘熏得鼠及余肉,劾鼠掠治,传爰书,讯鞫论报。"③颜师古注:"传谓传逮,若今之追逮赴对也。""传逮""追逮"俱言传唤。《居延新简》"逮"与"征"（简文本作"徵"）连文,尤见其义。

例13,《魏晋"虱"语义场及其历时演变》认为"蛭"也是魏晋时"虱"语义场的成员:

> 《说文》:"蛭,蚑也。"《玄应音义》卷十一"作蛭"注"蛭,谓入

---

① 姜黎黎《中古汉语"逮捕"概念场动词词义演变研究》,《古汉语研究》2014 年第 1 期。

② 《汉书·淮南王传》:"河南治,逮淮南太子。"颜师古注:"追赴河南也。"张守节或本此。

③ 前人或以为"传"为"傅"之误,今不取。

人皮中食血者也。江东名蚑。"所考察的魏晋文献中,"蛭"仅出现在《肘后备急方》中,有3见,如:

9)蛭唼脏血,肠痛渐黄瘦者。(《肘后备急方·治食中诸毒方》)①

《说文·虫部》:"蚑,虮子也。一曰齐谓蛭曰蚑。"谓"虮子"之"蚑"可记作蚑₁,谓"蛭"之"蚑"可记作蚑₂。《说文·虫部》:"蛭,蚑也。"段玉裁注:"此蒙上'蚑'字第二义释之。……水蛭者,今之马黄。"也就是说,这个"蚑"实际指蚑₂。《尔雅·释鱼》:"蛭,蚑。"当为《说文》所本。郭璞注:"今江东呼水中蛭虫入人肉者为蚑。"由此可明,《说文》"蛭,蚑也"之"蚑"实即蚂蟥。文章没有准确理解"蚑"的含义,将它误认为蚑₁,以致误解"蛭"的含义,将它纳入"虮"语义场,殊不知"蛭"与"虮"全无关涉。

例14,《明清时期"理睬"义动词的历时演变和地域分布》认为:

《汉语大词典》还举一例,可以作为"理"表"理睬"的早期用例:

(5)虽见指笑,余亦不理也。(晋葛洪《抱朴子·讥惑》)

除此例外,我们调查的宋以前的文献中,没有见到"理"表达"理睬"义的确切用例。②

《抱朴子》此例"理"不是理睬义,而指辩白、申辩。《抱朴子外篇·臣节》:"无东牟、朱虚以致其计,无南史、董狐以证其罪,将来今日,谁又理之?"《自叙》:"至于吊大丧,省困疾,乃心欲自勉强,令无不必至,而居疾少健,恒复不周,每见讥责于论者,洪引咎而不恤也。意苟无余,而病使心违,顾不愧己而已,亦何理于人之不见亮乎?"又同篇:"及与学士有所辩识,每举纲领,若值惜短,难解心义,

① 施真珍、贾秀秀《魏晋"虮"语义场及其历时演变》,《学术探索》2014年第1期。
② 刘宝霞《明清时期"理睬"义动词的历时演变和地域分布》,《合肥师范学院学报》2013年第2期。

但粗说意之与向,使足以发寤而已。不致苦理,使彼率不得自还也。""理"均谓申辩、辩解。由此看来,"理"表理睬义魏晋南北朝还没有确切用例。

(二) 应正确认识常用词词义的成因

例15,《浅谈"慢"常用义之演变》谈及"慢"之"缓慢"义的来由:

"慢"词义的分化基本上有两条线路:一是由其本义"傲慢不敬"引申出"怠慢轻忽、懈怠松弛"等义;一是因通假而得之通假义,是"趘"的假借字,由"行缓"而引申出"缓慢"义项。……尽管如此,"慢"的"缓慢"义项还是早已萌芽产生,最初用作动词"行迟",首例见于《诗经·国风·大叔于田》:"叔马慢忌,叔发罕忌。"毛亨传:"慢,迟。"《说文解字》:"趘,行迟也。"桂馥义证:"反快为慢。"段玉裁注:"今人通用慢字。"可见,慢最初用如"行迟"当为"趘"之假借字,且借其义而不还,后引申为"缓慢"、"舒缓"等义。①

"慢"之缓慢义,前人一般认为是"趘"的通假,该文也持这种观点。今以为缓慢义应由其懈怠、怠惰义引申而来。从人的心理情绪之"松懈"演化为行为动作之"迟缓"是自然之事。"趘"特指走路缓慢,故从"走",应是表迟缓义之"慢"的分别字。"慢"之缓慢义应是引申义,而不是通假义。

例16,《汉语"持拿"义语义场的历史演变》认为"拿(挐)"本义指牵引,近代汉语时期引申出持拿义,从而成为"持拿"语义场的成员:

(二) 增加了新成员"拿(挐)",并在近代汉语后期(明代),"拿(挐)"发展成为主导词。挐,本义为牵引。《说文》:"挐,牵引

---

① 王秀玲《浅谈"慢"常用义之演变》,《海南大学学报》2003 年第 2 期。

也。"发展到近代汉语,"拏"引申为"持拿"义,俗体写作"拿"。①

《说文·手部》:"拏,牵引也。""搇,持也。"段玉裁认为通行本《说文》"拏""搇"二篆形体互讹,因此段注本改作"搇,牵引也""拏,持也"。所谓"牵引"有纠缠、交错、杂糅、纷乱意,所谓"持"就是执持义,"拏""搇"并行不乱。因此,"拏(拿)"本义即指"持拿",与"牵引"没有引申关系。它自汉代以来就是"持拿"语义场的成员,并不是近代汉语才出现的。扬雄《解嘲》:"攫拏者亡,默默者存。"《吕氏春秋·本味》"肉玃者臊"高诱注:"肉玃者,玃拏肉而食者,谓鹰雕之属,故其臭臊也。""玃"即"攫"之讹。"攫(玃)拏"同义连文,谓执持。

(三) 应准确理解常用词所在语境中的其他有关词语的含义

准确理解上下文意及与研究对象紧密相关的其他词语的含义,有助于把握研究对象的语义和用法。

例17,《"嘴"的词义演变及其与"口"的历时更替》认为"嘴"在唐代可以用来指称动物和人,指称动物举唐玄奘《阿毗达磨集异门足论》卷八"若诸有情以口嘴舌摄取段食"例。②

此例中的"嘴"未必指称动物。详引此例上下文如次:

云何施设段食粗细? 答:依所资养有情,大小及段渐次施设。

粗细其事如何? 答:如灯祇罗兽等所食为粗,尼民祇罗兽等所食为细;尼民祇罗兽等所食为粗,泥弥兽等所食为细;泥弥兽等所食为粗,龟鳖鱼等所食为细;龟鳖鱼等所食为粗,余水生虫所食为细;复次象马牛等所食为粗,羊鹿猪等所食为细;羊鹿猪等所食为粗,野干狗等所食为细;野干狗等所食为粗,雁孔雀等

① 钟明立《汉语"持拿"义语义场的历史演变》,《汉语史学报》第十三辑,上海:上海教育出版社,2013 年。
② 吕传峰《"嘴"的词义演变及其与"口"的历时更替》,《语言研究》2006 年第 1 期。

所食为细;雁孔雀等所食为粗,余陆生虫所食为细。

复次,若诸有情食诸草木枝条叶等,彼食是粗,若诸有情食饭粥等,彼食是细;若诸有情食饭粥等,彼食是粗,若诸有情食酥油等,彼食是细。

复次,若诸有情以口嘴舌摄取段食,用齿咀嚼而吞食之,彼食是粗;若诸有情在胎卵中段食津液,从脐而入,资养其身,彼食是细。

复次,若诸有情食有便秽,彼食是粗;若诸有情食无便秽,彼食是细;如有食香酥陀味等,虽有所食而无便秽。如是施设段食粗细。

文章指出"文中例举了十余种动物,可知在当时'嘴'已能较自由地指称它们",显然认为"诸有情"指代上文提到的动物。

"有情"即"众生"之异译,包括人和动物。此段开头讲依据所资养的"有情"施设段食粗细,下文便以各种动物为例来分辨食物粗细;至"雁孔雀等所食为粗,余陆生虫所食为细"以下,经意有所递进,分述"诸有情"食物粗细的各种情况。细味经意,起首之"有情"应总括人和动物,而"余陆生虫所食为细"一句以下的"诸有情"则专指人。即使"诸有情"并不是特指人,也包括人和动物。因此,这里"嘴"并非如文章所谓指称动物,应该还是指称人,或者指称人和动物。

例18,《古辞辨》(增订本)【度 渡】条论及"渡"扩张其使用范围:

《史记·高祖本纪》"淮阴已受命东,未渡平原",这是穿过陆地。①

《"涉""济""渡"词化模式及词义的历时演变》:

此期(引者按指西汉)还出现了少数"渡"的宾语由"江河"类转喻扩展到"桥、平原"类的用例。如:淮阴已受命东,未渡平

---

① 王凤阳《古辞辨》(增订本),北京:中华书局,2011 年,第 587 页。

原(《史记·高祖本纪》)。①

对于"平原"的理解同于《古辞辨》。

其实《高祖本纪》中的"平原"并不是一般意义的"平原",而是特指"平原津"。《史记·淮阴侯列传》:"信引兵东,未渡平原。"与《高祖本纪》同言一事。张守节正义:"怀州有平原津。"②因此"渡平原"之"渡"仍指渡过水面,③而非"陆地"。

三、关于常用词的书写形式

(一) 应重视常用词的书写形式

有些常用词具有多种书写形式。书写形式虽然是词的用字问题,但实际上牵涉词语研究的诸多方面,因此对常用词研究而言,准确、充分把握书写形式具有重要意义;忽视书写形式,则会给研究带来缺失,甚至错误。

例19,《试析"隘"、"狭"、"窄"的历时演变》论述"窄"的演变情况:

> 魏晋以降,"窄"开始出现,形成"隘"、"窄"各处一端,而以"狭"为主的格局。……此时传世文献中"窄"的比例远远小于"狭"与"隘",而且仅用于指"道路狭窄"。……抽查《大正新修大藏经》1—12 册中魏晋南北朝佛经文献,没有发现一例"窄"的用例。④

---

① 贾燕子《"涉""济""渡"词化模式及词义的历时演变》,《宁夏大学学报》2013 年第 6 期。
② 亦可参看钱穆《史记地名考(上)》(新校本),北京:九州出版社,2011 年,第 681 页。
③ 《汉语大字典》"渡"字下"通过;跨过"义下举《史记·高祖本纪》:"淮阴已受命东,未渡平原。"未确。《高祖本纪》此例"渡"仍指"过河;通过水面"。
④ 王娟《试析"隘"、"狭"、"窄"的历时演变》,《西华大学学报》2006 年第 1 期。

"窄"又写作"迮""笮""柞"等。① 文章若能掌握这些书写形式再调查的话，就不会得出以上结论了。《周礼·考工记·轮人》："毂小而长则柞。"郑玄注引郑司农："柞，读为迫唶之唶，谓辐间柞狭也。"王逸《九思·伤时》："迫中国兮迮陜，吾欲之兮九夷。"洪兴祖考异："迮陜，一作窄陕。"汉《西狭颂》："郡西狭中道，危难阻峻，缘崖俾阁，两山壁立，隆崇造云，下有不测之溪，阰𦮼促迫，财容车骑。"汉《郎中马江碑》："故茔迫𦫿。""𦮼""𦫿""𦮼"即"笮"（艹、竹混用）。汉《西岳华山亭碑》："散斋华亭，斋室逼𥥆。"②"𥥆"即"窄"。据此可见，"窄"这个词先秦即已出现，汉代习用，书写形式多样，三国魏张揖《广雅》收录此词（见《释诂一》），实有语言事实为据。

三国吴康僧会译《六度集经》卷三："若获为人，处胎十月，临生急笮，犹索绞身。"宋、元、明本"笮"作"窄"。元魏慧觉等译《贤愚经》卷六《尼提度缘品》："尔时舍卫城中，人民众多，居止隘迮。"可见《大正新修大藏经》1—12 册魏晋南北朝佛经文献也不是没有"窄"这个词，只是不作"窄"这一书写形式而已。

（二）应注意常用词多样的书写形式

常用词书写形式的研究目前虽已有了一些成果，但总体上还非常薄弱；即使有所涉及，大抵止于搜列研究对象的"异体形式"，对于更为隐蔽的"通假形式""古今形式"则未着眼。失察此端，立说同样未臻美备。

例20，《中古"雇赁"概念场词汇系统的词义演变》考察中古（东汉—隋）"雇赁"概念场"雇、庸/佣、赁、僦、假、借"的来源和演变，选取《汉书》《论衡》《道行般若经》《修行本起经》作为东汉代表文献，认为

---

① 《说文》"迮"下段注："即今之'窄'字也。"《说文》"笮"字下段注："《说文》无'窄'字，'笮''窄'古今字也。"
② 此碑作者《古文苑》题为卫觊，今不取。

"上古时期及本文所考察的东汉时期均未见雇₁（引者按表雇佣义）例"。①

"本文所考察的东汉时期"应即指作者选定的《汉书》等四部东汉文献。那么当时确实没有雇₁吗？

"雇"有通假字"顾"。②"雇（顾）"早在先秦即有支付义，犹言"酬"，如《韩非子·外储说左上》："乘白马而过关，则顾白马之赋。"（从陈奇猷、周勋初说③）汉代也不乏其例，《汉书·平帝纪》："天下女徒已论，归家，顾山钱月三百。"颜师古注："如淳曰：'已论者，罪已定也。令甲，女子犯罪，作如徒六月，顾山遣归。说以为当于山伐木，听使入钱顾功直，故谓之顾山。'应劭曰：'旧刑鬼薪，取薪于山以给宗庙，今使女徒出钱顾薪，故曰顾山也。'如说近之。谓女徒论罪已定，并放归家，不亲役之，但令一月出钱三百，以顾人也。"又《晁错传》载晁错上言："其行赏也，非虚取民财妄予人也，以劝天下之忠孝而明其功。故功多者赏厚，功少者赏薄。如此，敛民财以顾其功，而民不恨者，知与而安已也。"颜师古注："顾，雠也。若今言雇赁也。"

当"顾（雇）"的对象是人时，其"支付（钱财）"义即转指"雇佣（人）"义。《汉书·丙吉传》载元帝时伍尊上书："是时，治狱使者丙吉见皇曾孙遭离无辜，吉仁心感动，涕泣凄恻，选择复作胡组养视皇孙……及组日满当去，皇孙思慕，吉以私钱顾组，令留与郭徵卿并养数月，乃遣组去。""顾"，《资治通鉴·汉昭帝元平元年》作"雇"。"顾组"，固然可以理解为"支付（钱）给胡组"，但实际就是雇佣胡组之义。伍尊在汉元帝时上书，则表雇佣义的"顾（雇）"西汉即出现。据此，上古时期和《汉书》均已见雇₁。

---

① 姜黎黎《中古"雇赁"概念场词汇系统的词义演变》，《求索》2014 年第 3 期。

② "雇"本身就是个假借字，但在雇佣义上，可以将它看作"本字"，正是在这个意义上，将"顾"当作"雇"的通假字。

③ 陈奇猷《韩非子新校注》，上海：上海古籍出版社，2000 年，第 675 页；周勋初《韩非子校注》，南京：凤凰出版社，2009 年，第 305 页。

"雇₁"还通作"故"。① 《史记·冯唐列传》"夫士卒尽家人子,起田中从军,安知尺籍伍符"裴骃集解引如淳曰:"《汉军法》曰:'吏卒斩首,以尺籍下县移郡,令人故行,不行夺劳二岁。'"司马贞索隐:"谓故命人行而身不自行,夺劳二岁也。故与雇同。""令人故行"为汉代军法之语。②

若把握"雇"尚有"顾""故"这些书写形式,自然不会得出上古-东汉时期未见雇₁的结论。

例21,《现代汉语"擦拭"义词语的方言地理分布及历史嬗变》在考察先秦"拭"的使用情况时曾统计它在《三礼》中共出现 3 次。③ 黄静丽《"拭""抹""擦"历时更替研究》考察了先秦两汉"拭"的使用情况:

> 先秦两汉时期,表示"用手拿东西接触人或物"这一概念一般用"拭"。从现存文献考察发现,"拭"最早出现在战国时期的《礼记·杂记下》。……"拭"在整个先秦两汉的史书中共出现 37 次。④

表"拭"这个词,先秦写作"飾","拭"是后起的书写形式。《说文·巾部》:"飾,㕞也。"《又部》:"㕞,飾也。"段注:"'飾''拭'古今字,许有'飾'无'拭',凡说解中'拭'字皆浅人改'飾'为之。"

先秦文献原本应作"飾",今本作"拭",是后人以"今字"改"古字"的结果。《说文》"飾"下段注:"《聘礼》'拭圭'字,今作'拭',盖古经必作'飾',郑云'拭,清也',此必经文作'飾'而以'清'训之,倘

---

① 章太炎认为"故"为本字,"雇"为通假字,参看马勇编《章太炎书信集》,石家庄:河北人民出版社,2003 年,第 276 页。

② 《史记·韩长孺列传》:"廷尉当恢逗桡当斩。"裴骃集解:"案《汉书音义》曰:'逗,曲行避敌也;桡,顾望。军法语也。'"

③ 秦晓华、王秀玲《现代汉语"擦拭"义词语的方言地理分布及历史嬗变》,《华南理工大学学报》2007 年第 4 期。

④ 黄静丽《"拭""抹""擦"历时更替研究》,《柳州师专学报》2013 年第 6 期。

经本作'拭',又何用此注乎？《释诂》云:'拭,清也。'《尔雅》少古字,故往往与经典不合,古本当不作'拭'耳。"认为《仪礼·聘礼》《尔雅·释诂》本当作"飾"。

《周礼·天官·羊人》:"凡祭祀,飾羔。"孙诒让正义:"飾即拭也。"《地官·封人》:"凡祭祀,飾其牛牲。"郑玄注:"飾,谓刷治洁清之也。"《春官·太史》:"凡射事,飾中,舍筹,执其礼事。"孙诒让正义:"云'飾中'者,《封人》注云:'飾谓刷治絜清之也。'"犹存古字。

"飾",《说文》谓"读若式",故又通作"式"。《管子·轻重丁》:"桓公使八使者式璧而聘之,以给盐菜之用。"《说文》段注引此例,并谓:"式者,飾之假借。"《荀子·礼论》:"不浴则濡巾,三式而止。"亦其例。因"式(飾)"用手,后加手旁成"拭"。①

若了解"拭"是后起的书写形式,早先作"飾",又通作"式",必能更为准确地判断它的产生时代、统计使用频率。

（三）研究常用词书写形式应注意的两个问题

1. 分辨字词关系,避免将两个同义词看作一组异体字

例22,《"拦截"概念场主导词的历时更替》讨论"遏""遮":

"遏(閼)"、"遮"互训。附注:"遏"又同"閼"。《说文·门部》:"閼,遮拥也。"段注:"古书壅遏字多作拥閼,如许所说则同义异字也。"

文章显然依据段注将"遏""閼"看作同一个词的不同书写形式("遏""閼"异体字)。这恐怕误解了段注"异字"的含义。段注有多处对"字""义"关系的表述,其中"字"的含义不尽一致。大抵而言,段注所谓"同义异字""异字同义""异字而同义"中的"字"相当于"词",如"堇"字注"与'埍'异字同义","坢"字注"'坢''封''窆'异字同义",

---

① "拭"字已见于东汉《孙叔敖碑》。

"塙"字注"与'陣'异字而同义",实谓"堇/埴""堋/窆""塙/陣"为同义词,"遏/阕"同理。王引之《经义述闻》谓"'阕'与'遏'通",王筠《说文解字句读》谓"'阕'与'遏'同义",桂馥《说文解字义证》谓"(阕,)诸书通作'遏'",所谓"通""同",均指"阕""遏"二词同义。

2. 调查整理书写形式及判断书写形式的时代必须使用、依据"同时资料"

例23,《明清时期"理睬"义动词的历时演变和地域分布》论及表理睬义的"采"有不同的书写形式:

> 偶尔也写作"睬"。《汉语大词典》"睬"首例引唐张蓥《醉吟》之二:
>
> (8)下调无人睬,高心又被瞋。
>
> 《全唐诗》中,还有另外一例写作"睬":
>
> (9)胸中别有安边计,谁睬髭须白似银。(曹唐《羽林贾中丞》)
> 这两例可看作"睬"这一书写形式的早期用例。……
>
> 我们调查的文献中,字形"睬"仅见于上文所列例(7)、例(8)①,余皆作"采"、"採"。

揣度文章之意,似乎认为"睬"这个字形唐代就已出现,但《全唐诗》这样的后时资料,在调查字形时不足为据(只能证明《全唐诗》刊刻时已有"睬"这个字形)。

文章又指出:

> 元杂剧中,"采(採、睬)"已可用于舞台说明,多用字形"采"、"採","睬"少见。
>
> (24)虽无归去路,好把画图看。(外末做不睬正末科。)
> (《新校元刊杂剧三十种·陈季卿悟道竹叶舟》第一折)
> (25)你依吾将令听我差,休睬这个言那个语,我交你手里不要

---

① 原文如此,应该是例(8)、例(9)。

赢,则要输。(《新校元刊杂剧三十种·诸葛亮博望烧屯》第二折)

文章做出这样的判断仍是依据现代点校排印本这样的后时资料,其实不足为据。查检国家图书馆藏元刻本《古今杂剧》(据《中华再造善本》),例(24)之"睬"实作"采",例(25)之"睬"实作"採"。因此元杂剧中是否使用"睬"这个书写形式,仍须依据同时资料调查。

四、关于常用词溯源

(一) 应重视常用词溯源研究

既然研究"演变",那么探讨常用词的源与流自然是题中之义。目前常用词演变研究,多着力于"沿流"而忽视"溯源"。溯源研究关系到常用词演变的完整脉络,意义重大;又牵涉到形、音、义诸方面,难度也大,对此应有足够重视。当然,有些常用词的来源已不可考,也应力求避免泥古附会之弊。

准确把握常用词本身的产生时代是溯源的基本目的和要求。应辨明字词关系,摆脱"字"(书写形式)的拘束,从语言出发,探寻语源,确实掌握"词"的始见年代。

例24,《汉语"挖掘"义动词的历时演变》认为"'挖'的'挖掘'义较早的用例见于唐代段成式《酉阳杂俎》",[1]《"挖""掘"的历时替换及其相关问题》《常用词"掘"对"凿""穿"的历时替换及其原因考》也认为"挖"这个词"始见于唐代"。[2]

"挖"古作"穵"。《广雅·释诂三》:"穵,深也。"据曹宪《博雅音》读乙八反。王念孙疏证:"穵者,《说文》:'穵,空大也。从穴乙声。'今人

---

① 董玉芝《汉语"挖掘"义动词的历时演变》,《燕山大学学报》2011 年第 3 期。
② 孙淑娟《"挖""掘"的历时替换及其相关问题》,《南昌大学学报》2015 年第 1 期;孙淑娟《常用词"掘"对"凿""穿"的历时替换及其原因考》,《江西师范大学学报》2016 年第 6 期。

谓探穴为'窍',义取诸此也。""窍"的词义构成可以比照"揞""浽""窝""突""窦"诸词。《广雅·释诂三》:"揞,深也。"《说文·手部》:"揞,把也。"《广雅·释诂》:"浽,深也。"《说文·水部》:"浽,窳下也。"《礼记·檀弓下》:"杀其人,坏其室,浽其宫而豬焉。"孔颖达疏:"谓掘浽其宫,使水之聚积焉。"《说文·穴部》:"窝,空兒。"《玉篇·穴部》:"窝,深兒。""窝"从"窝"声,《说文·肉部》:"窝,以锥有所穿也。"《广雅·释诂三》:"抉,穿也。"王念孙疏证:"《说文》'突,穿也','窦,深抉也',义并与'抉'同。《玉篇·穴部》:"突,穿也,空也。""窦,穴兒也,空也,穿也。"综而观之,"深""空"义相贯,而"深""空"又是"把""掘浽""穿"等行为造成的结果,因此,在"揞""浽""窝""突""窦"的词义构成中,既蕴含动作要素(把、掘、穿),也蕴含性状要素(深、空)。由此观照"窍",其理亦同,既可言"深",又实涵掘穿义,王念孙所谓探穴"义取诸此",正据此而言。[1] 因此,表挖掘义的"窍"虽然文献用例唐代始见,但这个词应该早就存在了,并非"始见于唐代"。

例25,《"短"、"矬"、"矮"历时替换考》考察"矮"的演变时说:

> 根据目前掌握的材料,"矮"最早见于唐代文献。……"矮"在唐代出现后发展迅速。[2]

"矮"不是唐代以后才出现的新词,至晚三国时即已出现,只是书写形式不作"矮"。[3]《广雅·释诂二》:"痿,短也。"王念孙疏证:"'痿'即今'矮'字也。《玉篇》音於绮、於解二切。"《释言》:"痿,痤也。"王念孙疏证:"'矬'与'痤'通。"《集韵·蟹韵》倚蟹切:"矮,矬也。或作痿、矮。"方以智《通雅·谚原》:"古以痿为矮。"

① 其实"深"本可形況、动作二用,《汉书·沟洫志》:"按经义治水,有决河深川,而无堤防雍塞之文。"颜师古注:"深,浚治也。""决"即"抉","深"与之对文,则亦有挖、抉义,故颜注谓"浚治"。
② 孙菊芬《"短"、"矬"、"矮"历时替换考》,《广东工业大学学报》2008年第2期。
③ 参看姚永铭《慧琳〈一切经音义〉研究》,南京:江苏古籍出版社,2003年,第154-155页。

高丽藏本南朝陈真谛译《佛阿毗昙经出家相品》卷下："尔时比丘度短人出家受具足戒,时人诃怪:'云何是等比丘度短人出家受具足戒?'"资福藏、碛砂藏、普宁藏、永乐南藏、径山藏、清藏及宫内省图书寮本作"痎",其中资、碛、普、南、宫本在"痎"下有小字夹注"乙买",实为"痎"之音切。①　玄应《一切经音义》卷十《佛阿毗昙经》音义"痎人"条:"於解反。《广雅》:'痎,矬也。'"则玄应所见本亦作"痎"。玄应是初唐人,去真谛不远,极可能真谛译经时即用"痎"。

例26,《现代汉语中"舔"之词义演变管窥——兼论对"舐"的替换》考察"舔"的发展:

> "舔"是一个后起字,最早收于金韩道昭的《篇海》:"舔,以舌舔物。"较早见于李白诗《鸣皋歌送岑征君》:"玄猿绿熊,舔舕崟岌。""舔舕"即为"吐舌貌"。……与"舐"相比,"舔"在整个唐宋出现极低。②

揆文章之意,当是认为"舔"这个词产生于唐宋以后。之所以会有这个看法,恐因未溯其源。《说文·谷部》:"西,舌貌。"据段注,"西"象吐舌之貌,而"舌出唇外,以舌钩取物也"(《说文释例》卷一)。《正字通·一部》:"西,以舌取食也,从舌在口外,露舌尚舐物。"后又写作"舔"(或作"甜"),③"西"表声兼表意。"西"易作"忝",则"舔"又作"舔",④"忝"纯粹表声了。⑤

---

① 综合《中华大藏经》《大正藏》校勘记。

② 吕传峰《现代汉语中"舔"之词义演变管窥——兼论对"舐"的替换》,《淮南师范学院学报》2005 年第 6 期。

③ 《集韵·栝韵》:"西,《说文》:'舌兒。'亦作舔。"《说文》"西"下段注:"甜盖即西之俗也。""甜"即"舔"之讹变。

④ 《说文》"栝"下段注以为"舌"当作"西","栖、栝古今字也"。"栖/栝"可与"舔/舔"相参比。"舔"字并非"最早收于金韩道昭的《篇海》",而是明代坊贾托名宋濂的《篇海类编·舌部》有"舔"字:"舔,他点切,音忝,以舌舔物。"《篇海类编》又本于明人李登等撰《详校篇海》("舔"字见于卷四《舌部》)。《篇海类编》与《详校篇海》的关系可参看杨载武《〈篇海类编〉真伪考》(《西华师范大学学报》2007 年第 1 期)。"舔"这个字形大概元以后方才出现。

⑤ "西""舔"都是去声,"西"易作"忝"后,由于"忝"是上声,所以"舔"也改读上声;也可能口语中"西""舔"改读上声,后形随音变,将"西"易作"忝"。

《方言》卷三："銛,取也。"郭璞注："谓挑取物。"据《说文》"銛"下段注,"舌"应作"囟",①故有"取"义。此义之"銛"误作"餂"。② 后世又以"餂"字表"舔",如《能改斋漫录·记事一》:"(牧童)皆呼叫曰:'此山松上亦多甘露,何独彼耶?'各持松叶餂弄,以示不误。"郑廷玉《冤家债主》第三折:"被个狗餂了我一个指头。"

据此,汉语自古以来就有"舔"这个词,语源在于"囟",甚古而并不"后起"。

除了探求常用词本身的始见年代外,对常用词的某种用法的形成年代也应细加考求。

例27,《"嘴"的词义演变及其与"口"的历时更替》指出:

> 唐朝时,"嘴"的义域进一步扩大,可以用来指称其他动物和人。……"嘴"用于人始见于《王梵志诗》:"世间慵懒人,五分向有二……出语觜头高,诈作达官子。"

文章所举"觜头"固然是"指称人"的典型例证,但恐非其源。《南齐书·刘休传》载刘休建元初上启:"而犹以此,里失乡党之和,朝绝比肩之顾,覆背腾其喉唇,武人厉其觜吻。""厉其觜吻"或本于鲍照《芜城赋》"饥鹰厉吻",刘休在扩展"吻"为双音词时,选择"觜"而不用"口"("口吻"汉晋以来即有用例),可据以推想在当时"上层人士"的语言意识中"觜""口"似已无甚区别(遑论民间);若南齐时代"觜"还固定用于鸟虫蚊蜂的话,很难想象"觜吻"这样的词能出现于严肃庄重的"启"(即便描述"武人")。即使此处用"觜"是书面语遣词炼字的刻意创新(基于语源"鹰"的联想),那也实现了"鹰(鸟)→人"的转变,是"嘴"用法发展的重要环节。南齐僧伽跋陀罗译《善见律毗婆

---

① 《说文》"栝"下段注:"栝、舐、铦等字皆从囟声。""舌"均"囟"之讹变。
② 《孟子·尽心下》:"士未可以言而言,是言餂之也;可以言而不言,是以不言餂之也。是皆穿踰之类也。"赵岐注:"餂,取也。"宋代学者如王观国即认为"餂"为"銛"之误(参看《学林》卷五)。

沙》卷十二:"此是夜叉鬼,鬼口纯铁为嘴。"此例"嘴"跟"口"分别而言,应指凸出之部。虽然指称"夜叉",但夜叉实是人之变形,因此也可看作指称人。文章谓"'嘴'用于人始见于《王梵志诗》",显然未得其朔。

(二)溯源时应积极利用前人之确说

溯源研究应具备学术史意识、了解前贤之论说与观点,对于可资借鉴者当积极利用。

例28,《明清时期"理睬"义动词的历时演变和地域分布》认为"唐代开始,'采'开始表达'理睬义,多用于否定式'",举张白《武陵春色》诗、杜荀鹤《登灵山水阁贻钓者》诗、王梵志诗例,又认为"此义的'采'常写作'採'",举《敦煌变文校注》卷七《三身押座文》及卷五《妙法莲华经讲经文》例。

文章指出"采(採)"从唐代开始产生"理睬"义,是正确的;但引证时代过晚,未及始见例。其实前人早已言及表"理睬"义之"采(採)"。王士禛《居易录》卷二八:"不俅保,俚谚也。《北齐书》后主穆后名舍利,母名轻霄,后入宫,幸于后主,女侍中陆大姬养以为女,即令萱,后以陆为母,提婆为家,更不保轻霄。盖南北朝已有此语。"赵翼《陔余丛考》卷二二:"俗语不礼人为不保,亦有所本。《北史》齐后主纬穆皇后之母名轻霄,本穆子伦婢也,后既封以陆令萱为母,更不保轻霄。"此外郝懿行《证俗文》、翟灏《通俗编》等亦均谈及。

《北齐书·穆后传》:"后既以陆为母,提婆为家,更不採轻霄。"(《北史》同)"採",《资治通鉴》作"问",《通志》作"顾念",可见"採"就是理会、理睬之义。这应是当时口语,故牛运震《读史纠谬》谓"'不採'字鄙俚之极"。这是目前所见"採(采)"表"理睬"义的最早文献用例;①由于《北齐书》是李百药在其父李德林《齐书》基础上参考王

---

① 《汉语大字典》"採"下"理睬"义即用此例。

劭《齐志》编写而成的,如果此例承自旧史,那么即如王士禛所言"南北朝已有此语",不然至晚唐初也已出现于书面文献,口语中当更早。

例29,《"拐(枴)"的语义演变及其所在两个语义场词汇的历时替换》述及"拐"的来源:

> "拐"是后起字,唐代始见。《汉字源流字典》指出"拐"是"丂"的方言用字。二者音近或同音。……二者在语义上也有联系。……"拐"即"丂"的同音异写。

关于"拐"的来源,文章主要借鉴今人著作《汉字源流字典》的说法,其实唐代慧琳就已指出当时新词"拐(枴)"来源于"丂"。《一切经音义》卷六〇《根本说一切有部毗奈耶律》音义"枴行"条:"俗字也。即老人把头杖,名为枴子。患脚行不得者柱双枴策腋行,名曰枴行。一切字书并无此字,《说文》《玉篇》《古今正字》并作'丂',象形,诸字书亦同。"又卷六一《根本说一切有部苾蒭尼律》音义"枴行"条:"《韵诠》云:'把头杖也。'患脚人扶身杖。古文作'丂',象形字也。"

上文虽然分述常用词演变研究中的语料、词义、书写形式和溯源四个方面的问题,但实际上它们之间存在着紧密联系,如词义的认定关系着溯源,而溯源又必须联系书写形式,而材料则是三者之根本。

对于常用词演变研究而言,在上述四个方面出现缺陷和失误,有时无伤大雅,更多时候却会得出错误观点,那么观察研究对象的发展演变势必为假象所掩蔽。常用词演变研究的首要任务是揭示语言事实的真相,只有准确真实地描述常用词演变实情,才谈得上探讨演变的原因、机制和规律。而在描述实情的过程中,对上述四个问题应有充分、准确的认识,这也是本文的写作动机所在。

五、余　　论

当前汉语常用词演变研究主要采用两种模式,一是组对更替研究,一是语义场或概念场研究(实际也包含主导词更替研究),都是词语"组团"研究,强调词语间的联系性和系统性。不言而喻,这两种模式都要以"单词"演变研究为基础,对"单词"演变史了解得越清晰、越透彻,更替及语义场研究必然越细致、越深入。令人遗憾的是,当前汉语常用词演变研究看似热闹非凡,但冷静观察之后,即可发现,对于"单词"史的了解和掌握仍然十分贫瘠和薄弱,上述四个方面所出现的种种缺陷和失误就是显然的表现。张永言《语文学论集》指出"研究个别词语的历史是语言史领域的一项重要工作",①汪维辉《汉语常用词演变研究的若干问题》也提出建立"汉语常用词历史词档(每个词的详细档案)",②实际上均已点出"单词"史研究的重要性和必要性。只有把"单词"的各种信息(如意义、读音、书写形式、语源、用法和功能、语体属性、地域色彩等)了解周详透彻,一一"载录"于"档案",才谈得上开展科学的经得起检验的汉语词汇史研究,结论也才能臻于美备。

研究实践表明,常用词演变研究也离不开训诂学所谓的形、音、义"三者互相求",甚至古今形、音、义"六者互相求"。这就要求从业者必须具备充分而全面的小学素养。就学理和旨趣而言,常用词研究与训诂学研究本为二事;③但若有意无意地将二者对立起来,则会给人(尤其是年轻学子)以错觉,以为研究字面普通、含义显豁的"常用词"可以无视训诂学,结果乃是种种弊病和"硬伤"。另一方面,精读历史文献的训练缺失、过分依赖数字化古籍和数据库,使得常用词研究者的文献常识和意识日渐空泛,导致误用语料、误解词义。鉴于此,不妨重新提出一个"纵横结合"④——以常用词本体研究为"纵",以系联训诂学、文献学为"横"。

---

① 张永言《语文学论集》,北京:语文出版社,1992 年。
② 汪维辉《汉语常用词演变研究的若干问题》,《南开语言学刊》2007 年第 1 期。
③ 这里的"训诂学"是从广义角度而言,相当于传统小学。
④ 汪维辉《纵横结合研究汉语词汇》[载商务印书馆编辑部编《21 世纪的中国语言学》(二),北京:商务印书馆,2006 年]曾倡导采用"纵横结合"的方式研究汉语词汇,所谓"纵横"指词语历时演变和现代方言分布。

关于常用词"腿"的若干问题

　　王力《汉语史稿》在讨论"概念是怎样变了名称的"时曾举"腿"的例子,认为汉语历史上表达"小腿"这个概念的词从"脚"转变为"腿"。① 之后又有多位学者论及"腿"这个词。然而今天看来,"腿"的有关问题仍然没有研究透彻,一些看法似是而非或有待商榷,应做进一步考察、辨析。有鉴于此,本文着重探讨以下四个问题:1."腿"的始见年代;2. 早期"腿"的所指;3. 关于"骽"字;4."腿"的兴起与"脚"义演变。

一、"腿"的始见年代

　　王力论及"腿"时举了唐代诗文中的三个例子,汪维辉、董志翘则有所提前,他们举的例子是东晋葛洪《肘后备急方》卷四"治卒患腰胁痛诸方":"或当风卧湿,为冷所中,不速治,流入腿膝,为偏枯冷痹缓弱。"②然而《肘后备急方》后经陶弘景增补,今本葛、陶部分已经混淆不可别,③因而此例的时代不可确定。更有甚者,今本《肘后备急方》"颇经后来增损",早非原书面目。日人森立之《经籍访古志・补遗》

---

① 王力《汉语史稿》,北京:中华书局,1980 年,第 491 页。
② 参看汪维辉《东汉—隋常用词演变研究》(修订本)(北京:商务印书馆,2017 年,第 57 页)、董志翘《〈入唐求法巡礼行记〉词汇研究》(北京:中国社会科学出版社,2000 年,第 112 页)。
③ 《四库全书总目》卷一〇三"肘后备急方"条:"葛、陶二家之方则不加分析,无可辨别。"

"葛仙翁肘后备急方八卷"条:"按是书校之《外台》《医心方》《证类本草》等所引,甚非隐居(引者按'隐居'指陶弘景)之真面。"余嘉锡也说:"是书既已屡经后人窜乱增益,又复残阙不完,至足惜也。"①是书今本各部分情况复杂,真伪难辨,既非陶弘景增补本面目,距葛书原貌益远。② 因此,上举《肘后备急方》"流入腿膝"云云也不能算作完全确实可靠之例(董志翘在引例之后加按语云:"不过此书作者、年代尚无定论。"显然持存疑的态度)。

汉语史研究中,以今本《肘后备急方》这种情况复杂、时代难以完全确定的文献作为语料,是不甚恰当的。

相类似地,旧题华佗撰《中藏经》中也有"腿"的用例,如《论肾藏虚实寒热生死逆顺脉证之法》:"足下热而痛,腨酸,病久不已,则腿筋痛。"《论诸淋及小便不利》:"实则谓经络闭涩,水道不利而茎痛,腿酸者也。"从文献著录看,《中藏经》始见于南宋陈振孙《直斋书录解题》,然时人楼钥即"不敢以为真是元化之书",后代学者亦多以为出于伪托。③ 这种时代不能完全凿实的材料,作为语料还是应当谨慎使用,以免误判语言现象的产生时代。

隋巢元方《诸病源候论·虚劳膝冷候》附《养生方导引法》:"卧展两胫,足十指相柱,伸两手身旁,鼻内气七息。除两胫冷、腿骨中痛。"《诸病源候论》在分析疾病源候之后每附养生方、养生方导引法,④本书虽"不言法出谁氏",实则必有所本,然而时代难以考实;《诸病源候

---

① 余嘉锡《四库提要辨证》,北京:中华书局,1980 年,第 650 页。

② 今本《肘后备急方》卷四以下体例与前三卷颇有不同,各卷每见"葛氏……方"云云,这样的行文在前三卷绝无所见,这些带有明显辑集痕迹的文字足以让人怀疑今本卷四以下为后人裒次而成,因此不能排除有后代内容羼入的可能。

③ 或以为此书由宋时名医缀辑而成,"虽非元化之书,要其说之精者,必有所自也"([日]丹波元胤《中国医籍考》"中藏经"条引冯梦祯跋)。

④ 据丁光迪《诸病源候论校注》(北京:人民卫生出版社,1992 年)统计,前者共 119 条,后者共 291 条,南京中医学院《诸病源候论校释》(北京:人民卫生出版社,1980 年)统计则前者共 120 条,后者共 278 条。

论》的作者及时代向来明确,既为所引,必在隋前。① 因此"腿"在隋代以前已经产生,殆无疑义。

"腿"在现存先唐文献中难以觅得时代完全确定无疑的用例,因此一时还难以确定它的始见年代,但大致可以考定它在中古即已出现;从"腿"在入唐以后即多见的现象看,它在之前肯定已经使用了一段时间(从辞书收录亦可见此端,详下),②但先唐文献中用例极少,又表明它可能还处于萌芽、露头的阶段,行用尚不广泛。

二、早期"腿"的所指

《广韵》《集韵》《大广益会玉篇》均收录了"腿"字,或释作"股"(大腿),或释作"胫"(小腿)。王力认为"腿"最初指小腿,姚永铭则据慧琳《一切经音义》指出"'腿'字最初未必就是指小腿","'腿'与'股'同义,至少在唐代尚如此"。③ 今对唐代文献进行较穷尽地考察,认为姚说近是,早期"腿"多指大腿或统指下肢(即合指"股""胫")。

指大腿的例子如:

（1）决笞者,腿、臀分受;决杖者,背、腿、臀分受。(《唐律疏议》卷三○)

从本例文意看,"腿"应指与"臀""背"相连属的部位,当与"股"

---

① 中古以来,养生、导引之术大行,相关著作也甚夥,如有嵇康《养生论》(《晋书》本传)、葛洪《抱朴子养生论》(《宋史·艺文志》)、萧吉《帝王养生方》(《北史》本传)、佚名《养生要论》(《齐民要术·种椒》引)、佚名《养生要》(《艺文类聚》引)、佚名《导引经》(《养性延命录》引)、佚名《导引图》(《辩证论》卷八)等,《隋志》更载张湛《养生要集》多种,据此推测《诸病源候论》所附《养生方导引法》可能亦出于中古此类书中。

② 参看汪维辉《东汉—隋常用词演变研究》(修订本)对"看"的分析,北京:商务印书馆,2017年,第122—131页。

③ 参看姚永铭《慧琳〈一切经音义〉研究》,南京:江苏古籍出版社,2003年,第136页。

同,大腿。又考《汉书·刑法志》:"当笞者,笞臀。"如淳注:"先时笞背也。"《北堂书钞》卷四〇引《晋令》:"应杖而脾有疮者,臀也。"①"脾"即髀,②髀有疮则不受杖。据此可知古时受杖处为臀、背、髀,《疏议》谓"决杖者,背、腿、臀分受","腿"显即髀。

(2)或脚胫肿或不肿,或胜腿顽痹。(《外台秘要》卷一八)③

"胜腿"与"脚胫"分举,"腿""胫"当各有所指;"腿胜"同义连文,指大腿。④

(3)时诸苾刍乃患风肿,两髀有病……时诸苾刍以缘白佛。世尊告曰:"汝诸苾刍,若患两腿风肿者,当可着绳履。"(义净译《根本说一切有部毗奈耶皮革事》卷下)

上文云"两髀有病",下文说"两腿风肿","腿"显然就是指"髀"。

(4)次有四字在下,谓脐上、腰上,一字在腿上,一字在足下,然髀足皆有二,今但于一足置之,即管两足也。(一行述记《毗卢遮那成佛神变加持经义释》卷一二)

按:句中"髀足皆有二"云云,照应前文"一字在腿上,一字在足下",据此可见"腿"即指髀,大腿。

(5)若触右腿髀者则属室宿,若触左腿髀者则属壁宿,若触膝胐者则属奎宿,若触胫者则属娄宿,若触脚者则属胃宿。(不空译《文殊师利菩萨及诸仙所说吉凶时日善恶宿曜经》卷上)

---

① "臀"当从《太平御览》卷六五〇引作"督",沈家本《历代刑法考》对此有所辨正,可参看(北京:中华书局,2006年,第345-346页)。
② 《庄子·在宥》:"鸿蒙方将拊脾雀跃而游。"《南华真经注疏》作"拊髀"。《集韵·荠韵》:"髀,股也。或作脾。"
③ 此例本出《千金要方》,今本《要方》无"脚胫"二字。
④ "腿""髀/胜"连言是唐时常语,多有其例。除下文所举之外,又如敦煌文书P.2578《开蒙要训》有"胜膊腿髀",又北8347《诸杂字一本》亦有"胂膊腿胜"(录文均据《敦煌经部文献合集》第八册,"膊"当作"膊")。此二件所录者均为当时日用之字,可见"腿胜(髀)"为当时习语。

前言"右腿髀""左腿髀",次言"胫",再言"脚",当指左右大腿、小腿及脚掌。

(6)或作普贤跏,左掌承右腿,右跗镇左髀,普贤跏乃成。(不空译《金刚顶经一字顶轮王瑜伽一切时处念诵成佛仪轨》)

"腿""髀"所指并同。上文云:"左跗押右股,右足安左股。""腿""髀""股"义同。

(7)尝题记于小润髀上,……赠诗曰:"慈恩塔下新泥壁,滑腻光华玉不如,何事博陵崔四十,金陵腿上逞欧书。"(《北里志》)

前言"髀上",诗中云"腿上","腿"显然同"髀",指大腿。

(8)髀,腿也。(《文选·李斯〈上书秦始皇〉》"弹筝搏髀"李周翰注)

(9)股,腿脰也。(史徵《周易口诀义》卷四)①

唐人以"腿""腿脰"释"髀""股",是以时语释古语,其指大腿甚明。

此外又如唐善无畏共一行译《大毗卢遮那成佛神变加持经》卷五《布字品》:"吒字以为胫,咤字应知髀。"一行记《大毗卢遮那成佛经疏》标出"吒""咤"的梵文,并分别注云:"胫是两胫也""腿髀"。②一行以"腿髀/腿"对应"髀",与"胫"分别,"腿""胫"所指显然不同:"腿"指大腿,"胫"指小腿。

上举《诸病源候论》"除两胫冷、腿骨中痛"中"腿""胫"分列,"腿"也当指大腿。

---

① 史徵,《崇文总目》谓"不详何代人",晁公武《郡斋读书志》以为唐人,陈振孙《直斋书录解题》则谓"非唐则五代人",《四库全书总目》定为唐人。今据《四库全书总目》。注语是解释《易·咸卦》"咸其股"之"股"。

② 一行述记《毗卢遮那成佛神变加持经义释》(即《大日经义释》,见日本《卍新纂续藏经》第23册)"是"作"足","腿髀"作"腿"。

统指下肢的例子如：

（10）腿像鹿而差圆，颈比凤而增细。（《唐会要》卷七二载唐太宗叙骨利干名马）

（11）老者安枯，骈安左腿，以肘压之。（义净译《根本说一切有部百一羯磨》卷八）

（12）两臂及指头，总有五十骨。……左右两腿足，合有五十骨。（义净译《根本说一切有部毗奈耶杂事》卷一二）

"腿"与"臂"对应，分别指整条下肢和上肢。

（13）后鬼闻之大怒，取此两手两脚，拔相去离也，吃此人一个骸了便去。（栖复集《法华玄赞要集》卷九）

二鬼争尸是佛经中很有名的故事，"骸"当统指下肢，与今义无别。

（14）黎旺冤抑，腿脊疮疾。（《唐大诏令集》卷七二《乾符二年南郊赦》）

（15）庄严寺佛牙，从天竺入腿肉里将来。（《入唐求法巡礼行记》卷三）

（16）胡得珠，纳腿肉中，还西国。（《太平广记》卷四〇二"李勉"条引《广异记》）

（17）晋少主之代，有妇人，仪状端严，衣服铅粉，不下美人；而无腿足，緜带以下，像截而齐，余皆具备。（《太平广记》卷三六七"无足妇人"条引《玉堂闲话》）"无腿足"，没有下肢和脚掌。

此外善无畏译《阿吒薄俱元帅大将上佛陀罗尼经修行仪轨》卷下"二腿"、《酉阳杂俎》"狼腿"、敦煌变文《叶净能诗》"龙腿"亦当指整个下肢。

慧琳《一切经音义》卷一四《大宝积经》音义"腿足"条："（腿）俗

字，……正体从骨作髋。"据此，唐代"腿"是俗字，"髋"是正体。① 从唐代辞书对"髋/腿"的解释来看，当时人对"腿"的所指是清楚的。S.2071《笺注本切韵·贿韵》："髋，髋股。"裴务齐正字本《刊缪补缺切韵·贿韵》："髋，髋股。"宋跋本王仁昫《刊缪补缺切韵·贿韵》："髋，股。"希麟《续一切经音义》卷九引《切韵》："髋，股。"慧琳《一切经音义》卷一四引张戬《考声》："髋，髀也，股也。"慧琳《一切经音义》卷六〇《根本说一切有部毗奈耶律》音义"脊腿"条说得更明晰："两髀也。膝以上腰以下两股曰腿。"各书以"髋股""股""髀"释"髋/腿"，说明当时人显然知道"髋/腿"之所指。

唐人虽然明白"腿"指大腿，同时又常用以统称下肢，不区分部分与全体，这种情况和"脚"相同，②具有相似的心理认知过程。王凤阳以为"腿"在明代以后才合称"胫""股"，恐与事实不合。

将"腿"释作"胫"，是从宋人增修《玉篇》开始的，恐不甚可信。胡吉宣认为"髋训股、胫者，皆连类及之"，乃折衷之辞。

三、关于"髋"字

上文据慧琳《一切经音义》指明"腿"在唐代是"髋"的俗体，可见其时"腿"这个字形已经流行。宋人增修《玉篇》中有"腿"字，胡吉宣《玉篇校释》说"'腿'字本书（引者按：指原本《玉篇》）似应有"。今检慧琳《一切经音义》卷六一《根本说一切有部苾芻尼律》音义"脊

---

① 《广韵·贿韵》："髋，髋股也。腿，俗。"按：《广韵》当前有所本，所谓"腿，俗"或承唐代韵书而来。《龙龛手镜·肉部》："腿，俗，髀也，正作髋。"按：《龙龛手镜》记录唐代写本佛经的用字情况，它说"腿"是俗字，即反映了所见唐代写本佛经中用"腿"字。
② 汪维辉《东汉—隋常用词演变研究》（修订本）指出"脚"本指胫（小腿），但很早就可泛指人及动物的下肢。"脚""股""胫"原本指称特定部位，但实际上都可以统称下肢，《广雅·释亲》："股、脚、胫也。"王念孙疏证："凡对文则膝以上为股，膝以下为胫……散文则通谓之胫，……或通谓之股，经言股肱是也。""肱"统指手臂，蒋绍愚《古汉语词汇纲要》对此有所论说，可参看（北京：商务印书馆，2005年）。

骸"条引《玉篇》:"骸,髋也。"又《篆隶万象名义·骨部》:"骸,髋也。"据此可知原本《玉篇》当有"骸"字(有无"腿"字限于资料不得而知)。董志翘《〈入唐求法巡礼行记〉词汇研究》:"'腿'这个词,虽然见于梁顾野王《玉篇·肉部》:'腿,胫也。'但唐以前的文献罕见……"恐据宋人增修《玉篇》而言,未能诣实。

根据慧琳《一切经音义》所引《玉篇》及《篆隶万象名义》的释义,"骸"指"髋"。① 《玉篇·骨部》:"髋,髀上也。"由于人体髋与股、髀位置相属,以致一般人在认知上往往将两者联系在一起,表现在语言中,则屡见二者连文、对文之例。基于此种认识,人们认知及语言使用中一旦所指发生模糊,就会造成"骸"可指髋亦可指相属之股、髀,②只是后者逐渐占据强势地位,前者湮灭不闻。

原本《玉篇》收录了"骸"字,可见它至晚在南北朝末期已经出现。③ 关于它的来源,俞樾《群经平议》卷一认为《易·咸卦》"执其随"之"随"即古之骸字:"窃疑'随'乃'骸'之叚字,古无'骸'字,故以'随'为之。……'随'从'隋'声,与'妥'声相近……'骸'虽后出之字,然从骨妥声,亦必有本,盖因古叚'随'为之,故依其声而制此字耳。"

章太炎《新方言·释形体》则认为由"夊"演变而来:"《说文》:'夊,行迟曳夊夊,象人两胫有所躧也。'楚危切。'夊夊'即《诗》所谓'雄狐绥绥'。夊变为绥,故两胫之名亦由夊变为骸。"本文认为,"骸"很可能就是中古以来产生的新词,并非一定来源于上古某词,未"必有本"。俞、章二家之说不可从。有学者从亲属语言比较的角度探寻"腿"字的来源,认为"周边民族语文也没有发现类似的说法","汉语

---

① 慧琳《一切经音义》卷一四《大宝积经》音义"腿足"条引《字书》亦释作"髋"。

② 胡吉宣《玉篇校释》:"两骸之外为髀,内为股,上及于臀,故或训股,或训髀,而又训髋。髋,髀上,即臀也。"慧琳《一切经音义》卷四五《佛说树提伽经》音义"腰髋"条引《考声》:"髋,胜骨也。"又卷六一《根本说一切有部苾蒭尼律》音义"脊骸"条:"髋,胯骨也。""髋"既指胜骨又指胯骨,应当也是因部位连属而所指模糊的结果。

③ "骸"字既见收于辞书,则可推测当已行用一段时间。

'骹(腿)'是个谜"。若依本文观点,"骹/腿"是中古以来的新词,那么自然难以从发生学的角度比对亲属语言、探寻源头,在"周边民族语文"中也自然发现不了"类似的说法"。① "骹/腿"为晚出新词——汉语中这样来历不明的新词为数众多——它是个谜,也不是个谜。②

四、"腿"的兴起与"脚"义演变

汪维辉《东汉—隋常用词演变研究》指出,"脚"在六朝时期已经代替"足"统指腿和特指脚掌的用法,"进一步发展成为专指脚掌,是唐以后的事"。"脚"的词义的"进一步发展"是多方面因素影响的结果,"腿"在唐代的兴起应当也是其中之一。

进一步观察上文所举述的"腿"的用例,可以发现它们大都出现于语体文,下面二例更是口语实录:

（18）使人问公曰:"今有害人如此,公如何待之?"公曰:"即打腿。"（《刘宾客嘉话录》）

（19）凤凰云:"者贼无赖,眼脑矗害,何由可耐! 脋是捉我支配,捋出脊背,拔却左腿,揭却脑盖。"（敦煌变文《燕子赋（一）》）

例（18）当指大腿（参看例1）;例（19）当统指下肢。据此可以推测,"腿"在唐代应该活跃于当时口语,在时人口头是个习用之词。③

汪维辉《东汉—隋常用词演变研究》指出"'脚'统指下肢的例子唐以后仍多见",今以义净译"根本说一切有部"诸经为样本,其中大

---

① 黄树先《汉语核心词"足"研究》认为"'骹'字从妥得声,上古汉语应该是清鼻音"（《语言研究》2007 年第 2 期）,恐怕还是囿于要从上古找出源头的思路。
② 汪维辉《东汉—隋常用词演变研究》（修订本）指出"许多后世常用的口语词可以上溯到先秦汉语,但也不能否认这样一个事实,即秦以后历代都有新的口语常用词产生",“骹/腿”应该就是这样一个后世产生的新的口语常用词,未必能上溯到先秦汉语。
③ 前引敦煌文书北 8347《诸杂字一本》中"腿"字两出,可见一斑。

多数"脚"指脚掌,小部分统指下肢,但仍多于"腿"(据上文举述,表示下肢的"腿"只有例 11、12 两例)。① 相较而言,在统指下肢这个意义上,"腿"在唐代处于弱势;但是,它已经侵入"脚"的义域,以致当时表达"下肢"概念有"腿""脚"两个词,打破了词汇系统的平衡。为了重新建立平衡,人们出于语言的经济原则会择一使用,"腿"作为活跃在当时口语中的新词,自然对旧词"脚"造成冲击。但是,当时的"腿"还需分担指称大腿的任务,这种冲击作用是有限的;当"腿"专门指称整条下肢之后,则逐渐将"脚"推挤出去,以致后者专指脚掌,②从而重新形成新的分工和互补。汉语历史上存在"腿""脚"所指单一化的过程,而前者又促使、推动后者的发生,从历史文献看,这种情况应当发生在唐代之后,究竟在于何时,还有待进一步研究。

---

① 本节是指统指下肢的"腿"。

② "脚"专指脚掌主要取决于它自身意义系统的调整,这里想要强调的是同一语义场中的其他成员对这种调整的影响和制约。

动词"物色"的来源和发展初探

一、引　言

关于动词"物色"的来源及语义演变,清代学者就有所涉及;①近年来又相继有学者展开讨论。王宁《汉语词源的探求与阐释》认为"物色"做动词表寻找义是词义引申的结果,"上古汉语中'物'是畜类的毛色。古人对畜类的毛色十分重视,是因为要选择毛色作旗,而毛色又与祭祀时的牺牲有关。牺牲是要选纯色牛的。……'物色'连用而引申出'择寻'之义。"②董秀芳《词汇化:汉语双音词的衍生与发展》认为"物色"原本是一个定中短语,指"祭祀用的牲畜的毛色",后来词汇化为一个名词,"指人或事物的形貌特色",又发展出动词的用法,指"(按一定标准去)访求、寻找"。③ 董文主要说明名词"物色"是

---

① 　参看杭世骏《订讹类编续补》卷一"物色"条,北京:中华书局,1997年,第15页。

② 　王宁《汉语词源的探求与阐释》(《中国社会科学》1995年第2期)认为"物"由本义引申指"外物"、"外形",又引申为"选择",并举《周礼》郑玄注"物物色而以知其所宜之事"("而"应作"之")、"以物地占其形色",谓此二例"都是讲根据事物的外部形状来选择自己的生存条件",显将郑注中的"物"理解为"选择"义。按:《周礼》郑注二例中的"物"应理解为观察、辨识。郑注前例《周礼》原文为"以物地事",贾疏:"但《草人》所云'物地'者,据观形色布种所宜,故二处皆云'物地'也。""《草人》所云'物地'",即郑注后例所对应的《周礼》原文,全文是:"草人,掌土化之法以物地,相其宜而为之种。"由此可见,《周礼》"物地"之"物"指观察、察看,这从《周礼》原文"相其宜"之"相"、贾疏"据观形色"之"观"看得很清楚。《左传·昭公七年》:"度厚薄,仞沟洫,物土方。"杜预注:"物,相也。"明确地指出"物"有察看、观察义。因此,郑注二例"物"和《周礼》"物地"之"物"意义相同,指观察、辨识,而"占其形色"之"占"也正与上文"物"意义相应。

③ 　董秀芳《词汇化:汉语双音词的衍生与发展》,成都:四川民族出版社,2002年,第63页。

由偏正短语词汇化而来,对名词到动词的转变过程则语焉不详。王灿龙《词汇化二例——兼谈词汇化和语法化的关系》也以"物色"为例讨论汉语词汇化问题。① 王文较详细地描述了"物色"的词义演变及词汇化过程,对于"物色"动词用法的产生,他的主要观点是:由于"物色"常和表示"搜寻、寻找"义的"求"类动词共现,因而受"求"语义的沾染,逐渐从短语演变成了动词。黄芬香《说"物色"——兼论合成词的两可结构方式》认为"物色"既可以是并列式合成词,也可以是支配式合成词,经过本义的引申而产生寻找义。②

对于动词"物色"的产生,上述各文给人不少启发。不过对于"物色"从名词转变为动词的动因仅以"引申"或"沾染"来解释似乎尚未探本,仍有进一步研讨的空间;笔者对此很感兴趣,也对动词"物色"的来源和发展做了初步探讨,敬请读者批评指正。

二、"物色"在中古产生动词义

"物色"连文,最早见于《礼记·月令》:"是月也,乃命宰祝循行牺牲,视全具,案刍豢,瞻肥瘠,察物色,必比类,量小大,视长短,皆中度。"孔颖达疏:"'察物色'者,物色,骍、黝之别也。《周礼》:阳祀用骍,阴祀用黝,望祀各以其方之色也。"孔疏所引《周礼》之语出《地官·牧人》:"牧人掌牧六牲而阜蕃其物,以共祭祀之牲牷。凡阳祀,用骍牲,毛之;阴祀,用黝牲,毛之;望祀,各以其方之色牲,毛之。"郑玄注:"毛之,取纯毛也。"《礼记》"察物色"即察骍牲黝牲毛色之别。"物色"二字平列,"物"与"色"均指毛色。《周礼·春官·鸡人》:"鸡人掌共鸡牲,辨其物。"郑玄注:"物谓毛色也。辨之者,阳祀用骍,阴

---

① 王灿龙《词汇化二例——兼谈词汇化和语法化的关系》,《当代语言学》2005年第3期。

② 黄芬香《说"物色"——兼论合成词的两可结构方式》,《河南师范大学学报》2006年第5期。

祀用黝。""辨其物"与"察物色"是一事。又《宗伯》:"毛六牲,辨其名物。"贾公彦疏:"言'辨其名物'者,若六牲皆有名,……物,色也,皆有毛色,若宗庙用骍之等。"又《保章氏》:"以五云之物,辨吉凶、水旱降丰荒之祲象。"郑玄注:"物,色也。视日旁云气之色。"孙诒让正义:"凡物各有形色,故天之云色,地之土色,牲之毛色,通谓之物。"据此,"物色"同义连文,指(牺牲之)毛色,是并列结构名词性词组。

《诗·齐风·载驱》"四骊济济,垂辔沵沵"毛传:"四骊,言物色盛也。""物色"仍然指毛色。由此可知,"物色"在产生之初意义比较单一。

两汉以来,"物色"的意义有了一定的变化,从"毛色"引申指人或物的形貌、色彩。

> 元康四年五月丁亥朔丁未,长安令安国、守狱臣左、属禹敢言之:谨移髡钳亡者田等三人年、长、物色,去时所衣服。(《敦煌悬泉汉简释粹》)[1]

> 军吏晨夜行,吏、御逐马,前后不相及,马罢亟,或道弃,逐索未得。谨遣骑士张世等,以物色逐,各如牒。(同上:V. T1311④:82)

> 宣帝时凤皇集于地,高五尺,与言如马身高同矣;文章五色,与言五色龙文,物色均矣。(《论衡·讲瑞》)

> 籍者,为二尺竹牒,记其年纪、名字、物色,县之宫门,案省相应,乃得入也。(《汉书·元帝纪》颜师古注引应劭曰)

与先秦相比,"物色"词义有所泛化,不再专指牺牲的毛色,虽然意义上仍有一定联系。此时"物色"大约已从名词词组凝固为词。

除上举例子外,汉晋时期"物色"大抵见于记述老子西游见关尹喜之事的典籍。出现在这个情境中的"物色"虽然仍为名词,但对动词义(寻找)的产生有重要意义。

---

[1] 《释粹》录文将"物色"逗开,注云:"物指所带物品,色指肤色。"按:"物色"恐当连读,指亡者之形貌,与上文之"年"(年龄)、"长"(身高)相应。

> 关令尹喜者,周大夫也。善内学,常服精华,隐德修行,时人莫知。老子西游,喜先见其气,知有真人当过,物色而遮之,果得见老子。(旧题西汉刘向《列仙传》卷上)

"老子西游"事本见《史记·老子列传》,《列仙传》有所敷衍,[①]所叙述的情节既显示后代层累叠加的特点,也带有撰作时代思潮的痕迹——老子有了神格化的倾向(详下文)。其中"物色而遮之"一句,《史记·老子列传》裴骃集解引《列仙传》作"候物色而迹之",司马贞索隐:"物色而迹之,谓视其气物有异色而寻迹之。又按《列仙传》[②]'老子西游,关令尹喜望见有紫气浮关,而老子果乘青牛而过也'。"清人钱熙祚认为"遮"当作"迹",实则"遮"谓阻拦,"迹"谓追踪,均可通。

其事又见于其他典籍:

> 关令尹喜,州大夫也,善内学星辰服食。老子西游,喜先见气,物色遮之,果得老子。(《太平御览》卷五〇九引三国魏嵇康《高士传》)

> 老子李耳,字伯阳,陈人也。……后周德衰,乃乘青牛车去,入大秦,过西关,关令尹喜望气先知焉,乃物色遮候之,已而老子果至。(晋皇甫谧《高士传》卷上)

上引《列仙传》、嵇康《高士传》、皇甫谧《高士传》叙事大同小异,承袭的痕迹比较明显。"物色"应指"云气之色""天之云色"(见上引《周礼·保章氏》郑注及孙诒让正义)。敦煌文献 P. 2004《老子化胡经玄歌卷第十》:"路由函关去,会见尹喜身。尹喜通窈冥,候天见紫云。""紫云"及《列异传》"紫气"正是"物色"的表现。这和汉代以来"物

---

① 《列仙传》的作者一般题为西汉刘向,但自南宋陈振孙以来,不断有人质疑其真实性。《四库全书总目》疑为"魏晋间方士为之"。近世不少学者认为《列仙传》即使不出于刘向之手,也不当全是魏晋时人之作品,其中有不少是汉代材料,比如王叔岷《列仙传校笺》就认为"是书则非向撰,亦不至全晚至魏、晋也"(北京:中华书局,2007 年)。

② 《列仙传》乃《列异传》之误,参看王叔岷《列仙传校笺》,北京:中华书局,2007 年,第22 页。

色"之状貌、色彩义一脉相承。

老子过函谷关,关令尹喜凭借"先见其气"得候"物色",因而"见老子"并使其留下《道德经》五千言,这一带有传奇色彩的事件早在东汉就已深入人心,产生了重大影响,在时人著述中成为征引的故实,如:

> 惟函谷之初设险,前有姬之苗流。嘉尹喜之望气,知真人之西游。爰物色以庶[遮]道,为著书而肯留。(李尤《函谷关赋》)

很明显,它与《列仙传》有着较紧密的渊源。

正因老子是历代推崇的圣人贤士,所以关尹喜因察物色得见老子的故事在流传过程中逐渐成为代表寻贤访圣活动的标志性事例。① 在这种背景下,"物色"成为整个事件中的关键词,并被赋予了一定的象征意味,在随后的南北朝时期经常用于搜扬人才、举荐贤良的语境中,其意义和用法逐渐得以丰富。先看用例:

> (1)弟昔因多疾,亟览九仙之方;晚涉世途,常怀五岳之举。同夫关令,物色异人;譬彼客卿,服膺高士。(《周书·王褒传》载褒与周弘让书)

很显然,"同夫关令,物色异人"就是直接用关尹喜见老子的典故,借以说明自己"因多疾"而四处探访高人异士以求得修身治病之方。

再看几个当时文献使用"物色"的例子,它们都是将关尹喜见老子之故实与其他访贤事例并举的:

> (2)臣闻求贤暂劳,……犹惧隐鳞卜祝,藏器屠保,物色关下,委裘河上。(《梁书·王暕传》,明帝诏求异士,始安王萧遥光上表荐暕。)

---

① 大约从西汉武帝崇尚黄老起,老子有逐渐神格化的倾向。魏晋以降,玄学大兴,老子更是尊奉的偶像。因此,老子作为至高无上圣贤象征的观念在汉魏六朝的信仰、知识世界里已经根深蒂固,与之相随的,是关尹喜察"物色"得见老子的故事亦在当时人们的思想意识中作为寻真访贤的代表事例进一步被标志化。

（3）方今八友盈庭，五承在帷，七教毕修，九攻具举，犹乃物色关屠，梦想岩钓。（《艺文类聚》卷五三引南朝梁丘迟《答举秀才启》）

例（2）是在皇帝下诏寻求贤士的背景下始安王萧遥光上表举荐王暕（此文即《文选·任昉〈为萧扬州荐士表〉》），这一段提到了许多历史上著名的访贤事迹，其中"物色关下"即指关尹喜见老子事。例（3）"物色关屠，梦想岩钓"则是老子、傅说、姜尚三人并举。

这一时期还能见到一些虽未明用关尹喜见老子故事但实际上是化用的例子，它们也常与以往载籍中的寻贤佳话并举，用于搜扬人才、寻访贤良的语境中，如：

（4）夫寝梦期贤，往诰垂美；物色求良，前书称盛。（《宋书·后废帝纪》载诏）

（5）故能物色幽微，耳目屠钓，致王业于缉熙，被淳风于遐迩。（《梁书·武帝纪中》载诏）

可以看到，例（4）"寝梦期贤"、例（5）"耳目屠钓"均用周文王访贤得遇姜尚的典故。两个例子都出现于当朝皇帝所发布的要求征寻贤才的诏书中，例中所用之"物色"，也都是从关尹喜见老子事中化出，只不过不像例（2）、例（3）那样明显而已。

根据关尹喜见老子这个典故的原型，人们可以认为关尹喜正是根据"物色"——老子过关时所显现的异象——寻访到这位圣人，因此在这一寻贤访圣事件中"物色"是关键性要素，成为整个事件的信息焦点（focus）。在这种心理作用下，"物色"在特定场合中被后人（特别是文人）提取出来，成为寻贤访圣这一类型的行为的代名词，从而使原表状貌、色彩、景象的"物色"转指以此为依据所进行的寻访、查访，进而这种"依据"也被弃置，纯粹表示寻访、查访，转变为动词。

在这一转变过程中，"物色"从起初作为一项进行某种活动、实现某种目的所不可缺的要素，到被人们选取成为整个活动的象征，最终完成语义和词性的转变,人们认知中的转喻(metonymy)扮演了不可或缺的角色,起到了至关重要的作用。我们把《列仙传》中"老子西游"→"喜先见其气"→"(侯)物色而遮/(迹)之"→"见老子"看作一个连贯的事件链,其中"其气"所表现出的"物色"依赖于奇幻色彩及其在事件链中的作用从而带有较强的显著度(salience),在语言交际信息最大化表达最简化的规约下,这种显著效应使得人们在认知上便以"物色"(局部要素)代表"关尹喜见老子"(整个事件)。这种转喻具有一定的完形(gestalt)作用:作(说)者和读(听)者任何一方由"物色"一词就能完全再现"关尹喜见老子"整个事件,上揭例(4)、例(5)能够暗用关尹喜见老子故实而又满足表意需要正是依赖于"物色"的完形作用。如此,"物色"在转喻的基础上其意义发生了这样的转变:

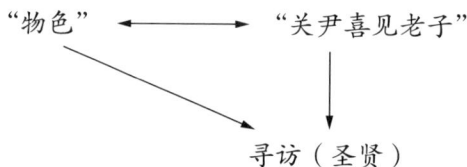

$$\text{"物色"} \longleftrightarrow \text{"关尹喜见老子"}$$
$$\searrow \qquad \downarrow$$
$$\text{寻访(圣贤)}$$

于是乎,"物色"就产生了寻访、寻找义,由名词转变为动词。请看以下数例:

(6)物色异人,优游鲠直,显不失心,幽无怨气。(《宋书·鲍照传》载照《河清颂》)

(7)朕纂统洪业,龚畏大宝,思求俊异,协赞雍熙,历听九工,物色舆皂,……便可博询卿士,各举所知,将量才授能,擢以不次。(《艺文类聚》卷五三引南朝梁任昉《求荐士诏》)

(8)物色英声,搜扬俊杰。(《文苑英华》卷六八五南朝陈徐陵《报尹义尚书》)

(9)物色丘园,衣褠里巷,朝多君子,野无遗贤。(《陈书·武帝纪上》载加陈霸先九锡《策》)

  (10) 臣闻圣人当宸,物色刍荛,匹夫奔踶,或陈狂瞽。(《隋

书·陆知命传》载知命表)

上引5例,"物色"已不再像上文例(1)至例(3)那样明用关尹喜事,而
是直接用作动词,指寻访、查访,如例(8)"物色""搜扬"对文,例(9)
"物色丘园"指从丘园(喻指隐逸之所)寻访贤才;它不再是名词词组,
"物""色"两个语素之间的边界消失(boundary loss),随着词性、意义
的转变完成词汇化。这一过程至晚在5世纪已经完成。

  "物色"在汉代表示状貌、色彩,到了南北朝时期又演化出寻访、
寻找义,事实上,这两个意义是有联系的。从上文的论证可以看出:
"物色"(状貌、色彩诸性状)是"寻访"活动所依据的必要条件,因此,
动词"物色"在产生之初及沿用中都脱离不了隐含其中的名词含义。
只不过在随后的发展中"事物性状"要素(状貌、色彩)逐渐被消磨,或
者说是变得隐晦,在交际和理解中不再能够立即体察到;与此同时,
"行为动作"要素(寻访、寻找)却被凸显出来。从根本上讲,"物色"
表示事物性状的名词义是它转变作动词的语义基础,人们认知上的
转喻在演变中起到了重要作用,而文人在特定语境中运用事典又是
转变实现的背后推手。

  根据"物色"的"事物性状"因素进行某种行为,上引《列仙传》
"物色而遮之"、嵇康《高士传》"物色遮之"、皇甫谧《高士传》"乃物色
遮候之"均其例;而据此实施寻访、查访活动,中古时期也可看到有关
用例:

  (11) 严光字子陵,一名遵,会稽余姚人也。少有高名,与光
武同游学。及光武即位,乃变名姓,隐身不见。帝思其贤,乃令
以物色访之。(《后汉书·逸民传·严光》)

"以物色访之"下李贤注:"以其形貌求之。"乃是依据严光之"物色"
(形貌)而寻访之。

  (12) 顺阳范启,母表当葬。前母墓在顺阳,往视之,既至而

坟垅杂沓,难可识别,不知何所。袁彦仁时为豫州,往看之,因云:"闻有一人见鬼。"范即如言,令物色觅之。比至,云:"墓中一人衣服颜状如此。"(《搜神后记》卷六)

"物色觅之"亦言根据外貌寻觅,下文"颜状"正谓此。"物色"做状语,前面省略了介词"以"。这种用法很常见,如例(11)"乃令以物色访之"在皇甫谧《高士传》中作"乃物色求之","以"被省去。唐人方干《题严子陵祠二首》之一"物色旁求至汉庭,一宵同寝见交情",吴筠《严子陵》诗"汉皇敦故友,物色访严生",均用《后汉书》严光事,"物色"是"求""访"所依据的要素。①

综上所述,"物色"至晚在南北朝时期已经产生寻访、查访的动词义;但是这种用法的使用范围却很有限:一般只用在搜扬贤才、寻访圣人的特定语境中,对象只是圣人、俊贤,正如杭世骏所谓"访贤题可用此二字"②。

三、动词"物色"在唐宋以后的发展

动词"物色"在唐代仍然主要用于寻贤访圣、举荐贤才的语境,在奏疏、策、行状、碑铭中出现频率尤高,酌举4例:

（13）有唐建极,将事补天,物色异人,营求国器。(许敬宗《大唐故尚书右仆射特进开府仪同三司上柱国赠司徒并州都督卫景武公碑并序》)

---

① 唐五代的某些"物色"用例亦当作如是观,如《太平广记》卷三三七"萧谦"条(出戴孚《广异记》):"后七日,其弟亨复墓,忽倒地作謦灵语,责宇不了家事数十百言,又云:'安胡者,将吾米二百石,绢八十匹,经纪求利。今幸我死,此胡辜恩已走矣。明日食时,为物色捉之。'"《酉阳杂俎》卷五:"曾(叔政)观之大骇,方言于公,王(固)已潜去。于悔恨,令物色求之,不获。"《旧唐书·武元衡传》:"自是京师大恐,城门加卫兵,察其出入,物色伺之。其伟状异制、燕赵之音者,多执讯之。"
② 杭世骏《订讹类编续补》卷一"物色"条。

（14）我大唐太宗文武圣皇帝，甄陶尧舜，漂涤羲轩，物色贤良，梦寐前载。（王师乾《王右军祠堂碑》）

（15）洎隋氏握图，物色岩穴，旁求俊异，旌贲英翘。（于敬之《桐柏真人茅山华阳观王先生碑铭》）

（16）属太宗文武圣皇帝初临天下，物色幽人，焚山榜道，网罗遗逸。（陈子昂《唐故朝议大夫梓州长史杨府君碑》）

据此可见唐代"物色"这一行为也还是在其对象满足［＋贤良/有才能］、［＋人］诸要素的条件下进行。

两宋时期当寻访、访查讲的"物色"的用例极夥；与唐代相较，出现了一些新的变化。

（17）小娥诡服为男子，与佣保杂，物色岁余，得兰于江州，春于独树浦。（《新唐书·列女传·段居贞妻谢》）

（18）三思又疏书后隐秽，榜于道，请废之。帝震怒，三思猥曰："此殆彦范辈为之。"命御史大夫李承嘉鞫状，物色其人。（《新唐书·桓彦范传》）①

（19）吏以为杀人，拘系之，鞫同舟者，皆莫知；问其所以来，民具道本末，县遣吏至江阴物色之。（洪迈《夷坚甲志》卷五）

（20）正辅上世为县录事，县有杀人者，狱已具，程独疑之，因缓其事，多方物色之，果得真杀人者。（周密《齐东野语》卷一三）

（21）令臣搜访诗人，臣已物色得数人。（周辉《清波别志》卷上）

（22）乱定，周祖物色得公，遂至大用。（邵伯温《邵氏闻见录》卷七）

---

① 《旧唐书·桓彦范传》："是岁秋，武三思又阴令人疏皇后秽行，榜于天津桥，请加废黜。中宗闻之怒，命御史大夫李承嘉推求其人。"《旧唐书》作"推求"，《新唐书》作"物色"。由此可明，"物色"与"推求"义同，皆指寻访、寻求。在《新唐书》中，当寻访、寻求讲的"物色"用例很多，而从这一改词例来看，在北宋时期，"物色"的确已经是一个很常用的词了。

（23）公后尝于河北物色之，不可得。（罗大经《鹤林玉露》甲编卷三）

（24）此士蹶起，呕吐狼藉，意绪昏昏，待旦视之，所呕皆饼饵，而昨夕未尝食也。云："昨睡方熟，有好妇人来相与饮，以饼啖我。"遂往殡前物色之。（洪迈《夷坚乙志》卷五"殡宫"条）

据以上数例可知，此时"物色"已不再依赖寻贤访圣、征求人才的语境，其对象也不仅仅局限于贤士能人，而是扩大到一般人、普通人。这说明，到了宋代，动词"物色"的对象其［＋贤良/有才能］的性状已不再是进行这一活动的必要条件，大多数只保留了［＋人］这一特征；不过偶有例外：

（25）昔里人有絜二豕者呼屠者于门，将以售之，其一既就执，其一辄逸去，使人物色之，不得。（周紫芝《太仓稊米集》卷六七《书寒山诗后》）

（26）神宗乃遣一二内侍于通衢中物色民言，竟以无是事而止。（王暐《道山清话》）

（27）时巢县猾民有诉令者率敛钱数百千楪，藏真列肆中；伸察所诉不实，物色之，得楪与簿书。（罗愿《鄂州小集》卷六《胡司业伸传》）

例（25）"物色"的对象为［－人］之"豕"；例（26）为［－生命］的"民言"，而例（27）"物色"的是一种更为抽象的"情况"（"令者率敛钱数百千楪，藏真列肆中"），非具体的人或物。

很显然，唐宋之际是动词"物色"演变的重要时期。从此时开始，其用法有了变化：摆脱了原先寻贤访圣的语境限制，组合对象的限定性要素减少，因而扩大了的组合对象，义域变宽。

与此同时，又引申出新义，如：

（28）又一客，亦以暮夜投宿，舍翁与其子晬睨客所携，客疑之，乃物色翁所为。（曾敏行《独醒杂志》卷九）

（29）东安一士人善画，作鼠一轴献之邑令。令初不知爱，谩县于壁。旦而过之，轴必坠地，屡悬屡坠，令怪之。黎明物色，轴在地而猫蹲其旁。（同上）

上举二例中的“物色”似已不是寻访、寻找义，细绎上下文意，释作探看、探察、窥探更为贴切。

也引申指搜寻、讨捕，如：

（30）（思彦）使并州，方贼杀人，主名不立，醉胡怀刀而污，讯掠已服。思彦疑之，晨集童儿数百，暮出之，如是者三。因问：“儿出，亦有问者乎？”皆曰：“有之。”乃物色推讯，遂禽真盗。（《新唐书·韩思彦传》）

（31）经北舰十余里，为巡船所物色，几从鱼腹死。（文天祥《指南录·后序》）

进行寻访、探察、搜捕等活动必须有所辨认、辨识，因此“物色”还可作辨认、分辨讲，如：

（32）问“因不失其亲”。曰：“‘因’字最轻，偶然依倚他，此时便须物色其人贤与不贤，后去亦可宗主。”（朱熹《朱子语类》卷二二）

元明清时期，动词“物色”用例大增，所出现的文体也更为丰富多样，其意义和用法大致沿袭了它自宋代以来的用法，酌举5例：

（33）请问先生高名大姓，何处仙居？今日之言，他年倘或应口，必须物色，以共富贵，不敢忘也。（《全元曲·西华山陈抟高卧》第三折）

（34）比至镇江，打发舟钱登岸，随路物色，访张舜美亲族。（明冯梦龙《喻世明言》卷二三）

（35）许文穆公昔年以史臣奉使册封朝鲜，其国王问：“柳柳州《姜芽帖》书法颇佳，有处可物色否？”（明钱希言《戏瑕》卷一）

（36）康熙四十四年，圣驾南巡至苏州。一日垂问故灵璧知县马骕所著《绎史》，命大学士张玉书物色原版。（清王士禛《分甘馀话》卷一）

（37）谭绍闻因前日跟着夏鼎赶那一次会，也新学会物色娇娃，一边看戏，一边早看见甬路东边，一个女子生的异常标致。（清李绿园《歧路灯》四九回）

以上 5 例按对象的类别可分为两组：例（33）、例（34）、例（37）为一组，其对象是人；例（35）、例（36）为一组，其对象为物。从当时文献用例来看，"物色"的中心词义仍指寻访、寻找；以人为对象的例子占绝大多数，以物为对象的是少数，其中作为对象的人大多数具有〔＋优秀/有才能〕的性状，如上举例（37）"娇娃"。

现代汉语中"物色"的用法实际上是它自近代汉语以来的延续，其对象大多数是人，只有小部分是物，这和它在宋代至清代的分布相一致。酌举 3 例：

（38）您的确不打算拿她换钱，您想的是要替她物色个您觉着称心的年青人，把她嫁出去。（老舍《鼓书艺人》）

（39）这善者正是日本人要物色的理想人物，他不光爵高位重，提倡洋务，而且特别跟日本有渊缘。（邓友梅《烟壶》）

（40）乐秋心当然高兴英嘉成住进公寓来，但，过些时，也要另外物色一幢公寓搬进去才是。（梁凤仪《激情三百日》）

"物色"在现代汉语中所呈现出来的态势和它的历史来源及发展过程有着密切关系。"物色"从做动词始，就是寻访（圣人贤士），在中古以迄明清的发展过程中，具备〔＋优秀/有才能〕性状的人作为"物色"的对象始终占据主导地位，以物为对象的例子虽说自宋代即已出现，但较少见，只能视为它的用法的有限扩展。因此，"物色"在现代汉语中的共时态势正是其历时发展的反映和延伸。

四、余　论

　　动词"物色"的产生经历了一个比较曲折的过程,它不完全是语言系统内部演变的产物。名词(名词词组)"物色"本身词义的发展、人们认知中的转喻以及当时的社会思潮共同促成了动词"物色"的出现。细绎其源,这一转变最初很可能是在书面语中实现的,是文人写作运用事典、活用旧词的创造。"物色"是在文人的笔底完成了词性、词义的转变——这一点在中古时期"物色"大量使用于文人以搜扬人才、寻访贤良为主题的作品中可以很明显地看出——然后逐渐扩展到口语,直至现代汉语,只不过现在人们已不易体察它的词源意义了。通过对动词"物色"的产生这一个案的研究,可以发现,词语新义、新用法的出现,词性的改变,很多时候并不仅由语言系统本身起作用,往往是各方面因素共同推动的结果,这种情况在汉语词汇史上也不乏他例。

　　动词"物色"自魏晋南北朝产生以来,一直沿用到现代汉语,综观整个过程,其核心词义始终是寻访、寻找;由古及今,其发展主要体现于组合功能的扩展,具体表现在搭配对象的限制性因素逐渐消减,早先必须满足的[＋贤良/有才能]、[＋人]诸特征到现代汉语中已经不再是必要条件。虽然如此,我们也发现,"物色"在现代汉语中的搭配对象具有上述[＋优良的]、[＋有益的]、[＋称心如意]、[＋人]诸特点的仍然占据多数,毋庸置疑,这种现象和动词"物色"最初用法有着一脉相承的关联。

中古地域性词研究

试论北朝史书所见若干
带有地域性的词

南北朝时期,南北分隔百年,典制、经济、学术、文学及风俗诸方面均存在差异,《颜氏家训》《隋书》对此已有所叙述。20 世纪以来,程树德、陈寅恪、唐长孺、周一良、曹道衡等学者对此问题在各自领域做出了更为系统深入的研究。与此形成鲜明对照的是,当时南北汉语的差异,除《颜氏家训》《匡谬正俗》《切韵序》等偶尔涉及外,汉语史学界一直以来鲜有关注。20 世纪 90 年代鲁国尧教授导夫先路,率先提出"南朝通语""北朝通语"说①;甫入新世纪,鲁先生进一步申论此说,并从语音史的角度做了实证②。2007 年,汪维辉教授以《齐民要术》《周氏冥通记》二书词语为中心,从词汇史的角度探索六世纪汉语词汇的南北差异。③ 此后又有不少青年学者致力于此,取得了一定的成绩。至此,南北朝时期南北汉语的差异已经成为中古汉语研究的重要议题之一。

笔者在阅读北朝史书时,④发现其中若干词语比较"独特",未见或少见于南朝史书及其他文献,可能具有北方地域性,可据以窥探南

---

① 参看鲁国尧《客家方言源于南朝通语说》,载邱权政主编《中国客家民系研究》,北京:中国工人出版社,1992 年。

② 参看鲁国尧《"颜之推谜题"及其半解》,《中国语文》2002 年第 6 期、2003 年第 1 期。

③ 参看汪维辉《六世纪汉语词汇的南北差异——以〈齐民要术〉与〈周氏冥通记〉为例》,《中国语文》2007 年第 2 期。

④ 本文所谓的"北朝"是从广义角度而言的,实际指十六国至隋这段历史时期。

北词语差异之一斑。今缀属往日读书笔记,敷衍成文,都为一篇,以作上述议题之响应云尔。

一、北方地域性词举例

(一) 物

魏达纯《"物"字补义》和《说〈贞观政要〉中的"物"》两文考释《贞观政要》《隋书》中"用法颇有点奇怪"的"物"字,认为它在唐代"又用以指'绢帛'之类的丝织品",并指出这种用法源于《周礼·春官·司长》"杂帛为物"。[①]

魏文考释了"物"的特殊含义,并指明来源,其说可从;惟"物"之此义并不始于唐,实则远绍北魏。北齐以来承用,至于隋唐。从南北朝史料来看,当时这种用法的"物"仅见于北朝,表现出浓重的地域色彩。

(1)(太和)十七年……八月,元薨,时年八十一。诏曰:"……可赐布帛彩物二千匹、温明秘器、朝衣一袭,并为营造坟域。"(《魏书·尉元传》)

(2)迁洛,改封赵郡王,除都督冀定瀛三州诸军事、征东大将军、冀州刺史,开府如故,赐杂物五百段。(《献文六王传上·赵郡王干》)

(3)(太和)十九年……诏留守赐赙物布帛五千匹、谷五千斛,以供葬事。(《外戚传上·冯熙附冯诞》)

(4)(太和)二十二年……又诏曰:"钱府未充,须以杂物:绢二千匹、杂物一百匹,四十匹出御府。"(《术艺传·徐謇》)

---

① 魏达纯《"物"字补义》,《辞书研究》2001 年第 5 期;《说〈贞观政要〉中的"物"》,《中国语文》2003 年第 3 期。

上引4例,均出自北魏孝文帝太和年间的诏书。① 例(1)是目前所见"物"表绢帛之类丝织品的最早例子,"彩物"即"綵物",指彩色丝织品。例(2)、例(4)"杂物"犹《魏书》常见之"杂彩"。

(5) 神龟元年四月……十二日薨……<u>赐物三千段</u>、粟一千五百石。(《外戚传下·胡国珍》)

(6) 正光二年秋,疽发于背……寻卒,诏给东园秘器、朝服一袭,<u>赗物七百段</u>、蜡三百斤。(《崔亮传》)

(7) 正光五年冬卒。诏给东园秘器、朝服一具、衣一袭、钱十万、<u>物七百段</u>、蜡三百斤。(《甄琛传》)

(8) 天平三年卒……敕给东园秘器、<u>赗物三百段</u>。(《王肃传附王衍》)

(9) 给东园秘器、朝服一具、衣一袭、<u>赙物八百段</u>。(《汉魏南北朝墓志汇编》北魏《元融墓志》)

例(9)撰于孝明帝孝昌三年(527),墓主元融,阵亡于孝昌二年,《魏书》卷十九下《景穆十二王传·章武王》有传。本传载"孝昌二年肃宗为举哀于东堂,赐东园秘器、朝服一具、彩二千八百段"。对照史书与墓志所载,可明"物"实即"彩"。例(3)、例(5)、例(6)、例(7)、例(8)"赙物""赐物""给……物""赗物"亦即《魏书》所见之"赠布帛彩""赠彩""给彩帛","物"义同"彩",谓彩色丝织品。

北齐以下,这种意义的"物"得以沿用,酌举4例:

(10) 寻以疾薨,时年六十四。……<u>赠物一千段</u>。(《北齐书·司马子如传》)

(11) 转太子太师,遇疾卒。……<u>赠物一千段</u>。(《厍狄回洛传》)

---

① 例(2)史虽未明言"诏曰",然审其内容及语气,史臣必据当时诏敕无疑。

（12）武定三年卒官。……诏遣主书监神贵就吊，<u>赗物五百段</u>。（《封隆之传》）

（13）帝于后园使珽弹琵琶，和士开胡舞，各<u>赏物百段</u>。（《祖珽传》）

例（10）、例（11）"赠物"，《司马遵业墓志》（司马子如字遵业）、《厍狄回洛墓志》作"赗物"。

隋代用例更夥，《隋书》及墓志中凡数十例，兹不赘举。

综观上引 13 例，这种意义的"物"只用于皇帝赐赠臣子的场合，可分为两种类型：一是一般情况下的赏赐；一是臣子去世，皇帝赐"物"以助丧，除例（2）、例（4）、例（13）外均属此类。[①] "物"的赏予者必定是皇帝，接受者必定是臣子。

更加值得注意的是，此种意义的"物"唯见于北朝文献，应是元魏以来带有浓厚北方地域色彩的词。那么，这种地域性究竟是如何形成的呢？观察"物"的早期用例，可以发现，它们都出现于北魏太和年间，这似乎提示它的出现很可能与孝文帝及其改革有关。

孝文帝元宏的祖母和母亲都是汉人，他从小受到汉文化的影响。太和七年施行改革，指导思想是"稽参古式，宪章旧典"，[②]因此作为改革理论来源的儒家经典，孝文帝是非常熟悉的。他"雅好读书，手不释卷，五经之义，览之便讲，学不师受，探其精奥"，[③]诏书和论政屡引《尚书》《诗经》《春秋》《论语》《周易》、三礼等儒家经典，也多次运用源出上述典籍的典故和成语。[④] 孝文帝具有很高的写作才能，"才藻富赡，好为文章，诗赋铭颂，任兴而作。有大文笔，马上口授，及其成

---

① 《仪礼·既夕礼》："公赗玄纁束。"郑玄注："公，国君也。""玄""纁"指黑色和浅红色的布帛。《公羊传·隐公元年》："赗者何？丧事有赗。赗者，盖以马以乘马束帛。"可见先秦士大夫去世，国君即赐布帛作赗仪。北朝赐"物"显然承自先秦旧俗。

② 《魏书·礼志三》。

③ 《魏书·高祖纪下》。

④ 参看张金龙《北魏政治史》，兰州：甘肃教育出版社，2008 年，第 602－643 页。

也,不改一字",①并且亲自撰写诏敕,史称"自太和十年已后诏册,皆帝之文也"。②

据此,例(1)至例(4)均应出于孝文帝之手,他据《周礼》"杂帛为物"("物"本指杂色旗),"推之以名杂帛"。③ 这种"帝王制作"为后代所效仿,于是形成了北魏至隋历代沿用的局面。④ 此类"物"出现的语境和文体有很大的局限性,在政治、军事处于对立面的南朝或无从知晓,即使有所了解也无必要使用,因而它就独存于北方,成为一个具有地域色彩的词。

(二)丐

"丐"本指乞求,又可指给予,值得注意的是,它在特定语境中还能指免除,这在《魏书》中有不少例子,迻录如下:

(14)(延兴二年)六月,安州民遇水雹,丐租赈恤。(《高祖纪上》)

(15)(延兴二年九月)己酉,诏以州镇十一水,丐民田租,开仓赈恤。(同上)

(16)是岁(延兴三年),州镇十一水旱,丐民田租,开仓赈恤。(同上)

(17)是岁(延兴四年),州镇十三大饥,丐民田租。(同上)

(18)(承明元年八月)甲申,以长安二蚕多死,丐民岁赋之

---

① 《魏书·高祖纪下》。

② 《魏书·外戚传上·冯熙附冯诞》:"高祖既深爱诞,除官日,亲为制三让表并启;将拜,又为其章谢。"于此可见孝文帝确实能写诏敕表章之类的文书。关于孝文帝之文学创作才能,可参看王永平《略论北魏孝文帝之文化修养及其表现与影响》(《史学集刊》2009年第3期)。

③ 参看王国维《观堂集林》第一册,北京:中华书局,1959年,第287页。

④ 东魏(北齐)、西魏(北周)对孝文帝极为尊崇,实质上是对其汉化改革的拥护和肯定(参看何德章《北魏末帝位异动与东西魏的政治走向》,载武汉大学中国三至九世纪研究所编《魏晋南北朝隋唐史资料》第18辑,武汉:武汉大学出版社,2001年),自然会沿用孝文帝以"物"指杂帛这一特殊用词。

半。（同上）

（19）（太和六年）八月癸未朔，分遣大使，巡行天下遭水之处，<u>丐民租赋</u>。（同上）

（20）（太和六年十二月）今课督未入及将来租算，一以<u>丐之</u>。（同上）

（21）（太和十年十二月）乙酉，诏以汝南、颍川大饥，<u>丐民田租</u>，开食赈恤。（《高祖纪下》）

（22）（延昌二年）十有二月丙戌，<u>丐洛阳、河阴二县租赋</u>。（《世宗纪》）

（23）今岁（太昌元年）租调，<u>且两收一丐</u>，来年复旧。（《出帝纪》）

上引诸例"丐"是上对下的行为，对象为"租""赋""算""调"，在这种特定语境中，"丐"显然指免除。① 据例（15）、例（21），"丐民田租"是诏书中语，以此推想，其余各例表面上是史家叙述语，实则均出自当时诏册；②由此进一步推想，"丐"表免除义，应同"复""蠲""免"一样是当时表示免除租赋的习语。

（24）（和平四年）冬十月，以定、相二州霣霜杀稼，免民田租。（《高宗纪》）

"免"，《册府元龟》卷四九〇作"丐"。《册府》之"丐"似非出后人臆改，更可能是《魏书》原文。若此说成立，则此例在《魏书》中时代最早（和平四年为公元463年）。

（25）家乏人力，故使尔耳，唯见宽恕，<u>原丐刑罚</u>。（元魏慧觉等译《贤愚经》卷九《善事太子入海品》）

---

① "丐"有给予、施舍义，在此种语境中"给租""给赋"实际就是免租、免赋，故引申出免除义。

② 例（14）"丐租赈恤"前，《北史》有"诏"字。

"丐"的对象是"刑罚","丐"也是免除之义,"原丐"近义连文。《贤愚经》译出于公元 445 年,[①]略早于例(24)。

与北朝文献经见形成对比的是,"丐"表免除(租赋、刑罚)义在南朝文献略无一见,这表明它可能具有北方地域性;《贤愚经》为慧觉、威德等八人在于阗译出、在高昌整理成书,其中用及表免除义的"丐",而南方译经同样全无所见,也透露出它的北地色彩。

还需注意《晋书》中的这几个例子:

(26)以久旱,丐百姓田租。(《慕容皝载记》)

(27)赐为父后者爵一级,鳏寡高年谷帛有差,丐所过田租之半。[②](《苻坚载记上》)

(28)会秦州刺史胡烈为羌虏所害,亮遣将军刘旂、骑督敬琰赴救,不进,坐是贬为平西将军。旂当斩,亮与军司曹同上言,节度之咎由亮而出,乞丐旂死。(《汝南文成王亮传》)

据上文所述推测,例(26)、例(27)之"丐"也属诏敕语。《晋书·载记》的直接史源是崔鸿《十六国春秋》,而十六国各有史书,崔鸿"考覈众家"而成书。[③] 此类诏敕语,史家大抵照录,易以己辞的可能性较小,因此大胆推断,例(26)、例(27)之"丐"是慕容皝、苻坚所在 4 世纪的用语。

例(28)"丐"犹言"免"。[④] "节度之咎由亮而出,乞丐旂死"云云,审其文气,显然是当时"上言"中语,史家据录。因此,"丐"表免除义早在司马亮时代(3 世纪)即已出现。

---

① 学界对于《贤愚经》的成书年代有不同意见,参看梁丽玲《〈贤愚经〉研究》,台北:法鼓文化事业股份有限公司,2002 年,第 26 - 30 页。

② "丐",《册府元龟》卷二三○作"均"。"均"亦有减免义,《晋书·石勒载记下》:"太兴二年,勒伪称赵王,赦殊死已下,均百姓田租之半,赐孝悌力田死义之孤帛各有差,孤老鳏寡谷人三石,大酺七日。"同卷:"勒以休瑞并臻,遐方慕义,赦三岁刑已下,均百姓去年逋调。"均其例。

③ 详参刘知幾《史通·古今正史》。

④ 李慈铭《越缦堂读史札记·晋书札记》:"'丐'为'匄'之俗,'匄'不成字。惟此上既有'乞',则不当复云'匄',疑本作'乞免','免'因误作'丐',遂又误为'丐'耳。"盖不明"丐"有免除义而误说。

进而观察上引三例"丐"的作者,可以发现,他们也均是北人,这同样在一定程度上表露出"丐"具有北方地域性的迹象。

(三) 绾

《魏书》《北齐书》中习见"绾"字,义为"掌管;统领":

(29) 世祖即位,命(尉)眷与散骑常侍刘库仁等八人分典四部,绾奏机要。(《魏书·尉古真传附尉眷》)

(30) 太宗即位,为左卫将军,绾门下中书,出纳诏命。(《穆崇传附穆观》)

(31) 令弼典西部,与刘洁等分绾机要,敷奏百揆。① (《古弼传》)

(32) 臣镇所绾河西,爰在边表,常惧不虞。(《刁雍传》载雍表)

(33) 愚谓宜申以常伯,正绾著作……研积岁月,纪册必就。(《李彪传》载崔光表)

(34) 录尚书、汝阳王元叔昭、尚书令元世俊,宗室之秀,绾政朝端。(《李平传附李谐》)

(35) 属水汎长,大眼所绾统军刘神符、公孙祉两军夜中争桥奔退。(《杨大眼传》)

(36) 秦□所绾武都、武阶,租颇得达。(《张普惠传》)

(37) 是时尚书李欣亦有宠于显祖,与黑对绾选部。② (《阉官传·赵黑》)

(38) 车驾还都,迁给事中,绾太仆曹。(《阉官传·孙小》)

(39) 又立隆城镇,所绾獠二十万户。(《獠传》)

---

① 《北史·毛遐传》:"孝武帝入关,敕周文帝置二尚书,分掌机事。"二书所述之事相似,可作类比,一言"分绾",一言"分掌","绾""掌"异文同义。
② "绾",《资治通鉴·宋顺帝升明元年》作"掌",义同。

（40）诸寺署所绾杂保［役］户姓高者，天保之初虽有优敕，权假力用未免者，今可悉蠲杂户，任属郡县，一准平人。（《北齐书·后主纪》载诏）

（41）尚书左丞公孙良职绾枢辖，蒙冒莫举①。（《北史·高道悦传》）

又与"摄""统""都"等同近义词组成复合词：

（42）车驾征马圈，留弁以本官兼祠部尚书，摄七兵事。及行，执其手曰："国之大事，在祠与戎。故令卿绾摄二曹，可不自勉。"（《魏书·宋弁传》）

（43）昔在南之日，以其统绾势难，故增立巴州，镇静夷獠。（《邢峦传》）

（44）宰守因此绾摄有方，奸盗不起，民以为便。（《张普惠传》）

（45）稍迁散骑常侍，都绾内藏曹。（《阉官传·张祐》）

（46）后以为道人统，绾摄僧徒。（《释老志》）

这个意义的"绾"也见于史书以外的北朝文献：

（47）俄除马邑总绾领民都督，寻征右卫将军右箱都督。（《汉魏南北朝墓志汇编》北齐《石信墓志铭》）

（48）都绾阙口游激校尉司马解伯达造弥勒像一躯，愿皇道赫宁，九荒沾泯。（《八琼室金石补正》卷一二北魏《司马解伯达题记》②）

---

① "绾"，《魏书》本传作"维"。按：例（33）之"绾"，《册府元龟》卷四六八作"维"，疑"维"皆"绾"之讹。

② 武亿《授堂金石文字续跋》卷一"司马解造弥勒像记"条："按阙口即伊阙，魏尝于此设官，故有'都绾阙口游激司马解'名，《魏（书）·官氏志》未及，当以其流品卑故也。"按：武氏属读有误。"都绾阙口游激司马"当为职官名，"解"字应属下，"解伯达"为人名，参看陆增祥《八琼室金石补正》卷一二"司马解伯达题记"条下按语。

（49）<u>都縮</u>都督张□安。（《山右石刻丛编》卷一东魏《红林渡佛龛记》）

（50）<u>都縮</u>主卫海保。（《山右石刻丛编》卷一东魏《安鹿交村二十四人造像记》）

（51）<u>都縮</u>主郭□。①（《山右石刻丛编》卷二北齐《阿鹿交村七十人等造像记》）

（52）<u>都縮</u>主成伯支、成天保、成天盖。（《常山贞石志》卷二北齐《成氏造石浮图记》）

（53）<u>都縮</u>斋主、横野将军郝显□……<u>都縮</u>殿主、前功曹郝弁和……<u>都縮</u>殿主、板授东郡太守郝保。（《常山贞石志》卷三北周《开化寺白玉石柱础题名》）

例（47）—例（53）之"总縮""都縮"均用于当时职官名，"縮"取义于掌管、统领。而"都縮都督""都縮主"此类当时职官，亦引时语以命名。②

"縮"有结系、贯通义。③《史记·绛侯周勃世家》："绛侯縮皇帝玺，将兵于北军。""縮"，裴骃集解引应劭释作"贯"；《汉书·周勃传》承用此句，颜师古释作"引结"。按："贯""结"义相通。《史记·货殖列传》："(燕)北邻乌桓、夫余，东縮秽貉、朝鲜、真番之利。"司马贞索隐："縮者，縮统其要津。"按："縮"还是"贯"义，指贯通、连通，司马贞释作"縮统"，如上文所述，乃是南北朝以来之后起义，未安。④ 又同传："然四塞，栈道千里，无所不通，唯褒斜縮毂其口，以所多易所鲜。"司马贞索隐："言褒斜道狭，縮其道口，有若车毂之凑，故云'縮毂'

---

① 原作"**孙**"，为"都"之残字。

② "都"表统领、统率，也是魏晋以来之新义。

③ 《说文·系部》（段注本）："縮，一曰纍也。""纍"或作"胃"，有系取义；或通作"绢"，《周礼·秋官·冥氏》"掌设弧张"郑玄注："弧张，罝罦之属，所以扃绢禽兽。"《后汉书·马融传》载其《广成颂》："绢猥貔，鏦特肩。"李贤注："绢，系也。与胃通。""縮"之"结、系；贯通"义当由此引申而来。

④ 《汉语大词典》"縮"字"控制；掌握"义下首引此例，或是受了《索隐》的影响。

也。"按：司马迁用"绾""縠"二字，形象生动，"绾"仍用其系、结义。①
《史记·张仪列传》："赵王曰：'先王之时，奉阳君专权擅势，蔽欺先王，
独擅绾事。'""独擅绾事"，《战国策·赵策二》作"独制官事"。泷川资
言《史记会注考证》据此以为"绾、官、管通，统辖之意"；李笠《史记订
补》卷六则认为"绾盖官字之误"。按：李说较长；"官事"犹言政事。②

　　"绾"谓掌管、统领，当引申自结系、贯通义，是北朝以来之新
义。在南北朝文献中，它仅见北朝用例（如上文引述），而未见于南
朝史书及其他文献，因此极可能仅用于北方，同样是一个带有地域
色彩的词。

　　"绾"之掌管、统领义，具有鲜明的时代性和地域性；随着时代变
迁，后人对它又逐渐感到陌生，明清以来往往改易北朝史书中的"绾"
就是显证：

　　例（30）"绾门下中书"，明本《册府元龟》卷八八四作"管"（宋本
仍作"绾"）。例（32）"臣镇所绾河西"，明永乐十四年内府刻本《历代
名臣奏议》卷三二〇作"管"。例（37）"对绾选部"，明本《册府》卷六
七〇作"管"（宋本仍作"绾"）。例（39）"所绾獠二十万户"，四库本明
曹学佺《蜀中广记》卷四〇引作"管"。例（40）"诸寺署所绾"，四库本
《册府》卷四九〇作"管"（明本仍作"绾"）。例（43）"以其统绾势
难"，四库本《佩文韵府》卷二八引作"辖"。例（45）"都绾内藏曹"，明
本《册府》卷六六五作"管"。例（46）"绾摄僧徒"，明本《册府》卷五一
无"绾"字；又见《广弘明集》卷十二，四库本明彭大翼《山堂肆考》卷
一四七引《广弘明集》作"管"。

　　例（35）"大眼所绾"，四库本《通志》卷一四九作"管"。例（42）
"绾摄二曹"，四库本宋孙逢吉《职官分纪》卷十、明钞本宋佚名编《翰
苑新书》前集卷十七、四库本元富大用编《事文类聚》新集卷十三作

---

　　① 《汉语大词典》"绾縠"条"控扼，扼制"义下首引此例，所谓"控扼、扼制"乃是其语
境义。

　　② 《汉语大字典》"绾"字"总管；控制"义下首引此例，似可斟酌。

"管"。按：若《通志》《职官分纪》等原作"管"，则宋元人即已改字。

又卍续藏经本隋慧远《胜鬘经义记》卷上："法中虽无定主，非无假者，绾御之义，亦得称我。"又《观无量寿经义疏》："法中虽无定主，非无假名，统御之义，故得称我。"一作"绾御"，一作"统御"，可明"绾"即统领、掌管之义。《义记》原校："'绾'疑'统'。"[①]是不明"绾"与"统"同义。此又不明"绾"义而误作校语。

（四）别

入矢义高《中国口语史的构想》曾指出"从北魏、六朝早期到唐代一段时间内偶尔在文献中出现过一些奇妙的词汇：'年别'、'月别'。'年别'即每年的意思。还有'日别'、'人别'、'家别'等。《北齐书》和《齐民要术》中有很多带'别'字的用例"。[②] 其后松尾良树《〈日本书纪〉与唐代口语》、野间文史《五经正义语汇语法札记（三）》均讨论了这种用法的"别"。董志翘《敦煌文书词语考释》《〈入唐求法巡礼行记〉词汇研究》、阙绪良《〈齐民要术〉词语札记》《〈齐民要术〉札记三则》《敦煌写本 S.1725 号"日别"考辨》对此也有所阐述。

这种用法的"别"屡见于北朝史书，无虑数十例：

（54）各列家别口数，所劝种顷亩，明立簿目。（《魏书·世祖纪下》载太子拓跋晃令）

（55）（永熙三年）五月丙戌，增置勋府庶子，厢别六百人，又增骑官，厢别二百人。（《出帝纪》）

（56）（天平二年）九月，齐献武王以治民之官多不奉法，请选朝士清正者，州别遣一人，问疾苦。（《孝静帝纪》）

---

① 卷末跋语云："正治二年六月二十日于东大寺本房以珍海已讲本书写了。同七月二日以同本一校了。"校记可能作于此时。正治二年为公元 1200 年，时值中国南宋。

② 入矢义高《中国口语史的构想》，艾乃钧译，《汉语史学报》第四辑，上海：上海教育出版社，2004 年，第 5 页。

（57）请遣使，镇别推检，斩戮首一人，自余加以慰喻。①（《道武七王传·京兆王》载元继表）

（58）崇见之，不问贼事，人人别借以温颜。②（《柳崇传》）

（59）用范搜、陈端等计，令千里之外，户别转运，诣仓输之。（《李欣传》）

（60）臣辄日别出州仓米五十斛为粥，救其甚者。（《薛安都传薛真度》）

（61）光又为百三郡国诗以答之，国别为卷，为百三卷焉。（《崔光传》）

（62）又增武直人数，自直阁已下，员别数百，③皆选天下轻剽者以充之。（《斛斯椿传》）

（63）时有急速，令数友执笔，或行或卧，人别占之，造次俱成，不失事理。（《恩幸传·徐纥》）

（64）闻公有马十二谷，色别为群，将此竟何用也？（《北齐书·神武帝纪上》）

（65）家别斗升而已，又多不付。④（《武成帝纪》）

（66）人有死者，即取其肉，火别分啖，唯留骸骨⑤。（《慕容俨传》）

---

① 《资治通鉴·齐明帝永泰元年》："请遣使，镇别推检。"乃据《魏书》。胡三省注："言六镇各遣一使，令各推检一镇。"未谛。

② "人人"应作"人"，参看真大成《中古史书校证》，北京：中华书局，2013年，第200－201页。

③ 《资治通鉴·梁武帝中大通五年》："（斛斯）椿劝帝置阁内都督部曲，又增武直人数，自直阁已下，员别数百。"胡三省注："武直，谓武士之入直殿阁者。……其御仗属官有御仗正副都督、御仗五职、御仗等员。直荡属官有直荡正副都督、直入正副都督、勋武前锋正副都督、勋武前锋五职等员。直卫属官有直卫正副都督、翊卫正副都督等员。直突属官有直突都督、前锋散都督等员。"

④ "别"，《通志》卷十六作"得"，恐出后人改易。

⑤ 周婴《卮林》卷七："炙物于火谓之别。"引此例。按：周说无据。"火"同"伙"，北朝兵制单位，十人为火。"火别"屡见于吐鲁番出土文书。参看郭在贻《训诂丛稿·读书识小录》"别"条（载郭在贻《郭在贻文集》，北京：中华书局，2002年）。

（67）邕以军民教习田猎，依令十二月，月别三围，以为人马疲敝，奏请每月两围。（《唐邕传》）

（68）北齐藉于帝城东南千亩内，种赤粱、白谷、大豆、赤黍、小豆、黑穄、麻子、小麦，色别一顷。（《隋书·礼仪志二》）

（69）左右武卫开府，各领三仗六行，在大仗内，行别六十人。（《礼仪志》）

（70）又四隅有阙，面别一观，观下开三门。（《礼仪志》）

（71）至大业中，炀帝制宴飨设鼓吹，依梁为十二案。案别有錞于、钲、铎、军乐鼓吹等一部。（《音乐志下》）

（72）今御营之外，请分为二十四军，日别遣一军发，相去三十里，旗帜相望，钲鼓相闻，首尾连注，千里不绝。①（《周法尚传》）

（73）平陈之岁……高祖善之，下诏曰："……自今以后，不须年别入贡，朕亦不遣使往，王宜知之。"②（《东夷传·百济》）

（74）其王年别杀人，以夜祀祷，亦有守卫者千人③。（《南蛮传·真腊》）

这种用法的"别"，《汉语大字典》《汉语大词典》和《古汉语虚词词典》释作"各""各自"，所引首例均是《易纬稽览图》："其余六十卦，卦有六爻，爻别主一日，凡主三百六十日。"《易纬稽览图》是汉代纬书，若此例成立，则"别"在汉代即已产生。但实际上，"爻别主一日"云云并非《易纬稽览图》中的话。《汉语大字典》《汉语大词典》之所以引此例，大概受了杨树达《词诠》的影响，④而杨氏又受了刘淇的误导。《助字辨略》卷五"别"条："又各也。《易纬稽览图》云：'卦气起中孚，故离、坎、震、兑各主一方，其余六十卦，卦有六爻，爻别主一日，

---

① 《隋书·礼仪志三》："于是每日遣一军发，相去四十里，连营渐进。""日别"相当于"每日"。

② "别"，《全隋文》卷二作"例"，恐是严可均臆改（梅鼎祚《隋文纪》仍作"别"）。

③ "年别"，《太平御览》卷七八七作"每年"。

④ 参看杨树达《词诠》，上海：上海古籍出版社，2006年，第10页。

凡主三百六十日。'此言每爻各主一日,六十卦有三百六十爻,故主三百六十日也。"就把"其余六十卦……凡主三百六十日"看作《易纬稽览图》之语。考"《易纬稽览图》云"云者,出《易·复卦》象辞"反复其道,七日来复"孔颖达疏,其中只有"卦气起中孚"一句,才是《易纬稽览图》原文;"故离"以下至"六十日"均属孔疏,刘淇不察,误作《稽览图》文。唐初孔颖达、贾公彦经疏中多此类"别",①"爻别"即一例。

据此,汉代并未产生此类"别";诚如入矢义高所说,它较早的用例应出现于北魏时期。上引诸例中,例(54)时代最早,约在公元439年拓跋焘西征北凉、太子拓跋晃监国时。

除史书外,此类"别"同样经见于北朝其他文献:

(75)时象师闻如来说法,发欢喜心已,供养诸比丘,人别一器石蜜。(姚秦佛陀耶舍共竺佛念等译《四分律》卷十三《十舍堕法之五》)

(76)按今世葵有紫茎、白茎二种,种别复有大小之殊。②(《齐民要术·种葵》)

(77)成树之后,树别下子一石。(《种槐柳楸梓梧柞》)

(78)先刻白木为卵形,窠别著一枚以诳之。……若独著一窠,后有争窠之患。(《养鹅鸭》)

(79)今于释种诸童子中,有大势者,悉各家别一人出家。(隋阇那崛多译《佛本行集经》卷五八《婆提唎迦等品中》)

---

① 参看野间文史《五经正义语汇语法札记(三)》(《广岛大学文学部纪要》第58卷,1998年)及《读李学勤主编之〈标点本十三经注疏〉》(载《经学今诠三编》,辽宁教育出版社,2008年,第690-693页)。

② 《齐民要术》中有多例,参看董志翘《敦煌文书词语考释》(《敦煌研究》1998年第1期)、阚绪良《〈齐民要术〉词语札记》(《语言研究》2003年第4期)、阚绪良《〈齐民要术〉札记三则》(《中国农史》2003年第4期)。阚绪良《〈齐民要术〉词语札记》举《齐民要术》卷二《大小麦》引陶隐居本草:"然则大、穬二麦,种别名异,而世人以为一物,谬矣。"按:此例"别"与"异"互文,指不同、差别。《宋书·谢庄传》:"离之则州别郡殊,合之则宇内为一。"《蛮夷传》:"殊名诡号,种别类殊。"亦其比。

（80）以彼施食果报因缘，我既生于释种之家，我家尔时遂即日别渐渐增长。（卷六〇《摩尼娄陀品下》）

此类"别"在北朝文献中使用得如此频繁，与之形成明显对比的是，南朝史书竟无一见，扩展至其他南朝文献，似也仅见 1 例：

（81）始自去冬，终于今朔，得失之效，并已月别启闻。（《隋书·律历志中》引南朝梁武帝天监八年祖暅奏）

这种现象必非时代所致，而是显示了鲜明的地域差异；也就是说，此类"别"在南北朝时是一个具有北方地域色彩的词语。

野间文史在谈到《五经正义》与南北朝义疏的渊源时曾指出"南学（引者按：指南朝义疏）中所谓'每……'的句法，北学（引者按：指北朝义疏）中则多以'……别'这一句法来表现，而'……别'这一句法表现，《周礼》的疏文中最多见。所以若要问《周礼》所采用的是何人之疏，……从上述这类句型表现手法来看，则我们毕竟可以说《周礼疏》应是北学。"①《五经正义》和《周礼疏》中多有此类"别"，而经见于北人义疏，恰好透露出它的地域性。

这种用法的"别"，董志翘、阚绪良径释作"每"，在上下文中自然能够讲通；但从"别"的词义系统看，它何以会有"每"义？《齐民要术》卷五《种槐柳楸梓梧柞》："槐既细长，不能自立，根别竖木，以绳拦之。"汪维辉《〈齐民要术〉词汇语法研究》认为"'根'是每一根的意思，'别'则宜另释为'单独、单另'。'根别'并非一个词"，②这一看法值得注意。

观察《要术》此例，"根"指根根、每根，义含全体（此范围内的所有个体），"竖木"这一行为既发生于主语中的个体（单独一根），也

---

① 参看藤井伦明等《从五经正义到〈十三经注疏〉——访现代日本经学家野间文史教授》，《中国文哲史通讯》2006 年第 2 期，第 9 - 27 页。
② 汪维辉《〈齐民要术〉词汇语法研究》（修订本），上海：上海教育出版社，2020 年，第 32 页。

发生于主语所有个体(根根),这时"别"固然可以释作"单独、单另",实际上受到句法位置和句子语义的影响,它也可以理解为相当于代词"各"。① "根别竖木"与"根各竖木"在理解上完全等同。因此,《汉语大字典》等将此类"别"释作"各""各自",是较为准确的。②

实际上,不少例子中的"别"都可以替换为"各",如例(56)"州别遣一人",实际可以理解为"州各遣一人";例(62)"员别数百",实即"员各数百"③;例(75)"人别一器石蜜",亦即"人各一器石蜜"④。

《周礼·天官·典丝》"岁终则各以其物会之"郑玄注:"种别为计。"贾公彦疏:"言'种别为计'者,自上经所用,掌其藏与其出,及繡画已下,各别为计。"孙诒让正义:"注云'种别为计'者,《广雅·释诂》云:'种,类也。'谓凡丝物每一种类别为计簿。"贾公彦用"各别"释郑注之"别","别"显然可以理解为"各""各别"。"种别"固然可以释作"每种"("每一种类"),但孙诒让仍说"每一种类/别为计簿",明显未将"种别"连读,这与汪维辉《〈齐民要术〉词汇语法研究》认为"'根别'并非一个词"同调。

《洛阳伽蓝记》卷一《景林寺》:"华林园中有大海,即汉天渊池……景阳山南,有百果园。果别作林,林各有堂。"⑤"别""各"对文,"别"自然可以理解为"各"。《太平御览》卷九六四引陆机《与弟云书》:"天渊池南角有果,各作一林,无处不有,纵横成行,一果之间辄作一堂。"这是陆机入洛后写给其弟陆云的信,所述可与《洛阳伽蓝

---

① 这里说"相当于"只是在理解上可以等同于"各",并不是说"别"的句法属性和语义与"各"相同。

② 小川环树以为属于"乌拉尔·阿尔泰语系词汇掺杂在汉语中的痕迹"(入矢义高《中国口语史的构想》引,《汉语史学报》第四辑,上海:上海教育出版社,2004年),恐无据。

③ 《魏书·官氏志》:"又置散骑常侍、侍郎,员各四人。"《周书·武帝纪上》:"皇弟、皇子友员各二人。"均为类似表述。

④ 《四分律》卷五〇《房舍捷度初》"人各一床",即每人一床。

⑤ 《太平御览》卷九六引作"果别作一林,林各有一堂"。

记》相比照;一作"别作(一)林",一作"各作一林",可见"别"犹言"各"。① 董志翘《敦煌文书词语考释》《〈入唐求法巡礼行记〉词汇研究》曾引此例,释作"每一种果树成为一片林子",就此例行文来看,恐未中鹄。

元魏般若流支译《正法念处经》卷十四《地狱品》:"以舌恶语,复有野干而食其舌……有食肺者、食小肠者、食大肠者,有食胪者,有食髀者,有食踹者,有食胫者,有食臂者、食手足者,复有食其手足指者,一切身分,别别割食。"姚秦筏提摩多译《释摩诃衍论》卷一:"三种大义,别别分释。"卷六:"如是无量无边功德,各各别别有体相耶?""别别"就是"各各"之义。②

其实,北朝人恐怕也将此类"别"理解为"各"。隋阇那崛多译《佛本行集经》卷二四《精进苦行品上》:"日别止食一粒乌麻,或一粳米,小豆大豆,菉豆赤豆,大麦小麦,如是日日各别一粒。""日别"之"日"即后文"日日"之义,"别"亦即"各别"③。从此例可见,在译者的意识中,"日日各别"与"日别"语义相同,惟变文避复而已。北凉昙无谶译《优婆塞戒经》卷二《义菩萨心坚固品》:"无量世中以灰涂身,唯食胡麻、小豆、粳米、粟米、床等,日各一粒。"两例语意相似,一作"日别",一作"日各","别"完全可以理解为"各"。

此类"别"虽可看作"各",与之前的名词并未连属,但实际上,北朝末期以来也有不少"名词 + 别 + 各/各自 + 动词/数量结构"的形式:

(82)彼等诸门,门别各有五百夜叉,为三十三天而作守护。

---

① 周祖谟《洛阳伽蓝记校释》:"此言百果,各类分别为林也。""分别"亦犹言"各自"。(上海:上海书店出版社,2000 年,第 67 页)
② 早期使用"别别"的都是北方译经。
③ "各别"相当于"各"。《真诰》卷九《协昌期第一》:"小方诸亦方面各三百里,周回一千二百里,亦各别有青君宫室。"《诸病源候论》卷二《风冷候》:"迭互换足,各别三七。"《通典·兵一》引《大唐卫公李靖兵法》:"又有十二营街,各别阔十五步,计当百八十步。"

（隋达摩笈多译《起世因本经》卷六《三十三天品上》）

（83）尔时长老耶输陀父善觉、长者妇及新妇，……人别各自将一小铺，次第相随来向佛前依大小坐。（隋阇那崛多译《佛本行集经》卷三五《耶输陀因缘品下》）

（84）知色别各三十二枚也。（《左传·襄公十一年》"歌钟二肆"孔颖达疏引刘炫云）

（85）晋、宋故事，箱别各有枳、敔，既同时奏之，今则不用。（《隋书》卷十五《音乐志下》）

（86）此云十二食十二衣，似月别各别衣食者。（《礼记·礼运》"五味六和十二食……五色六章十二衣"孔颖达疏）

（87）其二十脉，脉别各有四十脉以为眷属，合有八百吸气之脉。（唐义净译《根本说一切有部毗奈耶杂事》卷十一）

（88）如是六十人，人别各乞六十迦利沙波拏。（唐义净译《根本说一切有部毗奈耶》卷二二）

在这些例子中，出于韵律的限制，"别各"显然不连读，"别"属前与名词组成双音结构，做小句的主语，后面有指示代词"各（各自）"表复指。这表明原本是跨层结构的"名词＋别"之间的线性组合联结得日渐紧密，"名词＋别"正在发生词汇化。"别"相当于"各"是南北朝以来的新兴语言现象，且如上文所述极可能带有地域性，如果使用者对这一语义特性有所不明的话，"别"在句子中的理据就会逐渐模糊，于是在线性组合中向之前的名词靠拢，联结日益紧密。① "别"前名词又义含"每一"，表示一定范围内的全体，于是"名词＋别"就会被重新分析为"每……"。上引例（54）至例（81）"名词＋别"可有两解，或可视作词汇化的发展阶段，例（82）至例（88）的"名词＋别"则已逐渐完成

---

① "名词＋各"没有发生词汇化就是因为人们对"各"在此结构中语义、语法属性认识清晰的缘故。

词汇化,如"门别"只能是门门、每门之义,[①]"人别"只能理解为人人、每人。

(五)通前

"通前"屡见于《魏书》,酌举 4 例:

（89）封长乐县开国男,食邑二百户……增邑八百,<u>通前一千户</u>。(《李神传》)

（90）(武泰元年四月)十一日,(尔朱)荣奉帝为主,诏……食邑二万户。……增邑一万户,<u>通前三万</u>。(《尔朱荣传》)

（91）封义阳县开国伯,邑五百户。……增邑三百户……增邑二百户,<u>通前一千</u>。(《贾显度传附贾智》)

（92）今六悬既成,臣等思钟磬各四,钣镈相从,十六格宫悬已足,今请更营二悬,<u>通前为八</u>,宫悬两具矣。(《乐志五》载长孙稚、祖莹上表)

《北齐书》《周书》《隋书》使用得更为频繁(仅《周书》即有 50 余例),兹各举 1 例:

（93）改封咸阳郡公,增邑,<u>通前一千三百户</u>。(《北齐书·孙腾传》)

（94）更封十郡,<u>通前二十郡</u>。(《周书·静帝纪》)

（95）袭封扶风郡公,邑三千户。……增邑五百户。……又增邑,<u>通前四千七百户</u>。(《隋书·王长述传》)

"通"有贯通义,引申指(地理空间)连接,[②]进一步抽象则指(数量、属性等)连括、并及、包含,如:

---

① 隋阇那崛多等译《起世经》(《起世因本经》的异译经)即作"门门"。
② 如《逸周书·大聚》:"教茅与树艺,比长立职,与田畴皆通。"孔晁注:"通,连比也。"《宋书·索虏传》:"此之界局,与彼通连,两民之居,烟火相接,来往不绝。"

（96）发河北数州田兵二万五千人，通缘淮戍兵，合五万余人，广开屯田。（《魏书·范绍传》）

也有"通及"同义连文的例子，如：

（97）尔时，世尊成道之后，在波罗棕鹿野苑内，通及佛身，合八人，六月十六日安居。（隋阇那崛多译《佛本行集经》卷三九《娑毗耶出家品下》）

（98）尔时，毗沙门天王、提头赖咤天王、毗娄勒迦王、毗娄博叉王等，与诸小王通及眷属围绕，共入迦毗延多苑中，澡浴游戏，种种受乐。（隋达摩笈多译《起世因本经》卷六《四天王品》）

所谓"通前"，即指连括、包含以前（数量等）。① 从上文引述的众多用例看，它习见于北朝史书。"通前（合）若干户"之类的表述应是北魏以来的公文套语。

反观南朝史书，相同语境使用"并前""合前"，②绝少用"通前"，目前所见仅1例：

（99）天嘉元年，进爵为伯，增邑，通前七百户。（《陈书·赵知礼传》）

---

① 《汉语大字典》《汉语大词典》"通"字"合计，总计"义下引北周庾信《周大将军崔说神道碑》："进爵为公，改封万年县，通前二千四百户。"则将"通前"之"通"释作"合计，总计"，不确。"通前二千四百户"云云，实际上应理解为"通前若干户，合二千四百户"，"合"是总共、全部（犹言合计、总计）义。这从上引例（96）、例（97）看得很清楚，"通缘淮戍兵，合五万余人""通及佛身，合八人"完全可以说成"通缘淮戍兵五万余人""通及佛身八人"。《文苑英华》卷九〇五北周庾信《周柱国大将军大都督同州刺史尔绵永神道碑》："增邑八百户，通前合二千。……增邑三百户，通前合三千九百户。"与《周大将军崔说神道碑》相较，后文只是省略了"合"字，并不意味着"通"是合计、总计义。《汉语大词典》"通"字"指连同"义下引唐牛僧孺《玄怪录·董慎》："审通数目额角痒，遂踊出一耳，通前三耳，而踊出者尤聪。"宋王明清《挥麈后录》卷五："予凡三归安陆，大为搜访……仅获五百十卷，通旧藏凡千一百卷，江氏遗书具此矣。"《水浒传》第十二回："杨志便把高太尉不容就职，使尽钱财，将宝刀货卖，因而杀死牛二的实情通前一一告禀了。"释义正确。

② "并前""合前"后汉以来习见。"合"有连同、连带义，参看汪维辉《〈齐民要术〉词汇语法研究》（修订本），上海：上海教育出版社，2020年，第120页。

然而进一步查验《陈书》中的此类叙述,普遍使用"并前",共 38 例;上引 1 例用"通前",这样的例外尤显"蹊跷"。

例(99)出现"通前"的原因还可探讨,但无论如何,"通前"在北朝与南朝史书中使用数量极其悬殊是不争的事实。这种相当奇特的景象应该表明"通前"行用于北朝,具有北方地域特色。

扩展至史书以外的文献,这种用法的"通/通前"同样表现出北朝多见而南朝罕觏的局面。

(100)增邑,通前三万户……增邑,通前七万户。(《汉魏南北朝墓志汇编》北魏《元天穆墓志》)

(101)改封华山郡王,食邑一千户,通前合一千八百户。(《汉魏南北朝墓志汇编》东魏《元鸷墓志铭》)

(102)复增邑两百户,通前为七百户。(《汉魏南北朝墓志汇编》北齐《斛律昭男夫人墓志铭》)

(103)增邑一千,通前二千户。(《汉魏南北朝墓志汇编》北齐《娄叡墓志》)

(104)此智是四智,谓法智、比智、等智、集智,通前有八智。(北凉浮陀跋摩共道泰译《阿毗昙毗婆沙论》卷五九《智捷度相应品之三》)

(105)如是三六十八,凡有一千八百,下复有五十六度住分五六三十,复得三百,通前便有二千一百。(S. 524《胜鬘经疏》)①

(106)都合六十四句,下复有四十八句……通前一百一十二句。(S. 2664《律戒本疏》)②

(107)颠倒有三以下别作九句,通前番为十也。(P. 2104

---

① 卷末跋云:"昭法师疏延昌四年五月二十三日于京承明寺写《胜鬘疏》一部。""延昌"是北魏年号,四年即公元 515 年。

② 卷末跋云:"保定元年岁次辛巳三月丁未朔八日玄觉抄记。""保定"是北周年号,元年即公元 561 年。

《十地论义疏》卷三)①

（108）虽得大王所赐两钱，我今咨王，更乞一枚，<u>通前得三</u>，我向村落自取一钱，并王所赐，合得四枚。（隋阇那崛多译《佛本行集经》卷五四《优波离因缘品中》）

（109）于此处起塔……其处亦起大塔……此二处亦起大塔……<u>通上二塔</u>，彼方人亦名为四大塔也。（东晋法显《法显传》）

（110）僧宗曰：先释佛果八事也。一尽者，谓尽一切惑也；翻恶既尽，即称善性也；虚伪之法既尽，故真实独存也，下对四非常，<u>通前为八</u>也。（南朝梁宝亮等集《大般涅槃经集解》卷五一）

（111）僧亮曰：……若断一品名不具，至九品为九，<u>通前欲界具十</u>……僧宗曰：……七九六十三，<u>通欲界十</u>，为七十三也。（南朝梁宝亮等集《大般涅槃经集解》卷六七）

（112）一中有，二生有，三业有，四死有，<u>通前三有</u>，为七有也。（南朝陈真谛译《显识论》）

在这 13 例中，例（100）至例（108）出于北朝文献，自不待言。例（109）至例（111）虽题南朝著作，但作者与北方关系密切。据《高僧传》，法显是平阳武阳人（今山西临汾），②后秦弘始元年（399）从长安出发去天竺时，已在五十八岁以上了，③语言面貌早已定型。僧宗，祖籍雍州（今陕西西安），其先四世祖南渡，九岁开始从陇西人法瑗（元嘉十五年后来到建康）"咨承慧业"，后又受学于昙斌，昙斌是南阳人（今河南南阳）。僧亮，《出三藏记集》卷一二称之为"荆州沙门"，又今本《名僧传抄》所存《名僧传》目录条列"江陵鹿山寺僧亮"，应即荆州一带人，而荆州又是当时南北往来的交通要道。因此，例（109）可

---

① 卷末跋云："保定五年岁次乙酉比丘智辩为法界众生敬写《大乘十地义记》。"五年即公元 565 年。

② 章巽《法显传校注·序》认为"武阳或为平阳之误……当时平阳郡治所即在平阳县"。

③ 参看章巽《法显传校注·序》，上海：上海古籍出版社，1985 年。

以看作与北朝文献用例同质;例(110)、例(111)也不能排除受到北地语言影响的可能性。只有例(112)的作者真谛行迹一直在南方,译经中所用"通前",可以看作比较确凿的南朝文献用例。据此,即使将例(110)、例(111)看作南朝文献用例,那么南北之比是10∶3,差距依旧悬殊。由此可见,"通/通前"在北方行用较广,表现出鲜明的地域色彩。

例(110)至例(112)显示出"通/通前"逐渐向南扩散的迹象,但据目前调查的材料看,"通前"仅见于佛教文献,这表明,"扩散"大概还局限于佛教徒和佛教社团。东晋南北朝以来,北地僧人不断流寓南方,多驻锡建康(今江苏南京)一带,①"通前"向南扩展应该就是伴随北僧南游发生的。

二、入唐后的演变

上文基于北朝史书考察了"物""丐""绾""别""通前/通"五个词语,发现仅见于或多见于北朝文献,由此推测它们极可能行用于北地,具有北方地域色彩。这五个词语中,"物""丐"所出现的语境固定,用法局限,有着明显的专门用语的色彩,表现出单一语体性(书面语性)和文体性;"绾"大概也不是自然口语。"别""通前/通"有所不同,它们在各类型的语料中分布较广,从某些用例看,可能也行用于时人口头。

入唐以后,这五个词语得以沿用,其中"物""别""通前"用例尤夥,虽然总体而言它们的用法没有发生剧烈变化,但也有几个迹象应当关注:

第一,"物"逐渐摆脱以往固有的"皇帝赐赠臣下"语境,"物"的赏予者和接受者不再限定于皇帝和臣子。

---

① 参看严耕望《魏晋南北朝佛教地理稿》,北京:中华书局,2007年,第57-63页。

（113）若有凶祸之时，便取主人指搞，不间（问）车辇，便虽营办，<u>色物</u>临时商量。（P.3989《景福三年（894）五月十日敦煌某社社条》）

（114）右缘年支李再兴身亡，合有曾（赠）送，人各<u>色［物］</u>两疋，粟［二］斗。（P.3070v《乾宁三年（897）闰二月九日社人李再兴身亡转帖抄》）

（115）右缘郭保员弟身亡，准条合有赠送，人各鲜净<u>色物</u>三丈，麦一斗，粟一斗，饼廿。（P.2848v《甲辰年（944）八月九日郭保员弟身亡转帖》）

敦煌社邑文书中屡见"色物"，①兹引3例。"色物"有时也称"物"，北图周字66号《辛丑年（964）四月廿四日安丑定妻亡转帖》："右缘安丑定妻亡，准条合有赠送，人各麦一斗，粟一斗，饼廿，褐布<u>色勿（物）</u>两疋。幸请诸公等，帖至，限今月廿五日卯时并身及勿（物）于显德寺门前取齐。"前言"色勿（物）"，后径言"勿（物）"。P.5003v《社户王张六身亡纳赠历》首题"社人纳色物"，次列社人姓名，每人下列所纳"色物"，计有"生布""白领巾""生细布""食布""单经领巾""生熟布"等。S.5804v《僧智弁遣堂子卿送弔仪状》："忽闻孟阇梨母亡没，便合奔赴弔问。……白罗壹段、紫絁壹［段］、绯䌷壹段，色物三事，谨遣堂子卿为奴送赴。""三事"即前文之"白罗""紫絁""绯䌷"。可见"色物"泛指各种布帛绸缎（有时也称"色布"），显然衍生于表杂色绢帛义的"物"。②

例（113）至例（115）虽然同样发生于人亡赠"（色）物"的语境，③

---

① 参看张小艳《敦煌书仪语言研究》，北京：商务印书馆，2007年，第337页。

② 张小艳《敦煌书仪语言研究》申说"色物"之来由："'色''物'本指各种事物的颜色、品类，此专用以指布帛绸缎等，盖因布帛等皆为染色之物，故此称之。"（第337页）按：此说恐非是。"物"本指杂色布帛，"色物"则是将隐性义素"色"显明之后构成的偏正式双音词。

③ 张小艳《敦煌书仪语言研究》："'色物'皆以'丈''匹'称量，显为布帛绸缎的总称。且都为助葬用品孝所用，或许当时民间习俗，丧礼常以'色物'为赠。"（第337页）按：唐五代之敦煌以"色物"助葬显然承自北朝，是元魏以来皇帝赐"物"于薨逝臣子之仪之在民间的扩展，更往上溯，则远绍先秦。

但与北朝不同的是,"物"的赠予者和接受者的身份发生了变化,不再限制于皇帝和臣子,而是普通百姓。这说明,"物"自晚唐五代以来逐渐摆脱原来固有语境的约束,用法有所扩展。①

另一方面,"色物"屡见于社邑文书,而此类文书与日常生活关系密切,多用口语词,由此可以推见"色物"应是时人口语习用之词,"物"想亦如此。

第二,"通前"在中土文献里用法更为自由,逐渐摆脱原先"通前若干户/郡"之类套语的格局。

上文已述,北朝中土文献大抵使用"通前若干户/郡"这样的套语,"通前"往往出现于政治性语境。唐代以来,"通前"虽然仍旧在制、策、表、状之类公文中高频出现,多用于政治、军事话题,但这种局面逐渐被打破。

(116) 黄钟之数本八十一,益以三分之一二十七,通前为百有八。(《管子·地员》尹知章注)

(117) 林钟六寸,分作三分,则每分有二寸,更益一分,通前八寸。(《乐书要录》卷七)

(118) 先下水叁大升……更下水贰大斗柒升,水通前计叁大斗。(《千金翼方》卷二二《白石英和金银人参煮服方》)

(119) 右五味……经一日一夜,并着铜铛中,缓火煮之,经一宿,通前满两日两宿。(《外台秘要》卷三二引崔氏《烧甲煎香泽合口脂方》②)

(120) 又经二(三)载,通前六秋,忽成九载。(《敦煌变文校注·秋胡变文》)

(121) 审通数日额角痒,遂踊出一耳,通前三耳。(牛僧孺

---

① 所谓"自晚唐五代以来"只是依据现有语料而言,可以推想的是,在晚唐以前"摆脱""扩展"早已发生。至于何时,还有待进一步调查。

② "崔氏",即崔知悌,参看高文柱《外台秘要方校注》,北京:学苑出版社,2011 年,第 936 页。

《玄怪录》卷二)

上引6例均无关政治,多涉日常。注疏、乐书、医方、变文、小说也都用及"通前"一词,说明它已经逐渐"去公文化",文体适用性较以往大为加强。①

第三,"名词+别"越来越习用,结构间凝固得愈发紧密,词汇化程度进一步加强。

道世《法苑珠林》引用前代佛经时往往以己意节缩、改写原文,不经意间透露当时的语言习惯,颇能反映语言历时演变。就"名词+别"而言,以下几例值得注意:

(122) a. 是优婆塞信心淳厚,办具种种色香美食,遣人往送,日日如是。(《贤愚经》卷五《沙弥守戒自杀品》)

b. 有优婆塞长请其师,日别送食。(《珠林》卷八七引《贤愚经》)

(123) a. 经八千岁,其卵乃开,生一女人。……九百九十口,一口四牙。(《观佛三昧海经》卷一《六譬品》)

b. 经八千岁,乃生一女……口别有千少一,②口别四牙。(《珠林》卷五引《长阿含经》③)

(124) a. 西南海岛有西女国,皆是女人,无男子……拂懔王岁遣丈夫配焉。(《大唐大慈恩寺三藏法师传》卷四)

b. 西南海岛有西女国,非印度摄,拂懔年别送男夫配焉。(《珠林》卷二九引《奘师传》)

(125) a. 常于兴善千僧行道,期满瞩奉,人别十缣。(《续高

---

① 《中藏经》卷下"万应圆"条:"右件二十味……右二十味,通前共四十味。"据"通前"一词及其用法的时代性推测,今本《中藏经》成书最早也在唐代。

② "别"为衍文。

③ 今本《长阿含经》未见其事。《经律异相》卷一叙此事后注云"出《增一阿含经》第三十二卷,又出《长阿含经》第六卷,又[出]《小品劫抄》,又出《观佛三昧[经]》第二卷。"则一事同见数经。

僧传》卷二九）

b. 尝于兴善年别千僧七日行道，期满厚嚫，人奉十缣。（《珠林》卷八六引《唐高僧传（续高僧传）》）

例（122）a"日日"即每日，例（122）b 改写作"日别"；例（123）a "一口"即每口、口口，例（123）b 易以"口别"；例（124）a"岁"即岁岁、每岁之义，例（124）b 改为"年别"。例（125）b 在改写例（125）a 时，一方面增补原文所无的"年别"，另一方面由于字词调整的缘故，将表人人、每人义的"人"改作"人别"。这样的改写说明在道世的意识中"日日-日别""一口-口别""岁-年别"完全等同，可以任意替换。

（126）a. 阎浮提中及四天下有金翅鸟名正音迦楼罗王……此鸟业报应食诸龙，于阎浮提日食一龙王及五百小龙；明日复于弗婆提，食一龙王及五百小龙；第三日复于瞿耶尼，食一龙王及五百小龙；第四日复于欝单越，食一龙王及五百小龙。周而复始，经八千岁。（东晋佛陀跋陀罗译《观佛三昧海经》卷一）

b. 此四天下有一化生迦楼罗王，名曰正音，受八千岁，日别噉食一大龙王、五百小龙，绕四天下，周而复始，次第食之。（隋慧远《维摩义记》卷一）

c. 若化生鸟得取四生龙，又日别食一大龙王、五百小龙，绕四天下，周而复始，次第食之。（唐法藏《华严经探玄记》卷二）

例（126）b、例（126）c 显然是在例（126）a 基础上改写而来的。例（126）a 分列"日""明日""第三日""第四日"，言下之意，实表日日、每日，例（126）b、例（126）c 则概言"日别"。

此类改写，表明隋唐以来（特别是入唐以后）"名词＋别"日益习用，"名词＋别"跨层结构间的界限日渐消弭，人们认为它与"每＋名词"义同，从而当作一个独立的词来使用，词汇化程度进一步加强。

三、余　论

李唐王朝与北朝渊源极深,政治、经济、典制、文化诸方面自不待言,而唐代汉语与北朝之间的深层次关系,事涉中古汉语到近代汉语的演变,应是汉语史研究的一个重要命题。北朝到唐代(至少到盛唐),是一个内部关系紧密的历史时段,汉晋文化传统的各个面相经过这个阶段均发生了很大的变化;就汉语而言,经历了从中古到近代的演进。那么,变化和演进的驱动力何在? 这固然有待于在许多方面做细致的研究,但我以为,考察北朝以来那些带有地域色彩的语言成分渗入通语并沉淀下来成为新"机体"的一部分是探索这种驱动力的一个重要视角。① 本文对"物""丐""绾""别""通前"五词的考察正是基于这种设想的初步探索。既然要探索,当然还需发掘更多的语言现象,进而窥察潜藏于背后的机制和动因,这是我们下一步要为之努力的工作。

---

① 所谓"带有地域色彩的语言成分",一方面指带有区域性、方言性的汉语固有成分,另一方面也包括语言接触过程中的内亚(Inner Asia)性成分。

"奴"作自称称谓词小考

——兼谈《撰集百缘经》的译成时地

汉魏六朝以来,"奴"作社会称谓词(对称和他称),绝大多数时候含有鄙贱轻视之义,有时又含亲昵意味,这是很常见的现象,不必赘说。蒋礼鸿《敦煌变文字义通释》依据敦煌变文及《太平广记》指出"奴(㜷)""阿奴"在唐代还可作为"第一人称代词,和'我'相同,男女尊卑都可通用"。① 由此看来,称谓词"奴"从中古到唐代发展出自称的新用法。那么,这种变化是什么时候开始发生的? 是什么原因促成这种变化的发生?② 本文主要对这两个问题铺排一些材料,提出一点假设,并略谈与之相关的《撰集百缘经》的译成时地。

一、"奴"作自称的时代

"奴"本指奴隶、奴仆,与"臣""仆""妾""婢"等为一类词;后者在上古汉语中均可做自称称谓词,"奴"做自称则要晚得多。调查中古文献,可见如下四例:

(1)《魏书·尔朱彦伯传附尔朱世隆》:"忽有河内太守田怗

---

① 除蒋礼鸿《敦煌变文字义通释》(上海:上海古籍出版社,1997 年)外,还可参看吕叔湘著、江蓝生补《近代汉语指代词》(上海:学林出版社,1985 年,第 13－14 页)。

② 钱大昕《十驾斋养新录》认为自称的"'奴'即'侬'之声转"(上海:上海书店出版社,2011 年,第 371 页),蒋礼鸿《敦煌变文字义通释》(增补定本)赞同其说,谓"'奴'、'侬'是一音之变"(上海:上海古籍出版社,1997 年,第 2 页),恐不可信。

家奴告省门亭长云:'今且为令王借车牛一乘,终日于洛滨游观。至晚,王还省,将军出东掖门,始觉车上无褥,请为记识。'时世隆封王,故呼为令王。亭长以令、仆不上,西门不开,无车入省,兼无车迹。此奴固陈不已,公文列诉。尚书都令史谢远疑谓妄有假借,白世隆付曹推检。时都官郎穆子容穷究之,奴言:'初来时至司空府西,欲向省,令王嫌迟,遣二防阁捉仪刀催车。车入,到省西门,王嫌牛小,系于阙下槐树,更将一青牛驾车。令王着白纱高顶帽,短黑色,傧从皆裙襦袴褶,握板,不似常时章服。遂遣一吏将奴送入省中厅事东阁内东厢第一屋中。'其屋先常闭钥。子容以'西门不开,忽言从入;此屋常闭,奴言在中'诘其虚罔。奴云:'此屋若闭,求得开看,屋中有一板床,床上无席,大有尘土,兼有一瓮米。奴拂床而坐,兼画地戏弄,瓮中之米亦握看之。定其闭者,应无事验。'"

(2)《魏书·甄琛传》:"手下苍头常令秉烛,或时睡顿,大加其杖,如此非一。奴后不胜楚痛,乃白琛曰:'郎君辞父母,仕宦京师。若为读书执烛,奴不敢辞罪,乃以围棋,日夜不息,岂是向京之意?而赐加杖罚,不亦非理!'"

(3)萧齐求那毗地译《百喻经》卷三《奴守门喻》:"譬如有人将欲远行,敕其奴言:'尔好守门,并看驴、索。'其主行后,时邻里家有作乐者,此奴欲听,不能自安,寻以索系门置于驴上,负至戏处,听其作乐。奴去之后,舍中财物贼尽持去。大家行还,问其奴言:'财宝所在?'奴便答言:'大家先付门驴及索,自是以外,非奴所知。'"

(4)隋阇那崛多译《佛本行集经》卷十九《车匿等还品中》:"车匿报言:'国大夫人!奴身不敢弃舍太子。夫人!太子自弃舍奴。太子付我乾陟马王及诸璎珞,教来回还,速疾向家,畏大夫人心生忧愁,令得安隐无恼患故。'"

以上四例中的"奴"显然指称说话人自身,不过由于例(1)至例

（3）说话人为"家奴""苍头"和"奴"，指称自己的"奴"还具有强烈的自示身份的作用。例（4）车匿是悉达多太子的车夫，乃其仆役，他称自己为"奴"，还是表明身份。

下例则有不同：

> （5）《魏书·崔延伯传》："延伯不与其战，身自殿后，抽众东渡，转运如神，须臾济尽，徐乃自渡。贼徒夺气，相率还营。宝夤大悦，谓官属曰：'崔公，古之关、张也。今年何患不制贼！'延伯驰见宝夤曰：'此贼非<u>老奴</u>敌，公但坐看。'"

崔延伯自称"老奴"。崔虽为萧宝夤的下属，但不具有人身依属关系，"老奴"已经不再指示身份，可以看作比较成熟的自称称谓词。

据此，"奴"作下对上（卑对尊）的自称，至少在中古后期应已出现，而非晚至唐代；但文献用例较少，也足见尚未行用。

二、"奴"产生自称用法的促发因素

称谓词"奴（阿奴、老奴）"乃是中古习用的口语，本用以对称或他称，那么何以在中古后期发展出自称用法？[①] 作为与"奴"为同一义类的"臣""仆""妾""婢"等很早就用为自称称谓词，那么为什么"奴"偏偏先有对称或他称的用法，然后才作自称？

"奴"在中古后期产生自称用法，不仅与自身语义有关，[②]可能还有外在的促发因素。

---

① 称谓词由对称（或他称）发展出自称并不鲜见，如张美兰、穆涌《称谓词"兄弟"历时演变及其路径》（《中国语文》2015 年第 4 期）讨论了"兄弟"从称谓对方到称谓自己的过程和原因，姜礼立等《自称形式"姓＋某（人）"的历时演变、使用规律及话语功能》（《语文研究》2019 年第 2 期）考察了"姓＋某（人）"由表他称到自称的演变。称谓词从对称或他称发展出自称用法，应该从历时角度广征例子开展系统研究。

② "奴"和"臣""仆""妾""婢"等具有相同的语义，完全可能具备与后者作为自称相同的语义演变路径，但"奴"作自称远晚于后者，不得不让人怀疑实际上是某种自身语义以外的因素促发的结果。

从史料可见,南北朝时期北方少数民族对国君自称"奴",相当于汉人称"臣"。

(6)《宋书·鲁爽传》:"(拓跋)焘还至湖陆,爽等请曰:'奴与南有仇,每兵来,常虑祸及坟墓,乞共迎丧,还葬国都。'虏群下于其主称奴,犹中国称臣也。"

鲁爽原先生活在北方,"少有武艺,虏主拓跋焘知之,常置左右","幼染殊俗,无复华风",是完全鲜卑化的汉人。他对拓跋焘自称"奴",应是北地习俗,而沈约特地说明以"奴"作自称,相当于"臣",是当时胡人("虏")的做法。

(7)《魏书·西域传·于阗国》:"显祖末,蠕蠕寇于阗,于阗患之,遣使素目伽上表曰:'西方诸国,今皆已属蠕蠕,奴世奉大国,至今无异。今蠕蠕军马到城下,奴聚兵自固,故遣使奉献,延望救援。'"

于阗向北魏显祖上表请求援兵,自称"奴",显然犹言"臣"。

(8)《隋书·北狄传·突厥》:"庆则又遣称臣,沙钵略谓其属曰:'何名为臣?'报曰:'隋国称臣,犹此称奴耳。'沙钵略曰:'得作大隋天子奴,虞仆射之力也。'"

沙钵略为突厥可汗。据《隋书》所载可知,汉地对君主自称"臣",突厥则称"奴","大隋天子奴"犹言大隋天子的臣子。

(9)《隋书·长孙览传附长孙晟》:"大业三年,炀帝幸榆林,欲出塞外,陈兵耀武,经突厥中,指于涿郡。仍恐染干惊惧,先遣晟往喻旨,称述帝意。染干听之,因召所部诸国,奚、霤、室韦等种落数十酋长咸萃。晟以牙中草秽,欲令染干亲自除之,示诸部落,以明威重,乃指帐前草曰:'此根大香。'染干遽嗅之曰:'殊不香也。'晟曰:'天子行幸所在,诸侯躬亲洒扫,耘除御路,以表至敬之心。今牙中芜秽,谓是留香草耳。'染干乃悟曰:'奴罪过。

奴之骨肉，皆天子赐也，得效筋力，岂敢有辞？特以边人不知法耳，赖将军恩泽而教导之。将军之惠，奴之幸也。'遂拔所佩刀，亲自芟草，其贵人及诸部争放效之。"

染干，突厥人，即例(8)沙钵略可汗的侄子，他对长孙晟自称"奴"。

例(6)、例(7)、例(9)"奴"作自称，说话者和受话者均为胡人(或胡化汉人)；例(6)、例(8)的解释说明性语句(画波浪线部分)更明确指出臣子自称"奴"乃胡人习俗。[①] 由此看来，"奴"很可能源于当时鲜卑、突厥等操阿尔泰语系语言的游牧民族。[②] 合理推测是：鲜卑、突厥人以本族语(或者阿尔泰语系诸语言)中专表奴隶、奴仆义的词作为臣下对君主的自称，[③]汉语则以"奴"来对译。[④] 这种用法的"奴"最初只应用于特定场合，语域促狭。

北方游牧民族臣下对国君称已为"奴"，为"奴"泛化作自称称谓词提供了历史契机和条件，起到了促发作用。

三、"奴"作自称称谓词的地域性及扩展

刘知幾《史通·杂说中》谈到"王劭《齐志》多记当时鄙言"时，曾举过若干例子，"如今之所谓者，若中州名汉，关右称羌，易臣以奴，呼母云姊，主上有大家之号，师人致儿郎之说。凡如此例，其流甚多，必寻其本源，莫详所出，阅诸《齐志》，则了然可知。由斯而言，劭之所录，其为益弥多矣"，"师人致儿郎之说"下浦起龙《史通通释》云："六

---

① 例(8)的听话人虽然不是国君，但长孙晟作为炀帝派出的使者，实际代表了国君，染干称"奴"也还是相当于称"臣"。

② 一般认为，于阗语属于印欧语系伊朗语族。表文上奏于北魏显祖，对译时即用符合鲜卑人语言习惯的"奴"。

③ 承浙江大学汉语史研究中心博士生戴佳文赐告，在同属阿尔泰语系的蒙古语和满文中下级对上级(包括但不限于皇帝)的自称是"bogol(蒙)/aha(满)"，均为奴隶、奴才的意思。

④ "奴"是中古时期表奴隶、奴仆义最常用的词，故以之对译。之所以不选"臣"，是因为"臣"在当时奴隶义已不行用。

句皆言现在俗传口语。"①由此可见,"奴"见录于王劭《齐志》,乃是当时臣下对国君自称的"鄙言""口语"。

随着民族迁徙和语言接触,"奴"的使用主体和使用语域均得以扩展。无论胡、汉,自称"奴"大概已在北朝口语中比较通行了,而且也不再仅限于臣对君的场合(如例5自称"奴"者为汉人,是属下对上级的自称)。

从促发因素和目前所见的文献用例可以推知,汉语中"奴"作自称至晚是5至6世纪初以来出现于北中国的现象,整个南北朝时期应仅行用于北方,具有比较鲜明的时代性和地域性。② 北朝汉语以"奴"作下对上的自称,正是《颜氏家训·音辞》所言"北杂夷虏"现象的词汇证据之一。

隋唐建立统一政权,"奴"又得到进一步扩散的历史机缘。

(10)唐慧立《大唐大慈恩寺三藏法师传》卷一:"(高昌王麹文泰)又以绫绢五百匹、果味两车献叶护可汗,并书称:法师者是奴弟,欲求法于婆罗门国,愿可汗怜师如怜奴,仍请敕以西诸国,给邬落马递送出境。"

玄奘西行至高昌约在贞观三年(629)。麹文泰时为高昌王,修书于叶护可汗(西突厥可汗,沙钵略可汗之弟),二人地位相当而麹氏自称"奴",可见它可作真正的谦称了。麹文泰作为汉人,对叶护可汗称"奴",充分说明"奴"流行于北地,故麹文泰很自然地用以自称。当然,麹文泰作为长居西域者,必定了解胡俗,称己为"奴"也可能是遵

---

① "现在"犹言当时。

② 《百喻经》虽然是求那毗地在建康所译,但他于何处习得汉语,是否经西域由北地入南朝均不得而知,因而不能排除《百喻经》的"奴"仍然受北语影响的可能。与南朝文献相比,《百喻经》第二人称代词有着较多"尔"的用例,据真大成《"你"字前夜的"尔"与"汝"——兼谈"你"的"北朝出口"假说》(《辞书研究》2020年第5期),南朝口语已绝不用"尔",反而北朝口语仍说"尔"。综合"奴""尔"这些现象,可见《百喻经》的语言性质还应进一步仔细剖析。

循胡人的语言传统。

（11）《旧唐书·太宗纪》："（贞观二十年）铁勒回纥、拔野古、同罗、仆骨、多滥葛、思结、阿跌、契苾、跌结、浑、斛薛等十一姓各遣使朝贡，奏称：'延陀可汗不事大国，部落乌散，不知所之。<u>奴</u>等各有分地，不能逐延陀去，归命天子，乞置汉官。'"

铁勒回纥等胡人对唐太宗自称"奴"，虽然李唐皇族具有胡族血统，但仍属汉人。与上引例（6）至例（10）不同的是，此时受话人已不再是胡人。

综合例（10）、例（11）两例，可知唐代初年胡汉之间均可自称"奴"，也不局限于国君与臣属，这说明，"奴"已经摆脱称呼双方的族属及君臣身份的限制。①

（12）《旧唐书·宦官传·李辅国》："代宗即位，辅国与程元振有定策功，愈恣横。私奏曰：'大家但内里坐，外事听<u>老奴</u>处置。'……辅国欲入中书修谢表，阍吏止之曰：'尚父罢相，不合复入此门。'乃气愤而言曰：'<u>老奴</u>死罪，事郎君不了，请于地下事先帝。'"

李辅国自称"老奴"，但仍与"大家""郎君"（均指唐代宗）、"先帝"（指唐肃宗）相对而言。

（13）《新唐书·阳惠元传附阳旻》："卢从史既缚，潞军溃，有骁卒五千，从史尝以子视者，奔于旻，旻闭城不内。众皆哭曰：'奴失帅，今公有完城，又度支钱百万在府，少赐之，为表天子求旌节。'"

"骁卒"对长官自称"奴"。

（14）《太平广记》卷二七四"欧阳詹"条（出《闽川名士传》）：

---

① 据例（5）北魏时已经突破这种限制，说明"奴"早已开始扩散。

"(妓)又遗之诗曰：'自从别后减容光，半是思郎半恨郎。欲识旧时云鬓样，为奴开取缕金箱。'绝笔而逝。"

"妓"自称"奴"，可见至晚8世纪后期（欧阳詹生卒年为755—800年）"奴"作自称开始用于女性，突破了说话人性别的限制。

（15）《唐诗纪事》卷二"昭宗"条："乾宁三年，李茂贞犯阙，帝次华州，韩建迎归郡中。帝郁郁不乐，每登城西齐云楼远望。明年秋，制《菩萨蛮》二首云：'……何处是英雄，迎奴归故宫。'"[①]

如果所载《菩萨蛮》词确为昭宗所作，则当时贵为皇帝者也可自称"奴"。[②] 本例没有明确的听话人，"奴"非面称，只起指称说话人的作用，相当于第一人称代词"我"。

至此，试小结如下：

"奴"原本是胡人对其君主的自称，是北方游牧民族的语言传统。至晚从6世纪开始，汉人在下对上（卑对尊）的场合也可自称"奴"。唐代以来，无论是普通人，还是帝王朝臣，也无论男女，均可自称"奴"，应该说，至少中唐以后"奴"已经扩散至全民口语、流行全境了，原先具有的北方地域色彩大概已经消泯。[③]

从"奴"的产生、扩散路径可以看到，这其实就是南北朝时期北方的语言新质入唐以后的进一步发展变化，也是经由"北朝出口"进入

① 此句亦见于别书，"奴"或作"依"，当出改易，参看蒋礼鸿《敦煌变文字义通释》（增补定本）"奴 孥 阿奴"条，上海：上海古籍出版社，1997年，第1-2页。

② 《太平广记》卷77"泓师"条（出《大唐新语》及《戎幕闲谈》）："太上皇召肃宗谓曰：'张均弟兄皆与逆贼作权要官，就中张垍更与贼毁阿奴家事，犬彘之不若也，其罪无赦。'"吕叔湘著、江蓝生补《近代汉语指代词》认为此例是帝王自称"阿奴"。《资治通鉴考异》卷十五引柳珵《常侍言旨》"阿奴"下有"三哥"二字，甚是。实际上，此例"阿奴"乃对称，是太上皇（李隆基）称呼唐肃宗，"三哥"才是李隆基自称，"阿奴三哥"犹言你父亲（唐时父可称"哥"，李隆基行三，故称"三哥"），下文说"与阿奴处置。张垍宜长流远恶处，竟终于岭表。张均宜弃市，更不要苦救这个也"，也就是李隆基替"阿奴"（唐肃宗）做出安排。

③ 刘知幾（661—721）举王劭《齐志》"易臣以奴"后说"寻其本源，莫详所出"，可见7世纪后期人已经无法辨察"奴"的来历了，进一步说明当时"奴"已是全民俗语。

唐代的一个例证。①

四、自称称谓词"奴"与《撰集百缘经》的译成时地

在调查文献的过程中，我们发现旧题三国吴支谦译《撰集百缘经》有两例"奴"也是用作自称：

（16）卷一《长者七日作王缘》："时波斯匿王及阿阇世恒共忿诤，各集四兵，象兵马兵车兵步兵，而共交战，时波斯匿王军众悉败。如是三战，军故坏败，唯王单己逃入城内，甚怀忧惨，愧耻委地，忘寝不食。时有长者，多财饶宝，不可称计，闻王愁恼，来白王言：'奴家多有金银珍宝，恣王所用，可买象马赏募健儿，还与战击，可得胜彼。今者何故，忧惨如是？'王即然可。"

（17）卷八《盗贼人缘》："于是偷人，如智臣语，向王首实：'此宝珠者，奴实盗取，畏不敢出。'王复问言：'卿前醉卧，在我殿上，诸女诘问。汝在天上，以何不首？'偷臣白言：'我昔曾入僧坊之中，闻诸比丘讲四句偈，云道诸天眼瞬极迟，世人速疾。寻自忆念，是故知非生在天上，以是不首。'于是波斯匿王还得宝珠，甚怀欢喜，不问偷臣所作罪咎。时彼偷臣，既得脱己，前白王言：'愿恕罪咎，听奴出家。'"

例（16）长者与波斯匿王之间、例（17）偷人与王之间并不存在人身隶属关系，长者与偷人也非在王所从事贱役者，也就是说，长者和偷人既非奴隶也非仆役，自称为"奴"不是表明身份，而是臣民对君主的称谓。②

---

① 关于"北朝出口"，参看真大成《"你"字前夜的"尔"与"汝"——兼谈"你"的"北朝出口"假说》。

② 俞理明《佛经文献语言》已经引列这两例作自称的"奴"，归入"第一人称谦称"（成都：巴蜀书社，1993 年，第 103 页）。

根据上文对"奴"行用时地的考述,可以反观《撰集百缘经》的译成年代和地域:它很可能译成于 6 世纪,而且极可能译成于北方。

《撰集百缘经》在经录中的最早记载见于隋法经等撰《众经目录》(594 年),因而在此之前《撰集百缘经》必定已经问世。《撰集百缘经》的两例"奴"一定意义上已摆脱臣对君的限制,与例(5)的用法最为吻合,例(7)如果是口语实录,那么说话时间在北魏孝明帝正光五年(524),即使是魏收自拟,那也在 6 世纪中期。这样看来,《撰集百缘经》的译成,应该就在 6 世纪初到 6 世纪末这一百年间。而其时"奴"仅行用于北方,可见《撰集百缘经》绝不可能译于"吴"地,反而出于北方的可能性极大。

关于《撰集百缘经》的译成年代,目前学界有不少观点,一致认为它必定译于三国之后,本文的推论与日本出本充代博士所认为的 6 世纪中叶最为吻合。① 至于它的译成区域,则是本文首次提出,不过未敢自必,只是提供一种可能性,尚待学界质正云尔。

---

① 出本充代博士的方法和材料与本文完全不同,具体参看辛岛静志《〈撰集百缘经〉的译出年代考证——出本充代博士的研究简介》(《汉语史学报》第六辑,上海:上海教育出版社,2006 年)。

也 说 "博 换"

一、引　言

　　《故训资料的利用与古汉语词汇研究——兼评〈故训汇纂〉的学术价值》"博换"条①引举《旧唐书·食货上》："是时,京城百姓久用恶钱,制下之后,颇相惊扰。时又令于龙兴观南街开场,出左藏库内排斗钱,许市人博换,贫弱者又争次不得。"宋曹勋《北狩见闻录·靖康二年》："臣以银二两博换饮食,卖人知是徽庙,即尽以炊饼藕菜之类上进,反银而去。"宋董煟《救荒活民书拾遗·捕蝗法》："其要法只在不惜常平义仓钱米博换蝗虫,虽不驱之使捕,而四远自辐凑矣。"②文章认为,上引三例中的"博换"一词义为"交换、贸易",而《汉语大词典》"博换"条当增列此义项。

　　笔者对表交换、贸易义的"博""博换"也很感兴趣,拜读文章后深受启发;但窃以为"博""博换"表交换、贸易义并不是唐宋时期产生的新义,其用例尚可提前;而且最初可能具有一定的地域性。兹稍加敷衍,条陈如下,敬请方家赐教。

---

　　① 载《中国语文》2005 年第 3 期。
　　② 原文《旧唐书》例"藏库"前夺"左"字,今据中华书局点校本补;《救荒活民书》例"平义仓"前夺"常"字,今据《四库全书》本、《丛书集成初编》本补;"驱"原文作"趋",今据《四库全书》本、《丛书集成初编》本改。

二、"博"表交换义的产生时间

"博"至晚在公元 4 世纪即有此义。① 姚秦竺佛念译《出曜经》卷二二《广演品》（据《历代三宝纪》卷八，此经译于苻秦建元十年，即公元 374 年）："如昔有士，多贮财货，饶诸谷食，意欲远游，便以家谷粜之，易宝积珍无量。后复以珍宝多易好银，意复嫌多，便以好银转博紫磨金。""博"谓交换、换取。

南北朝例如元魏菩提流支译《佛说佛名经》卷六（据《历代三宝纪》卷三，此经译于元魏正光元年，即公元 520 年）："或商侣博货，邸店市易。""博货"指交易货卖。

《齐民要术》卷三《荏、蓼》（据缪启愉《齐民要术校释·前言》，《要术》大约成书于 6 世纪 30 年代至 40 年代）："（荏）收子压取油，可以煮饼……研为羹臛，美于麻子远矣。又可以为烛。良地十石，多种博谷则倍收，与诸田不同。""多种博谷"谓多种荏子以换取谷子。②

这个意义的"博"组成同义复词除了"博换"外，还有"博易""博贸""回博"等，也都是交换、交易的意思。

《弘明集》卷六释道恒《释驳论》（据本篇小序"晋义熙之年，如闻江左袁、何二贤，并商略治道，讽刺时政……故设宾主之论，以释之"云，又依《高僧传》卷六"道恒"条"晋义熙十三年卒于山舍，春秋七十二"，则道恒卒于公元 417 年，故《释驳论》当著于公元 405—417 年间）："至于营求孜汲，无暂宁息。或垦殖田圃，与农夫齐流；或商旅博易，与众人竞利。"

---

① "博"有"交换""交易"义，可参看《汉语大词典》《汉语大字典》《唐五代语言词典》、张相《诗词曲语辞汇释》等，然皆举唐人例，过晚。

② 转引自王云路、方一新《中古汉语语词例释》（长春：吉林教育出版社，1992 年）。缪启愉《齐民要术校释》第二版（北京：中国农业出版社，1998 年）亦以为"博"为换取义，可参看。

东晋佛陀跋陀罗共法显译《摩诃僧祇律》卷十《明三十尼萨耆波夜提法之三》(据《开元释教录》卷三,此经译于东晋义熙十二年,即公元416年):"若比丘还共比丘,市买博易作不净语,买者无罪。"

北凉昙无谶译《大般涅槃经》卷六《如来性品三》(据《出三藏记集》卷二,此经译于北凉玄始十年,即421年):"为利养故,为称誉故,为了法故,为依止故,为用博易其余经故,不能广为他人宣说。"①

姚秦竺佛念译《出曜经》卷九《戒品》:"是时菩萨转复前进,道逢猎师,着其法服,状如沙门。菩萨问猎者所著法服名为何等。猎师报曰:'此名袈裟,被着游猎,群鹿见已,谓为学道之人,皆来敬附,各无恐惧。我等以次取杀,用自存命。'菩萨闻此,倍兴悲慈,'……我今有此着身天衣,极细软好,可共博贸。'猎师报曰:'王子生长深宫,身体软细,不更寒苦,恐坏王子身。'菩萨报曰:'但贸无苦,此是古圣贤人幖式。'猎师报曰:'王子宝衣,价直无数。今此袈裟无所任施,何为苟欲博贸?'菩萨报曰:'意欲所须,不计贵贱。'猎师报曰:'此衣垢秽,脓血臭处,不敢博贸。'""贸""博贸"都是指交换。

姚秦鸠摩罗什译《大庄严论经》卷一二(公元401年至长安后译):"谁有智能者,以此危脆身,博贸坚牢法,而当不欣庆?"②

《通典·食货·钱币下》:"至天宝之初,两京用钱稍好,米粟丰贱。数载之后,渐又滥恶。府县不许好钱加价回博,令好恶通用。"

敦煌文献P.3394《唐大中六年僧张月光博地契》:"许回博田地,各取稳便。"

"回"有交换义,③"回博"同义连文。

从文献用例看,"博换"至晚在隋代就已产生,隋智者大师说、门

---

① 今检刘宋慧严、谢灵运等人增加品目之三十六卷本《大般涅槃经》卷六《四依品》,上所揭例中"博易"改作"贸易",说明"博易""贸易"义同,都是交换、交易的意思。

② 《汉语大词典》"博易"条举唐人韩愈《论变盐法事宜状》例,过晚;"博贸"一词则失收。

③ 参看江蓝生《魏晋南北朝小说词语汇释》"回换"条,北京:语文出版社,1988年,第83页。

人灌顶记《摩诃止观》卷五:"设使欲舍三途欣五戒十善相心修福,如市易博换,翻更益罪,似鱼入笱口、蛾赴灯中。"唐义净译《根本说一切有部毗奈耶》卷三二:"往恭侍城,到瓦师所而问曰:'君今何用此马驹耶?'报言:'我令负土。'相马人曰:'我与汝驴,共相博换。'报言:'不可。'大臣报曰:'四牛兼车,肯相换不?'报言:'我爱此驹,车牛无用。'"亦其例。

三、"博"表交换义的地域性

笔者进而以为,"博"作"交换""交易"讲,最初很可能是当时的北方方言词,《宋书·索虏传》载拓跋焘与刘裕书:"若厌其区宇者,可来平城居,我往扬州住,且可博其土地。"自注云:"伧人谓换易为博。"① "伧人"是东晋南朝时对北人或南渡北人的称呼;② 而从"博"作"交换""交易"讲的早期用例看,作者大抵是北方人氏或长时居住北地,如竺佛念(凉州人,《高僧传》卷一本传讲他"家世西河,洞晓方语")、道恒(蓝田人,345—417,事见《高僧传》卷六本传)、佛陀跋陀罗(迦维罗卫人,350—430,来华后先至长安从鸠摩罗什,公元410年至江陵,415年至建康,事见《高僧传》卷二本传)、法显(平阳武阳人,公元412年自天竺归抵青州,次年至建康,事见《高僧传》卷三本传)、昙无谶(中天竺人,385—434,来华后生活在北地,事见《高僧传》卷二本传)、鸠摩罗什(生于龟兹,公元385年至凉州,401年至长安,事见《高僧传》卷二本传),他们在译经、写作当中要表达"交换""交易"的意思时,就使用了"博"这个北方方言词。(按:上文所举三十六卷本《大般涅槃经》改"博易"作"贸易",很可能也是因为"博"是当时北地

① 转引自王云路、方一新《中古汉语语词例释》。按:《宋书·索虏传》例,《资治通鉴·宋文帝元嘉二十七年》改作"若厌其区宇者,可来平城居,我亦往扬州,相与易"。
② 《玉篇·人部》:"伧,《晋阳秋》云:'吴人谓中国人为伧。'"《资治通鉴·宋文帝元嘉二十三年》:"北人晚渡者,朝廷悉以伧荒遇之。"胡三省注:"南人呼北人为伧。"

方言,南人不易晓之故。又据《高僧传》卷二"昙无谶条",河西王沮渠蒙逊欲使昙无谶译出经本,"忏以未参土言,又无传译,恐言舛于理,不许即翻,于是学语三年,方译写初分十卷",因此我们不排除这个"博"就是当时"土言"的可能。)

在后世的沿用中,这种用法的"博"逐渐扩散开来,并不局限于北人笔底。从文献用例看,南朝梁时的文献就已使用了这一意义的"博",梁宝唱等集《经律异相》卷十四《舍利弗先佛涅槃》(据《经律异相·序》,《经律异相》完成于梁天监十五年,即公元516年):"尔时大臣持七宝头来,前语婆罗门言:'此王头者,骨肉血合,不净之物,用索此为? 今持尔所七宝之头,以用贸易,汝可取之,博易足得终身之富。'"①本条是纂集者从《贤愚经》卷六《月光王头施品》摘录并经过改写的,原文如下:"尔时大月大臣,担七宝头,来用晓谢,腹拍其前,语婆罗门言:'此王头者,骨肉血合,不净之物,何用索此? 今持尔所七宝之头,以用贸易,汝可取之,转易足得终身之富。'"据《历代三宝纪》卷九,《贤愚经》由凉州沙门慧觉于公元446年在高昌国天安寺译出,北人笔底的"转易"经过吴人僧旻、宝唱(参看《续高僧传》卷五、卷一本传)改写成"博易",由此可以想见当时这种表"交换"义的"博"已经不仅限于用在北方。南朝梁曼陀罗仙共僧伽婆罗译《宝云经》:"若有人施佛法僧物及僧祇物,如是之物,取为己用,乃至博贸贩卖,出息生利,而自入己,如是等物名非法财。"曼陀罗仙和僧伽婆罗皆为扶南国人(辖境大约为现今之柬埔寨、越南、泰国一带),来华后居于建康(参看《续高僧传》卷一本传),所译经文亦使用表"交换""交易"

---

① 《经律异相》此条"博易"有异文:《大正藏》作"博",《校勘记》云宋(即《资福藏》)、元(即《普宁藏》)、明(即《嘉兴藏》)三本作"转";《中华大藏经》(此经底本用《赵城金藏》)亦作"博",《校勘记》云资(即《资福藏》)、碛(即《碛砂藏》)、普(即《普宁藏》)、南(即《永乐南藏》)、径(即《径山藏》,亦即《嘉兴藏》)、清(《清藏》,亦即《龙藏》)作"转"。从版本系统看,《大正藏》的底本《高丽藏》和《赵城金藏》都是《开宝藏》的覆刻,因此本文认为《经律异相》此条作"博"较为近真,而《资福藏》《碛砂藏》等作"转",疑是后人据《贤愚经》改。

义的"博",更可见这种用法的"博"至晚在 6 世纪初已经扩散开来,南北方都在使用了。但是当时南方可能还使用未广,南朝文献其例少见,而沈约在征引北人文献时还需特意加一注解。随后的例子如隋阇那崛多(揵陀啰国人,北周武成年间至长安,事见《续高僧传》卷二)等译《佛本行集经》卷十八(据《历代三宝纪》卷十二,此经译于隋开皇七年至十二年,即 587—592 年):"是时太子,见彼猎师身着袈裟,手执弓箭,见已即语,作如是言:'山野仁者,汝能与我此之袈裟色衣已不? 汝若与我,我当与汝迦尸迦衣。此衣价直百千亿金,复为种种栴檀香等之所熏修,汝何用是粗弊衣服袈裟色为? 可取如是迦尸迦衣。'而说偈言:'此是解脱圣人衣,若执弓箭不合着,汝发欢喜心施我,莫惜共我博天衣。'"又隋智者大师(荆州人氏)说、门人灌顶记《摩诃止观》卷七(据本篇"缘起",《摩诃止观》作于隋开皇十四年,即 594年):"匹夫只勇,修治一刀一箭,破一寇两寇,获赐一金一银,禄润一妻一子。如此之人,但利器械,负载前驱,以命博货,何用广知兵法耶?"可见隋代南北方也都在使用这个词。

有意思的是,这个意义的"博"还保留在现代汉语方言中,但是主要出现于南方方言,尤其是闽方言里,如建瓯、雷州等地(参看《汉语方言大词典》《现代汉语方言大词典》相关各条)。这种词语的时空变化实在是汉语词汇史上一个饶有意味的话题。

肆

中古词语辨释研究

中古新词"辟方"辨释

一、"辟方"之含义

汉魏六朝以迄唐宋之文献中,有"辟方"(也写作"壁方""鬭方")一词,乃是中古词汇新质,今辨释如次。

根据目前的调查,"辟方"最早出现在东汉译经中,[①]例如:

(1)是时昙无竭菩萨都大会,壁方四十里,满其中人。(东汉支谶译《道行般若经》卷一〇)[②]

在几部翻译年代并不确定而旧题东汉、三国的译经中也有用例,例如:

(2)佛于空中化作青石,厚六由延,纵广十二由延,佛于上立。……佛复上至三十三天上壁方一由延琉璃石,佛于上立。(旧题东汉康孟详译《兴起行经·木枪刺脚因缘经》)

(3)是时佛在耆阇崛山,与万菩萨万罗汉俱,往诣异山,到龙止所。龙便瞋恚,兴暴雨、澍雷、雹、霹雳。其放一雹,令辟方四十丈。……龙复霹雳,放下大石,方四十丈。(旧题三国吴康僧会译《旧

---

① 《艺文类聚》卷七引《神异经》:"昆仑有铜柱焉,其高入天,所谓天柱也。围三千里,圆周如削。铜柱下有回屋焉,辟方百丈。"《神异经》或以为成书于汉代,或以为出六朝人手。由于成书时代有争议,本文不看作始见例。

② 据《大正藏》校勘记,宋、元、明三本、日本宫内省图书寮本及正仓院圣语藏本"壁"并作"辟"。

《杂譬喻经》卷下）

时代稍晚的译经亦见使用,例如:

（4）于时宝女前诣佛所,则散珠璎。散珠璎已,佛之威神,宝女之德誓愿至诚,在于佛上及诸菩萨上虚空中,化成棚阁珠交露帐,辟方弘广。（西晋竺法护译《宝女所问经·问慧品》）

（5）世尊告曰:计大海深三百三十六万里,广长难限。须弥山王在大海中高三百三十六万里,根在海底亦三百三十六万里,辟方亦尔。（西晋竺法护译《力士移山经》）

到了东晋十六国,"辟方"一词不仅在译经中继续使用,而且还出现于中土文献,这是一个新的变化。

（6）珠照辟方十二由延,兵众相见,如昼无异。（旧题东晋僧伽提婆译《增一阿含经》卷四八《礼三宝品》）

（7）是时尊者阿那律即结加趺坐,正身正意,心不移动,以天眼观三十三天,见世尊在壁方一由旬石上坐。①（旧题东晋僧伽提婆译《增一阿含经》卷二八《观法品》）

（8）观像者,当起想念,观于前地极使白净,取相长短壁方二丈,益使明净犹如明镜。②（后秦鸠摩罗什等译《禅秘要法经》卷中）

（9）若比丘作新敷具毡、尼师檀,当着故敷具毡辟方一修伽陀搩手,为坏好色故。（东晋佛陀跋陀罗共法显译《摩诃僧祇律》卷九《明三十尼萨耆波夜提法之二》）

（10）石虎御床辟方三丈,冬月施熟锦流苏斗帐,四角安纯金龙头,衔五色流苏。（东晋陆翙《邺中记》）

---

① 据《大正藏》校勘记,宋、元、明三本"壁"并作"辟"。
② 据《大正藏》校勘记,宋、元、明三本、日本宫内省图书寮本及正仓院圣语藏本"壁"并作"辟"。

（11）石虎作云母五明金箔莫难扇,此一扇之名也。薄打纯金,如蝉翼,二面彩漆,画列仙、奇鸟、异兽。其五明方中,辟方三寸或五寸,随扇大小。（同上）

（12）高平刘柔卧,鼠啮其左手中指,意甚恶之,以问淳于智,筮之曰:"鼠本欲杀君而不能,当为使之反死。"乃以朱书其手腕横之[文]后三寸为田字,辟方一寸二分,夜露手以卧。（《太平御览》卷三七〇引王隐《晋书》）

（13）两眉间上却入一寸为明堂宫,却入二寸为洞房,却入三寸为丹田,丹田直上辟方一寸为玄丹脑精泥丸魂宫。（《大有妙经》）①

南北朝译经也可见其例,例如:

（14）去其树不远,伏藏忽出现;辟方一由旬,七宝光盈满。（南朝宋宝云译《佛本行经》卷二《阎浮提树荫品》）

（15）郁单越洲辟方十千由旬,人面亦方。（南朝陈月婆首那译《胜天王般若波罗蜜经》卷七《劝诫品》）

（16）若天旱时欲请雨者,须于露地实净土上……方十二步以为道场,场中起坛,辟方十步,坛高一尺。（北周阇那耶舍译《大方等大云经请雨品第六十四》）

唐宋文献中,"辟方"的使用范围及用法一如东晋,也是内外典并用,例如:

（17）唯城南五六里余有太子誓多之园,地幽境媚,林密华繁,壁方十里。（窥基《阿弥陀经通赞疏》卷上）

（18）体玄子为产妇借地法一首:东借十步,西借十步,南借十步,北借十步,上借十步,下借十步,辟方之中,总借四十余步。（王焘《外台秘要》卷三三）

---

① 《大有妙经》是早期道教上清派经典之一,这里暂归入东晋十六国时期。

（19）日东向旷二里，西向旷二里，辟方八里，此广阔耐停止，鸡零星牵至厅，鸡零禄牵至狱，汝等此中行，勿得与人相牵触，当断汝手足，急急如律令。（孙思邈《千金翼方·禁经下·禁狗鼠·解放鼠法》）

（20）太初之时，老君从虚空而下，为太初之师。口吐《开天经》一部，四十八万卷，一卷有四十八万字。一字辟方一百里，以教太初。（张君房《云笈七签》卷二《太上老君开天经》）

上引 20 例"辟方"大多数后跟表示长度的数量结构，其实就相当于习见的"方"，①各例完全可以用"方"来替代而无扞格。②就具体例子而言，"辟方"大抵指边长，也有的泛指面积、范围，如例（1）、例（4）、例（6）、例（17）等。总的说来，作为一个东汉以来产生的新词，"辟方"在具体语境中的含义还是比较显豁的。

二、"辟方"之构词理据

《汉语大词典》收录"辟方"一词，释作"悖理"，举《史记·秦始皇本纪》："（六王）阴通间使，以事合从，行为辟方。"这个"辟方"是偏正结构，和表示面积和边长的"辟方"并无关涉，只不过书写形式偶合而已。

先秦汉语即习以"方"计量面积，如《论语·先进》："方六七十，如五六十，求也为之，比及三年，可使足民。"《孟子·梁惠王上》："地方百里而可以王。"这是人所熟知常用的。"辟方"首见于汉译佛经，前无所承，最初可能是译者生造出来的。创制"辟方"这一"生词"的动机大概是满足双音节形式的需要。那么传译者为何选择"辟"与习用

---

① 古时所谓"地方某里"之"方"是指（正方形的）边长，由此引申指范围、面积。参看郭伟涛《"地方某里"疏证》，载清华大学出土文献研究与保护中心编、李学勤主编《出土文献》第八辑，上海：中西书局，2016 年。

② 《道行般若经》"壁方"，同经异译本三国吴支谦译《大明度经·法来阐士品》即作"方"。"辟方"与"方"含义完全相同。

之"方"复合为双音节结构呢?

考"辟"可表旁侧、边侧义,《左传·庄公二十一年》:"郑伯享王于阙西辟,乐备。"孔颖达疏:"'阙西辟'者,辟是旁侧之语也。服虔云:'西辟,西偏也。'"《说文·辟部》:"辟,法也。"段玉裁注:"又引申之为一边之义,如《左传》曰'阙西辟'是也。"这个意义的"辟"也写作"壁",《说文·牛部》:"辈,两壁耕也。"段注:"壁当作辟,辟是旁侧之语。……两辟耕谓一田中两牛耕,一从东往,一从西来也。"①

汉语从不以"辟"计量面积,不过正是它有旁侧、边侧义,在习得汉语似是而非的天竺西域胡僧看来,恰可与"方"连文表义②——从这个角度来说,"辟方"应该是佛经传译者误解误用的产物。③ 受到这一特殊因素的制约,"辟方"早先仅用于汉译佛经;东晋以来用于中土文献,应是从"行业语"里进一步扩散的结果。但最终未能沿用流传下来,大概也是和构词奇僻、理据难明有关。

三、考辨"辟方"的作用

出现于东汉,在魏晋南北朝及唐宋文献中亦曾使用的"辟方"一词,并未引起人们的注意;④今天我们对它做一番考辨,大抵有以下四个方面的意义:补正辞书之阙失,有助于古籍整理,避免词语研究中的误解以及在从事相关研究工作时能够正确解读文本。

---

① 参看杜正乾《敦煌文献中的"壁"字刍议》,《敦煌研究》2004 年第 2 期。

② 《汉语大字典》《汉语大词典》"辟"字下均有"周围"一义,举《灵枢经·肠胃》:"广肠传脊以受回肠,左环叶脊上下,辟大八寸,径二寸。"如果"辟"确有周围义,则与"方"连文更为顺洽。但是《灵枢经》本例之"辟"并非指周围,辞书误解其义。

③ 早期译经中此类语言成分应该为数不少,参看本书《〈正法华经〉疑难词语释义三题》"嚘哧""慕係""侥"诸条。

④ 就笔者见闻所及,注意到"辟方"一词的学者仅有周一良先生。他在《读〈邺中记〉》(《内蒙古社会科学》1983 年第 4 期)一文中论及当时邺都手工艺发展水平时,也引了关于石虎作云母五明金箔莫难扇的一段材料,并加了一个小注:"本书又云,'石虎御床辟方三丈','辟方'一词疑指尺寸言。"

首先，可以补正《汉语大词典》在收词释义上的阙失。上文已经指出"辟方"在《汉语大词典》中只有"悖理"一义，未及本文所举之意义和用法。当然，表悖理义的"辟方"和表边长或面积义的"辟方"并非一词，二者内部结构不同，语义也不相属，只是同形而已。作为一部大型历史性语文辞书，应当补入表边长或面积义的"辟方"。

其次，如果了解"辟方"可表边长或面积的话，对古籍整理也有所神益。今本《搜神记》卷三"淳于智（一）"条："高平刘柔夜卧，鼠啮其左手中指，意甚恶之。以问智，智为筮之，曰：'鼠本欲杀君而不能，当为使其反死。'乃以朱书手腕横文后三寸，为田字，可方一寸二分，使夜露手以卧，有大鼠伏死于前。""可"，《太平御览》卷三七〇、七二七引《搜神记》皆作"辟"。按王隐《晋书》（上文已举）及唐房玄龄等修《晋书·艺术传·淳于智》并载淳于智杀鼠事，字亦均作"辟"。王隐、干宝皆为东晋人，且都撰有史书（王隐《晋书》、干宝《晋纪》），据信他们当时记录此事有共同材料而笔调较为一致。目前存世的二十卷本《搜神记》由明代胡元瑞据唐宋类书辑录而成，因此今本《搜神记》的"可方"很可能是明人不明"辟方"之义而臆改。① 对于今天的古籍整理者来说，如果知晓"辟方"可表边长或面积义的话，就可对此问题做一说明，以还古籍之真相。

大正藏本《经律异相》卷四一引《旧杂譬喻经》，断句作"是时佛在耆阇崛山。与万菩萨万罗汉俱到龙所。龙便瞋恚。暴风疾雨雷雹霹雳。其放一雹令壁。方四十丈"，这也是因为不明"辟方（壁方）"一词意义而割裂之。如果我们明白"辟方"此义，那么在整理这部佛教类书时，就可以避免这类失误。②

---

① "辟"，明代谈恺刻本《太平广记》卷四四〇"淳于智"条（出《搜神记》）作"可"，据张国风《太平广记会校》，孙（潜）本作"群"，沈（与文）本作"郡"。按："群""郡"均当为"辟"之误字。由此可见，《太平广记》古本亦当作"辟"。谈本作"可"应出后人改易，不可据。胡元瑞等人当据谈刻本《太平广记》辑录《搜神记》此条，故沿误作"可方"。
② 董志翘、刘晓兴《经律异相校注》（成都：巴蜀书社，2018年）"壁方"连属，甚是。

再次，了解"辟方"的这种用法，还可在汉语词汇史研究中避免出现失误。江蓝生《魏晋南北朝小说词语汇释》附录"待质词语"中有"面辟"一条，引《幽明录》："前行见七八十梁瓦屋，中有阁十余梁，上有窗向。有人面辟方三尺，着皂袍，四缝掖，凭向坐，唯衣襟以上见。"江先生认为："'面辟'似指面庞"，"'面辟'当即指脸面，然不知'辟'为何义。"①按：此处当"辟方"连属，读作"有人面/辟方/三尺"，这里是夸张的写法，正状鬼怪之神奇。由于"方"习见而"辟方"生僻，故易将"面辟"连读，当作一词，以致义不可解。

最后，还有助于其他学科的学者在从事相关研究时能够正确解读文本。《读书》2005 年第 11 期刊载永宁《镂金的衫袖》一文，其中引用了《邺中记》"石虎作云母五明金箔莫难扇"一段材料，并解释说"这是一种工艺很复杂的仪仗扇……再把扇面划分成三寸或五寸大小的一个个小格"，显而易见，作者是把"辟方"分开来解读，将"辟"理解成划分之义，这是不对的。《邺中记》原文是说"五明"在扇面的正中，边长三寸或五寸，随扇面的大小而定。

---

① 江蓝生《魏晋南北朝小说词语汇释》，北京：语文出版社，1988 年，第 296 页。

再释"乙密"

"乙密"一词最早出现于东汉道教典籍《太平经》,均在"庚部",凡3见:

(1)有功劳赐赏,谦逊不敢尽受,益复竭尽筋力,用心乙密为大。(卷一一〇《大功益年书出岁月戒》)

(2)天君日夜预知,天上地下中和之间,大小乙密事,悉自知之,诸神何得自在乎?(卷一一一《大圣上章诀》)

(3)积之有岁,乃前语言:"唯蒙大神,通其不足。知所辞辞大,故以贪进,受其乙密,征营门合,不敢自息,欲得教戒,禀其不及,愿得省察,不逆所言,使须戒敕。"(卷一一一《有知人思慕与大神相见诀》)

王云路《〈太平经〉语词诠释》曾考释"乙密"一词,以为即细密、仔细之义;① 俞理明《〈太平经〉正读》分别释作"精细""精密、细微""精微细密"。② 释义均可从。

"乙密"之"密"有细密、精密义较然可知,然则"乙"当作何解,又何以与"密"连文成词?上揭二家对此均无说。连登岗《释〈太平经〉之"贤儒"、"善儒"、"乙密"》举上引例(2)以为"乙密"即隐密,并认为"乙"乃"乚"之误,③在《太平经》中形近而讹。④ 今按连文释作"隐

---

① 王云路《〈太平经〉语词诠释》,《语言研究》1995 年第 1 期。
② 俞理明《〈太平经〉正读》,成都:巴蜀书社,2001 年,第 398 页、第 403 页、第 413 页。
③ 《说文·乚部》:"乚,匿也。象迟曲隐蔽形。读若隐。"
④ 连登岗《释〈太平经〉之"贤儒"、"善儒"、"乙密"》,《中国语文》1998 年第 3 期。

密",揆之例（1）、例（3），则不如王、俞二家之释妥帖密合；其以为"乙"乃"乚"之误，虽无别据，但亦可备一说。

近日略检《道藏》，见道经古注对"乚密"一词已有所释，似对理解"乚"之词义不无启悟，在连氏之说以外，可另有别解，故钞撮于下，并略做申论。

"乚密"一词又见于《西升经》（"升"或作"昇"，本文一律作"升"）：①

（4）极虚本无，剖析乚密。（卷上《慎行章》）

（5）老君曰："道言深妙，经诫乚密。"②（卷中《深妙章》）

对于例（4），《西升经集注》引李荣注云："虚无者，道体也，言尹生思极虚无之体，穷本际之源也。乚密者，妙理也，乚之言一，密乃语也，妙理惟一，道心惟微，晓了分判，穷理尽性，故云剖析乚密也。"③又引刘仁会注云："乚密，犹微密也。"④宋徽宗注云："故致虚以要其极，造无而守其本，道之玄微深妙，殆将迎刃而解矣。"对于例（5），《西升经集注》引李荣注云："绝虑为深，不测为妙。一者，玄也；密者，微也。经法深远，诫律玄微。"宋徽宗注云："道深而难测，妙而难名，经以载道，故其劝戒之言，亦玄微而隐密也。"

根据例（4）、例（5）之古注，可知昔贤将"乚密"释为"微密""玄微

---

① 今存《西升经》（又名《老子西升经》）有两个版本，一为宋徽宗注《西升经》三卷，收入《正统道藏》洞神部本文类（《正统道藏》第 11 册）；一为北宋陈景元（碧虚子）辑《西升经集注》六卷，收入《正统道藏》洞神部玉诀类（《正统道藏》第 14 册）。二本均为三十九章，文字不尽相同。此经成书年代及作者均不详，据卢国龙《〈西升经〉成书年代及基本思想》（《中国道教》1987 年第 2 期）考证，"《西升经》成书在佛教传入中国后至西晋这段时间内"，"作者可能是曹魏西晋时楼观派道士"。

② 集注本作"经戒乚密"，"戒""诫"古今字。

③ 李荣，唐初著名道士，生卒年不详，约活动于唐高宗（650—683）时。

④ 晁公武《郡斋读书志》卷十一著录唐张君相集《三十家注老子》八卷，中有"刘仁会"，位列卢裕（北魏）、顾欢（南齐）之间。唐杜光庭《道德真经广圣义》（见《正统道藏》洞神部玉诀类，第 14 册）首载其天复元年序，列六十余家注老子书，中云："草莱臣刘仁会，后魏伊川梁县人，注二卷。"据此可知为北魏时人。《通志·艺文略》著录刘仁会注《老子西升经》二卷。

深妙""玄微""玄微而隐密"。据李荣说，"乙密"之"乙"当读作"一"，①而"一"在此乃是精微玄妙之义。②"乙""密"近义而连文成词。与上文所揭"乙""∟"形误说相较，将"乙"读作"一"，指精微玄妙，似更惬合道家、道教之义理与思想。

据《太平经》"用心乙密""大小乙密事"、《西升经》"经诫乙密"诸例，"乙密"原为形容词，义如上述。同时也转指精微玄妙之理，是名词，如例（4）"剖析乙密"，李荣谓"乙密者，妙理也"；例（3）之"乙密"似亦当精微玄妙之理讲，做"受"的宾语。北宋陈景元《西升经集注序》："当是时也，关尹望气，知有博大真人西游，乃齐庄遮道，邀迎至舍，请问乙密。于是复为著言若干，其微言奥旨，出入五千文之间，纪而成书，名曰《西升记》云。"此例"乙密"同样指精微玄妙之理，与下文"微言奥旨"相应。

"乙密"一词也为后世道典所承用：

（6）五气之书，上帝实章；招致灵妙，乙密玄微。（《灵宝无量度人上品妙经》卷三三③）

（7）遂三日三夜，不寝不寐，思之不逮，至于骨立，曰神监之理，茫然莫解，思惟先生，赐垂乙密。（《橐钥子·三道明真反本》④）

---

① "乙""一"通用是古时常例，唐王维《终南山》诗："太乙近天都，连山到海隅。""太乙"即太一山，亦即终南山。《三辅黄图》卷五："武帝时祭泰乙，上通天台。""泰乙"即泰一，《鹖冠子·泰鸿》："泰一者，执大同之制，调泰鸿之气，正神明之位者也。"陆佃解："泰一，天皇大帝也。"《韩非子·饰邪》："此非丰隆五行太一。"王先慎集解："张、赵本一作乙，字同。"又账簿中常假"乙"作"一"，"所以防奸易"（见朱骏声《说文通训定声·一部》）。

② 《庄子·天地》："一之所起，有一而未形。"郭象注："一者，有之初，至妙者也。"古人将"一"视为"道"（万物）之本源，《老子》："载营魄抱一，能无离？"河上公注："一者，道始所生，太和之精气也。"《说文·一部》："一，惟初太始，道立于一，造分天地，化成万物。"因此郭象将其称为"至妙者"。"乙密"之"乙"读作"一"，为精微玄妙之义，当由此出。

③ 《灵宝无量度人上品妙经》（简称《度人经》）凡六十一卷，其卷一为《度人经》本文，系东晋南朝古灵宝诸经之一，其余各卷均为后人增益。参看任继愈、钟肇鹏《道藏提要》（北京：中国社会科学出版社，1991年，第3页），王卡《敦煌道教文献研究》（北京：中国社会科学出版社，2004年，第99页）。

④ 《中华道藏》本《橐钥子》卷前"提要"以为它当出于宋代。

例（6）"乙密"是形容词，与"玄微"连文，义近；例（7）"乙密"是名词，指精微玄妙之理，故言"赐垂"。

总的看来，"乙密"一词乃是道门中语，具有比较鲜明的社团用语的色彩，行用范围极其有限，并未扩散到全民用语当中。

无独有偶，汉译佛经也有"乙密"的用例，通检释藏（据《大正藏》），共得 3 例：

（8）夫学当以意思惟，乙密乃达之也；夫简略者不至，非师之过也。① （旧题三国吴康僧会译《旧杂譬喻经》卷上）

（9）于是贤者阿难自念言："我宁可蒙受决例乎？"心念此已，发愿乙密，即从坐起，稽首佛足。（西晋竺法护译《正法华经》卷五《授阿难罗云决品》）

（10）假使菩萨，乙密观察斯一切法，款款修此所当行者，常住威仪礼节二事。（西晋竺法护译《正法华经》卷七《安行品》）

以上三例"乙密"均谓精微、细密，②但词性及句法功能有所不同。上文讲"乙密"是道门中语，使用范围极其有限，那么译经中也出现此词该如何解释？笔者以为，《旧杂譬喻经》《正法华经》中出现汉晋道教典籍中的用词，显然是受早期佛经翻译"格义"③的影响；还可进一步推测的是，"乙密"一词在整部《大正藏》中仅出现于这两种译经，说明这一由"格义"而来的翻译用词并未在后代的译经活动中推行开来，它只是早期译经的偶然现象，带有译师浓厚的个人言语色彩。

---

① 据《大正藏》本校勘记，明本"乙"作"一"。

② 孙昌武、李赓扬《杂譬喻经译注（四种）》以为《旧杂譬喻经》"乙密"之"乙"通"已"，"乙密乃达之也"一句译作"做到细密才能通达事理"（北京：中华书局，2008 年，第 38 页），显误。《正法华经》之"乙密"，辛岛静志《正法华经词典》（*A Glossary of Dharmarakṣa's Translation of the Lotus Sutra*）释为"earnestly, resolutely；minutely, thoroughly"（The International Research Institute for Advanced Buddhology，1998 年，第 534 页），较为得实。参看辛岛静志《汉译佛典的语言研究》，载朱庆之编《佛教汉语研究》，北京：商务印书馆，2009 年，第 45 页。

③ 关于佛经翻译中的"格义"可参看汤用彤《论"格义"》，《汤用彤选集》，天津：天津人民出版社，1995 年，第 411－412 页。

上文说"乙密"之"乙"当读作"一",然则有无从本字作"一密"者？我们在译经中检得一例：

（11）诸开士所可周旋为若此，一切悉等，以居平等，具足至道不转，普入法要，深微一密，空无寂静，是为学入普门定门之法。（西晋竺法护译《佛说普门品经》）

"一密"与"深微"连文，义亦相近。有意思的是，"一密"这个词形竟也出于竺法护所译佛经，不得不让人玩味。

更加值得注意的是，《旧杂譬喻经》的译者与翻译时代向来聚讼纷纭，梁晓虹《从语言上判定〈旧杂譬喻经〉非康僧会所译》，[①]曹广顺、遇笑容《也从语言上看〈六度集经〉与〈旧杂譬喻经〉的译者问题》，[②]《从语言的角度看某些早期译经的翻译年代问题——以〈旧杂譬喻经〉为例》，[③]陈洪《〈旧杂譬喻经〉研究》[④]均以为它并非康僧会译笔。曹广顺、遇笑容《从语言的角度看某些早期译经的翻译年代问题——以〈旧杂譬喻经〉为例》一文还推测了它的翻译年代，认为"是三国前后的作品"，"应是三国前后的另一译者所译"。《旧杂譬喻经》使用"乙密"一词既然是早期译经"格义"的结果，在一定程度上也显现了它译成时代的蛛丝马迹；将其与《西升经》及《正法华经》比照，似可进一步推断《旧杂譬喻经》确实很可能译于三国西晋时代（三国前后）。《正法华经》的译者向无疑义，那么《旧杂譬喻经》的译者是否可能也为在翻译《正法华经》过程中同样使用"乙密"一词的竺法护，固然还有待于从更多的语言现象进行比定；但在译经仅有的几个例子中唯有《旧杂譬喻经》的译者和竺法护使用了"乙密/一密"一词，这难道仅仅是一种巧合吗？

---

① 《中国语文通讯》第 40 期，1996 年。
② 《古汉语研究》1998 年第 2 期。
③ 《汉语史研究集刊》第三辑，成都：巴蜀书社，2000 年。
④ 《佛教与中古小说》附录四，上海：学林出版社，2007 年。

《世说新语·任诞》
"诸阮皆能饮酒"条释义

　　《〈世说新语〉疑难词语考索》第四则认为《世说新语·任诞》"诸阮皆能饮酒"条中"群猪"当作"群诸","群诸"为同义复词,为众辈、众人之义。① 笔者认为,此则之校释固可备一说,但似可另做解释。

　　《世说新语·任诞》"诸阮皆能饮酒"条原文是:"诸阮皆能饮酒,仲容至宗人间共集,不复用常杯斟酌,以大瓮盛酒,围坐相向大酌。时有群猪来饮,直接去上,便共饮之。"其中"时有群猪来饮,直接去上,便共饮之"数语,《〈世说新语〉疑难词语考索》说"每读至此,便心存疑惑",惑在阮仲容(咸)如何与猪共饮酒? 笔者认为,产生这样的疑惑,或许跟原文属读和词义理解有关。

　　造成疑惑的是"直接去上"四字,对此《世说新语校笺》《世说新语笺疏》等均无说,有的译注本译成"径直凑到酒瓮跟前""直接挤上前去",等等。按照这种理解,凑上前去的不论是诸阮还是猪,都会让读者以为是人与猪共饮酒。笔者认为,理解"直接去上"时,不应把"直接"连读,即读作"直接/去上",而应该读作"直/接去/上",缘由有二,下分述之。

　　其一,从汉语词汇史的角度来看,魏晋南北朝时期还没有产生与"间接"相对的表"径直"义的"直接"一词。《汉语大词典》"直接"条义项②云:"与'间接'相对。谓不经过中间事物。"举老舍《四世同堂》三一:"他不愁吃穿,不大忧虑国事,但是日本人直接的间接的所

―――――――――

　　① 载《古汉语研究》2007 年第 2 期。

给他的苦痛,已足够教他感到背上好象压着一块石头。"由此看来,汉语中出现表径直义的"直接"是相当晚近的事了。据笔者初步考查,这种意义的"直接"大约出现于清末,如何刚德《春明梦录》卷上:"然总督驻扎江宁,而苏州则在苏抚范围之内,尚少直接关系。"诵清堂主人《辛亥四川路事纪略·股东总会交公司转详文》:"要之此次争路,直接求路事之完全,间接防宪政之破坏。"又《周孝怀致陈子立书》:"然明叔终不敢与赵直接宣露此旨,不得已仆乃劝璧华单刀直斫,与赵氏交涉。"民国以降,其例渐夥,兹不缕举。

　　"直接"本是偏正式的词组,"直"为副词,径直,"接"为动词,接触、连接(参看《汉语大词典》"直接"条义项①)。那么,清末以来怎么会以一个凝固的复音词的形式表"径直"义呢?实际上,这种意义的"直接"是晚清以来从日语借入汉语的新词,是一个外来词。徐珂《清稗类钞》讥讽类"新名词入诗"条云:"自日本移译之新名词流入中土,年少自喜辄之以相夸,开口便是,下笔即来,实文章之革命军也。某曾赋诗四首以嘲之,……四云:'阳历初三日,同胞上酒楼。一张民主脸,几颗野蛮头。细恳皆膨胀,姑娘尽自由。未须言直接,间接也风流。'"据此可见,"直接""间接"也和"团体""民主"诸词一样,都是从日语中移译过来的。①

　　其二,如果"直接去上"一句中"直接"不能连读而应当"接去"连读,这就关系到词义理解的问题。"接去"何义?蔡镜浩《魏晋南北朝词语例释》"接"条:"指从上往下于液体中舀取,②而非于下面承接之

----

① 参看王立达《现代汉语中从日语借来的词汇》,《中国语文》1958年第2期;[日]实藤惠秀《中国人留学日本史》第七章第十三节中"中国人承认来自日语的现代汉语词汇一览表",谭汝谦、林启彦译,北京:三联书店,1983年,第329页;刘正埮等《汉语外来词词典》,上海:上海辞书出版社,1984年,第406页。

② 《周礼·地官·廪人》:"大祭祀,则共其接盛。"郑玄注:"接读为'一扱再祭'之扱。"《仪礼·士昏礼》:"祭醴,始扱壹祭,又扱再祭。"《仪礼·有司彻》:"二手执桃匕枋以挹湆,注于疏匕。"郑玄注:"今文挹皆为扱。"《广雅·释诂一》:"扱,取也。"王念孙疏证:"扱之为言挹取之也。""接"表舀取义当从"扱"来。浙江大学文学院边田钢博士示知此意,并告《淮南子·说山》"或接水往救之"例,谨此致谢。

义。"转录数例如次：

> 白汤熟煮，接去浮沫。（《齐民要术·作脯腊》）
> 芜菁等宜待沸，接去上沫，然后下之。（《齐民要术·作羹臛法》）
> 上有浮沫，数接去。（《齐民要术·菹绿》）
> 接去浮沫，一如上法。（《齐民要术·菹绿》）①

今按蔡说甚碻。以此义施于《世说新语》"直接去上"例可谓怡然理顺。阮仲容此事亦见《晋书》本传："时有群豕来饮其酒，咸直接去其上，便共饮之。""接去上""接去其上"都是说阮仲容舀去瓮中上面一层猪饮过的酒，②"直"是仅仅、只是的意思，③全句讲当时有一群猪来喝诸阮的酒，而阮仲容只不过把酒瓮中浮面一层猪喝过的酒舀去，就和其他人一起喝起来，从而表明阮咸"任诞"的风格。《世说新语》"时有群猪来饮，直接去上，便共饮之"一句中，"直"前省略的是"仲容"，而不是"猪"，因此也就无所谓猪"径直凑到酒瓮跟前"；《晋书》"咸直接去其上"一句也不是说阮咸直接凑上去和猪共饮。

综上所述，可知《世说新语》本条文从字顺，正如《考索》所说的那样："诸阮虽为好酒之徒，生性放诞不羁，然断不至于人畜无别，与猪共饮。"张撝之《世说新语译注》译此句云："他们径直把浮面一层酒舀掉"，除"直"的理解犹有可议外，庶几得其本义。就笔者所见，此句翻译得最为准确的是许绍早等的译本："阮仲容只是把浮面一层酒舀掉。"

---

① 蔡镜浩《魏晋南北朝词语例释》，南京：江苏古籍出版社，1990 年，第 178－179 页。
② 阎步克《阮咸何曾与猪同饮》也作"舀去"理解，《文史知识》2007 年第 1 期。
③ 《经传释词》卷六："直，犹'特'也，但也。"

"屈子"名义小考

东晋十六国时期有赫连勃勃,据《魏书·铁弗刘虎传》,北魏明元帝改"勃勃"为"屈子",因此《魏书》又称"赫连屈子"(《晋书·赫连勃勃载记》称"字屈子",恐非)。[①] 对于"屈子"之名的含义,《魏书》有个非常简略的说明,"屈子者,卑下也"。"屈子"何以有"卑下"之义,明元帝又何以改作此名,似均未有说,今试考释如下。

赫连屈子本名勃勃,"勃勃"语源不明,"屈子"是北魏明元帝所改之名,实为汉语词。

"子"有短、小义,《广雅·释诂二》:"子,短也。"《释名·释兵》:"盾狭而短者曰子盾。子,小称也。"此为常训,不必赘言。

"屈"古作"屈"。《说文·尾部》:"屈,无尾也。"段玉裁注:"《韩非子》曰:鸟有翢翢者,重首而屈尾。高注《淮南》云:屈读如'秋鸡无尾屈'之屈。郭注《方言》'隆屈'云屈尾。《淮南》'屈奇之服',许注云:'屈,短也;奇,长也。'凡短尾曰屈。……引伸为凡短之称,山短高曰崛,其类也。……钝笔曰掘笔,短头船曰撅头,皆字之假借也。"

《广雅·释诂二》:"屈,短也。"王念孙疏证:"《众经音义》十二引许慎《淮南子》注云:'屈,短也。'《史记·天官书》'白虹屈短',集解引韦昭《汉书》注云:'短而直也。'屈与屈同。《说文》:'屈,无尾也。'《玉篇》云:'短尾也。'高诱注《淮南子·原道训》云:屈读'秋鸡无尾

---

① 《魏书》又称"屈丐",洪颐煊《诸史考异》卷九以为"丐当作子",然何以"屈子""屈丐"歧出,仍待考。

屈'之屈。《韩非子·说林篇》云:'鸟有周周者,重首而屈尾。'《尔雅》:'鹞鸠,鹍鹏。'郭璞注云:'似山鹊而小短尾。'《集韵》引《埤仓》云:'屦,短尾犬也。'屈、屈、屦、鹏并同义。今江淮间犹呼鸟兽之短尾者为屈尾。《说文》:'崛,山短高也。'《广韵》:'褃,短衣也。'《方言》云:'自关而西、秦晋之间,无缘之衣谓之袄褃。'义亦与屈同。短尾犬谓之刁,亦谓之屈;短衣谓之裯,亦谓之褃;无缘之斗谓之刁斗,无缘之衣谓之袄褃,其义并相通也。"

据段、王之说,"屈"字从尾,本指短尾,由此引申泛指短小。① 段、王又系联从"屈"得声之字,发明"屈""崛""鹏""屦""褃"为同族词,均蕴含短小义;还指出"屈"在文献中尚可通作"掘""撅"。

诚如段玉裁所指出的,表短小义的"屈"又通作"掘""撅",这在晋唐文献中可见其例。

《抱朴子内篇·仙药》:"又千岁燕,其窠户北向,其色多白而尾掘,取阴干,末服一头五百岁。""掘",《太平御览》卷九二二、九八六引作"屈"。"掘"通"屈","尾掘"即尾秃之义。②

《南齐书·王僧虔传》:"孝武欲擅书名,僧虔不敢显迹。大明世,常用掘笔书,以此见容。""掘笔",《册府元龟》卷八三六作"屈笔",《刘宾客嘉话录》述其事作"撅笔"。"掘笔"即秃笔。

《太平广记》卷三二〇"王明"条(出《幽明录》):"艾今在尚方摩铠,十指垂掘,岂其有神?""十指垂掘"谓十指将秃。

《太平广记》卷四五八"苏闰"条(出《岭南异物志》):"俗传有媪姑者,嬴秦时尝得异鱼,放于康州悦城江中。后稍大如龙,姑汲浣于江,龙辄来姑边,率为常。他日,姑治鱼,龙又来,以刀戏之,误断其尾,姑死。龙拥沙石,坟其墓上,人呼为掘尾,为立祠宇千余年。"因为龙尾"误断"而短,故谓为"掘尾"。

---

① 还可进一步指空尽,《老子》:"虚而不屈,动而愈出。"王弼注:"虚而不得穷屈。"
② 蔡镜浩《魏晋南北朝词语例释》谓"掘"犹言"秃"(南京:江苏古籍出版社,1990年,第196页),甚是;然谓作"屈"者"盖不明'掘'有秃义而误改",则非是。

《初学记》卷一九引南朝梁刘思真(贞)《丑妇赋》:"肤如老桑皮,耳如侧两手;头如研米槌,发如掘扫帚。""掘扫帚"就是秃扫帚。

《搜神后记》卷三:"临淮公荀序,字休玄。母华夫人,怜爱过常。年十岁,从南临归,经青草湖,时正帆风驶,序出塞郭,忽落水。比得下帆,已行数十里,洪波淼漫,母抚膺远望。少顷,见一掘头船,渔父以楫棹船如飞,载序还之,云:'送府君还。'"《初学记》卷五引《幽明录》:"阳羡县小吏吴龛,有主人在溪南。尝以一日掘头舟过水,溪内忽见一五色浮石,取内床头,至夜化成一女子。"《全唐诗》卷二九张志和《渔父歌》:"青草湖中月正圆,巴陵渔父棹歌连。钓车子,掘头船,乐在风波不用仙。""掘",或作"撅",或作"橛"。清乾隆五十三年《鄞县志》谓"舟之大者曰划船,小者曰橛头船"。"掘(撅、橛)头船""掘头舟"指一种形制短小、较为轻便的船。

欧阳修《六一诗话》:"陶尚书谷尝曰:'尖檐帽子卑凡厮,短勒靴儿末厥兵。''末厥'亦当时语。余天圣景祐间已闻此句,时去陶公尚未远,人皆莫晓其义。王原叔博学多闻,见称于世,最为多识,前言者亦云不知为何说也。第记之,必有知者耳。"刘攽《中山诗话》对此作出解释:"今人呼秃尾狗为厥尾,衣之短后者亦曰厥,故欧公记陶尚书诗语末厥兵,则此兵正谓末贼尔。"①清吴景旭《历代诗话》卷五四"末厥兵"条云:"欧阳永叔、王原叔皆莫晓其义,得贡父而始明也。"但清王弘撰《山志二集》卷五则认为刘攽的解释"似矣,终未确也"。

王氏谓贡父之说"未确"是因为刘说尚未探本。"厥""屈"声义相通,"秃尾狗为厥尾"即"屈","衣之短后者亦曰厥"即"裾"。"屈"由短小义引申指卑贱,故与"末"连文,又与"卑凡"对文。

元李治(冶)《敬斋古今黈》卷八:"陶榖诗'尖檐帽子卑凡厮,短勒鞾儿末厥兵',欧公云:'末厥'亦当时语。予景祐间已闻此语,时去陶公未远,人皆莫晓其意。王原叔博学多闻,见称于世,最为多识,前

____

① "贼",阮阅《诗话总龟》卷二一引《贡父诗话》作"贱",是。

言者亦云不知为何说也。第记之,必有知者耳。冶曰'末厥'盖俗语也,欧公虽以此为当时语,亦自不知为何义。大抵'末厥'者,犹今俚语俗言'木厥'云耳。木厥者,木强刁厥之谓。"李治(冶)将"末厥"等同于"木厥",同样未解其义。

"屈孑"的构成理据可与"末厥"同观。颇疑"屈孑"与"孑孓""蛣蜣"为一词变体,含有"小(虫)"之义。史载赫连勃勃"身长八尺五寸",本非"卑下"之人,明元帝以"屈孑"改赫连勃勃之名,实含蔑视、轻忽之义;"屈孑"显然是一种贱称。

《魏书》"屈孑者,卑下也",《北史》作"屈孑者,北方言卑下也","北方言"三字当为李延寿所增益,而非伯起原文。据此可见,在李延寿所处的唐初之北方,"屈孑"乃是当时当地的口语;那么进一步推断,在北魏明元帝时代,"屈孑"也是当时行于乡里的鄙贱之词,故而用以命名。①

《魏书·崔浩传》载崔浩称屈丐为"撅竖小人",《资治通鉴·晋安帝义熙十三年》亦言此事,胡三省注:"撅竖,言撅起自竖立也。"方以智《通雅》卷一九亦云:"崔浩曰:'屈丐,撅竖小人。'竖,贱称也;撅,言直立崛强如橛也。"所释均未中鹄。"撅"乃"屈"之通借,由短小而言卑下、卑贱,与"竖"连言,表示轻忽、鄙视之意。《汉语大词典》"撅竖"条释作"犹暴发",或据胡注,亦非是。

---

① 姚薇元《宋书索虏传南齐书魏虏传北人姓名考证》认为"屈孑"与"佛佛""勃勃"古读音似,明元帝谐借为谑(《北朝胡姓考》修订本,北京:中华书局,2007 年,第 476 页),恐不可据。

"塌坊"名义考

一、南宋时期的"塌坊"

许多研究中国经济史的著作,在论及南宋都城临安(今杭州)发达的商业时,都会提到"塌坊",也大都引用下面两条材料:

> 柳永《咏钱塘》词云:"参差一万人家。"此元丰以前语也。今中兴行都已百余年,其户口蕃息仅百万余家者。城之南、西、北三处,各数十里,人烟生聚,市井坊陌,数日经行不尽,各可比外路一小小州郡,足见行都繁盛。而城中北关水门内有水数十里曰白洋湖,其富家于水次起迭塌坊十数所,每所为屋千余间,小者亦数百间,以寄藏都城店铺及客旅物货。四维皆水,亦可防避风烛,又免盗贼,甚为都城富室之便。其他州郡无此,虽荆南、沙市、太平州、黄池,皆客商所聚,亦无此等坊院。(《都城纪胜》"坊院"条)①

"塌坊"亦称"塌房":

> 柳永《咏钱塘》词曰:"参差十万家。"此元丰前语也。自高宗车驾自建康幸杭,驻跸几近二百余年,户口蕃息近百万余家。杭城之外,城东西南北各数十里,人烟生聚,民物阜蕃,市井坊陌铺席骈盛,数日经行不尽,各可比外路一州郡,足见杭城繁盛耳。且城郭内北关水门里有水路,周回数里,自梅家桥至白洋湖、方家桥,直到

---

① 耐得翁《都城纪胜》,文渊阁四库全书本。

法物库市舶前,有慈元殿及富豪内侍诸司等人家,于水次起造塌房数十所,为屋数千间,专以假赁与市郭间铺席宅舍及客旅寄藏物货,并动具等物。四面皆水,不惟可避风烛,亦可免偷盗,极为利便。盖置塌房家,月月取索假赁者管巡廊钱会,雇养人力,遇夜巡警,不致疏虞。其他州郡如荆南、沙市、太平川、黄池,皆客商所聚,虽云浩繁,亦恐无此等稳当房屋矣。(《梦粱录》卷一九"塌房"条)①

《四库全书总目》卷七〇"都城纪胜"条云:"其书成于端平二年。"又同卷"梦粱录"条云:"末署'甲戌岁中秋日书',考甲戌为宋度宗咸淳十年,其时宋未亡也,意甲戌字传写舛讹欤?"②钱大昕云:"后题'甲戌岁中秋日',盖元顺帝元统二年也;若前六十年,则为宋咸淳十年,宋祚未亡,不当有沧桑之感矣。"③据此,《梦粱录》书成晚于《都城纪胜》,其所载"塌房"云云当本《纪胜》而稍做敷衍增改。

"塌坊""塌房"何指?俞樾《茶香室丛钞》卷一九"塌房"条引上揭《梦粱录》文后云:"今无此等屋,且'塌房'之义亦不知何解也。"④博雅如俞樾亦不明"塌房"之确切含义。

据《都城纪胜》《梦粱录》之描述,"塌坊(房)"的功用是"寄藏都城店铺及客旅物货""寄藏物货",约略等于今时之货仓。

李剑农《宋元明经济史稿》第五章"宋元明之商业(上)"第二节"商业都会"论及当时杭州的繁盛时亦引《梦粱录》本条,并云:"此所谓塌房,即隋唐时之所谓邸舍,今之所谓堆栈。"⑤

"邸"用以充任货仓,魏晋南北朝时便已然,又称"邸阁""邸舍"等。

---

① 吴自牧《梦粱录》,学津讨原本,扬州:江苏广陵古籍刻印社,1990 年。"太平川"当是"太平州"之误。

② 纪昀等编《四库全书总目》,北京:中华书局,1965 年,第 625 页。

③ 钱大昕《十驾斋养新录》卷一四"梦粱录"条,《嘉定钱大昕全集》第七册,南京:江苏古籍出版社,1997 年,第 378 – 379 页。关于《梦粱录》及作者可看参[日]梅原郁《关于〈梦粱录〉及其作者吴自牧》,载漆侠主编《宋史研究文集》,保定:河北大学出版社,2002 年,第 438 – 439 页。

④ 俞樾《茶香室丛钞》第一册,北京:中华书局,1995 年,第 418 页。

⑤ 李剑农《宋元明经济史稿》,北京:三联书店,1957 年,第 127 页。

《三国志·蜀志·魏延传》注引《魏略》略云:"今假(魏)延精兵五千……不过十日可到长安……长安中惟有御史、京兆太守耳,横门邸阁与散民之谷足周食也。"《资治通鉴·魏明帝太和二年》胡三省注:"魏置邸阁于横门以积粟,民闻兵至必逃散,可收其谷以周食。"可见"邸阁"用作"积粟"之仓库。程大昌《演繁露》卷一"邸阁"条云:"为邸为阁,贮粮也。《通典》'漕运门':后魏于水运处立邸阁八所,俗名为仓也。"①《文选·王融〈三月三日曲水诗序〉》:"盈衍储邸,充仞郊虞。"李善注:"储邸,犹府藏也。"日本源顺《倭名类聚钞》卷三"邸家"条引古辞书《辨色立成》:"邸家,停卖物取赁处也。"狩谷棭斋笺注引《梁书·徐勉传》:"或使创辟田园,或劝兴立邸店,又欲舳舻运致,亦令货殖聚敛。"又引《唐名律例》:"邸店者,居物之处为邸,沽卖之所为店。"②(引者按:《唐名律例》即《唐律疏议·名例四》)可见"邸""邸阁"在晋唐时作货仓用已是习见现象。③ 因此,"塌坊""塌房"云者,亦即货仓之属。

检斯波义信《宋代江南经济史研究》论"南宋都城杭州的商业中心"一节,其中讲当时杭州"盐桥以北"是"石砌仓库林立的地区",除了"有咸淳仓、丰储仓等官仓群,还有存放民间舟车器物、商品的库房","库房"后括注"塌坊"。④ 斯波义信《宋都杭州的商业中心》一文亦云"塌坊"即仓库。⑤ 傅筑夫《中国封建社会经济史》第五卷第六章

---

① 程大昌《演繁露》,丛书集成初编本。所载后魏事见《魏书·食货志六》。
② [日]狩谷棭斋《笺注倭名类聚钞》,全国书房,1943年,第138页。
③ 参看王国维《邸阁考》,载《观堂集林》第四册,北京:中华书局,1959年,第1162-1167页;唐长孺《南朝的屯、邸、别墅及山泽占领》,《历史研究》1954年第3期,又收入唐长孺《山居存稿》,北京:中华书局,1989年;李剑农《魏晋南北朝隋唐经济史稿》,北京:三联书店,1959年,第108-109页、第233页;张弓《唐代仓廪制度初探》,北京:中华书局,1983年,第26页;冷鹏飞《中国古代社会商品经济形态研究》,北京:中华书局,2002年,第218-220页;刘聪《吴简中所见"关邸阁"试解》,《历史研究》2001年第3期。
④ [日]斯波义信《宋代江南经济史研究》,方健、何忠礼译,南京:江苏人民出版社,2001年,第329页。
⑤ [日]斯波义信《宋都杭州的商业中心》,载《中国近世的都市和文化》,京都大学人文科学研究所,1984年;此据索介然中译本,载刘俊文主编《日本学者研究中国史论著选译》第五卷,北京:中华书局,1993年,第326页。

论南宋之都市商业亦有"杭州商业既如此繁盛,商店林立,四方商贾辐辏,则为商业服务的行业如汴京邸店之类的货栈,自必应运而生,取名'塌房'"云云。① 另如杨宽《中国古代都城制度史研究》、漆侠《宋代经济史》等对"塌坊(房)"均有论列,此不一一。

据当时史料记载,设置"塌坊"的地方不仅限于杭州。《建炎以来系年要录》卷一八八"绍兴三十一年正月壬辰"条载侍御史汪澈、殿中侍御史陈俊卿上言,略云:

> 臣等常再论刘宝罪恶,乞夺其节钺,投之荒裔,未蒙施行。今复有访闻事迹,择其灼然者,更历为陛下言之:……逯逵者,一选锋军使臣,专任为回易库监官,开激赏等库于市心,置塌坊、柴场于江口,分布钱物,差人于荆湖、福建收买南货,络绎不绝。②

此段文字乃是御史列言镇江都统制刘宝之罪状,其中一条列其部下逯逵被任为"回易库监官","开激赏等库于市心,置塌坊、柴场于江口"。"回易"是宋代由基层行政机构和军队组织的以盈利为目的的贸易活动,③"激赏库"是当时国家仓库之一,④"塌坊"与"柴场"并言,亦应即贮物之货仓。据此可知当时镇江亦有"塌坊"。

又检《三朝北盟会编》卷二三六"绍兴三十一年十月二十四日癸亥"条,略云:

> 韩之纯为荆湖北路转运判官……之纯除北运判填见阙,有赃败失官人王训者,居于鄂州南草市,卖私酒起家,妻女婢妾皆娼妓。结托总漕两司属官,时复群饮于训家,训出群娼以奉之,污秽靡所不至。两司公事独训占断请嘱。鄂州人呼训家为"淫

---

① 傅筑夫《中国封建社会经济史》第五卷,北京:人民出版社,1989 年,第 420 页。
② 李心传《建炎以来系年要录》,文渊阁四库全书本。
③ 参看傅宗文《宋代草市镇研究》,福州:福建人民出版社,1989 年,第 73 - 76 页;姜锡东《宋代商人和商业资本》,北京:中华书局,2002 年,第 92 页、112 - 114 页。
④ 参看李心传《建炎以来朝野杂记》卷一七"左藏南库"诸条,北京:中华书局,2000 年,第 382 - 386 页。

窟"，又呼为"关节塌坊"。之纯为总领司属官，时常往来训家，至是惟训昼夜无间。自此通关节请嘱公事，纷纷矣。①

"草市"是当时的商品贸易市场。② "关节塌坊"云云，一则指草市所需之贮物货仓，一则又暗喻王训家为请托关节之集中所在，乃双关语。

当时除"塌坊（房）"外，尚有"塌场"。"坊""场"义近，"坊场"连言两宋文献经见。检《续资治通鉴长编》卷三五六"神宗元丰八年五月"条载诏云：

> 汴河堤岸及房廊水磨、茶场，京东西沿汴船渡，京岸朝陵船，广济船渡，京城诸处房廊四壁花果、水池、冰雪窖、菜园，并依旧。万木场、天汉桥及四壁果市，京城猪羊圈、东西面市、牛圈、垛麻场、肉行、西塌场，各废罢，令贾种民等依罢物货场已得指挥，堆垛般运。东南及西河客人物货亦废罢。③

《续资治通鉴长编》卷三〇三"神宗元丰三年三月"条载都大提举导洛通汴司宋用臣上言："近泗州置场堆垛商货，本司承揽般载，将欲至京，乞以通津水门外顺成仓为堆垛场。"原注云："二年十月四日初置泗州堆垛场。"由此可知，继元丰二年在泗州设堆垛场后，三年又在汴京通津水门外以顺成仓为堆垛场。"堆垛场"即存放停积货物之所。④ 据上揭《长编》所载哲宗诏书可知，至元丰八年，又停废"猪羊

---

① 徐梦莘《三朝北盟会编》，文渊阁四库全书本。

② 参看［日］加藤繁《中国经济史考证》第一卷，北京：商务印书馆，1959 年，第 304 - 336 页；傅宗文《宋代草市镇研究》，福州：福建人民出版社，1989 年。

③ 李焘《续资治通鉴长编》，北京：中华书局，1990 年，第 8512 页。据《宋史·神宗纪三》，神宗崩于元丰八年三月，哲宗继位。《长编》此处所载实是哲宗所下诏书。

④ 宋代漕运实行所谓的"转般法"，各地船只到达真、扬、楚、泗四州，将粮食货物等缴纳到指定的仓库中，然后汴河漕船从上揭四州仓库装运粮食货物至汴京诸仓。因此《长编》中提及的两个"堆垛场"应即泗州和汴京的贮物仓库（转般仓）。关于"转般法"，可参看漆侠《宋代经济史》（下册），上海：上海人民出版社，1988 年，第 953 - 954 页；傅筑夫《中国封建社会经济史》第五卷，北京：人民出版社，1989 年，第 61 页。

圈、东西面市、牛圈、垛麻场、肉行、西塌场"等,《宋史·食货志下八》则云:"自哲宗即位,罢导洛物货场。"①据此,"塌场"云云,职能当与"堆垛场""物货场"相类,亦应即"塌坊(房)"之属。

二、"塌坊"的既有解释

如上所举,"塌坊(房)""塌场"云者,即指存放、贮存物品之仓库,然则"塌"何以得表存放、贮藏义?

检《汉语大词典》"塌房"条云:

> 又名邸店。宋以后寄存商旅货物的场所。商人、军队、官员、寺观都有开设,寄存者须向主人支付寄存和保管费用。

首例引上揭吴自牧《梦粱录》文。

又"塌坊"条云:

> 即塌房。宋灌圃耐得翁《都城纪胜·坊院》:"其富家于水次起叠塌坊十数所,每所为屋千余间,小者亦数百间,以寄藏都城店铺及客旅物货。"

"起叠"义不可明,《都城纪胜》本条文实多作"其富家于水次起迭塌坊十数所",据《梦粱录》可知"迭"实为"造"之误字。《汉语大词典》引《都城纪胜》又误将其繁化作"叠",非是。

《宋语言词典》"塌房"条(未收"塌坊")云:

> 一种租借给商店、客旅存放货品的仓库,多建于水边。②

亦引《梦粱录》文。

王锳《唐宋笔记语辞汇释》(修订本)"停榻 塌房"条云:

---

① 脱脱等《宋史》,北京:中华书局,1977 年,第 4545 页。
② 袁宾等《宋语言词典》,上海:上海教育出版社,1997 年,第 268 页。

"塌房"略同今之堆栈或货栈。

引《梦粱录》文为证，又云：

"塌（榻）"之表"囤积""贮藏"义，疑出方言。①

上揭两部词典及王著仅释义而未说明"塌"指存放、贮藏之理据。李文泽《宋代公牍用语例释》"停塌 榻（引者按：此字当是误植，实应作塌）房"条尝试解释之：

"塌"应当是"堵"的通假字。《集韵·合韵》下云：堵，达合切，为定母合韵，释义为"累土也"，即堆积、贮存。"塌"在《集韵》为托盍切，透母盍韵。二字声、韵俱近，具有通假的条件，因此宋人舍弃本字"堵"而使用了"塌"。

在此段说明下又有一附注：

在《集韵·合韵》下，我们还可以找到与"堵"有关的同源词，都表示重叠、积聚的意义："沓"，言语重复；"溚"，水漫溢；"踏"，足趾重叠；"磕"，重复舂米谷；"嶏"，山重复。②

李文从声音角度出发认为"塌房（坊）"之"塌"是"堵"之通借，可备一说。但是"堵"字少见（似仅见于辞书），且"停塌"之"塌"也写作"榻""搨"（详下文），其存放、贮藏义与"堵"表累土义尚有距离。表存放、贮藏的"塌""榻""搨"是否是某字的通假字，或者其本字是否确定是"堵"，都可怀疑。不过李文以声音为线索，也有一定的启示作用。

就笔者见闻所及，对"塌坊（房）""塌场"做出最翔实解释的是日本研究中国社会经济史的名家加藤繁教授。在其名著《中国经济史

① 王锳《唐宋笔记语辞汇释》（修订本），北京：中华书局，2000 年，第 168 页。
② 李文泽《宋代公牍用语例释》，载《汉语史研究集刊》第五辑，成都：巴蜀书社，2002 年，第 231－232、237 页。

考证》卷一所收录的《唐宋时代的仓库》和《居停和停塌》两篇文章里，作者对"塌坊（房）""塌场"进行了很细密的研究。

事实上，在加藤繁之前，英国著名的东方学家慕阿德（A. C. Moule）在 *The Fire-proof Warehouses of Li-an*（载 *The New China Review*, Vol. II. No2.）一文中已对"塌"做了解释，译为"below the surface of the ground"，显然是误解。加藤繁先生针对这一误释，综合各种材料，提出了自己的看法：

> "塌"大约本来就是东西坠落下来，或者倒在地上的意思，而又转成土地低下，或者是在地上安放东西的意思，这样形成贮藏自己的东西，同时又存放别人的东西的意思，于是发生了停塌、塌坊等的用语。①

加藤繁着眼于"塌"字本义，通过词义的引申，认为"塌"有"在地上安放东西的意思"，从而转指储藏、贮存。这一解释给人以启发，由此笔者打算在前贤时彦的研究基础上进一步探讨"塌坊（房）"之名义。

三、"塌"有着置义

"塌"指（物体从高处往低处）堕落、落下。《广雅·释诂二》："塌，堕也。"除辞书外，"塌"的文献用例较早见于唐代，一般指坍塌、塌陷，大约是后起义。杜甫《苏端薛复筵简薛华醉歌》："忽忆雨时秋井塌，古人白骨生青苔，如何不饮令心哀。"仇兆鳌注："塌，倾颓也。"《集韵·盍韵》："塌，地下也。"

除指坍塌、塌陷外，"塌"还有其他意义。《朝野佥载》卷二"北齐稠禅师"条言禅师因"劣弱见凌"，"乃入殿中，闭户抱金刚足而誓"，果

---

① 参看［日］加藤繁《中国经济史考证》第一卷，北京：商务印书馆，1959 年，第 379 - 380 页。

得异遇而多力,其后云:

> 须臾于堂中会食,食毕,诸同列又戏殴,禅师曰:"吾有力,恐不堪于汝。"同列试引其臂,筋骨强劲,殆非人也。方惊疑,禅师曰:"吾为汝试之。"因入殿中,横塌壁行,自西至东凡数百步;又跃,首至于梁数四。①

"塌"犹言"着""贴"。《隋书·薛道衡传》:"道衡每至构文,必隐坐空斋,蹋壁而卧,闻户外有人便怒,其沈思如此。""蹋壁"就是"塌壁",贴着墙壁。

《景德传灯录》卷二一"漳州罗汉院桂琛禅师"条:

> 问:"如何是诸圣玄旨?"师曰:"四楞塌地。"

又卷二六"苏州长寿朋彦大师"条:

> 僧问:"如何是玄旨?"师曰:"四棱塌地。"

宋代禅宗语录中多见此机锋,"塌地"又作"着地"。《大慧普觉禅师语录》卷一三:"父母未生时底也不思量,即今底也不思量,四楞着地一切放下。"《古尊宿语录》卷三九:"问:'如何是无缝塔?'师云:'四楞着地。'"在宋代禅宗语录中,"四楞(棱、稜)塌地""四楞(棱、稜)着地"的说法均经见,兹不备引。由此亦见,"塌""着"义近。

还可注意的是,"塌地"也写作"搨(榻)地"。②《宏智禅师广录》卷三云:

> 若有人问长芦,只向道:"四棱榻地。"

《密庵禅师语录》云:

> 僧问:"南泉和尚云:'自小牧一头水牯牛,拟向溪东放,不免

---

① 张鷟《朝野佥载》,北京:中华书局,1979 年,第 39 页。
② "木"旁和"扌"旁讹乱通用,"榻"就是"搨"。下文不再一一说明。

食国王水草,拟向溪西放,不免食国王水草,意旨如何?'"师云:
"四棱搨地。"

按,"搨"《校勘记》云甲本(大日本续藏经)作"塌"。

"塌""搨(榻)"均从�得声,声近义通。

后汉支谶译《道行般若经》卷九《萨陀波伦菩萨品》:

> 萨陀波伦菩萨及五百女人,闻是大欢欣,踊跃无极,俱往至般若波罗蜜台所,持杂华杂香散般若波罗蜜上,持金镂织成杂衣,中有持衣散上者,中有持衣作织者,中有持衣榻[搨]壁者,中有持衣布施[地]者。

据经意,"榻[搨]壁"与前后的"散上""作织""布地"平列,都是萨陀波伦菩萨及五百女人持衣所进行的活动。"榻[搨]壁"是动宾词组,"持衣榻[搨]壁"谓持衣着壁以作装饰。"榻(搨)"指蒙冒、贴着。

作为《道行般若经》的异译本,《大明度经》卷六《普慈阇士品》:

> 普慈阇士及诸女闻之大喜,俱以杂香金缕织成杂衣有散上、作幡、氍壁、敷地者。

"氍壁"对应《道行般若经》"榻[搨]壁"。

玄应《一切经音义》卷三《明度无极经》音义"氍壁"条:"毛席也,施之于壁,因以名焉。经文作阘,非体也。"

玄应认为"阘"字"非体",因而在词目中改为"氍";还认为"氍壁"是名词,指一种毛席,得名于"施之于壁"。今按玄应所见的"阘壁"就是"搨壁","阘""搨"二字通。玄应之所以将"阘"改作"氍",可能和当时一种外来的称作"拓壁"的舞毡混淆了,[1]这种舞毡本是毛织品,所以玄应将"阘"改作从毛之"氍",且"氍毹"乃佛经中常见物

---

① [美]谢弗(E. H. Schafer)认为是"羊毛地毯",参看谢弗《唐代的外来文明》(*The Golden Peaches of Samarkand*),吴玉贵译,北京:中国社会科学出版社,1995年,第448页注24。

事,改"闟"作"毻"更可使"名实相符"。不过"榻[搨]壁""闟壁"与作为舞毡的"拓壁"并非一事。①

"搨"大概始见于魏晋南北朝文献。《肘后备急方》卷一"救卒中恶死方"条:"破白犬以搨心上,无白犬,白鸡亦佳。"卷四"治卒心腹症坚方"条:"鸭子一枚,合捣以苦酒,和涂,以布搨病,不过三,差。"②《刘涓子鬼遗方》卷四"搨汤方"条:"右六味,以水六升,煮取三升,去滓,还铛中,内芒硝一沸,贴布帛中,以搨肿上数百遍。"③这种"搨"在不同语句中可随文释作"涂""贴""覆""敷"等,④但究其实质,都还是着、置义(在《肘后备急方》里,类似的语句既可用"搨"也可用"着")。魏晋医籍用语向来较为俚俗,颇疑此种用法之"搨"乃是当时口语。今本《肘后备急方》卷五"治痈疽妒乳诸毒肿方"条引姚方云:

> 瘭疽者,肉中忽生一黤子,如豆粟,剧者如梅李大。或赤,或黑,或白,或青。其黶有核,核有深根应心。少久四面悉肿疱,黯黖紫黑色,能烂坏筋骨,毒入脏腑,杀人。南方人名为搨着毒。⑤

"姚方"即姚僧垣《集验方》,⑥"南方人名为搨着毒"云云颇有南方俗语之意味。⑦ 所谓"搨着毒",《诸病源候论》卷三三"瘭疽候"条论之甚详,并云"此皆毒气客于经络,气血否涩,毒变所生也"。"搨"

---

① 参看本书《〈新唐书·西域传下〉米国条"献壁"校读》。

② 葛洪《肘后备急方》,北京:人民卫生出版社,1963 年,第 2、102 页。

③ 刘涓子著,龚庆宣整理《刘涓子鬼遗方》,于文忠点校,北京:人民卫生出版社,1986 年,第 51 页。

④ 参看王云路、方一新《中古汉语语词例释》"搨"条,长春:吉林教育出版社,1992 年,第 357－358 页。

⑤ 葛洪《肘后备急方》,北京:人民卫生出版社,1963 年,第 143 页。

⑥ 姚僧垣,吴兴武康人,入仕南朝梁武帝朝,后入北周,为当代名医,《周书》有传。

⑦ 许宝华等《上海市区方言志》"分类词表·动作"中收有"搨"及相关词条,可参看(上海:上海教育出版社,1988 年,第 289 页)。检李荣主编《现代汉语方言大词典》(南京:江苏教育出版社,2004 年)可见"搨"主要使用于南方地区的各方言点,特别是在吴方言中分布广泛。在北方仅有西安一地,且是"搴搨"义。

大约指积聚。

南朝陈真谛译《佛说立世阿毗昙论》卷八《地狱名大叫唤品》：

> 复有地狱名大叫唤，其相犹如大坎，广长无数由旬，皆是赤铁，具如前说。是中狱卒手持铁拍拟怖罪人，罪人见已，生大怖畏，或走逃叛，或不逃叛，或周章漫走，或面搨壁，或复直视，或逢迎赞叹，或辞谢乞恩……漫走不走、搨壁正视、叛不叛者，各问打治，例皆如是。

"面搨壁"当谓以面附着、附贴于壁。

《续高僧传》卷一"拘那罗陀"条：

> 有时或以荷叶搨水，乘之而度，如斯神异，其例甚众。

"以荷叶搨水"即谓以荷叶贴着水面。

《法苑珠林》卷九九"四果部"条载一梵志自污其指，诣金师欲以火烧，金师谏止之，梵志闻而怀嗔云云，后言：

> 金师闻之，烧钻正赤，以搨彼指。

"搨"，谓着、置指上。

《乐府诗集》卷九二唐张祜《塞上曲》诗：

> 连收搨索马，引满射雕儿。

《朝野佥载》卷一：

> 天后中，契丹李尽忠、孙万荣之破营府也，以地牢囚汉俘数百人。闻麻仁节等诸军欲至，乃令守囚霤等绐之曰……至黄麞峪，贼又令老者投官军，送遗老牛瘦马于道侧。仁节等三军弃步卒，将马先争入，被贼设伏横截，军将被索绢之，生擒节等，死者填山谷，罕有一遗。

又卷六：

天后时将军李楷固，契丹人也，善用䋲索。李尽忠之败也，麻仁节、张玄遇等并被䋲。将麚鹿狐兔走马遮截，放索䋲之，百无一漏。

《资治通鉴·则天皇后万岁通天元年》亦载麻仁节、张玄遇被俘事，胡注："字书无䋲字，今读与榻同。""䋲"当是晚起之字。黄生《字诂》"䋲"条云："张祜诗'连收榻索马'，榻当作䋲，音同，以索䋲物也。马散牧未就羁靮，必用䋲索䋲其首，而后可御。"①《塞上曲》《朝野佥载》"搨""䋲"当指"套取"。②《五音集韵·盍韵》："䋲，以索䋲物也。"或即黄生所本。

《入唐求法巡礼行记》卷三"（开成五年七月）十一日"条：

> 早发，行廿里许，到大于普通院断中。行廿五里，至蹋地店宿。③

"蹋地店"白化文等未注。"蹋地"即踏地，义谓着地，此处实指停止住宿。"店"非谓一般商店，而是旅店、客店。

《旧唐书·食货志下》记宣宗大中六年正月盐铁转运使裴休上奏：

> 诸道节度、观察使，置店停上茶商，每斤收搨地钱，并税经过商人，颇乖法理。

"搨"，《册府元龟》卷五〇四作"蹋"。王雷鸣《历代食货志注释》第一册注："指地方大吏节度使等开设堆栈招徕商贾，收取栈租税钱。"④《新唐书·裴休传》："时方镇设邸阁居茶取直，因视商人它货横赋之，道路苛扰。休建言：'许收邸直，毋擅赋商人。'"当即言此事。

---

① 黄生撰、黄承吉合按《字诂义府合按》，北京：中华书局，1984 年，第 72－73 页。
② 参看本书《〈汉语大词典〉"冐索"条释义辨正》。
③ 白化文、李鼎霞、许德楠《入唐求法巡礼行记校注》，石家庄：花山文艺出版社，1992 年，第 316－317 页。
④ 王雷鸣《历代食货志注释》（第一册），北京：农业出版社，1984 年，第 301 页。

《新唐书·食货志四》记其本末稍详：

> 武宗即位，盐铁转运使崔珙又增江淮茶税。是时茶商所过州县有重税，或掠夺舟车，露积雨中，诸道置邸以收税，谓之"搨地钱"，故私贩益起。

《旧唐书》用"店"，《新唐书》则作"邸"。王雷鸣《历代食货志注释》第一册注"搨地钱"云："'搨'，又作'塌'。塌房、停塌，均指堆栈、仓库。此处指地方官置房舍供商人存寄茶货，征收税课。"[1]

《宋史·食货志下五》载光宗绍熙五年户部上言：

> 潼川府盐、酒为蜀重害。盐既收其土产钱给卖官引，又从而征之，剂州县额外收税，如买酒钱、到岸钱、榻地钱之类，皆是创增。[2]

上揭两唐书"搨地钱"，《宋史》"榻地钱"，实为一物。方以智《通雅》卷二七作"塌地"，谓为"茶税"，未确。胡文英《吴下方言考》卷一一"榻"条云："《唐书·食货志》'茶商所过诸道置邸以收税谓之榻地钱'。案榻着地置物也。吴谚谓着地为榻地。"[3]虽未中亦不远。"搨（榻）地"应是当时俗语，从字面上看，即谓着地、置地，实际是指存寄于邸店；所谓"搨地钱"亦即存寄费税，是当时地方商税之一种。[4]

《宋史·食货志下》：

> 崇宁二年，提举京城茶场所奏："绍圣初，兴复水磨，岁收二

---

① 王雷鸣《历代食货志注释》（第一册），北京：农业出版社，1984 年，第 360 页。

② 脱脱等《宋史》，北京：中华书局，1977 年，第 4476 页。

③ 胡文英《吴下方言考》，载《中国风土志丛刊》第三十六册，扬州：广陵书社，2003年，第 354 页。

④ 参看张国刚《唐代藩镇研究》，长沙：湖南教育出版社，1987 年，第 211 页；[日] 日野开三郎《唐代商税考》，黄正建译，载刘俊文主编《日本学者研究中国史论著选译》第四卷，北京：中华书局，1992 年，第 427－430 页；蔡次薛《隋唐五代财政史》，北京：中国财政经济出版社，1990 年，第 82－83 页；李锦绣《唐代财政史稿》（下卷），北京：北京大学出版社，2001 年，第 1307 页。张泽咸认为"搨地钱"是指"住宿税"，似未达一间，参看张泽咸《唐五代赋役史草》，北京：中华书局，1986 年，第 205 页。

十六万余缗。四年,于长葛等处京、索、溟水河增修磨二百六十余所,自辅郡榷法罢,遂失其利,请复举行。"从之。寻诏商贩腊茶入京城者,本场尽买之,其翻引出外者,收堆垛钱。

《宋会要辑稿·食货·茶法杂录上》载崇宁二年十月三日京城提举茶场司状:

> 勘会未置水磨茶坊已前,商客贩茶到京,系民间邸店堆垛,候货鬻了当,或翻引出外,自例出备垛地户钱与邸店之家。

又云:

> 兼元丰中,尝置垛茶场,遇有客茶到京,尽赴本场堆垛,客人出纳垛地官钱,今欲乞:如客茶到京,赴茶场堆垛,除中卖入官外,其翻引出外茶数,从本司相度茶色高下,路分紧慢,量收堆垛钱入官。①

此"堆垛钱""垛地户钱""垛地官钱"性质皆与"揲(楊)地钱"有相类处,均指存放物品所需交纳的费用。② 尤其是一言"垛地",一言"揲(楊)地",颇可玩味。

通过考察魏晋以迄唐宋时期"塌""揲"(包括"緉""蹋")的用例,可以发现,它们虽然在不同的语境中可用相应的同义、近义词去替换,如可释作"贴""涂""附""套"等,但是它们的语义构成中包含共同的意义特征,即表着、置义,也就是指某一人或物靠近、接触、附着另一人或物。

四、"塌"表着置义的来源

如上所述,"塌"有着、置义。"塌"从罰得声,归纳从罰得声的字,

---

① 《宋会要辑稿》第六册,北京:中华书局,1957 年,第 5335 - 5336 页。
② 参看加藤繁《中国经济史考证》(第一卷),北京:商务印书馆,1959 年,第 375 - 376 页。

可以发现,它们蕴含着一个共同的意义特征,即靠近、接触、附着义,①这也正是"塌""榻""搨"可指"着""置"的语义基础。下面对这个问题试加讨论。

先看几个从"昷"得声的字:

艋 《广弘明集》卷二九梁武帝萧衍《净业赋序》:"以齐永元二年正月发自襄阳,义勇如云,舳舻翳汉……有双白鱼跳入艋前。"慧琳《一切经音义》卷九九《广弘明集》音义"入艋"条引《考声》:"(艋,)两船并也。"又引《文字集略》云:"(艋,)两曹大舟也。"P. 2011《王仁昫刊谬补缺切韵·盍韵》:"艋,两艚大船。"②"艋"是一种由两条船并连起来体形较大的船只,大约类似于并连方舟,③《晋书·王浚传》:"武帝谋伐吴,诏浚修舟舰。浚乃作大船连舫,方百二十步,受二千余人。""大船连舫"或即"艋"之属。其言"两船并"或"两曹(艚)大舟(船)",实缘于其声旁"昷"有"靠近""接触""附着"之含义。方以智《通雅》卷三四"器物"条云:"艋取宽容平榻。"似未中肯綮。

褟 《大广益会玉篇·衣部》:"褟,衣也。"④"褟"从衣昷声,必是衣之一类,但到底是何种衣服,古辞书亦语焉不详。

从后世文献用例及方言看,"褟"是指贴身穿的单衣。⑤"汗褟"即汗衫或衬衣。⑥张慎仪《蜀方言》卷上:"贴身短衣曰汗褟。"蒲松龄

---

① 殷寄明认为"昷"声蕴含"低下"义和"贴"义,参看殷寄明《汉语同源字词丛考》,上海:学林出版社,2007年,第448-449页。

② 周祖谟《唐五代韵书集存》,北京:中华书局,1983年,第432页。

③ 关于方舟,可参看凌纯声《中国古代与太平洋区的方舟与楼船》,载《中央研究院民族学研究所集刊》第28辑,1969年。

④ 《原本玉篇残卷》虽有"衣部",但残缺不全。检空海《篆隶万象名义·衣部》未收"褟"字,今本《玉篇》所见"褟"字当是唐孙强或北宋陈彭年等人增补。

⑤ 殷寄明《汉语同源字词丛考》谓"褟"来源于"襄",二者为同源词(上海:东方出版中心,2007年,第449页)。

⑥ "汗褟"可写作"汗塌""汗鞳""汗搨"等。元代杂剧、宫词里多见汗衫、汗替之类事物,"汗褟"亦同之。参看陈高华等《中国风俗通史·元代卷》,上海:上海文艺出版社,2001年,第106页。

《日用杂字·裁缝章》:"马夫汗鞲真鄙俚,家丁抆肩称粗豪。"①钱大昕《恒言录》卷五:"汗搨,衬衫也。京师人语。"欧阳玄《渔家傲·南词》之五:"血色金罗轻汗搨,宫中画扇传油法。"②"金罗""汗搨"均指衣裳言。《汉语大词典》举此例将"搨"释作"贴",似有割裂"汗搨"一词之嫌。

后面可加"儿""子"等词尾。《儿女英雄传》第七回:"你们瞧,……我这裤子、汗塌儿都是绸子的。"曾晓渝主编《重庆方言词解》有"汗褟儿"条,释作"贴身内衣、汗衫"。③哈森等著《内蒙古西部汉语方言词典》有"汗褟子"条,释作"汗衫儿;类似背心儿的布制内衣"。④清光绪十年《玉田县志》:"汗搨子,小单衣也。"作"褟"或"塌""搨""鞲",皆以"帚"取"靠近""接触""附着"义。

鳎 《说文·鱼部》:"鳎,虚鳎也。"《史记·司马相如列传》载其《上林赋》:"禺禺鱋魶。"裴骃集解引徐广曰:"鱋,一作魼,音榻;魶音纳,一作鳎。"《汉书》正作"鮡鳎"。"虚鳎""鱋魶""鮡鳎"皆一物。《史》《汉》旧注皆以"鮡鳎"为二鱼:"鮡"为比目鱼,"鳎"为鲵鱼。段玉裁《说文解字注》已辨其非。朱骏声《说文通训定声》云:"鳎,比目鱼也,一名鮡。"

比目鱼何以名"鳎"?这和它的生活习性有关。比目鱼体形扁平而阔。《初学记》卷三〇引《临海异物志》:"比目鱼,……南越谓之板鱼。"⑤罗愿《尔雅翼》卷二九《释鱼二》:"比目鱼,……亦谓之箬叶鱼。"⑥取其形扁平似板与箬叶。因此,比目鱼多贴水底沙面而行。刘

---

① 蒲松龄《蒲松龄集》,路大荒整理,上海:上海古籍出版社,1986 年,第 755 页。
② 欧阳玄《圭斋文集》卷四,四部丛刊初编本。按文渊阁四库全书本《圭斋文集》亦作"搨",彊村丛书本《圭斋词》作"浹"(朱孝臧辑校,上海:上海古籍出版社,1989 年),唐圭璋编《全金元词》从之(北京:中华书局,1979 年)。
③ 曾晓渝主编《重庆方言词解》,重庆:重庆出版社,1996 年,第 116 页。
④ 参看哈森等《内蒙古西部汉语方言词典》,呼和浩特:内蒙古教育出版社,1999 年,第 199 页。今日蒙古语中称男式坎肩为"Hantaaz",当即"汗褟(塌/搨)子"的音译。
⑤ 徐坚《初学记》,北京:中华书局,2004 年,第 742 页。
⑥ 罗愿《尔雅翼》,合肥:黄山书社,1991 年,第 296 页。

恂《岭表录异》卷下:"比目鱼,南人谓之鞋底鱼。"①"底",《太平御览》卷九三八引作"屉"。《太平御览》卷九四〇引《临海异物志》有"婢屣鱼""奴属鱼",方以智《通雅》卷四七云:"曰鲉、曰鲑……曰版鱼……曰婢筷、曰奴属、曰箬叶、曰鞵底,……所谓比目鱼也。"杨慎《异鱼图赞》亦录此,清胡安世笺云:"即比目鱼……皆因形也。"民间俗语以鞋(底、屉)为比目鱼命名,一方面取其扁平之形,一方面取其接触地面之义,暗示比目鱼贴沙而行的习性。

俗语除以"板""箬叶""鞋底"之类形似的事物为比目鱼命名外,还直接根据其习性来命名。刘恂《岭表录异》卷下:"比目鱼,……江淮谓之拖沙鱼。"屈大均《广东新语·鳞语》"鱼"条:"贴沙,一名版鱼,亦曰左鲉。身扁,喜贴沙上,故名。市归以贴墙壁,两三日犹鲜,即比目鱼也。"②屠本畯《闽中海错疏》卷上:"鰈鮋,形扁而薄,邵武名鞋底鱼,又名漯沙。"屠疏云:"按漯音挞,鱼在江中行漯漯也。左目明,右目晦昧。今闽广以此鱼名比目。盖比目只一目,必两鱼相合乃行,而此鱼独行,殊非比目也。四明谓之江箬,以形如箬故名,又谓之箬漯,以其行漯漯,故名。"③"拖沙""贴沙""漯沙"均指比目鱼贴沙而行的习性。屠氏谓"漯,……鱼在江中行漯漯也",又云"盖比目只一目,必两鱼相合乃行,而此鱼独行,殊非比目也",囿于字形及陈说,非是。张杲《医说》卷七"瘵饥虫"条记一高姓老母得饥疾,一日"觉一物上触喉间,引手探得之,如拇指大,坠于地,头尖匾,类塌沙鱼"(亦见《夷坚丁志》卷六"高氏饥虫"条),"塌沙鱼"当即比目鱼。《中国动物图谱·鱼类》、2000 年《中国脊椎动物大全》在诸多舌鳎鱼下列别名为"塔沙""挞沙""塔曼",④"塔""挞"亦即"塌"之记音字。今舟山、

---

① 刘恂《岭表录异》,《鲁迅辑录古籍丛编》第三册,北京:人民文学出版社,1999 年,第466 页。

② 屈大均《广东新语》,北京:中华书局,1985 年,第554 页。

③ 屠本畯《闽中海错疏》,文渊阁四库全书本。

④ 参看李海霞《汉语动物命名考释》,成都:巴蜀书社,2005 年,第512 页。

宁波方言亦将比目鱼称作"肉塌"或"肉鰨"。①

比目鱼名"鰨",正取其贴水底沙面而行之习性,从中亦可看出"鳎"实蕴靠近、接触、附着义。戴侗《六书故》卷二○《动物四》:"鰨,他盍切,薄鱼鳎土而行者。"大约是最早明确指出"鰨"得名之由的。

再从若干从"鳎"得声之字的异体字论"鳎"有靠近、接触、附着义。《集韵》收录异体字较多,本文据以论之。入声"合""盍"二韵下均收有从"鳎"得声之字,试论数例如下:

鳎-翕: 搨 榻 鰨 蹋 《集韵·盍韵》下此四字有异体分别作"搚""檎""艍""蹹"。

《说文·羽部》:"翕,起也。从羽,合声。"段注:"《释诂》《毛传》皆云'翕,合也'。许云'起'也者,但言合则不起,言起而合在起中矣。翕从合者,鸟将起必敛翼也。"据此,"翕"本指鸟向上飞起,但是在飞起之初又必然收合翅膀。因此,在"翕"所具有的意义中,外显者为(向上)飞起,实际上又隐含着收合、附贴(翅膀)的含义,而构成其字的意符"羽"、声符"合"都表达了特定的意义。从古训可以看出,"翕"的意义大致分为两途:一为"合""敛",引申有"闭""收""聚"等义,这是从"鸟飞收合翅膀"的语义生发而来;一为"盛""炽""炙""疾"等义,这是从"鸟向上飞起"的语义演变而来。由此可见,"翕"隐含"鸟起敛翼"的意义,人们可以将其理解为翅膀靠近、接触、附着于身体,也就是说,"翕"也蕴含着靠近、接触、附着义。从"鳎"得声的字其"鳎"旁被"翕"替换,至少给我们一种暗示,即"鳎"也具有上述含义。

再看上揭"搨""榻""鰨""蹋"四字所表达的意义。"鰨"字上文已述,此不论。"搨","打也"。(仅举《集韵》中释义,下同)所谓"打",必然是两事物相接触。"榻","床也"。"床"之所以称"榻",或以为因低矮得名,实际上是指这种床较靠近地面。②《释名·释床

---

① 承蒙《浙江大学学报》编辑部周梦烨博士及业师汪维辉教授示知,谨志心感。
② 黄侃认为"榻"之得名来源于"蹋",说见《说文新附考原》,载黄侃《说文笺识》,北京:中华书局,2006 年,第 256 页。

帐》:"长狭而卑曰榻,言其榻然近地也。""蹋","《说文》'践也。'"指脚着地,其有靠近、接触、附着义自不待言。

冐-眔/沓:阘 揩 蹋 《集韵·合韵》下此三字均列有异体分别作"鞈""揩""踏"。

《说文·目部》(段注本):"眔,目相及也。从目隶省。读若与隶同也。"段注云:"眔与隶音义俱同。"又《隶部》:"隶,及也。从又,尾省。又,持尾者,从后及之也。"《说文·曰部》:"沓,语多沓沓也。"段注:"引伸为重沓字。"是"沓"引申有重复、交合义,①《玉篇·曰部》:"沓,合也。"《文选·扬雄〈羽猎赋〉》:"出入日月,天与地沓。"李善注引应劭曰:"沓,合也。"是故"沓"与"及"义亦贯通。二字作构件多混用。"眔""沓"均可指相及、相合,则实有靠近、接触、附着义。理同上揭"翕""冐"混用例,"眔""沓"替换"冐",亦可作"冐"有靠近、接触、附着义之佐证。

"阘""揩""蹋"三字中"蹋"上文已论,兹不赘。"阘","铛鞳钟鼓声",言其鼓声大而相接续。"揩","冒也,一曰摹也",言"冒",取触冒义;言"摹",谓以纸覆于书画、器物上描摹或捶印,要之,均有靠近、接触、附着义。

以上从两个角度说明从"冐"得声之字有靠近、接触、附着义,然则从"冐"得声之字何以有此义?《说文·羽部》:"冐,飞盛貌。"徐铉按语:"犯冒而飞是盛也。"字从"羽"从"冃",段注云:"从冃者,《庄子》所云'翼若垂天之云'也。"

"冐"小篆作"翯","冒"作"冐",二"冃"实同。"冃",象形字,即"帽"古字,象其覆蒙义。② 段注引《逍遥游》文,正用此义。"冐"之所谓"飞盛",据徐铉说,乃指"犯冒而飞"。《说文·冃部》:"冒,蒙而前

---

① 王观国《学林》卷二"沓"条认为"凡此沓字皆合也,此皆沓字本义,无语言多之义"(北京:中华书局,1988 年,第 73 页)。

② 参看董莲池《说文部首形义通释》,长春:东北师范大学出版社,2000 年,第 205 页;徐复、宋文民《说文五百四十部首正解》,南京:江苏古籍出版社,2003 年,第 224 - 225 页。

也。"段注:"蒙者,覆也。引伸之有所干犯而不顾亦曰冒。""冐"之言飞,实含冒触阻碍奋力前进之意蕴。[①] 由此,"冐"之本义中实有靠近、触碰意味在。

归纳而言,可有以下几点认识:

(1)根据"冐"的字形结构,可以明了它实指冒触阻碍勉力而飞,由此蕴含靠近、触碰、附着的意味。

(2)这种靠近、触碰、附着意味是隐性语义,就"冐"这个字而言,它不外露(表现在辞书释义时就是无需把这种义素显示出来)。

(3)这就为从"冐"得声的字多有靠近、接触、附着的含义奠定了语义基础。

(4)这种语义特征在从"冐"得声的字里有时表现为该字(词)的独立义项,有时又是隐晦不露的。

就"塌"而论,本义指"(物体从高处往低处)堕落、落下",除了这一指示动作本身的表层意义外,也蕴含着靠近、接触、附着的深层意义特征。就动作过程言,物体从高处往低处落,是一个物体和终点之间在位移上逐渐靠近的过程;就动作结果言,物体落于终点,表达了两物之间接触、附着的状态。

在词语的不断使用中,显豁的外在意义演化出各项引申义自不待言,而那些隐晦的意义特征要么继续潜藏,要么呈现为独立的义位。《汉语大词典》"塌"字下义项③"减;掉;垮",举"塌了膘"、运动"塌下去"例,这个意义的产生经由了"向下落"含义的隐喻过程。历史文献及现今方言中"塌"表"下垂""衰减""消退""脱落;遗漏""失败""没赶上(车)""凹下的;扁平的"等义也都经过了同样的过程。[②]但是,我们也发现"塌"还可以表示其他一些含义:在吴语中可表

---

① 张舜徽《说文解字约注》"冐"字下云:"冐训飞盛貌,谓众鸟群飞覆蔽天日之状……此则谓众鸟群飞也。"(武汉:华中师范大学出版社,2009 年,第 850 页)本文理解与之不同。

② 这里不区分词的理性义和语境义。

"得;贪图"义,如"塌些便宜";吴语、粤语、闽语里可表"紧贴;贴近"义,如"绒线衫塌肉穿难过哦?""骹塌骹";中原官话里可指"掷打",如"他拿石子塌我";冀鲁官话可表"(汗水把衣服等)浸湿",如"汗把衣服都塌湿了",也可表"欠(债)",如"我还塌了不少债哩";西南官话里可表"舀;抠",如"拿我塌点儿尝尝";也可表"滞留",如"糍粑吃多了,老在胃上塌起",等等。① 这些意义似乎并不是直接引申自"塌"之"向下落"义,而是更接近于比较隐晦的靠近、接触、附着的意义特征。上揭各方言中最可玩味的是"塌"表"欠(债)"义和"滞留"义,这和本文所论"塌"表存放、贮存义有很相近的关系。显然,"欠""滞留"和"存放""贮存"有着隐喻关系。

五、"塌"有存贮义

再回头来看历史上"塌"表存放、贮存义。"塌"可指着置,那么引申指存放、贮存就是题中之义了,从着置到存放、贮存,其中蕴涵着一个基于行为相似性的隐喻过程,"塌坊(房)""塌场"也正是根据这个意义而得名。从存放、贮存引申开去,又可指囤积。这些用法随着宋代以来商品经济的发展而成熟起来,其例多见:②

> 若籴本降迟,谷米先为塌家收聚,虽欲增价取之,民间已无米矣。(宋廖刚《乞预备赈济札子》,《历代名臣奏议》卷二四六)③

按:廖刚《宋史》卷三七四有传。"塌家"本集作"搨家"。④ "塌家"也称"停塌之家",专指买占囤积货物、垄断市场,等待价格上扬从

---

① 参看许宝华等主编《汉语方言大词典》、李荣主编《现代汉语方言大词典》相关各条。
② "塌"表存放、囤积,现代汉语方言中仍有留存,也写作"搨"。参看李荣主编《现代汉语方言大词典》相关各条。
③ 杨士奇等编《历代名臣奏议》,文渊阁四库全书本。
④ 廖刚《高峰文集》卷二,文渊阁四库全书本。

而渔利的人，①大约等于《管子·国蓄》中所说的"蓄家"。

> 温公自陕归洛，以俸余贾布。洛布贾高，即以陕贾买之。先生曰：不如伊川塌麦。有来问麦贾者，曰：依市贾。欲损之，不答。先生曰：若减贾，便是近名。（宋黄震《黄氏日抄》卷三九）②

"塌"谓贮藏，"塌麦"指囤积麦子。

> 其地采珠，官抽毕，皆以小舟渡此国互易，富者用金银以低价塌之。舶至，求售于唐人，其利岂浅鲜哉！（元汪大渊《岛夷志略》"沙里八丹"条）③

"以低价塌之"谓以低价买进存放贮积起来。

又有"停塌""收塌""塌藏""顿塌""囤塌"同义连文例：

> 晓示园户并停塌之家，尽将赴场投税出卖。（宋吕陶《奏具置场买茶旋行出卖远方不便事状》）④

> 苏、秀等州米斛既不到杭，杭州又禁米不得过浙东，是致人心惊危，有停塌之家亦皆深藏固惜，不肯出粜。（宋苏轼《论浙西闭籴状》）⑤

> 每茶一斤，尝费数百钱，民力不便，深苦其弊；唯停塌揽纳之家与茶场公人、市廛游手之民以此为便。（宋华镇《湖南转运司申明茶事札子》）⑥

> 如将来官中收籴不行，岁计阙乏，即委所属官根括停塌之家积蓄斛斗，各计本家口数，销一全年所用斛斗外，其余尽依逐处

---

① 参看姜锡东《宋代商人和商业资本》，北京：中华书局，2002年，第71页。
② 黄震《黄氏日抄》，文渊阁四库全书本。
③ 汪大渊《岛夷志略》，苏继廎校释，北京：中华书局，1981年，第273页。
④ 吕陶《净德集》卷一，丛书集成初编本。
⑤ 《苏轼文集》，孔凡礼点校，第3册，北京：中华书局，1986年，第1045页。
⑥ 华镇《云溪居士集》卷二六，文渊阁四库全书本。所谓"揽纳之家"即揽户，指专门收揽他人税物代为输纳的人户，参看傅宗文《宋代草市镇研究》，福州：福建人民出版社，1989年，第56－57页。

和籴场价例,收籴入官。(宋李焘《续资治通鉴长编》卷四九九载泾原路经略安抚使章楶上言)

切恐有米积蓄上户与停塌之家未知前项事,因以谓旱损少米,意图邀求厚利,闭籴不粜。(宋朱熹《约束粜米及劫掠榜》)①

"停塌之家"即上文所谓"塌家"。当时文献还可见"停藏之人""停藏之家",均与"停塌之家"同。两宋公牍文中"停塌"其例颇多,后世文献亦经见,也作"停榻""停搨",例不备举。

今莫若出一定格:富室上户自产钱七千而上,巨商贾户自铺前积货七百缗以上,质库户若不在户产之家者以簿历有典百缗以上,僧户以产钱二十千而上,并使收塌若干数,以备官司不时之点兑,而其他诸户皆不必立定数责之。(宋陈淳《上赵寺丞论秤提会》)②

薪茗搨藏,香椒积压,与商贾争微利。(宋周密《齐东野语》卷一七"景定彗星"条)③

按:"搨",《津逮秘书》本作"塌",《宋稗类钞》作"榻"。"搨藏"与"积压"对文。

豫章城开了座相思店……愁行货顿塌在眉尖。(元乔吉《水仙子·为友人作》)④

俺可也比每年多余黍麦,广有蚕桑,囤塌细米,垛下干柴,端的个无福也难消受。(元王晔《桃花女破法嫁周公》第一折)⑤

河涯边趱运下些粮,仓廒中囤塌下些筹,只要肥了你私囊,

① 朱熹《晦庵先生朱文公文集》卷九九,四部丛刊初编本。参看姜锡东《宋代商人和商业资本》,第84页。
② 陈淳《北溪大全集》卷四四,文渊阁四库全书本。
③ 周密《齐东野语》,张茂鹏点校,北京:中华书局,1983年,第320页。
④ 隋树森编《全元散曲》,北京:中华书局,1964年,第624页。
⑤ 臧晋叔编《元曲选》,北京:中华书局,1958年,第1021页。

也不管民间瘦。(元佚名《包待制陈州粜米》第二折)①

从文献用字来看,这种用法的"塌"多有异文作"榻"或"搨"。用字的歧异也说明了基于"弱"蕴涵靠近、接触、附着的意义特征,这三个从"弱"得声的字都可表示存放、贮存义而不必在字形上定于一尊。

"塌"也由存放、贮存义引申指郁积、不通畅。宋王衮《博济方》卷二"诸气"条有药曰"塌气散","治虚气攻冲心胸满闷,元气冷疼,及一切气不调顺","塌气"即积气。宋元医书中有"塌气丸""塌气汤"诸方,均主治郁积停滞之症。"塌"亦作"榻""搨"。

六、"塌坊"在元明时期的存续

"塌坊(房)""停塌"诸语在元明时代仍然使用,字或作"榻""搨"。元蒲道源《节妇曹氏墓志铭》云:

> 二子,长名逸,字彦才,为安西邸实资居积库提举,年四十二,先卒……次子名荣,字茂之,亦尝提举塌房,寻不仕。②

又元杂剧秦简夫《东堂老劝破家子弟》第一折:

> [正末云]:"扬州奴,你说甚的?"[扬州奴云]:"没。您孩儿商量做买卖,到那榻房里,不要黑地里交与他钞;黑地里交钞,着人瞒过了。"③

又刘时中《端正好·上高监司》:

> 殷实户欺心不良,停塌户瞒天不当,吞象心肠歹伎俩:谷中添秕屑,米内插粗糠。怎指望他儿孙久长。④

---

① 臧晋叔编《元曲选》,北京:中华书局,1958 年,第 44 页。
② 蒲道源《闲居丛稿》,文渊阁四库全书本。
③ 臧晋叔编《元曲选》,北京:中华书局,1958 年,第 214 页。
④ 隋树森编《全元散曲》,北京:中华书局,1964 年,第 669 页。

"塌房""榻房"同。《墓志铭》例"塌房"当与上文提及之"居积库"相类,"居积"谓积储,囤藏;《东堂老》例"榻房"亦即仓库,在此处交易则钱、货两清。"停塌户"从文义看当是囤积居奇之人。

明时太祖洪武初年即设塌房,检《明会典》卷三二"事例"条:

> 洪武初,京城置塌房及六畜场,停积客商货物及猪羊等畜。

又云:

> 二十四年,令三山门外塌房许停积各处客商货物,分定各坊厢长看守其货物。①

《明史·食货志五》:"初,京师军民居室皆官所给,比舍无隙地。商货至,或止于舟,或贮城外,驵侩上下其价,商人病之。帝乃命于三山诸门外,濒水为屋,名塌房,以贮商货。"此在南京设立存积货物之塌房。其后成祖于永乐初年亦在北京设立塌房,具见《明会典》《明史》《续文献通考》,兹不赘述。②

清时大约已不见"塌坊(房)",因此博学如俞樾也说:"今无此等屋,且'塌房'之义亦不知何解也。"但是"塌/榻/搨"表示贮藏义可能还保留在当时的某些熟语中,胡文英说:"今谚谓以钱蓄货待价曰搨货。"③

七、结　　语

随着社会经济的逐渐兴盛,贮物的仓库作为商品流通环节中的基础设施之一,重要性日渐显现出来。"邸"在用作官舍、客舍外,早

---

① 李东阳等《明会典》,文渊阁四库全书本。
② 参看唐文基《明朝对行商的管理和征税》,《中国史研究》1982 年第 3 期;赵冈、陈钟毅《中国经济制度史论》,北京:新星出版社,2006 年,第 435 页。
③ 胡文英《吴下方言考》,第 354 页。今上海方言中仍有"搨货"一词,指囤积货物,参看李荣主编《现代汉语方言大词典》,第 4675 页。

在三国时期就有了贮物的功能。"店"是魏晋南北朝时期产生的新词,晋崔豹《古今注》卷上:"店,所以置货鬻之物也……店,置也。"是"店"作商店外,还有贮物的职能。"邸店"连文,大约较早见于《梁书》。虽然《唐律疏议·名例四》中说:"邸店者,居物之处为邸,沽卖之所为店",对"邸""店"的职能做了区分,但实际上当时"邸""店"在作旅舍、商店外都可充当储物之所,具有仓库的作用。① 到了宋代,"邸""店"而外,还出现了专门的货仓,那就是"堆垛场"(垛场)和"塌坊"(塌房)。这两个专用名词的得名之由,前者昭然易晓,后者则颇费解。本文对此尝试作出解释,主要观点是:"塌坊(房)"之"塌"表示存放、贮藏义实来源于其着、置义,而这个意义又基于从"昜"得声之字共同蕴含的靠近、接触、附着的语义特征。"塌坊""停塌"诸相关语词又有异文作"搨""榻",说明语言中表示存放、贮藏义的词反映在书写形式上不必定于一尊,音义之间自有相当密切的关系。

---

① 李剑农《魏晋南北朝隋唐经济史稿》:"事实上殆不如疏议区别之严格。"又可参看加藤繁《中国经济史考证》第一卷,北京:商务印书馆,1959 年,第 370 - 374 页。

《汉语大词典》"胃索"条释义辨正

　　《汉语大词典》"胃"字条下收"胃索"一词,释作"秋千",又云"亦指秋千架上的绳索",凡举二例:

　　　　南朝梁宗懔《荆楚岁时记》:"春节悬长绳于高木,士女衣彩服坐立其上,推引之,名秋千。楚俗谓之拖钩,《涅槃经》谓之胃索。"

　　　　清蒲松龄《聊斋志异·西湖主》:"穿过小亭,有秋千一架,上与云齐;而胃索沉沉,杳无人迹。"

前例乃《汉语大词典》将"胃索"释作秋千之根据,后例则以为指"秋千架上的绳索"云云。

　　《荆楚岁时记》(以下简称《岁时记》)所云"《涅槃经》谓之胃索"是《汉语大词典》立义的重要依据,而现今传世之《岁时记》版本纷纭,条目、文字互有歧异,①为了便于说明问题,今据文渊阁四库全书本详引原文如次:

　　　　为施钩之戏,以篾作篾缆相胃,绵亘数里,鸣鼓牵之。

　　　　按施钩之戏,求诸外典,未有前事。公输自游楚为载舟之戏,退则钩之,进则强之,名曰钩强。遂以钩为戏,意起于此。《涅槃经》曰"斗轮胃索",其外国之戏乎?今秋千亦施钩之类也。

　　　　(原注:施或作拖)

---

　　①　参看余嘉锡《四库提要辨正》卷八"荆楚岁时记"条,北京:中华书局,1980 年,第 440－447 页;姜彦稚辑校《荆楚岁时记》附《〈荆楚岁时记〉版本考》,长沙:岳麓书社,1986 年,第 96－101 页。

又为打球、秋千之戏。

按刘向《别录》曰:"寒食蹴鞠,黄帝所造,本兵势也。"或云起于战国。案鞠与球同,古人蹋蹴以为戏也。《古今艺术图》云:"秋千,本北方山戎之戏,以习轻趫者。"后中国女子学之,乃以彩绳悬木立架,士女炫服坐立其上,推引之,名曰秋千。楚俗亦谓之施钩,《涅槃经》谓之胃索。

上引《岁时记》文中"按"之前为宗懔所作原文,"按"以下相传为隋杜公瞻作的注释。[①] 四库本与《汉语大词典》所引《岁时记》文字有异,当是版本不同所致。四库本引《涅槃经》"斗轮胃索"语,宝颜堂秘籍本、涵芬楼《说郛》本《荆楚岁时记》同,而四部备要本、宛委山堂《说郛》本《荆楚岁时记》作"斗轮骨轮索"。[②] 既然各本所引《涅槃经》文字歧异,且《汉语大词典》据以立"胃索"一词有"秋千"义,那么考察《涅槃经》原文来检讨《汉语大词典》释义是否正确就很有必要了。

"涅槃",又译"泥洹",是翻译用语的新旧不同。[③] 据吕澂《新编汉文大藏经目录》"涅槃部",其中以"涅槃"(泥洹)题名且流传较广的译经有北凉昙无谶译《大般涅槃经》(40 卷,又称北本《大般涅槃经》),刘宋慧严、慧观、谢灵运等改治《大般涅槃经》(36 卷,又称南本《大般涅槃经》),东晋法显共佛陀跋陀罗译《大般泥洹经》(6 卷),西晋竺法护译《方等般泥洹经》(2 卷)。

据《岁时记》杜注引《涅槃经》有"斗轮"云云,检核上述四经,于《大般涅槃经》卷一得如下一例(译经均用《大正藏》本):

(1) 时魔波旬于地狱中悉除刀剑无量苦毒,炽然炎火,注雨灭之。以佛神力复发是心:令诸眷属皆舍刀剑、弓弩、铠仗、鉾

---

① 参看《四库全书总目》卷八"荆楚岁时记"条、清周中孚《郑堂读书记补逸》卷十八。
② 谭麟《〈荆楚岁时记〉译注》注"斗轮骨轮索"为"一种绳戏"(武汉:湖北人民出版社,1999 年,第 66 页),非是;详下文。
③ 参看朱庆之《"泥日""泥曰"与"泥洹"》,载《纪念王力先生百年诞辰学术论文集》编辑委员会编《纪念王力先生百年诞辰学术论文集》,北京:商务印书馆,2002 年。

槊、长钩、金锤、钺斧、斗轮、羂索,所持供养,倍胜一切人天所设。

南、北本《大般涅槃经》文字并同,北本见《寿命品》,南本见《序品》。"羂"同"胃",《集韵·铣韵》:"胃,或作羂。"《岁时记》杜注中"《涅槃经》曰'斗轮胃索'""《涅槃经》谓之胃索"云云当据《大般涅槃经》经文。①

据《大般涅槃经》可知经文本作"斗轮羂索",四库本、宝颜堂秘籍本、涵芬楼《说郛》本《荆楚岁时记》所引《涅槃经》皆与之同,而四部备要本、宛委山堂《说郛》本《荆楚岁时记》作"斗轮骨轮索"恐是"胃(羂)"因形近讹作"骨",其下又涉上文衍一"轮"字。

细绎《大般涅槃经》有关"胃索"之上下文,再对照《岁时记》所述,不免生疑。经文中"胃索"与"刀剑、弓弩、铠仗、铧槊、长钩、金锤、钺斧、斗轮"连用,似为一种兵器,与《岁时记》杜注所言"秋千"亦谓之"胃索"枘凿不合。

如此,《大般涅槃经》中所言"羂(胃)索"到底为何物就颇值得考索。先来看几则出现于译经中的相关例子:

(2)比丘取绳,张施羂索,安置向内,语彼贼言:"我今疲极,不能故起。汝自伸手,内着向中,我授汝钵。"贼闻是语,寻即申手内着向中,比丘挽索,羂其手,得系着床脚。(旧题三国吴支谦译《撰集百缘经》卷三《劫贼恶奴缘》)

(3)时帝释即自庄严,备诸兵仗。身被宝铠,乘善住龙王顶上,与无数诸天鬼神前后围绕,自出天宫与阿须伦往斗。所谓严兵仗:刀剑、铧矟、弓矢、斲斫、钺斧、旋轮、羂索,兵仗铠器,以七宝成。复以锋刃加阿须伦身,其身不伤,但刃触而已。阿须伦众执持七宝刀剑、铧矟、弓矢、斲斫、钺斧、旋轮、羂索,以锋刃加诸天身,但触而已,不能伤损。(姚秦佛陀耶舍共竺佛念译《长阿含经》卷二一《战斗品》)

---

① 姜彦稚辑校《荆楚岁时记》附《〈荆楚岁时记〉引用书目》于"涅槃经"后径出"大般涅槃经"。

（4）尔时彼魔一切军众及魔波旬，如是集聚，皆悉退散。势
屈不如，各各奔逃。破其阵场，自然恐怖，不能安心，失脚东西南
北驰走。当是之时，或复白象顿蹶而倒，或马之卧，或车脚折，狼
藉纵横。或军迷荒，不能摇动。或复弩槊、弓箭、长刀、羂索、剑
轮、三叉戟矟、小斧、钺鈇从于手中自然落地。（隋阇那崛多译
《佛本行集经》卷二九《菩萨降魔品上》）

译经中关于"羂索"的材料甚多，限于篇幅不能一一备举。从以
上三例可知"羂索"实为一种器具，后二例中更与"刀剑""弩槊"等兵
器并列，与《大般涅槃经》例一律，显然是一种常见战具，前一例则明
言"羂索"乃是以绳制之，可缚人手脚。事实上，玄应《一切经音义》对
"羂索"早已做出说明：

（羂）又作罥，同。古泫反。《声类》："罥，系取也。"①以绳取
狩曰罥。（卷二三《摄大乘论》音义"羂索"条）

慧琳《一切经音义》更有详尽的解释：

案羂索者，西国战具也，一名搭索。遥掷绳系取敌人头脚名
为羂索。（卷二九《金光明最胜王经》音义"羂索"条）

（羂）或作罥。案羂索者，斗战之处或羂取人，或羂取马脚，
俗名为搭索。捉生马时搭取马头名羂索。（卷六一《根本说一切
有部毗奈耶律》音义"羂索"条）②

又日人源顺《倭名类聚钞》（成书于公元934年）卷五《调度部·鞍马
具》引日本古辞书《辨色立成》：

---

① 玄应《一切经音义》卷二五《阿毗达磨顺正理论》音义"持羂"条引《声类》作"罥，以
绳系取鸟兽也"。

② 此"羂索"或即"马绊"（"绊"亦作"靽"），《周书·异域传下·突厥》："其刑法：反
叛、杀人及奸人之妇、盗马绊者，皆死。""马绊"即套马索，对于突厥人来说既是牧具，又是武
器，是日常生活中极重要的工具，所以盗者论死。参看蔡鸿生《突厥汗国的军事组织和军事
技术》，见《唐代九姓胡与突厥文化》，北京：中华书局，1998年，第120页。

罥索,取马绳也。①

而和《岁时记》关系最密切的《大般涅槃经》中的"羂索",慧琳《一切经音义》也有明确的说法:

掷绳继(引者按"继"通"系")取也……羂索也,一名揢索也。(卷二五《大般涅槃经》音义"羂索"条转录云公说)

据上述可知,《大般涅槃经》乃至佛经中的"羂(罥)索"是一种以绳制成用来系取、捕捉人或动物的器具,也可当作兵器用于战阵。

"罥索"不仅仅见于翻译佛经,中土文献也可见其例。《史记·司马相如列传》载其《上林赋》:"罥騕褭,射封豕。"此赋亦见于《文选》,惟"罥"作"羂",李善注引《声类》:"羂,系取也。"当指以绳索系取騕褭(古骏马名)。《晋书·吕光载记》言光攻龟兹城甚急,龟兹王帛纯"乃倾国财宝请救狯胡。狯胡弟呐龙、侯将馗率骑二十余万,并引温宿、尉头等国王,合七十余万以救。胡便弓马,善矛槊,铠如连锁,射不可入,以革索为罥,策马掷人,多有中者,众甚惮之"。"以革索为罥",亦即"罥索"。这里的"罥索"用以"策马掷人",很显然就是一种武器,再据慧琳《一切经音义》"西国战具"云云,可明"罥索"大约较早普遍用于西域人中。

据慧琳《一切经音义》,"罥索"也叫"揢索",对此唐人李荃《太白阴经·战具篇》就有记载:"揢索二分二千五百条,马军用。"宋人曾公亮《武经总要》对它的功用有更详细的说明,兹不缕述。"揢索"用作战具外,在当时大约也是民间的常用物事,敦煌文献 P.3391《杂集时用要字》"使用物"之部即记录此物。②

---

① [日]狩谷棭斋《笺注倭名类聚钞》,全国书房,1943 年,第 138 页。
② 残卷题名据张金泉、许建平《敦煌音义汇考》(杭州:杭州大学出版社,1996)所拟;亦可参看张涌泉主编《敦煌经部文献合集》第 8 册,北京:中华书局,2008 年,第 4171 页。周祖谟《敦煌唐本字书叙录》认为根据此卷所载词语"可以理解到唐五代的政治经济和生产的一些情况"(载周祖谟《文字音韵训诂论集》,北京:北京大学出版社,2000 年,第 208 页)。

"搭索"亦即"緝索":

（5）天后中，契丹李尽忠、孙万荣之破营府也，以地牢囚汉俘数百人。闻麻仁节等诸军欲至，乃令守囚霤等绐之曰……至黄麞峪，贼又令老者投官军，送遗老牛瘦马于道侧。仁节等三军弃步卒，将马先争入，被贼设伏横截，军将被索緝之，生擒节等，死者填山谷，罕有一遗。（唐张鷟《朝野佥载》卷一）

（6）天后时将军李楷固，契丹人也，善用緝索。李尽忠之败也，麻仁节、张玄遇等并被緝。将麞鹿狐兔走马遮截，放索緝之，百无一漏。（《朝野佥载》卷六）

《增修互注礼部韵略·盍韵》："緝，以索冒物。《唐书》契丹将李楷固善用緝索、飞索，緝唐将张玄遇、麻仁节，生获之。俗作緝。增入。"按《礼部韵略》为北宋丁度等人所撰，后经毛晃、毛居正父子增注，即所谓"增修互注"。据释文中"增入"云云可知"緝"字非原书所有，乃毛晃补入者。又两《唐书》均未载李楷固此事，毛氏或据《资治通鉴·唐纪》而误书作"唐书"。"緝""搭"同在入声盍韵托合切小韵下，二字音同义通。

"緝索"也写作"搨索"或"榻索"：

（7）边风卷地时，日暮帐初移。碛回三通角，山寒一点旗。连收搨索马，引满射雕儿。莫道勋功细，将军昔戍师。（唐张祜《塞上曲》诗）[1]

（8）榻索二分二千五百条，马军用。（《武经总要》前集卷六"营法"条）[2]

按清人黄生《字诂》"緝"条云："张祜诗'连收榻索马'，榻当作緝，音

---

[1] 此据文学古籍刊行社影印《乐府诗集》本卷九二（1955年，第2081页），扬州诗局本《全唐诗》作"榻"（上海：上海古籍出版社，1986年）。
[2] 《太白阴经·器械篇》作"搭索"，《太平御览》卷三三九引《太白阴经》作"搭索"，"搭""搭"字同。

同,以索羁物也。马散牧未就羁靮,必用緤索羁其首,而后可御。"而《武经总要》"榻索"实即上引《太白阴经》之"搭索"。①

字又作"剔"。玄应《一切经音义》卷一九《佛本行集经》音义"剔钩"条:"丁盍反。《字书》:'剔,着也。'剔钩、剔索、打剔等皆作此。经文作塔[搭],非也。"②"剔索"与"緤索""揭索""榻索"名异义同,③从"易"得声之字大抵蕴含附着之义,④作"緤""揭""榻""剔"者实取其音义而不拘形体——"附着"与"系取"义实相贯。《篆隶万象名义·刀部》:"剔,着。"⑤蒋斧藏本《唐韵》残卷入声"盍"韵:"剔,相着声。一曰剔钩。"⑥以"着"释"剔"可谓明其意蕴,得其语源。

上揭黄生《字诂》"緤"条又认为后之"套"字来源于"緤":"后又作此套字,套即緤也……余向不解榻字,因张祜诗顿悟榻之即緤,緤之即套尔。"若此说可信,则后世之"套索"当即源自"緤索"。明人徐应秋《玉芝堂谈荟》卷三一"白打钱"条记十八般武艺,其中第十七项是"绵绳套索",应即"胃索""緤索"之类。《水浒传》中一丈青扈三娘善使套索,第五十五回讲她与彭玘于阵前交战,"彭玘要逞功劳,纵马赶来。一丈青便把双刀挂在马鞍桥上,袍底下取出红绵套索,上有二

---

① 《宋史·兵志》中记载一种"掉揭索兵(军)",应即当时贯习使用揭索之兵种。

② 《汉语大字典》"剔"字下谓"唐玄应《一切经音义》卷十九引《字书》:'剔,着也。剔钩、剔索、打剔皆作此。'""剔钩、剔索、打剔皆作此"云云乃玄应之解说,非《字书》文,《汉语大字典》误引。又释"剔"为"从较高、较远处钩取东西","从较高、较远处"云云似亦无据,当属臆说。

③ 蒋礼鸿《义府续貂》"剔钩"条引玄应《一切经音义》此条及上举《朝野金载》卷六例后谓"剔之与緤,其义类同,皆谓限而止之"(载蒋礼鸿《蒋礼鸿集》第二卷,杭州:浙江教育出版社,2001年,第194页)。

④ 参看本书《塌坊》名义考。胡吉宣《玉篇校释》"剔"条:"凡从易声之塌、阘、榻、蹋等字,皆底下之义,兼摹着地声。"(上海:上海古籍出版社,1989年,第3269页)此是另一说。

⑤ 据此可知顾野王《玉篇》即有此字,而上举玄应《一切经音义》引《字书》已释"剔"为"着也",据今存之原本《玉篇》残卷可明顾氏屡引《字书》,因此颇疑《名义》所载之"着"实出《字书》。

⑥ 又见于宋跋本《王仁昫刊谬补缺切韵》入声"盍"韵、项跋本《王仁昫刊谬补缺切韵》入声"蹋"韵,惟前者无"一曰剔钩"四字。

十四个金钩。等彭玘马来得近,纽过身躯,把套索望空一撒,看得亲切。彭玘措手不及,早拖下马来。"第六十四回又言:"肋后撞出个女将一丈青扈三娘,撒起红绵套索,把郝思文拖下马来。"这与慧琳《一切经音义》言胃索"遥掷绳系取敌人头脚"极为相类。

综上所述,"胃索"本为一种以绳制成用来捕取人或动物的器具,正因为具备"捕取"之用,所以又可作兵器用于军阵,也称"搭索""缊索""榻索""搊索""剔索""套索"等。由此看来,《岁时记》杜注"《涅槃经》谓之胃索"云云,很可能是注者不清楚经中之"胃索"到底指何物,因与"秋千"之戏都须依凭绳索,故将两者混为一谈;而《汉语大词典》对前人之说未加辨析,径据以释"胃索"为"秋千",实乃误解。至于《聊斋志异》中的"胃索"即泛指绳索,因前文有"秋千一架"之语境在而将其释作"秋千架上的绳索"亦不尽符合词典设立义项之原则。"搭索""缊索""搊索""榻索""剔索"等词《汉语大词典》亦失收,当补。

《正法华经》疑难词语释义三题

　　西晋竺法护译《正法华经》是佛教大藏经中的重要经典,同时也是汉语史研究的重要语料。《正法华经词典》(以下简称《词典》)收列了此经四千余条词语,释义准确,是阅读、研究这部经典的重要参考著作;①但一些意义不明或难以准确把握的疑难词语仍有待进一步探讨。这些疑难词语的产生原因比较复杂,有的是文本层面的问题,有的属于用字层面的问题,有的则是语言层面的问题。本文从文字讹误、词语用字及译者误解误用三个方面进一步考释《正法华经》的若干疑难词语,敬请方家指正。

一、订讹误而考词

　　佛经文本在传写、刊刻过程中会发生文字讹误,有的讹字产生得很早,目前所见到的各种版本都沿误而未改。这种状况导致佛经词语发生"变形",出现一批"伪词",其含义自然难以索解。要弄清这些"词语"的含义,首要工作就是订讹。

(一)讲専

　　卷二《应时品》:"其人不当念索余经,亦未曾想世之群籍;而

---

　　①　辛岛静志《正法华经词典》,创价大学,1998 年。

行佛道,志在根力,悉舍离之,讲尃斯经。"①

"讲尃",《词典》释作"preaches(?)"(第 212 页)。按:"讲"固可释作"preaches",但其中"尃"字含义和理据皆不明,故《词典》打上问号,以示不能确定。今以为"尃"乃"尃"之误,"尃"即"敷"字。"敷"谓宣讲、阐发,《正法华经》有"敷阐""敷演""敷弘""敷扬"等词,《词典》释作"expounds,elaborates",非常准确。"讲敷"同义连文,与当时佛经屡见之"敷宣""敷陈""敷说"等词含义、结构相同。

宋宗晓编《法华经显应录》卷上"虎丘生法师"条:"师即升座讲敷,听者悟悦。"又"金陵云法师"条:"尝于一寺讲敷此经,忽感天华状如飞雪,满空而下。"又"汴州迥法师"条:"专以《法华》为时要,撰疏五卷,镇常讲敷。"宗晓所据虽为前代僧传,但字词并不墨守原文,而以己意改易,如"生法师"条"讲敷",《高僧传》作"德音俊发";"云法师"条"讲敷",《续高僧传》作"讲散";"迥法师"条"讲敷",《续高僧传》作"弘演"。于是可见"讲敷"之义,亦可明此词至宋代仍沿用不绝。

"讲敷"颠倒语素顺序则作"敷讲",《高僧传》卷八"释慧基"条:"基弟子……并学业优深,次第敷讲,各领门徒继轨前辙。"是其例。

上引偈颂下文云"设有愿发,上尊佛道,当以斯经,宣畅布散","宣畅布散"就是"讲敷"之意。

(二)敖黠

卷三《信乐品》:"敖黠长者,以此渐教子:'汝当应分部之业,吾爱子故,心无所疑。'"

"敖黠",《词典》释作"arrogant and wise(?)"(第 6 页)。按:《词典》以"arrogant"释"敖",大概是将它看作"骄傲"之"傲"。《尔雅·

---

① 本文所引举之汉译佛经,若无特别说明,均据《大正藏》本。

释言》:"敫,傲也。"这个释义恐怕是错误的。今以为"敫"是"勶"的
讹字("勶"下部之"力"残坏)。元、明本作"**勶**",宫本作"**勢**",也都是
"勶"的形近讹字。《说文·力部》:"勶,健也。"段玉裁注:"此豪杰真
字,自假'豪'为之,而'勶'废矣。"

佛典屡见"勶(豪)"讹作"敫"之例。《正法华经》卷八《叹法师
品》"大力豪势""诸天豪尊",宫本"豪"作"敫";又"自在尊豪",宫本
"豪"作"教","教"即"敫"之误。西晋竺法护译《持心梵天所问经》卷
一《解诸法品》"逮获勢势",宋、宫本"勶"作"敫"。西晋竺法护译《大
哀经》卷七《八总持品》:"时有菩萨,名师子英,在会中坐,问总勶王菩
萨。"宋、元、明本"勶"作"敫"。

此长者"财富无量",经文称为"势富极大","勶黠"之"勶"正是
据此而言,似可释作"wealthy"。

佛经文字讹误有种情况需要特别注意——讹字不是古来即有并
沿袭至今,而是在后代某个版本刊刻、排印中出现的,可称之为晚出
的讹误;这时需要校核早期版本,否则极易忽视原文而被"伪词"迷
惑,以致难释或误释词义。

目前通行的《大正藏》就有不少这样的情况,有的讹误是其底本
(《高丽藏》再雕本)刊刻时发生的,初雕本尚不误;有的讹误是《大正
藏》排印时发生的,《高丽藏》初雕、再雕本尚不误。

(三) 聆摻

> 卷八《叹法师品》:"因其菩萨,能持此经,一切三千,是佛国土,
> 无数众生,音声畅逸,若在室中,或复处外,所言麁细,悉普聆摻。"

按:"聆""摻"义不相属,"聆摻"不辞。"摻",《高丽藏》初雕本
作"**採**",宋、元、明、宫本同。

在竺法护译经中,"採"往往表示接受、依从(佛言、佛法、佛教),
如《正法华经》卷一《光瑞品》:"时闻世尊所现章句,观于无为,採习言
教。"《修行道地经》卷一《分别五阴品》:"佛能仁尊深慧力,解了清净

之智點,順其所知而现义,採佛法教随应说。"这种"採"又常与感官动词连用,如有"观採",《正法华经》卷七《安行品》:"建志常立,观採空谊。"《修行道地经》卷一《集散品》:"彻睹众玄微妙事,观採大德所说教。"又有"听採(采)",《正法华经》卷八《劝助品》:"假使逮得一颂之说,听采其谊,心喜劝助,其人功德不可限量。"《生经》卷二《佛说比丘各言志经》:"自身教化,劝发众人,听採法义。"《大哀经》卷三《处处品》:"知杀生者欲得长寿……听採其言……此事悉果。"①

竺法护译经中屡见"听受""听禀",如《正法华经》卷四《往古品》:"吾等十六为沙弥时,在彼佛世讲说经法,众生听受。"卷八《叹法师品》:"皇后玉女,悉俱叉手,而常元元听禀经典。""受""禀"与"採"均是接受、依从之义。"听受""听禀"和"听採(采)"是一组同义词。

据此,"聆採"的构词理据和含义已能明白无碍。那么,"聆掺"是怎么来的呢?进一步考察版本,可明它源于《高丽藏》再雕本——此本在刊刻时将"採"误作"掺(掺)",《大正藏》沿误,导致出现"聆掺"这样一个"伪词"。

"聆掺",《词典》释作"listens and comprehends"(第272页),在误字的基础上释义显然没有意义,将"掺"释作"comprehends"也是没有依据的。《正法华经》有"听采"(见上文引例),《词典》释作"listens to and accepts"(第447页),这是很准确的。"聆掺"正本清源之后,订"掺"为"採",则"聆採"自然也是"listens to and accepts"之义。

(四) 騃瞎

卷二《应时品》:"耳聋闭塞,愚痴騃瞎,不得闻经。"

"騃瞎",《词典》释作"stupid and blind"(第2页)。按:《类篇·目部》:"瞎,目无精也。"即盲、瞎之义。词典释为"blind"似无问题。实际上"瞎"并非经文原字。《高丽藏》初雕本作"憒",《说文·心

部》："懵，乱也。"昏乱、胡涂之义。"駤懵"近义连文，应释作"stupid
and muddleheaded"。再雕本误作"瞶"，《大正藏》承之，《词典》据以
释作"blind"，并未得实。

（五）奢口

卷三《信乐品》："计彼长者，其子愚浊，贫穷困厄，常求衣食，
游诸郡县，恒多思想，周旋汲汲，慕係奢口，征营驰逐，裁自供活，
或时有获，或无所得。"

"奢口"字面生僻，含义费解。《词典》"奢口"条下注"meaning?"
（372页），表示不知其义。

"奢"，宋、元、明、宫本作"谨"，"谨口"同样难明其义；《高丽藏》
再雕本作"𡣿"，《金藏》本作"𡣿"，"𡣿""𡣿"显然为一字，那么它确然
是"奢"字吗？

实际上，《大正藏》的"奢"是其底本《高丽藏》"𡣿"的误录，而《高
丽藏》"𡣿"、《金藏》"𡣿"均为"壶"的讹俗字。"奢口"原应作"壶
口"，而"壶口"即"餬口"。

《龙龛手镜·食部》："餬、餬、餬，三俗；飰，或作；餬，今。"西晋竺
法护译《修行道地经》卷五《数息品》："饥匮困厄，不继糊口。"可洪
《随函录》卷二一《修行道地经》音义"餬口"条："上户具反。寄食也，
糜也；正作餬也。"《修行道地经》"糊口"，可洪所见本作"餬口"，又作
"餬口"，"餬"俗"餬"正。西晋法炬译《前世三转经》："穷乏餬口，得
一食自饭继命。"可洪《随函录》卷七《前世三转经》音义出"餬口"条，
则可洪所见本作"餬"，为"餬"之俗。

"餬"改换声旁作"餬"；"餬""餬""餬"皆"餬"之变体："壶"又
作"壷"，"餬"右边构件"壷"即"壷"之变；"壶（壷）"与"壹"形近，故
"餬"又讹变作"餬"；"餬"是"餬"或"餬"的进一步变体。

由此可见，《高丽藏》"𡣿"乃"餬"之声旁"壶"的讹变。"𡣿口"即

"壺(罐)口"。《大正藏》不察此端,将《高丽藏》"䍃"误认为"啇",录成"啇口",以致含义晦涩。

既已订正《大正藏》"啇"之误,得其原字为"䍃(罐/罁)","䍃(罐/罁)口"之义自然不待辞费。宋、元、明、宫本等作"罇",其实也是"罇/罋/罎"的形近讹字。

有时早期版本虽然也是误字,但其致误之由尚有迹可循,可觅得原字;但后来梓刻者遇误字,"改之不得其字而益以成误",①以致后世读者无以探本,意义也就更加滞涩难明。

（六）瑕猥

卷二《应时品》:"今我诸子,耽媔音伎,祸害垂至,非戏乐时。痛哉愚愦,不睹酷苦,诸童瑕猥,不识此难。"

按:"瑕猥"含义费解。其实"瑕"非原文,而是经本在刊刻过程中出现的一个"无中生有"的讹字。《高丽藏》再雕本作"瑕",与《大正藏》本同;再检《高丽藏》初雕本,实作"愍"。可洪《新集藏经音义随函录》卷五《正法华经》音义出"愍猥"条,则所见本与《高丽藏》初雕本同。据此,早期版本作"愍猥"(极可能唐代写本即已如此);但其义仍然难以明了。看来无论作"愍"作"瑕"都是误字。

综合字形及上下文意,"愍"的致误之由比较显然:它应是"愍(殷)"的形近讹字,②宋、元、明、宫本正作"殷",可证。"愍(殷)""猥"都有繁多、众多之义,"愍猥"同义连文。上文言"长者有子,若十若二十",正此"愍猥"之谓。

《高丽藏》再雕本在刊刻时见"愍"不通,但又不知乃"愍"之误,遂臆改作"瑕";《大正藏》承之。其讹误之途应是"愍"(原文)→"愍"

---

① 俞樾《古书疑义举例》卷五"因误字而误改例"。

② 就《高丽藏》刻本而言,其中"愍""愍"的形体就很近似,参看李圭甲编《高丽大藏经异体字典》"愍""愍"二字下所列字形(庆尚南道:高丽大藏经研究所,2000 年,第 304 - 305、307 - 308 页)。

（《高丽藏》初雕本）→"瑕"（《高丽藏》再雕本）→"瑕"（《大正藏》本）。误上叠误，使得读者难解其义。

《词典》将"瑕猥"释作"carefree（=暇）and absent-minded（?）"（第484页），当以"瑕"等同于"暇"，故而释为"carefree"，然据上文所考，这是没有根据的；而"猥"也没有"absent-minded"之义。

二、明用字而考词

汉文佛经传世经历多种文本形态，其中词语的用字形式（或称"书写形式"）丰富多样，有的一词一形，有的一词多形，而无论"一形"还是"多形"，或用本字，或用通假字，或用异体字，或用分化字，情况比较复杂，很多时候导致词语字面非常生僻，词义也就非常艰涩。这就需要全面掌握、细致分析佛经文本的各种用字形式，破通假，知异体，辨同形，明讹混，透过字面抓准背后的词语，则能化生涩为普通，难以索解的词义自然也就涣然冰释了。

（七）孚务

卷二《应时品》："尔时失火，寻烧屋宇，周迴四面，而皆燔烧。……于时宅主大势长者见之如斯，急急孚务。"

"孚务"，《词典》释作"hurries，hastens（?）"（第153页）按：《词典》之所以加问号，表示含义不确定，应对"务"的意思没有把握。其实"务"应读作"骛"，疾速、匆忙。①

西晋竺法护译《佛说须真天子经》卷四《道类品》："天子复问：'文殊师利！菩萨宁有住于闲、复住于慑不？'文殊师利答言：'天子！菩萨有闲务。'""慑"通"遽"，谓疾速、匆忙。上文"闲""慑（遽）"对言，下文"闲务"连言，可明"务"就是"慑（遽）"之义，乃"骛"之通假。

---

① "骛"之动词"奔驰"义，有时也通作"务"。

《正法华经》卷一《光瑞品》:"十八人中有一菩萨,于利无节,殷勤求供,尊已贪秽多于三病,分别句谊,中而忽忘,便得于闲,不复懅务。"北凉昙无谶译《大般涅槃经》卷二九《师子吼菩萨品》:"时此长者中夜而起告诸眷属:'仁等可起,速共庄严、扫治宅舍、办具肴膳。'须达闻已,寻自思惟:'将非欲请摩伽王耶? 为有婚姻欢乐会乎?'思惟是已,寻前问言:'大士! 欲请摩伽陀王频婆娑罗耶? 为有婚姻欢乐会乎? 遽务不安乃如是耶?'""懅务"即"遽务"。① 后汉昙果共康孟详译《中本起经》卷下《佛食马麦品》:"母答阿难:'吾今忽务,不能得为。'""遽(懅)务""忽务"均同义连文。

据此,"孛务"构词、含义与"遽(懅)务""忽务"一致,②表疾速、匆忙义当无可措疑。

(八) 参席

卷二《应时品》:"极好奇特,弘雅之车,最尊难及,庄校严饰,周匝栏楯,珠玑璎珞,幢幡缯彩,而为光观,金银交露,覆盖其上,炜晔殖立,珍宝诸华,四面周匝,而皆下垂,车上重叠,敷诸坐具,天缯白㲲,而不可计;又复加施柔软茵褥、无量绽绖参席于车。"

"参席",《词典》释作"arranges seats(?)"(第32页)。按:《词典》理解为"安排座位",恐非。"参"应读作"毿"。《玉篇·毛部》:"毿,毛长貌。"萧齐求那毗地译《百喻经》卷四《为熊所啮喻》:"子报父言:'有一种物,身毛毵毵,来毁害我。'"佛经中"毿"或写作"参",③南朝宋求那跋陀罗译《杂阿含经》卷四三:"复问:'其状云

---

① "懅务",《词典》释作"gets into a panic, gets frightened",不确。上文言"得于闲",此言"不复懅务",正反义对言。

② "孛"有疾速义,参看《词典》"孛"条(第153页)。

③ 慧琳《一切经音义》卷八《大般若波罗蜜多经》音义"白鹭"条引陆机[玑]《毛诗鸟兽虫鱼疏》:"白鹭大如鸡,青脚、脚长尺七八,尾如鹰尾,喙长三寸,余顶及背上有长翰,毛可长尺余,参参然。""参参",《诗·陈风·宛丘》"值其鹭羽"孔颖达疏引陆玑曰作"毿毿"。

何?'答言:'氍氍下垂,如尸利沙果。'""氍",圣语藏本作"参"。玄应《一切经音义》卷十一《杂阿含经》音义"氍氍"条:"经文作参。"则玄应所见本作"参"。

"参(氍)席"就是毛席,即毛织品制成的铺垫之具。与上引偈颂相应的经文作:"彼大长者,等赐诸子七宝大车,珠交露幔车甚高广,诸珍严庄所未曾有,清净香华璎珞校饰,敷以缯褥氍氍缝綖。""氍氍"对应"参(氍)席"。玄应《一切经音义》卷十四《四分律》音义"氍氍"条引《声类》:"毛席也。"意义恰可比照。

(九) 示寤

卷一《善权品》:"黎元望想希求佛慧出现于世,蒸庶望想如来宝决出现于世,以如来慧觉群生想出现于世,示寤民庶八正由路,使除望想出现于世。"

"示寤",《词典》释作"demonstrates and awakes"(第 411 页)。按:将"寤"理解为"awakes"恐怕是望文释义。"寤"通"悟"乃是古书常例,《说文·宀部》"寤"字段玉裁注:"古书多假'寤'为'悟'。"《正法华经》也屡见其例,如卷一《光瑞品》:"以斯禁戒,寤诸不觉。"卷一《善权品》:"佛言至诚,以何等事,寤觉众生,假使为说,不能解了,不肯启受。"卷二《应时品》:"彼见烧炙,皆斯吾子,寤诸黎庶,令得自归。"卷四《往古品》:"吾身尔时,寤不觉者,皆令一切,咸得听受。"这些例子中的"寤"均通"悟",用法和"示寤"之"寤"相同,都是"使……觉悟、明白"。

南朝宋求那跋陀罗译《杂阿含经》卷三六:"示悟诸众生,令觉一切苦。"北凉昙无谶译《大般涅槃经》卷十五《梵行品之一》:"愿诸众生悉得大乘大般涅槃微妙光明,示悟众生真实佛性。""示寤"同"示悟"。

据此,"示寤"可释作"demonstrates and enlightens"。

有时,通假、异体等用字现象和本文第一部分所谈的讹误同时交织出现于一个词语,这就更滋迷惑,容易误释词义。

（十）嚵听

卷二《应时品》："彼男子者，无黯无明，所在悭贪，性常嚵听，生盲无目，人所弃捐，人坐不信。"

"嚵听"一词生僻，音义不明。《词典》注音为"chán???"，释作"gluttonous, greedy for food（？）"（第 34 页），看来对"嚵听"之形音义均无十分把握。

按："听"不见于字书。宋、元、明本作"哳"。玄应《一切经音义》卷七《正法华经》音义、可洪《新集藏经音义随函录》卷五《正法华经》音义均出"唤哳"条，①可见唐五代写本亦作"哳"。"听"显然是"哳"的误字。"哳"多用于"嘲哳"一词，指声音杂乱细碎。

唐玄奘译《瑜伽师地论》卷十五《本地分中闻所成地之三》："敦肃者，谓如有一待时方说而不嚵速，是名敦肃。"窥基《瑜伽师地论略纂》卷六："他正语时中路即言名嚵。"据此，"嚵"是随意多话、插嘴之义。《集韵·衔韵》："嚵，譧言。"《广韵·肴韵》："譧，代人说也。""譧言"亦即插话、多嘴之义。

《礼记·曲礼上》："长者不及，毋儳言。"郑玄注："儳，犹暂也，非类杂也。"孔颖达疏："儳，暂也。长者正论甲事，未及乙事，少者不得辄以乙事杂甲事，暂然杂错师长之说。"由此有轻易插嘴、随便说话之义。《后汉书·儒林传·孔僖》："邻房生梁郁儳和之曰：'如此，武帝亦是狗邪？'"李贤注："儳谓不与之言而傍对也。"《广韵·陷韵》："儳，轻言。"又《鉴韵》："儳，杂言。""轻言""杂言"义亦相贯，均指胡乱发言、随便说话。《集韵·洽韵》："譗，儳言。""譗"大概是为插话义而造的专字，故以"儳言"释之。②

"儳"因与说话有关，故后世易"亻"为"口"作"嚵"字。玄应《一

---

① 可洪《新集藏经音义随函录》作"唤哳"，显然是"唤哳"之误。
② 《广韵·洽韵》："譗，譗譜，多言。"（《集韵》同），"多言"与"儳言"义相贯通。

切经音义》卷十二《瑜伽师地论》音义"儳速"条:"非次而言也……字从人,或有作'嚵'。"由此可见,"嚵"字至晚在玄应时即已出现。①

据上所释,"嚵唽"一词大抵能得其义——谓轻易插嘴、随便说话。又检《正法华经》之异译本后秦鸠摩罗什译《妙法莲华经》卷二《譬喻品》,与"彼男子者,无黮无明,所在悭贪,性常嚵唽[唽],生盲无目,人所弃捐,人坐不信"相应的部分是"若得为人,诸根闇钝,矬陋挛躄,盲聋背伛,有所言说,人不信受","嚵唽[唽]"正对应"言说",其义显然。

"嚵唽"还可作"谗唽"。西晋竺法护译《生经》卷五《佛说杂赞经》载鸟妻以偈语告其夫:"我如所念如所造,卿所谗唽多所贪。""谗唽"当即"嚵唽"。"谗"非"谗言"之"谗",而是同"嚵","言""口"作偏旁义通混用。② 说鸟夫"谗唽",是埋怨它胡乱说话,多嘴。

"嚵(谗)唽"仅见于《正法华经》和《生经》,应是竺法护新创之词;但生造的痕迹很明显:汉语中"唽"仅用于"啁唽"("啁唽"已经类似于联绵词,"啁""唽"不可分言),然而译经者却将它单用,与"嚵"复合成词。

《词典》"嚵唽"条释作"gluttonous, greedy for food(?)",大概是将"嚵"认同为"馋",恐非;③又不识"唽",故未能注音释义,此皆未能准确分辨佛经用字之故。

综上所考,"嚵唽"之"嚵"是"儳"的异体,"唽"是"唽"的讹误,"嚵唽"音可注为 chàn zhā,义可释作"轻易插嘴、随便说话"。

三、知误用而考词

佛经(特别是东汉—西晋的早期佛经)中有不少特殊的词语,它

---

① 这与《说文》"小啐也"的"嚵"是同形字关系。
② 高丽藏初雕本元魏吉迦夜若昙曜译《杂宝藏经》卷八《提婆达多放护财醉象欲害佛缘》:"今雁王人王,二王共语,若当谗言,非是礼仪。""谗言"即插嘴之义。
③ "嚵"作为"馋"的异体字应是唐代以后的事。

们虽然早已见于中土文献,本不属新词,但在佛经中的含义、用法和它们在中土文献里的固有意义与用法若即若离,有联系,但又与汉语习惯不合。这极可能是由于译经者在习得这些词语的同时又未能准确全面地掌握它们的意义和用法,上述情况其实是"误解误用"的结果。释词时若能明了此端,或有助于更准确地解读其义。

(十一)慕係

> 卷三《信乐品》:"计彼长者,其子愚浊,贫穷困厄,常求衣食,游诸郡县,恒多思想,周旋汲汲,慕係喃口。"

《词典》立"慕係"条,释作"looks for, seeks(?)"(298 页)。之所以打问号,应该是依违于"係"的含义。"慕"指谋求,《正法华经》屡见其例;"喃口"即"齁口",已见上文辨正。"係"的意思确实不易理解;若是和"慕"同义连文,显然也无理据。

按:"慕係"非一词,"慕係喃口"当属读为"慕/係/喃口"。"係喃 [齁]口"这样的表述还见于竺法护的其他译经,"係"或写作"繼(继)"。《修行道地经》卷五《数息品》:"喜远游行不得专精,或遇长疾,或遇谷贵,饥匮困厄,不繼糊口。"《佛五百弟子自说本起经·货竭品》:"所欲往至诣,乞欲係齁口,执杖见驱叱,为人所嫉辱。""係",圣语藏本作"继"。类似的表述还有"繫活",《正法华经》卷五《授五百弟子决品》:"彼愚騃子,而越利谊,寻时起去,远行入城,求服饮食,甚不能获,行索供饍,财自繫活。""係""繼""繫"古通用。

"係"有维系、维持义,后面跟名词性宾语,如失译附后汉录《杂譬喻经》卷下:"此人上世时,值饥饿之世,家中贫穷,草木枯旱,唯诣水遍采,取用係命。"西晋法炬译《前世三转经》:"若使一切人知布施之福,如我所知者,穷乏齁口,得一食,自饭繼命。""係(繼)命"就是维系生命。

上述"係(繼)喃 [齁]口""繫活"的实际语义和"係(繼)命"相同,差别在于"係(繼)命"这样的组合符合汉语的表达习惯和语法规则,而"係(繼)喃 [齁]口""繫活"却是"係"后跟谓词性宾语,是一种不合汉语固有用法的"超常"组合,因为按照汉语的表达法,"慕係嗇〔餔〕口"应说"慕嗇〔餔〕口","乞欲係餔口"应说"乞欲餔口",而"财自繫活"说成"财自活"即可。尽管"係"可理解为维持、保持,后面的谓词性宾语名物化,但其实完全是赘辞。

这种"超常"的现象似仅见于竺法护译经,可能有满足节律的需要,但实际上是竺法护误解"係"的用法进而误用之:他习得"係+名词性宾语"的用法,却又错误地认为"係"也可以搭配谓词性宾语成分,以致出现"係(繼)嗇〔餔〕口""繫活"这样缴绕诘屈而又晦涩的表述。

(十二)儌

(1)卷二《应时品》:"若人思儌欲学此法,设令得者,当稽首受。"

(2)卷八《叹法师品》:"释梵四王、清净天身、诸天玉女,思儌往见。"

(3)卷五《授五百弟子决品》:"龙王即与随所儌愿,若欲得者悉令来取。"

(4)卷七《安行品》:"若得供养饮食之具,床卧所安,衣服被枕,病瘦医药,而无儌冀,不从众人有所请求。"

(5)卷三《信乐品》:"其子儌会至长者家,遥见门前梵志君子大众聚会。"

(6)卷四《往古品》:"诱恤勉励,使不恐惧,各自儌庆欢喜悦豫。"

西晋以前,无论中土文献还是译经都是"儌幸"连用,①如上引6例"儌"单用(或作构词语素)的情况绝少。② 这种情形还习见于竺法护其他译经,略举数例:

---

① "儌幸"还写作"儌倖""徼幸""徼倖""憿幸"等,本文除引文遵从原书写法外,一律写作"儌幸"。

② 西晋以前只见一例,《潜夫论·述赦》:"凡民之所以轻为盗贼,吏之所以易作奸匿者,以赦赎数而有儌望也。"

（7）《持心梵天所问经》卷一《明网菩萨光品》："诚如所云，见如来身，必获志愿，不失所侥。"

（8）《持心梵天所问经》卷三《咏德品》："非以世俗希侥供法。"

（9）《普门品经》："如所发念，念无所念，侥脱贪淫。"

（10）《光赞经》卷一《摩诃般若波罗蜜光赞品》："所言聪捷无有懈怠，蠲舍家利所慕之心，所说经法不侥供养。"

（11）《佛五百弟子自说本起经》："于时龙王请佛世尊及五百上首弟子进饍毕讫，坐莲华上追讲本起所造罪福，皆由纤微转受报应，弥劫历纪，莫能自济，侥值正觉，乃得度世。"

（12）《佛说鸯掘摩经》："侥赖慈化，乞原罪豐，垂哀接济，得使出家受成就戒。"

（13）《佛说琉璃王经》："宁守戒念道，不贪厚俸禄，侥闻讲法会，不愿亿国土。"

（14）《等集众德三昧经卷上》："侥令我等，逮得道力。"

例（1）至例（4）"侥"都是期望、冀求之义。例（1）"思侥欲"三字同义连文；例（2）至例（4）"侥"与"愿""冀"同义连用。"思侥""侥愿""侥冀"，《词典》分别释作"wishes earnestly"（423 页）、"wishes，desires"（215 页）、"longing，wish"（214 页），就经意而言，解释均很准确。例（7）至例（10）"侥"也是此义。

这种单用、表期望企求义的"侥"仅见于竺法护译经，[1]用例颇多，但不见于中土文献，据此可以推测，这应是竺法护个人的"创新"。

"创新"是怎么产生的呢？推想其因，应是竺法护误解了"侥幸"的用法。这种与汉语固有用法不合的"新用"，其实质乃是"误用"。

"侥幸"本作"憿幸"，《说文·心部》："憿，幸也。""幸"是动词，冀

---

① 还见于旧题聂承远译《超日明三昧经》卷上："譬如明月神珠，令诸穷匮周满所侥，具足诸法训诲群萌，随一切人而应施与无尽德藏。"此经实际上是竺法护译，聂承远作了文字"删正"而已，见《高僧传》卷一"竺昙摩罗刹"条。

望、希求之义。① "憿幸"正如王筠所谓"两字同义"。②

"佽幸"有企求、希望之义，在实际使用时往往指企求、希望得到非分的、意外的东西或做成某事。③《左传·昭公二十五年》："懿伯曰：'谗人以君憿幸，事若不克，君受其名，不可为也。'"《礼记·中庸》："故君子居易以俟命，小人行险以憿幸。"谗人、小人自然"憿幸"得到意外之物、做成非分之事。④

自上古起，"佽幸"便固定为二字连用，结构虽然可以分析，但语义实际上已经凝固化，故王筠谓"憿幸是连语"。⑤

竺法护虽然习得"佽幸"一词，但似乎未能充分了解它的结构和用法，一方面没有准确把握"佽幸"作为"连语"不可分用的性质和特点，另一方面又忽略"佽幸"蕴含的期望、企求义所带的特定限制因素（期望、企求的对象是非分的、意外的），导致他在译经时使用大量单用的、表示一般期望企求义的"佽"，并可能仿照汉语已有的"幸冀"的构词模式，⑥造出"佽冀"，且衍生出"佽愿""希佽""思佽"这些同义并列结构。⑦

---

① 《说文·欠部》："欸，豢（幸）也。""欸"，今作"冀"。《见部》："觊，欸豢也。"《说文》"憿"字段注："幸者，吉而免凶也，引申之曰欸幸，亦曰憿幸。"揆段意，"吉而免凶"乃是人所希冀者，故转指希冀。

② 王筠《说文解字句读》卷十下："憿幸……两字同义。"按："佽幸"原是并列结构，但作为"连语"既久，后人对其构词理据便不甚了然，如唐人注疏就已将"佽幸"看作动宾结构。

③ 这和"觊觎"非常相似。《说文·见部》："觊，欸豢也。""觎，欲也。""觊觎"本义也指企求、希望，但实际上往往指企求非分之物。

④ 《中庸》"憿幸"例，孔颖达疏："小人以恶自居，恒行险难倾危之事，以憿求荣幸之道。"将"幸"理解为"荣幸之道"；朱熹《四书章句集注》："幸谓所不当得而得者。"均违"幸"之本义。"所不当得而得"其实是"构式"之意，而不是"幸"之义。

⑤ 王筠《说文解字句读》卷十下"憿"字。

⑥ 《论衡·死伪》已用"幸冀"一词。

⑦ "佽冀""佽愿""希佽""思佽"这些同义并列结构均只出现于竺法护译经，是具有鲜明个人特色的语言成分。类似的新创成分还有《正法华经》中的"倖（幸）愿"，在早期译经中它还见于旧题支谦译《撰集百缘经》和旧题安世高译《㮈女祇域因缘经》。据出本充代研究，《撰集百缘经》与《贤愚经》有着密切关系，而后者恰有"幸愿"2例，似可作为出本观点的旁证；据《祐录》，《㮈女祇域因缘经》乃是竺法护译经（《祐录》中题《奈女耆域经》），而此经恰好使用了"幸愿"，可以证成《祐录》的记载。

例(5)"会至长者家",《妙法莲华经》卷二《信解品》作"遇到父舍","会"就是"遇"。"会"有逢遇义,习见于先秦两汉。所谓"会长者家",就是逢遇长者家,也就是到长者家。在经文中"会"与"至"义同,这实际上也是不合汉语习惯的不规范的译法。

从东汉开始,"侥幸"的希求、企求义淡化,"意外""非分"的要素凸显出来,在一定语境中可以理解为"意外""恰巧"。《太平经》卷一百十《大功益年书出岁月戒》:"大神言:'皆当有所部主,乃见信理。''如是,诚侥幸甚,得大分,不敢有小不称者也。'""诚侥幸甚",犹今语"确实太意外了"。卷一百十四《天报信成神诀》:"恐见为大神所非,蒙恩自侥幸得宠。"另一方面,根据蔡邕《独断》记载,当时"世俗以幸为侥倖","侥倖"可以单说"幸",这大概是东汉以来的口语。

例(5)和例(11)至例(14)中的"侥"就是犹言"意外""恰巧"的"侥幸"。"侥会至长者家"即谓意外到长者家,①"侥值正觉"即谓恰遇正觉。这几例的"侥"本应用"幸",方合汉语表达习惯,如例(12)"侥赖",汉语早有"幸赖",②但竺法护之所以用"侥",应该是基于对"侥幸"中"侥""幸"意义相同的认识,以为"侥""幸"用法完全相同,可以任意替换,③自然也是误解误用。

例(6)"侥庆""欢喜""悦豫"平列,"侥庆"就是庆幸之义。之所以会有"侥庆"这样奇怪的组合形式,原因和例(5)、例(11)至例(14)相似。竺法护误以为"侥""幸"所有意义都相同,遂将"幸"的喜悦、高兴义移注于"侥",以致"侥庆"平列。

---

① "侥会"不是一个词或词组,《词典》立"侥会"一条,不确。
② 竺法护译经也有用"幸赖"之例,如《月光童子经》:"幸赖慈化,乞原罪咎。"
③ 竺法护译《度世经》卷三:"幸值供[洪]业,无极道明。"与例(11)"侥值"相较,可以看出在竺法护的意识中"侥"与"幸"是等同的。

伍

中古文献异文研究

《后汉书》李贤注所存异文考略

一、引　　言

南朝宋范晔著《后汉书》，包括本纪十卷，列传八十卷，最早为其作注的是南朝梁刘昭，《梁书·文学传上》昭本传云：

> 初，昭伯父肜集众家《晋书》注干宝《晋纪》为四十卷，至昭又集《后汉》同异以注范晔书，世称博悉。

刘知幾《史通·补注》亦云：

> 范晔之删《后汉》也，简而且周，疏而不漏，盖云备矣；而刘昭采其所捐，以为补注。

虽然刘注至今已经全部亡佚而不得见，但据此仍可推测刘注应重于补充史事而略于文字训诂，与《三国志》裴松之注相类。①

在梁代，吴均和元帝长子萧方等也曾注范书，《梁书·文学传上》均本传云：

> 均注范晔《后汉书》九十卷。

同书《世祖二子传》方等本传云：

> 方等注范晔《后汉书》，未就。

---

① 参看王先谦《〈后汉书集解〉述略》，载《后汉书集解》，北京：中华书局，1984 年，第3 页。

此后注者不乏其人,《隋书·经籍志二》云:

> 《后汉书音》一卷,后魏太常刘芳撰;《范汉音训》三卷,陈宗道先生臧兢撰;《范汉音》三卷,萧该撰……梁有萧子显《后汉书》一百卷,王韶《后汉林》二百卷,韦阐《后汉音》二卷,亡。

其中《后汉书音》《范汉音训》《范汉音》三种可以确定是为范书注音释义的著作,[①]韦阐《后汉音》不可确知是为何种《后汉书》而作。可惜的是,前三种书至今日绝大部分都散佚了,只能在后人征引中略见一鳞半爪。[②]

《旧唐书·经籍志上》:"《后汉书音义》二十七卷,韦机撰。"(《新唐书·艺文志》同)按《旧唐书·良吏传上》有韦机一人,传亦未言机著《音义》,二者是否同一人及所作音义以何种《后汉书》为本皆待考。又《新唐书·艺文志》:"刘熙注范晔《后汉书》,一百二十二卷。"此"刘熙"为何时人,亦待考。[③]

目前所见最为详尽的范书注是唐代章怀太子李贤集众人之力所作之注解。《旧唐书·高宗中宗诸子传》贤本传云:

> 贤又招集当时学者太子左庶子张大安、洗马刘讷言、洛州司户格希玄、学士许叔牙、成玄一、史藏诸、周宝宁等,注范晔《后汉书》,表上之,赐物三万段,仍以其书付秘阁。[④]

---

① 《魏书·刘芳传》:"芳撰……范晔《后汉书音》各一卷。"正与《隋书》所载相合。

② 刘芳书未见李贤注征引,《旧唐书·经籍志》亦未收录,很可能唐时即已亡佚;李贤注中时或引及"萧该音""萧该音义"或者"臧矜(兢)音",前者当即《范汉音》,后者当即《范汉音训》。

③ 王先谦《后汉书集解》述略云:"前为范书作注者,刘昭而外,尚有吴均、刘熙二家……熙有《孟子注》七卷,亦递见隋唐《志》,而范注一百二十卷惟《新唐志》载之。"据此说,王氏似将注《孟子》之刘熙与注范书之刘熙合为一人。今按《隋书·经籍志三》:"孟子七卷,刘熙注。"此刘熙当为汉时人(参看清人周广业《孟子四考·孟子古注考》,《清经解续编》卷二二九),其《孟子注》今已佚,《史记》裴骃集解(参看《四库全书总目》"史记集解"条)、《文选》李善注(参看朱彝尊《经义考》卷二三二)、慧琳《一切经音义》多有征引,清人周广业、马国翰、汤球等有辑本(参看《孟子四考》、《玉函山房辑佚书》、《清史稿》球本传及今人董洪利《孟子研究》),王葵园将两者混为一人,显误。此"刘熙"章宗源《隋书经籍志考证》、姚振宗《隋书经籍志考证》认为乃"刘昭"之误,可从。

④ 《新唐书·三宗诸子传》贤本传同,亦可参看《旧唐书·张公谨传附张大安》及《岑文本传附格辅元》。

李贤对《后汉书》的注解,一方面根据当时仍存世的各家《后汉书(纪)》为范书增订史实,①另一方面又很注重注音释词,疏通名物制度。王先谦《〈后汉书集解〉述略》云:

> 章怀之注范……多主故训,与昭补注之体既殊。

李贤注除了补史释义外,还有一个重要特点就是校核异本、罗列异文,这些保留在注中的异文为目前考察范书在唐代的面貌提供了很好的原始材料。本文主要围绕李贤法所存异文展开,试对李贤注中所见范书异文的各种情况做初步的探讨。

二、李贤注获取异文的材料和方法

(一) 获取异文的材料

从李贤注可以看出,李贤等人注解范书的同时又做过详密的校勘。他们搜哀别本,详做比勘,并且将所得之异文记录于注释中:

> 《丁鸿传》载鸿上封事:"间者月满先节,过望不亏,此臣骄溢背君,专功独行也。"注:"先节,……俗本作失节。"
>
> 《班彪传附班固》载固奏记:"温故知新,论议通明,廉清修洁,行能纯备,虽前世名儒,国家所器,韦、平、孔、翟,无以加焉。"注:"流俗本平字作玄。"
>
> 《马融传》载融《广成颂》:"酒正案队,膳夫巡行,清醪车凑,燔炙骑将,鼓骇举爵,钟鸣既觞。"注:"流俗本爵字作爝,既字作暨。"

可以推测,以李贤等人之身份、地位,注范书时应该能看到内府秘阁所藏之本,而注中所谓"俗本""流俗本"很可能就是指与内府本

---

① 参看钱穆《中国史学名著》,北京:三联书店,2000 年,第 94 页;柴德赓《史籍举要》,北京:北京出版社,2002 年,第 45－46 页。

相对而言流传于民间之本。俗本所据底本不一,抄胥各异,或误或改,在流传过程中文本内容定然会有所差异,与内府本比较就出现异文。

李贤注中所标列的异文,有时并不出之以"俗本""流俗本",而是以"本或作""本或无""诸本或作""或作""或为""一作"等术语来标识:

《邓禹传》:"禹所止辄停车住节,以劳来之,父老童稚,垂发戴白,满其车下,莫不感悦,于是名震关西。"注:"住,或作挂。"

《伏湛传附伏隆》:"青、徐群盗得此惶怖,获索贼右师郎等六校实时皆降。"注:"右,或为古。"

《邓彪传》:"彪少励志,修孝行。父卒,让国于异母弟荆凤。"注:"本或无荆。"

《虞诩传》:"明日悉陈其兵众,令从东郭门出,北郭门入。"注:"(北,)一作西。"

《酷吏传》论:"叔世偷薄,上下相蒙,德义不足以相洽,化导不能以惩违。"注:"偷,……本或作渝。"

《逸民传》:"扬雄曰:'鸿飞冥冥,弋者何篡焉。'言其违患之远也。"注:"篡字诸本或作慕。"

不过须注意的是,李贤注中有的"或作""或为"未必指当时所见之异文。

《皇后纪》:"太后谅闇既终,久旱,太后比三日幸洛阳。"注:"谅闇,居丧之庐也。或为谅阴。谅,信也;阴,默也。言居忧信默不言。"

《虞诩传》:"防不得已,趋就东箱。"注:"字或作厢。"

以上二例中的"或为""或作"应是指明一词或一字的不同写法,而不是指当时所见范书中"闇""箱"别有异文。

李贤等人比勘的版本往往不止一本,注中标示异文多见"诸本":

《光武帝纪上》:"秋八月,帝自将征五校。丙辰,幸内黄,大破五校于羛阳,降之。"注:"诸本有作茀者,误也。"

《马融传》:"于时营围恢廓,充斥川谷,罝罘罗羉,弥纶坑泽,皋牢陵山。"注:"诸本有作牢栅者,非也。"

《宦者传·单超》:"其后四侯转横,天下为之语曰:'左回天,具独坐,徐卧虎,唐两㻫。'"注:"诸本两或作雨也。"

《文苑传·刘珍》:"刘珍,字秋孙,一名宝,南阳蔡阳人也。"注:"诸本时有作秘孙者,其人名珍,与秘义相扶,而作秋者多也。"

据《隋书·经籍志二》《新唐书·艺文志》所载,当时言后汉史事的著作共有十三家:刘珍等《东观汉记》、三国吴谢承《后汉书》、晋薛莹《后汉记》、晋司马彪《续汉书》、晋华峤《后汉书》、①晋谢沈《后汉书》、晋张莹《后汉南记》、晋袁山松《后汉书》、宋刘义庆《后汉书》、宋范晔《后汉书》、梁萧子显《后汉书》、晋袁宏《后汉纪》、晋张璠《后汉纪》,其中萧子显《后汉书》在编撰隋志时即已亡佚外,其余各家虽或有残缺,但在李贤等人注范书时应当都仍存世。② 因此,李贤等人校勘范书时,除搜集异本外,还取各家后汉书与范书对勘,其中参比《东观记》、谢承《后汉书》尤多,而所见异文也忠实地保存于注中:

《献帝纪》:"(建安十一年)秋七月,武威太守张猛杀雍州刺史邯郸商。"注:"袁宏《汉纪》雍州作凉州也。"

《来歙传》:"父仲,哀帝时为谏大夫,娶光武祖姑,生歙。"注:"《东观记》仲作冲。"

《冯异传》:"时赤眉虽降,众寇犹盛:延岑据蓝田,王歆据下邽,芳丹据新丰。"注:"《续汉书》芳作茅。"

---

① 《晋书·华表传附华峤》《史通·古今正史》并作《汉后书》。

② 《隋书》所载之"五代史志"成书在高宗显庆元年,即公元 656 年(参看《旧唐书·高宗纪》及《唐会要》修前代史),而章怀注范书是在高宗上元二年(675)到永隆元年(680)之间,前后相距仅二十年,编写《经籍志》时所据群书当仍存世。

《桓荣传附桓典》："在御史七年不调,后出为郎。"注:"华峤书作十年。"

"华峤书"即华峤《后汉书》。

《党锢传·李膺》："膺子瓒,位至东平相。"注:"谢承书瓒作珪。"

"谢承书"即谢承《后汉书》。

除取各家后汉书与范书对勘外,还参校了其他一些相关著作:

《朱儁传》："自黄巾贼后,复有黑山……大计、司隶、掾哉……之徒。"注:"《九州春秋》大计作大洪,掾哉作缘成。"

《董卓传》："虎贲中郎将袁术乃烧南宫,欲讨宦官,而中常侍段珪等劫少帝及陈留王夜走小平津。"注:"《山阳公载记》段字作殷。"

《董卓传》："(伍)孚大言曰:'恨不得磔裂奸贼于都市,以谢天地。'"注:"《献帝春秋》磔作车。"

《九州春秋》,十卷,晋司马彪撰,见《晋书》彪本传,《隋书·经籍志二》言其"记汉末事"。《山阳公载记》,十卷,乐资撰,山阳公即汉献帝;《献帝春秋》,十卷,袁晔撰,亦并见《隋志》。此数种皆言后汉事。

范书记载了一大批东汉时的诏令、奏疏、文论以及文学作品等,为后世保存了许多珍贵的当时文献,而留存在史书中的这些文字有时又被编集入各家本集,因此在注范书遇到这些作品时,李贤等人每取当时仍存世的各家文集来对勘:

《班彪传附班固》载固上奏记:"弘农功曹史殷肃,达学洽闻,才能绝伦,诵诗三百,奉使专对。"注:"《固集》殷作段。"

《张衡传》载其《思玄赋》："汤蠲体以祷祈兮,蒙厖禠以拯人。"注:"《衡集》祈字作祊。"①

《蔡邕传》载其上封事:"又长水校尉赵玹、屯骑校尉盖升,并

---

① 张衡《思玄赋》亦见《文选》,李善注:"祈或为祊,非也。"

叨时幸,荣富优足。"注:"《蔡邕集》玹作玄。"

《文苑传·祢衡》载孔融上疏:"激楚、扬阿,至妙之容,台牧者之所贪。"注:"诸本并作台牧,未详其义,《融集》作掌伎。"

《班固集》《张衡集》《蔡邕集》《孔融集》并见《隋书·经籍志》《旧唐书·经籍志》《新唐书·艺文志》。

范书各纪传也引用了不少前代典籍中的成句,如《书》《诗》《易》等,或明引,或暗用。对于这些文句,李贤等人也常以当时所见之本来核校,字句若有异同,每于注中记之:

《孝和孝殇帝纪》载皇太后诏:"今皇帝以幼年,茕茕在疚。"注:"茕,或作嬛。《诗·周颂》云:'嬛嬛在疚。'"

此为暗用《诗经》成句。

《梁统传》:"闻圣帝明王,制立刑罚,故虽尧舜之盛,犹诛四凶。经曰:'天讨有罪,五刑五庸哉。'又曰:'爰制百姓于刑之衷。'"注:"《尚书·吕刑》云:'士制百姓于刑之中。'孔安国注:'咎繇作士,制百官于刑之中。'此作爰。"

"经"即谓《尚书》,为当时经典。

《逸民传》:"扬雄曰:'鸿飞冥冥,弋者何篡焉。'"注:"篡字诸本或作慕,《法言》作篡。"

此句出扬雄《法言·问明》。

(二) 获取异文的方法

就获得异文的校勘方法而言,李贤等人除了普遍使用"对校"和"他校"外,也有意识地使用"本校"。使用前者所得之异文,上文已列无须赘言;以后者所获之异文,略举三例:

《桓帝纪》:"(建和元年四月)立阜陵王代兄勃遒亭侯便为阜

陵王。"注:"本传作便亲,纪、传不同。"

《章帝八王传·清河孝王庆》:"事发觉,文等遂劫清河相谢暠,将至王宫司马门。"注:"帝纪谢作射。"

按:《桓帝纪》:"清河刘文反,杀国相射暠,欲立清河王蒜为天子,事觉伏诛。"①当即注所本。

《虞延传》:"信阳侯阴就乃诉帝,谮延多所冤枉。"注:"就本传信作新。"

按:《阴识传附阴就》:"(阴)兴弟就,嗣父封宣恩侯,后改封为新阳侯。"当即注所本。

综上所述,标列在李贤注中的范书异文,可以分为三种类型:版本异文、引用异文及异载异文。② 大体上说,以"俗本""流俗本""本或作""诸本或作"等对勘而得之异文为版本异文;范书中引用前代文献,章怀等人以当时传世本校核所获之异文为引用异文;以相关史著及各家文集参校范书而见之异文为异载异文。

三、李贤注对异文的处理方式

对于这些异文,李贤注的处理方式有所不同。有的仅罗列异同,有的则在此基础上施以按断,标明己见,甚至详做辨析。

《冯衍传》:"三公之贵,千金之富,不得其愿,不概于怀。"注:"金,或作乘。"

《桓荣传》:"在御史七年不调,后出为郎。"注:"(七年,)华峤书作十年。"

---

① 殿本"射"作"谢",当为后人所改。
② 关于版本异文、引用异文及异载异文的分类,参看真大成《中古史书校证·前言》,北京:中华书局,2013年,第27页。

《文苑传·刘梁》载其《辨和同之论》:"《春秋传》曰:'和如羹焉,酸苦以剂其味,君子食之以平其心。'同如水焉,若以水济水,谁能食之?琴瑟之专一,谁能听之?"注:"《左传》剂作齐。"

如此之例尚夥,不必一一。这些异文类型不同,成因各异,或必有正误,或两皆可通,李贤注仅罗列异同,未加按断,不做评骘。

不过也有不少异文李贤注参以己意,判定是非,有时比较简略,仅以"误作""误也""非也"断之:

《孔融传》载曹操与融书:"邓禹威损,失于宗冯。"注:"今流俗本宗误作宋也。"

《张衡传》载其《应间》:"与世殊技,固孤是求。"注:"技……或作拔,误也。"

《张衡传》载其《应间》:"公旦道行,故制典礼以尹天下,惧教诲之不从,有人之不理。"注:"道行,言道得申也。流俗本作行道者,非也。"

有时则详加考辨,述其得失:

《张衡传》载其上疏:"且河洛、六艺,篇录已定,后人皮傅,无所容篡。"注:"臣贤案:《衡集》云:'后人皮傅,无所容窜。'又扬雄《方言》曰:'秦、晋言非其事谓之皮傅。'谓不深得其情核,皮肤浅近,强相傅会也。后人不达皮肤之意,流俗本多作颇传者,误也。"

按:《方言》卷七:"皮傅、弹愍,强也。秦晋言非其事谓之皮傅,东齐陈宋江淮之间曰弹愍。"谓无事实根据而妄作附会。此语之来源,方以智《通雅·释诂》云:"《张衡传》'皮傅河洛',本以《左传》'皮之不存,毛将安傅'。"言其无根据、无基础。钱绎《方言笺疏》主张源起于"肤受":"《论语·颜渊篇》云'肤受之愬',马融注:'肤受之愬,皮肤外语,非其内实也。'又张衡《东京赋》云'末学肤受',薛综注'肤受谓皮肤之不经于心胸。'颜师古《汉书·五行志》注:'肤受谓初入皮肤以至骨髓也。'皮肤与皮傅声近义同。"①谓其浅近浮泛。参之以李贤注，诸说似均可通。

《蔡邕传》载其上书："臣一入牢狱，当为楚毒所迫，趣以饮章，辞情何缘复闻？"注："饮犹隐却告人姓名，无可对问。章者，今之表也。《邕集》曰：'光和元年，都官从事张恕，以辛卯诏书，收邕送雒阳诏狱。考吏张静谓邕曰：省君章云欲雠怨未有所施，法令无此，以诏书又刊章家姓名，不得对相指斥考事，君学多所见，古今如此，岂一事乎？答曰：晓是。吏遂饮章为文书。'臣贤案：俗本有不解饮字，或改为报，或改为款，并非也。"

按："饮"有隐没义，《吕氏春秋·精通》："养由基射，先中石，矢乃饮羽。"《韩诗外传》卷六作楚熊渠子"弯弓而射之，没金饮羽"，事亦见刘向《新序·杂事》，"没金"作"灭矢"。《史记·李将军列传》："（李）广出猎，见草中石，以为虎而射之，中石没镞。"裴骃集解引徐广曰："一作没羽。"王观国《学林》卷五"矢"条云："或曰没矢，或曰没羽，或曰饮羽，其义则一也。"其言甚是。由隐没义又引申出隐藏、隐匿义。《汉书·游侠传·朱家》："所臧活豪士以百数，其余庸人不可胜言。然终不伐其能，饮其德。"颜师古注："饮，没也，谓不称显。"②

---

① "肤受"出《论语·颜渊》："子张问明。子曰：'浸润之谮，肤受之愬，不行焉，可谓明也。'"皇侃义疏："云'肤受之愬'者……拙相诉者，亦易觉也；若巧相诉害者，亦日日积渐，稍进为如人皮肤之受尘垢，当时不觉，久久方睹不净，故谓能诉害人者为肤受之愬也。"孔颖达正义："皮肤受尘，渐成垢秽……皮肤受尘，亦渐以成之，使人不觉知也……皮肤受尘，垢秽其外，不能入内也，以喻潜毁之语，但在外妻斐构成其过恶，非其人内实有罪也。"揆马注及皇、孔二疏，可知"肤受"本义乃指皮肤受纳（尘垢），渐而弥广，然终不能入内〔《后汉书·戴凭传》李贤注引《论语》本条古注："谓受人之诉，肤浅之，不深知其情核也。"陈鳣《论语古训》以为"似是郑（玄）注"，该注对"肤受"的结构有不同分析〕。后喻指浅薄浮泛、流于表面，未深入内也（朱熹《论语集注》谓"利害切身"，今不取），张衡《东京赋》例是也（参看刘宝楠《论语正义》本条）。颜师古《汉书》注有"肤受谓初入皮肤以至骨髓也""肤受谓入肤至骨髓，言其深也"之语，似未得其确诂；钱绎引此，似亦抵牾。

② 王念孙《读书杂志·汉书第十四》"饮其德"条以为"饮"当为"钦"之讹，而"钦"则为"歆"之借，歆，喜也，"钦其德"，言自喜其德也。今按《汉书》本条原文"饮其德"与"不伐其能"相对而言，"饮"据小颜注训作"没""不称显"，义正与"不伐"相贯连，似亦可通。

《后汉书》本条"饮章"字正取此义。方以智《通雅·器用》谓"饮章""即今匿名文书",其言亦是。"饮章"罕觏,或有不晓其义而改作"报"或"款",故李贤注"非也"。

或以为义通而两可:

> 《荀彧传》载曹操上书表彧:"是故先帝贵指纵之功,薄搏获之赏。"注:"纵或作踪,两通。"

按:《史记·萧相国世家》:"夫猎,追杀兽兔者,狗也;而发踪指示兽处者,人也。""踪",《汉书·萧何传》作"纵"。"指纵""指踪"即从此化出。《汉书》本句下颜师古注:"发纵,谓解绁而放之也;指示者,以手指示之。今俗言放狗。纵音子用反,而读者乃为踪迹之踪,非也,书本皆不为踪字。自有逐踪之狗,不待人发也。"据此可明当时人读"纵"为"踪",而颜以为误,当依本字读之。洪适《隶释》卷八《淳于长夏承碑》后按语据汉碑"以纵为踪"明"汉人固多借用",辨"颜氏之注殆未然"。①孔平仲《杂说》:"指纵音作纵,非也。《周礼·地官》有'迹人',注:'迹人,言迹知禽兽。'是亦踪迹之义尔。"亦发"纵"当读为"踪"。古代文献中"指纵""指踪"其例皆夥,虽诚如李贤注"两通",然须明"纵"乃"踪"之借,汉魏人习用而后世分别承袭之。②范书"踪""纵"异文,一为本字,一为借字,借字临文读为本字而毋须改字,故李贤注"两通"。

或沟通异体关系:

> 《董卓传》:"乃于所度水中伪立隄,以为捕鱼,而潜从隄下过

---

① 王先谦《汉书补注》引钱大昭《汉书辨疑》云:"《说文》无踪字,踪迹字古作纵……小颜乃疑作踪迹之踪,误矣。"王氏亦加按语云:"《史记》作踪,足证纵踪通用,颜注非是。"今按《说文·车部》:"軵,车迹也。"徐铉曰:"今俗别作踪。"(徐锴系传、段注、朱骏声通训定声并同)"軵""踪"异体字。

② 叶大庆《考古质疑》卷五据《汉书》"指纵"例及颜注疑"指踪"为误用,然又举他书中用"指踪"者数例,以为"似可如是用,更俟知者质之",在"指纵""指踪"间游移不定。今按"指纵""指踪"均不误。《四库全书考证》卷二四"史记下"条:"又'而发踪指示兽处者人也',案《汉书》作踪,颜师古曰:'发纵谓解绁而放之,读者乃为踪迹之踪,非也。'据彼说,则此踪字误。"更泥于颜注,以不诳为诳。

军。"注:"《续汉书》'隖'字作'堰',其字义则同,但异体耳。"

按:《集韵·願韵》:"堰,障水也。或作隖。""堰""隖"为一字异体。"隖"又作"塢","土""阝(阜)"旁义通,常相混用。《后汉书·循吏传·王景》:"(王)吴用景塢流法,水乃不复为害。"《字汇补·土部》:"塢,与堰同。"又可作"隁",慧琳《一切经音义》卷六六《阿毗达磨法蕴足论》音义"隁塞"条:"隁,今亦作堰。"(亦见《集韵·願韵》"堰"字下)"堰""隁""塢""隖"一字分别改换声旁、形旁而成四体。

或分析文字致误之由:

《西南夷传》:"其外又有巂、昆明诸落,西极同师,东北至叶榆。"注:"今流俗诸本并作'布舊昆明',盖'巂'字误分为'布舊'也。"

按:"巂"或本作"布舊",李贤认为是由于一字"误分为"二字而致,固可备一说,然颇有疑。"巂"分体似不得与"布"形近。疑作"舊"者乃"巂"之形讹字,"布"者乃前文"有"之形讹字,又阑入文中,成"有布舊昆明"。

或揭橥由于特定社会历史原因而改字:

卷二二《朱祐传》:"朱祐字仲先,南阳宛人也。"注:"《东观记》'祐'作'福',避安帝讳。"

从李贤注对各条异文的处理方式看,有的仅列异同,有的略做辨析,有的详加考订,形成这种局面的原因之一当然和异文本身有关,因为有些异文很难遽定孰是孰非,只能客观描述;但就李贤等人对范书作注的实际情况而言,似乎又和注成众手、因时间匆遽未能写定有关。无论如何,李贤注所记录的当时所见的范书异文,其价值还是很可宝重的。

四、异文之成因

综观李贤注所存当时范书的各种类型的异文,究其发生之原因,大约有以下数端：（一）文字形讹致异；（二）文本用字不同；（三）有意改换用词；（四）引述前代典籍因传授学派或版本不同致有差异。

（一）文字形讹致异

李贤等人所见范书诸本均不免因字形相近而产生错讹，原文与讹文自然形成异文。这一点李贤注业已指出，《孝和帝纪》："九年春正月，永昌徼外蛮夷及掸国重译奉贡。"注："掸……俗本以禅字相类或作禅者，误也。"《刘盆子传》："其中勇士自号猛虎，遂相聚得数十百人，因与吕母入海中，招合亡命，众至数千。"注："《东观记》曰："宾客徐次子等自号'搤虎'。……今为猛字，搤与猛相类也。"均其例。根据当时所见范书皆为写本的情况，可以结合目前所见的六朝隋唐代写本之文字形体来"还原"它们各自致误的缘由。

《邓禹传附邓训》："训因发湟中秦、胡、羌兵四千人，出塞掩击迷唐于寫谷，斩首虏六百余人，得马牛羊万余头。"注："《东观记》寫作鴈。"

《邓禹传》："于是以韩歆为军师，李文、李春、程虑为祭酒。"注："虑字或为宪字。"

《耿弇传附耿国》："国字叔虑，建武四年初入侍，光武拜为黄门侍郎。"注："《东观记》虑作宪。"

按：从"虍""厂"等构件的字，在写本中竖撇往往写得较短，导致原本的半包围结构近似上下结构。如"鴈"在敦煌写本中作"鴈"，在记录唐五代写本佛经字形的可洪《新集藏经音义随函录》作"鴈"，与"寫""寫"（寫）字形相近，故易讹混而致异文。"虑"也是如此，如在敦煌写本中作"憲""憲"，在《随函录》中作"憲"，与"憲""憲"形近而混，以致异文。

《周章传》："周章字次叔，南阳随人也。"注："叔或作升。"

按："叔"字在六朝隋唐时写作"升"（敦煌写本）、"升"（石

刻)、"**丹**"(《随函录》),与"升"字形近。古文献中"叔""升"互讹致
异的例子屡见。

  《崔骃传附崔寔》:"烈骂曰:'死卒,父挞而走,孝乎?'"注:
"(死卒)或作孔卒,误也。"

按:"死"字在六朝隋唐可作"**死**""**死**",所从之"**七**(人)"往往置
于"**歹**"右边;[①]而"孔"之俗写则又在"**乚**"上添笔作"**死**""**死**"
"**死**",[②]以致二字形讹致异。

  《刘玄传》:"王匡、王凤、马武及其支党朱鲔、张印等北入南
阳,号新市兵。"注:"《续汉书》印作印。"

按:《册府元龟》卷二八九同范书,《太平御览》卷九〇引《东观汉
记》、卷一八六引《后汉书》、今本《后汉纪》并作"印","印"为"印"之
形近讹字。写本中"印"可作"**印**","仰"或作"**仰**","迎"或作"**迎**",
"抑"可作"**抑**",均可参比。"印"写作"**印**",大约首先写作"**印**",这应
当是"印"之隶体"**卬印**""**卬印**"楷定的结果。后来又上加一短横或一平
撇,叠床架屋,进一步繁化,于是就成了"**印**","印"与之形近而乱。

  《冯衍传》载与田邑书:"由是言之,内无钩颈之祸,外无桃菜
之利。"注:"臣贤案:谢息得桃邑菜山,故言无桃菜之利也。但为
菜字似枣,文又连桃,后学者以桃枣易明,桃菜难悟,不究始终,
辄改菜为枣。"

按:据李贤注可知或本"菜"作"棗",注已指出"菜字似棗"乃致误
原因之一。"棗"俗书作"樂",《干禄字书》:"樂、棗,上俗下正。"敦煌本
王仁昫《刊谬补缺切韵·晧韵》:"棗,通俗作樂。"王观国《学林》卷九
"救"条亦云"棗字作樂"。《齐民要术》卷十"棗"引《东方朔传》:"武帝

---

  ① "**七**(人)"居于下部实际上是隶变以后的写法,之前的甲金篆体均居于"**歹**"之右。
  ② 俗体中"**乚**"上往往添笔,如"乱"作"**乱**","礼"作"**礼**"。

时,上林献枣。上以杖击未央殿槛,呼朔曰:'叱! 叱! 先生来! 来!先生知此箧里何物?'朔曰:'上林献枣四十九枚。'上曰:'何以知之?'朔曰:'呼朔者,上也;以杖击槛,两木,林也;朔来来者,枣也;叱叱者,四十九也。'"①所谓"来来者,枣也",正指"棗"为枣字,②同时也可看出"棗"形在当时使用较为普遍。"朿"字甲金文可作"𣎆""𣎆",篆文可作"𣎆",此外古陶文、古币文、古玺文亦均大类。③ 战国文字中"重朿"之"棗"可作"𣐈",到秦汉文字则可作"𣐈""𣐈","朿"讹变作"来",因此何琳仪说"(棗)……战国文字多从二来"。④ 据上述可知,唐写本中习见之俗体字"棗",其来源颇古,直可上溯战国古文。"棗"又可作"棗""𣐈",与"莱"字形更近,故而"莱"或误作"棗"。

《刘玄传》:"右辅都尉严本恐失更始为赤眉所诛,将兵在外,号为屯卫而实囚之。"注:"本,或作平,或作丕。"

按:"本"有异文或作"平"或作"丕"皆因形近而致。"本"的异体作"夲",与"平"(平)形近而异;《干禄字书》:"平、丕,上通下正。"《玉篇·一部》:"丕,或作平。""平"与"夲"形近而异。《三国志·吴书·阚泽传》注引《吴录》:"初,魏文帝即位,权尝从容问群臣曰:'曹丕以盛年即位,恐孤不能及之,诸卿以为如何?'群臣未对,泽曰:'不及十年,丕其没矣,大王勿忧也。'权曰:'何以知之?'泽曰:'以字言之,不十为丕,此其数也。'""不十为丕"即指"平",可见当时"丕"已作"平"。⑤

---

① 亦见《艺文类聚》卷八七、《太平御览》卷九六五引,文字稍异。
② 缪启愉《齐民要术校释》(第二版)释此条云:"来来字形像朿朿,累朿为枣。"盖不知累"来"即为"棗(枣)"字,反以"来"字形似"朿",累"朿"为"棗",取途稍迂。(北京:中国农业出版社,1998 年,第 706 页)
③ 参看李圃主编《古文字诂林》第六册,上海:上海教育出版社,2003 年,第 567 页。
④ 何琳仪《战国古文字典》,北京:中华书局,1998 年,第 227 页。
⑤ 顾炎武《音学五书·唐韵正》卷六"不"下云:"按夲字以中丨直贯下而加一横其间,故谓之不十。"张参《五经文字》卷下云"丕、平,上《说文》,下石经",是说明"丕"这一形体从《说文》篆字"𠀎"而来,"平"则从(嘉平)石经隶省而来。

(二) 文本用字不同

李贤等人所见《后汉书》均为写本,而写本用字比较灵活,或用本字或用借字,或用正体或用异体,用同源字,等等,如此自然形成异文;范书与相关史料用字亦有差别,同样会出现异文。

1.《后汉书》流传过程中的不同用字

《申屠刚传》载其对策:"今圣主幼少,始免褓緥。"注:"緥,或作褓。"

按:"緥"或本作"褓","緥""褓"异体字。《说文·糸部》:"緥,小儿衣也。"徐铉云:"今俗作褓。"《集韵·晧韵》:"緥,或从衣。"偏旁"糸""衣"意义相通,故得互换。"褓"字已见汉隶,顾蔼吉《隶辨》载《魏受禅表》有"褓"字。

《周燮传》:"燮生而钦颐折頞,丑状骇人。"注:"颐,颔也。钦颐,曲颔也。……钦音丘凡反。钦或作顉,音同。"

按:《汉书·扬雄传》载其《解嘲》:"(蔡泽)顉颐折頞,涕唾流沫。"颜师古注:"顉,曲颐也。"指下巴向上翘起。"顉""钦"同在《广韵·侵韵》去金切小韵,音同可通。"頞"也是"顉"之借字,《解嘲》"顉颐折頞",《文选》所载即作"頞"。王念孙《读书杂志·汉书十三》"頞"条:"作顉者正字,作頞者借字。……《文选》作頞、《后汉书·周燮传》'燮生而钦颐折頞',皆顉之借字。"

《袁绍传》:"操(奸)〔赘〕阉遗丑,本无令德,僄狡锋侠,好乱乐祸。"注:"(僄)或作剽,劫财物也,音同。"

按:《说文·人部》:"僄,轻也。"既可指人的品性或地方习俗轻浮、不稳重,也可指行为动作的迅捷。《方言》卷十:"僄,轻也。楚凡相轻薄谓之相僄,或谓之僄也。"则指前一种用法。"僄狡"乃汉人习语,班固《西都赋》:"虽轻迅与僄狡,犹愕眙而不敢阶。"《后汉书·马融传》载其《广成颂》:"日月为之笼光,列宿为之翳昧,儦狡课才,劲勇程气。"均其例。《说文·刀部》:"剽,……一曰剽,劫人也。""剽""儦"俱从"票"得声,同源通用。《晋书·刘毅传》:"又与从弟藩远相影响,招聚剽狡,缮甲阻兵,外托省疾,实规伺隙,同恶相济,图会荆郢。"《南齐书·陈显达传》:"而凶丑剽狡,专事侵掠,驱扇异类,蚁聚西偏。""剽狡"同"儦狡"。

《酷吏传》论曰:"叔世偷薄,上下相蒙。"注:"偷,苟且也。本或作渝。渝,变也。"

按:异文作"渝"乃"偷"之通假字。《墨子·非乐上》:"湛浊于酒,渝食于野。"孙诒让间诂:"渝当读为偷,同声假借字。《表记》郑玄注云:'偷,苟且也。'谓苟且饮食于野外燕游之所。"《弘明集》卷九萧琛《难范缜〈神灭论〉》:"圣人之教然也,所以从孝子之心,而厉婾薄之意,神而明之,此之谓矣。""婾",宋、元、明本作"渝"。"渝"读作"婾","婾""偷"异体字。

《儒林传》论曰:"其服儒衣,称先王,游庠序,聚横塾者,盖布之于邦域矣。"李贤注:"横,又作黉。"

按:本书《鲍永传附鲍德》:"时郡学久废,德乃修起横舍。"注:"横,学也。字又作黉。""黉"为古代学舍,"横""黉"俱从黄声,例得通假。"横""黉"异文,一为借字,一为本字。

2.《后汉书》与相关史料间的不同用字

《岑彭传》:"又发桂阳、零陵、长沙委输棹卒。"注:"棹卒,持棹行船也。《东观记》作濯。"

按:《史记·佞幸列传·邓通》:"邓通,蜀郡南安人也,以濯船为黄头郎。"《汉书》通本传同。裴骃集解引《汉书音义》:"善濯船池中也。一说能持棹行船也。"司马贞索隐:"濯音棹,迟教反。"《汉书》颜师古注:"濯船,能持濯行船也……濯读曰棹,音直孝反。"据此,"濯"

为"棹"的通假字。《汉书·元后传》:"初,成都侯商尝病,欲避暑,从上借明光宫,后又穿长安城,引内灃水注第中大陂以行船,立羽盖,张周帷,辑濯越歌。"颜师古注:"辑与楫同,濯与棹同,皆所以行船也。"《说文·水部》"濯"字段注:"《史》《汉》以'辑濯'为楫棹,古文假借。""棹"又为"櫂"之后起异体字,玄应《一切经音义》卷一《法炬陀罗尼经》音义"船棹"条:"又作櫂,同。"《干禄字书》:"櫂、棹,上通下正。"范书"棹卒"即持棹行船之士卒,《汉书·刘屈牦传》:"又发辑濯士,以予大鸿胪商丘城。"颜师古注:"辑濯士,主用辑及濯行船者也。""棹卒"当即"辑濯士"。《东观汉记》作"濯",用借字;范书作"棹",行本字。

《杨震传》:"后有冠雀衔三鱣鱼飞集讲堂前。"注:"臣贤案:《续汉》及谢承书鱣皆作鳝,然则鱣、鳝古字通也。"[1]

按:司马彪《续汉书》及谢承《后汉书》作"鳝",范书改作"鱣",二字仅为异体实无别也。[2] 李贤注"古字通"云云实指一字二形而通用。王观国《学林》卷一〇"鳅 鲭 鱣"条:"《后汉·杨震传》曰:'有冠雀衔三鱣鱼飞集讲堂前',章怀太子注曰:'案《续后汉书》及谢承书

---

① 李贤注又云:"郭璞云'鱣鱼长二三丈,音知然反'。"此为《尔雅·释鱼》"鱣"条郭璞注语。今案音"知然反"之"鱣"非范书本文所云之"鱣",此"鱣"据李时珍《本草纲目·鳞四·鱣鱼》云:"出江淮、黄河、辽海深水处,无鳞大鱼也,其状似鲟。"王观国《学林》卷一〇"鳅 鲭 鱣"条、罗愿《尔雅翼》卷二九"鳝"条已辨其非,可参看。范书所云之"鱣"即今日所说之"黄鳝"(参看罗愿《尔雅翼》),音上演切(据《集韵·獮韵》);也有人认为仍应读平声,参看孙奕《履斋示儿编》卷九"杜诗转字音"条、胡鸣玉《订讹杂录》卷六"三鳝"条。
② 颜之推认为"鱣"通"鳝",《颜氏家训·书证》:"《后汉书》云:'鹳雀衔三鳝鱼。'多假借为鱣鲔之鱣;俗之学士因谓之为鱣鱼……孙卿云:'鱼鳖鳅鳣。'及《韩非》《说苑》皆曰:'鳣似蛇,蚕似蠋。'并作鱣字。假鳣为鳝,其来久矣。"后世多有承用其说者。也有学者认为范书及《韩非》《说苑》中"鳣"乃"鮰"之讹字,王利器《颜氏家训集解》(增定本)引郝懿行《颜氏家训斠记》:"《后汉书》三鱣之鱣,盖本作鮰,俗人不识,妄增其上为鱣尔。至于《韩非》《说苑》,皆曰鱣蛇,《荀子》书中,亦有鳅鳣,并同斯误,字形乖谬,非鳝鱣可以假借也。"更甚者尚有人认为"鱣""鳝"皆非是,吴曾《能改斋漫录》卷四"鱣鳝皆不得真"条:"余按欧阳文忠公《集古录》汉杨震碑云:'圣汉龙兴,神祇降祉,乃生于公。'又云:'穷神知变,与圣同符,鸿渐于门,群英云集。'又云:'贻我三鱼,以彰懿德。'观此则称鱣称鳝,皆不得其真也。"此说殊误不足辨。本文认为,"鳝""鱣"二字在表示"黄鳝"这个意义上是(狭义)异体字关系,而"蛇鱣"之"鱣"与"鱣鲔"之"鱣"乃同形字关系,因此"鳝"用"鱣"来表示时,只是异体替换,而非假借。

鳝字皆作鳝。'……观国案：字书鳝字亦作鳝，谢承书作三鳝，范蔚宗改为鳝字，鳝、鳝一也。"《集韵·獮韵》："鳝，或作鳝。"

《董卓传》："以尚书韩馥为冀州刺史，侍中刘岱为兖州刺史，陈留孔伷为豫州刺史，颍川张咨为南阳太守。"注："《英雄记》伷字公绪。《九州春秋》伷为胄。"

按：《广韵·系韵》："伷，系也。"孔伷字公绪，名、字意义相贯。《九州春秋》作"胄"，《说文·肉部》："胄，胤也。""伷""胄"同从"由"声，音义俱通。

（三）有意改换用词

范书不少异文是由改换用词形成的，一类是范书在流传过程中由于各种原因经后人改换词语，一类是范晔编纂《后汉书》时改换所据史料的词语。

1. 流传过程中经后人改换用词

《方术传·徐登》："又尝临水求度，船人不和之，炳乃张盖坐其中，长啸呼风，乱流而济。"注："和犹许也。俗本作知者，误也。"

按："和"有答应、允许义，《孔雀东南飞》："登即相许和，便可作婚姻。""许和"同义连文。俗本不知"和"有答允义而以为乃"知"之形讹，故改作"知"。

《酷吏传·樊晔》："及至郡，诛讨大姓马适匡等。"注："马适，姓也。前书有马适建。俗本匡上有王字者，误也。"

按：俗本不明"马适"为复姓，以为乃"姓马名适"者，如此则"匡"字落单，故于其上妄加"王"字。

《张衡传》载其《思玄赋》："吸青岑之玉醴兮，餐沆瀣以为粮。"注："粮，或作粮。"

按:"粮"或本作"糇",义同。《诗·大雅·崧高》:"以峙其糇,式遄其行。"郑玄笺:"糇,粮。"《尔雅·释言》:"糇,粮也。"郭璞注:"今江东通言粮。"张衡此句当从《楚辞》化出,《离骚》:"折琼枝以为羞兮,精琼靡以为粮。"又:"飡六气而饮沆瀣兮,漱正阳而含朝霞。"《文选》所载张衡《思玄赋》亦作"粮"。

2. 范晔编纂《后汉书》时改换所据史料的用词

马叙伦《读书续记》卷二云:

> 《三国志·魏志·曹操传》注引司马彪《续汉书》曰:"蜀郡太守因计吏修敬于腾,益州刺史种暠于函谷关搜得其笺,上太守,并奏腾内臣外交,所不当为,请免官治罪。帝曰:'笺自外来,腾书不出,非其罪也。'乃寝暠奏。腾不以介意,常称叹暠,以为暠得事上之节。暠后为司徒,语人曰:'今日为公,乃曹常侍恩也。'"伦案《后汉书·曹腾传》曰:"蜀郡太守因计吏赂遗于腾,益州刺史种暠于斜谷间搜得其书,上奏太守,并以劾腾,请下廷尉案罪。帝曰:'书自外来,非腾之过。'遂寝暠奏。腾不为纤介,常称暠为能吏,时人嗟美之。腾卒,养子嵩嗣。种暠后为司徒,告宾客曰:'今身为公,乃曹常侍恩焉。'嵩灵帝时货赂中官及输西园钱一亿万,故位至太尉。"伦案二书叙事各有繁简相掩之过,然彪书记种暠后为司徒云云,直隶腾常称叹云云之下,较得其序。又自称为身,晋世常语,范书则屡见矣。今观彪书云"今日为公",不作"身"字,尝疑诸"身"字皆范追录,信而有征。以殊世俗尚,追刊前人语言,非美笔也。[①]

这段论述指出史书编纂中改换前代相关史料用词的现象:司马彪《续汉书》"今日为公",到《后汉书》中成为"今身为公",范晔以属"晋世常语"之"身"改"日","身""日"形成一对异文。由此可见,范

---

① 马叙伦《读书续记》,北京:中国书店,1985年,第513—514页。

晔在写作《后汉书》时,一面以前代相关史书为蓝本,却往往"追刊前人语言"。这种"追刊"到底是否属马氏所谓"非美笔"尚可见仁见智,亦不在本文讨论之范围,姑且不论。但是,这种由于"追刊前人语言"而使范书与前代相关史料间出现异文的现象并不于此一见,在李贤注中就保留了相关例子:

> 《冯衍传下》载其《显志赋》:"伏朱楼而四望兮,采三秀之华英。"注:"《楚词》曰:'采三秀于山间。'王逸曰:'谓芝草也。'《东观记》及衍集秀字作奇,英字作灵。按下云'食五芝之茂英',此若是芝,不宜重说,但不知三奇是何草也。范改奇为秀,恐失之矣。"

按:李贤注指出范书作"秀""英"乃是据前代《东观记》及冯衍集"奇""灵"所改。周广业《经史避名汇考》卷八:"敬通,光武时人,不当言'秀',从《东观》、本集为是。"

> 《盖延传》:"帝敕曰:'可直往㩅郯,则兰陵必自解。'"注:"㩅,击也。《东观记》作击字。"

按:《东观记》作"击",范书作"㩅",皆为攻击、攻打之义。"㩅"字出现较早,也写作"捣"。《楚辞·九章·惜诵》:"㩅木兰以矫蕙兮,凿申椒以为粮。"《礼记·内则》:"㩅珍:取牛、羊、麋、鹿、麕之肉,必脄,每物与牛若一,捶,反侧之,去其饵,孰,出之,去其皽,柔其肉。"这个"㩅"都是指上下舂捶,《礼记》"㩅珍"之"㩅"即下文所说"捶",因此郑玄注:"捶,㩅之也。"[1]大约自汉代始,"㩅"的意义有所泛化,除指上下捶筑这个特定动作而外,亦可指打、撞击等义,《管子·度地》:"水之性,行至曲必留退,满则后推前,地下则平行,地高即控,杜曲则

---

[1] 《诗·小雅·小弁》:"我心忧伤,惄焉如㩅。"这个"㩅"有两说,一说读为本字,释作"筑""春",如《汉书》颜师古注、朱熹《诗集传》等;另一说认为乃"痛"或"疛"的假借,如毛传、陆德明《经典释文》等。此从后一说。

擣毁。"尹知章注:"杜,犹冲也;擣,触也;言水行至曲,则冲而擣,有所毁伤。"①"擣"当即撞击之义。《淮南子·修务》:"夫怯夫操利剑,击则不能断,刺则不能入;及至勇武攘捲一擣,则摺胁伤幹。""擣"相当于击打。《史记·孙子列传附孙膑》:"孙子曰:'夫解杂乱纷纠者不控卷,救斗者不搏撠,批亢擣虚,形格势禁,则自为解耳。'""擣"与"批"对文,司马贞索隐:"批者,相排批也……擣者,击也,冲也……若虚,则冲擣之,欲令击梁之虚也。"此说得之。这大约是目前所见可明确释作"攻击""攻打"之义的最早用例。但是小司马又云:"此当是旧语,故孙子以言之也。"如若可信,则早在战国便有此义。洪适《隶释》卷十五《赐豫州刺史冯焕诏》:"去年鲜卑犯障塞(下缺)过掩卒擣击无距捍(下缺)……元初六年十二月。"文字残泐,不可卒读,然揆其大意,"擣击"连文当指鲜卑进犯攻击。"元初"为东汉安帝年号。"擣"之此义,东汉至隋皆罕用,似至宋代方大行,《新唐书》尤多见其例。

(四)引述前代典籍因传授学派或版本不同致有差异

《杨震传附杨赐》载赐上封事:"《尚书》曰:'天齐乎人,假我一日。'是其明征也。"注:"今《尚书》文'假'作'俾'。"

按:王楙《野客丛书》卷四"《尚书》抵牾"条云:"今之《尚书》与汉本亦多不同……《尚书》'天齐于人,俾我一日',而杨赐则曰'天齐乎人,假我一日'……似此之类甚多,汉人各习其师,往往不同如此。"传《尚书》之学派不同,所习《尚书》文本也有所差别,故而致异。

《列女传》:"《诗》云:'在彼无恶,在此无射。'"注:"《韩诗·周颂》之言也。……《毛诗》'射'作'斁'也。"

按:"射""斁"异文乃韩诗与鲁诗之差异,"射"通"斁",谓厌恶。

---

① 据罗根泽《〈管子〉探源》,《管子·度地》当为汉初人作品,参看罗根泽《罗根泽说诸子》,上海:上海古籍出版社,2001年,第286页。

《文苑传·刘梁》载其《辨和同之论》:"《春秋传》曰:'和如羹焉,酸苦以剂其味,君子食之以平其心。'"注:"《左传》剂作齐。《尔雅》曰:'剂,剪齐也。'"

按:所引《春秋传》之文出《左传·昭公二十年》,系节略引用。刘梁所见《左传》作"剂",李贤等人所见《左传》作"齐",盖所据版本不同而致异。周寿昌《后汉书注补正》卷七"剂注误"条:"注'剂作齐'是也,而引掇断义不与本文合。案《周礼·盐人》'凡齐事鬻盐以待戒令'注:'齐事,和五味之事。'《礼·少仪》'凡羞有湆者不以齐'注:'齐,和也。'《前(汉)书·艺文志》'百药齐和'注:'与剂同。'"今按周说是,"齐""剂"通用。

《崔骃传》载其《达旨》:"盖高树靡阴,独木不林,随时之宜,道贵从凡。"注:"华峤书作'高树不庇'。"

按:"阴"读为"荫","高树靡阴"与"高树不庇"含义相近而文辞有异,当由华峤、范晔所据崔骃《达旨》本有不同。

《后汉书》之唐前、唐代写本早已湮没不存,目前唯赖李贤注所存异文方可略窥一鳞半爪,据此可见所存异文尤可宝重。本文仅从李贤注获取当时所见《后汉书》异文的材料和方法、李贤注处理异文的方式、异文之形成原因几个方面对李贤注所存《后汉书》异文做了非常粗简的考述,而阐发异文的多维度价值,尚俟来日。

利用异文考释佛经疑难字
应注意的三个问题

比较异文是考释疑难俗字的重要方法之一,对此时贤已有精辟的论述,也据以做出了可观的实绩。近年来,汉文佛经中的疑难俗字日益受到学界关注,刊布了不少这方面的论著。这些论著积极利用异文材料,考释了一批佛经疑难俗字,成绩斐然。郑贤章教授《汉文佛典疑难俗字汇释与研究》正是这方面的力作,上编第三章《汉文佛典疑难俗字考释的方法》即指出"充分利用不同版本佛典异文""可以识别许多疑难俗字",下编《汉文佛典疑难俗字汇释》也屡屡利用异文考订疑难俗字,创获良多。① 不过异文虽是考释疑难俗字的重要材料,但由于成因多样,其间关系复杂,无论作为直接证据还是作为旁证都应谨慎使用。本文即以《汉文佛典疑难俗字汇释与研究》(以下简称"《汇释与研究》")为中心,提出利用异文考释佛经疑难字应注意的三个问题。

一、应分辨异文双方的字词性质

据异文考释疑难俗字,其逻辑前提是异文双方是字与字的关系,在此前提成立的情况下,以浅易考疑难,据通行求流俗。然而,异文间存在着多维度、多层面的对应关系,就语言文字而论,可表现为字

---

① 郑贤章《汉文佛典疑难俗字汇释与研究》,成都:巴蜀书社,2016 年。

与字、词与词、句与句的对立相应关系,又由于汉语单音词在书面形式上表现为单个汉字,因此异文所体现的"字""词"往往纠缠在一起。鉴于此,在利用异文时,需要分辨双方的字词性质,也就是务必分清双方是两个不同的"词"还是同一个词的两个不同"书写形式"。① 假如把两者混淆起来,考释或未必有据。

(一) 焕—熙

> 西晋竺法护译《佛说如来兴显经》卷三:"譬劫灾变,大火熙赫,烧三千大千世界,一切树木、药草、万物,及至围神、大围神山、大金刚山,莫不焚冶。"

《汇释与研究》:"熙赫,元、明本作'焕㷇'。根据异文,'焕'疑为'熙'字。'焕'音'许其切',与'熙'音同。"(第 247 页)

按:"熙"字从火,有光明、明亮义,《玉篇·火部》:"熙,光也。""赫"本指赤貌,《说文·赤部》:"赫,大赤貌。"(据段注本)引申指明亮,《广韵·陌韵》:"赫,明也。""熙赫"同义连文,《如来兴显经》中指火光明亮。

"熙",元、明本作"焕"。《广雅·释诂三》:"焕,炽也。"曹宪《博雅音》注"哀",则"焕"音同"哀"。慧琳《一切经音义》卷九六《弘明集》音义"焕焜"条:"上乌垓反。《广疋》云:'焕,热也,炽也。'"《篆隶万象名义·火部》:"焕,於来反,炽爇。""焕"在王仁昫《刊谬补缺切韵》中有两读,《咍韵》乌开反:"焕,热。"又《之韵》许其反:"焕,火盛。"乌开反,影母咍韵开口一等;许其反,晓母之韵开口三等,咍韵和之韵均由"焕"所从之"矣"声(上古属之部字)演变而来,影母和晓母关系密切,在上古即常互为异读,因此"焕"在《刊

---

① 亦即要区辨"修辞性异文"和"用字性异文"。关于"修辞性异文""用字性异文",可参看拙著《中古文献异文的语言学考察——以文字、词语为中心》,上海:上海教育出版社,2020 年,第 55－59 页。

谬补缺切韵》所载之乌开反和许其反两音均有所承,只是当时或以乌开反为常读。

"焕㜭"同样指火势旺盛、火光明亮。"㜭"为"赫"之俗字,《正字通·火部》:"㜭,俗赫字。"

宋本作"熙",而元、明本以"焕"替"熙",大约是因为没有准确理解"熙"的含义,便以与"熙"同音、表火盛义之"焕"来作改换,以期能与"㜭"连文。由此看来,"熙""焕"之间的关系应是两个意义相近的词,而非一字异体,因此也就不能将"焕"字等同于"熙"字。

(二) 綮—緘

旧题失译附后汉录《大方便佛报恩经》卷二《发菩提心品》:"牛头阿傍在车上坐,緘唇切齿,张目吹火,口眼耳鼻,烟炎俱起。""緘",宋、元、明本作"綮"。

《汇释与研究》谓"'綮'乃'緘'字"。(第 376 页)

按:《说文·系部》:"緘,所以束箧也。"段玉裁注:"束之者曰緘。"《欠部》:"綮,监持意,口闭也。从欠,緘声。"据段注之意,"监"当作"坚","从欠,緘声"应作"从欠緘,緘亦声","此举形声包会意"(朱骏声《说文通训定声》亦持此意)。"綮"庶几可以看作"口闭"义之"专字"。"緘"本指捆扎箱箧的绳索,引申有封闭之义。"綮—緘"异文双方应是两个音义相关的词——"綮"特指嘴唇封闭,"緘"泛指封闭,而非一个词的不同书写形式。因此,"綮""緘"并非一字。

(三) 傿—矬(矮)

义净译《成唯识宝生论》卷三:"然与彼卒墥毒可畏,见便生怖,高大形躯非常威壮,设有形量可容相似。然彼身形含毒可畏,如箧庋车,见便悚惧,是能害者。设使此类躯貌矬傿,由其禀性,是猛利故。""矬傿",宋、元、明本作"矬穚",宫本作"坐傿"。

《汇释与研究》认为"傂""矬"即"矮"字,"穢"为"傂"字之讹。(第59页)

郑贤章《〈龙龛手镜〉研究》也曾论及"傂"字:"'矮'、'瘦'、'傂'在表'短'这一意义时为一组异体字。……'矮'在佛经中指人身躯不高,故换旁从'亻'作'傂'。"①

按:若据异文的对应关系,似可认定"傂"即"矬(矮)"字;但是"矬"字构形理据可以分析,然"傂"字若即"矮"字何以从"歲"则不易解释,因此"傂"是否确为"矮"字还需斟酌。

如果摆脱异文双方为一字异体的思路,分辨字词关系,从词与词对应的角度观察"矬-穢-傂"这组异文的话,似有新的启发。

高丽藏-大正藏系统作"矬",资福藏-普宁藏-径山藏系统(即校记中的"宋、元、明三本")作"穢",二者分属大藏经的两个版本谱系,前者是中原系统,后者是江南系统,这两个系统的藏经经文存在大量用词差异,例子触处皆是,不待赘举。"矬""矬"都是"矮"义,"矬矬"同义连文;"穢"可指(容貌、身形)丑陋,②"矬穢"类义连文。从经文语境来看,无论作"矬矬"还是作"矬穢",均能贯通经意(就前文"躯貌"而言,"矬穢"更合文意)。③据此,"矬-穢"异文的性质也应是用词之别,而不是一字异体。"宫本"指日本宫内厅图书寮(现称书陵部)所藏旧宋本,实即宋刻崇宁藏和毗卢藏本,乃是同属江南系统的版本,这样看来,宫本之"傂"与资福藏-普宁藏-径山藏本之"穢"倒应是一字异体。

慧琳《一切经音义》卷五一《成唯识宝生论》音义"矬瘦"条:"《论》文二字并从'人'从'坐'从'歲',作'俥''傂'二字,并非也。"

① 郑贤章《〈龙龛手镜〉研究》,长沙:湖南师范大学出版社,2004年,第159页。
② 《世说新语·容止》:"骠骑王武子,是卫玠之舅,俊爽有风姿,见玠辄叹曰:'珠玉在侧,觉我形秽。'"姚秦竺佛念译《菩萨处胎经》卷七《破邪见品》:"见五百梵志耆年宿德,学道日久,日曝火炙,形貌丑秽。""秽"指丑陋难看,非谓肮脏。
③ 译经中还有"矬陋""矬丑"等词,"矬秽"可与之参比。

宫本作"侳儀"与慧琳所见本同,保留了唐代钞本的写法。"矬"形容人身形低矮,故改从"亻"旁,书写时下字发生偏旁类化,故"穢"写作"儀"。慧琳认为"侳儀二字并非也",在词目中将"侳"改作正字"矬",而将"儀"改作"痴",可能因为没有意识到"儀"乃"穢"的俗写,或者没有意识到"儀(穢)"表示丑陋义,见上文为"矬",便基于同义联想作"痴"字;当然也可能据作"痴"之异本改。

《龙龛手镜·人部》:"儀,《经音义》作矮,乌买反,矬儀也。"实未探本而不可据。

(四)逓—焉

《三国遗事》卷四:"朗即焚香虔祷,小逓公至。时方大雨,衣袴不湿,足不沾泥。""小逓",《大日本续藏经》本作"少焉"。

《汇释与研究》:"根据文意,疑作'少焉'是。'逓'疑即'焉'之俗。'小逓'同'少焉',片刻、一会儿之义。……'焉'何以作'逓'?待考。"(第404页)

按:作者基于二字异文,认为"逓"即"焉"之俗字;但双方形体相差较远,似难沟通系联,因而作者亦有所疑问。之所以陷入这种依违境地,原因还在于被异文双方为同字这种先验观念所左右,没有考虑其他可能性。如果换种眼光,从异文同义异词的角度去观察,可能会有不同结论。

设若异文"小逓""少焉"是两个不同的词,但意义相同;"少焉"是片刻、一会儿之义,那么"小逓"也应是此义。以此为基础,再结合"逓"之字形,即可发现"逓"即"選"字之讹,"小"当作"少","小逓"也就是习见之"少选"。

(五)鞥—悬

唐法照撰《净土五会念佛诵经观行仪》卷中:"七重行树七重栏,宝盖垂空宝网鞥。"

《汇释与研究》认为"氊"乃"悬"字,基本依据便是异文:大谷大学藏德川时代刊本《净土五会念佛略法事仪赞末》:"七重行树七重栏(阿弥陀佛),宝盖垂空宝网氊(南无阿弥陀佛南无阿弥陀佛)。""氊",宗教大学藏正保五年刊本作"悬"。(第 442 页)

按:若"氊"即"悬"之异体,则构形理据颇为费解,因此"氊"是否确为"悬"字不能无疑。大正藏本《净土五会念佛诵经观行仪》卷中属"古逸部",底卷为法藏敦煌文献 P. 2066,覆检之下,此句之"氊"底卷实作**鞔**,乃"鞔"字。此句在《观行仪》中属《阿弥陀经赞》,鸠摩罗什译《佛说阿弥陀经》原文作"极乐国土,七重栏楯、七重罗网、七重行树,皆是四宝周匝围绕,是故彼国名曰极乐",《赞》中"宝网"即就《经》中"七重罗网"而言。窥基《阿弥陀经疏》:"经曰:'七重罗网。'次释第二上罗珠网也。《无量寿论》云:'空庄严也,无量宝绞络罗网遍虚空。'若《观经》云:'以妙真珠弥覆树上。'《无量寿经》云:'总覆佛土,何但树上,其网四边皆垂宝铎,网用真珠金百千宝饰。'"又《阿弥陀经通赞疏》卷中:"七重罗网者,严显国土罗覆树林,金缕结成众宝饰。"参《疏》之意,可明"佛土""树"等为"七重罗网"所覆。此外,据施萍婷《新定阿弥陀经变——莫高窟第 225 窟南壁龛顶壁画重读记》研究,莫高窟第 225 窟南壁龛顶壁画为《阿弥陀经变》,其中可见宝网蒙覆、宝幢垂空的形象。① 据此,《观行仪》"宝网鞔"正合《阿弥陀经》经意。玄应《一切经音义》卷十四引《仓颉篇》:"鞔,覆也。"

佛经屡见有关宝网罗覆的描述,如鸠摩罗什译《佛说华手经》卷九《上坚德品》:"有一大园,纵广正等八十由旬,王所游观。宝树七重,周匝围绕,亦以七宝、七重罗网罗覆其上。"隋阇那崛多译《佛本行集经》卷六《上托兜率品下》:"彼宫上下宝网罗覆,于彼罗网多悬金

---

① 施萍婷《新定阿弥陀经变——莫高窟第 225 窟南壁龛顶壁画重读记》,《敦煌研究》2007 年第 4 期。

铃。"例多不备举,并可与《观行仪》"宝网鞔"参观。

> 《净土五会念佛诵经观行仪》卷下:"善哉法将功能观,觌见
> 弥陀宝网鞔。"

《汇释与研究》认为"鞔"乃"悬"字,"'悬'或作'鞔'(见本书
'鞔'字条),'鞔'与'鞔'形体近似。"(441页)

按:大正藏本《观行仪》卷下亦属"古逸部",同出敦煌藏经洞,底
卷为法藏 P. 2250 + P. 2963,上引此例在 P. 2963。此卷中"鞔"字凡三
见,除上揭例外,还有"其间宝网鞔""金楼宝网鞔"二例。检核原卷,
字分别作"鞔""鞔""鞔",《大正藏》本均据以录作"鞔"。其实"鞔"
"鞔""鞔"非"鞔",而是"鞔"字。俗写中"免"常作"兑",如 S. 126
《十无常》:"直饶便是转轮王,不兑也无常。""兑"为"免"字;此外如
"勉"写作"勉"、"冕"写作"冕"、"挽"写作"挽"、"晚"写作"晚",均
其例。据此,"鞔""鞔""鞔"均为"鞔"之俗体,《观行仪》卷下"宝网
鞔"亦即卷中之"宝网鞔"。"鞔"非"悬"字。

既然《观行仪》卷中底卷作"鞔",那么大正藏本据以录文时何以
作"鞔"?这可能受日本刊本《净土五会念佛略法事仪赞》作"鞔"的
影响。那么《仪赞》之"鞔"又何从来?这倒可能正如《汇释与研究》
所说"'鞔'与'鞔'形体近似"——携入日本之《仪赞》底卷原作
"鞔",在传写刊刻过程中形讹作"鞔",别本作"悬"或因见"鞔"不可
识而据文意臆改。

据上所述,作为论据的"鞔""悬"异文成因较为复杂,未可径以为
同字。

二、应分辨异文间的字际关系

异文双方可能是词与词的关系,也可能是字与字的关系,后者
也就是字际关系。字际关系纷繁复杂,除了异体、俗体外,还有通

假、同源、古今、正讹等。异文双方在确定表现为字际关系的前提下，也存在着多种可能情况。因此，在据佛经异文考订疑难俗字时，不能轻易地将异文双方视为正体和或体的关系，进而等同起来；而应多方面多角度地分辨其中的字际关系到底属于何种情况，再做定性。

（六）忉—灼

唐慧立撰《大唐大慈恩寺三藏法师传》卷六："四海黎庶依陛下而生，圣躬不安则率土惶忉。"

《汇释与研究》："'惶忉'之'忉'同'灼'字。……《佛本行经》卷一：'王闻说是言，喜愕情惶灼，速呼太子来，与阿夷相见。'《正法华经》卷二：'常从佛闻法说，化导诸菩萨乘，见余开士听承佛音，德至真觉，甚自悼感，独不豫及，心用灼惕。'两处'灼'，宋、元、明本作'忉'。《贤愚经》卷八：'父母闻此，心怀灼然。''灼'，宋、元本作'忉'。"（255 页）

按："忉""灼"异文是作者立说的重要论据；但二者异文是否必然同字异体还需进一步考虑。《方言》卷一："忉，痛也。"卷十三："灼，惊也。"①"忉""灼"同从"勺"声，声近而通用，故文献中又常以"忉"表惊恐惧怕义；至《广雅》，除立"忉，痛也"条外，还立"忉，惊也"条，可见汉魏以来表示惊恐义书面上"灼""忉"往往通用。② 由此看来，"忉""灼"二字之间应是声近通用的关系，将其看作一字异体恐欠妥。

（七）憿—悔

宋知礼撰《四明十义书》卷下《第十不闲究理》："但为惜乎正

---

① 钱绎《方言笺疏》认为"灼"表"惊也"可能是"悼"的通假，恐未必是。
② 徐复《方言补释》："灼为惊义。《广雅》：'忉，惊也。'忉为灼之后起字。"似未尽安。

教被颠倒说混之，又为悔于来蒙遭邪言惑乱，所以略寄数义，陈其梗概耳。"

《汇释与研究》："'悔'，延宝九年刊宗教大学藏本《四明十义书》作'憪'。'憪'，……即'悔'的声旁繁化字。"（第 269 页）

按："悔""憪"异文，作者据以认为"憪"即"悔"。但观上下文意，"悔"字无从说起，且含义与上句位置相对之"惜"字不协，因此"悔""憪"异文所表示的字际关系是否为同字异体令人生疑。

察"憪"字结构，"憪"应即"憝"字，亦即"憨"字。"憪（憨）"与前句之"惜"文对而义协，谓怜惜、哀愍。作为天台宗山家派代表人物的知礼，反对山外派晤恩、源清、庆昭诸法师对于《金光明经玄义》广略二本真伪的说法，"惜乎正教被颠倒说混之"，"憪（憝/憨）于来蒙遭邪言惑乱"正就此而言，故作"憪（憝/憨）"合于上下文意。大正藏本《四明十义书》的底本为日本宗教大学藏元文二年（1737）刊本，卷首有义瑞《重刻四明十义书序》，中云"于是四明尊者惜乎正教，憝于来蒙，勉与梵天昭师问答往复，各及五回"（"四明尊者"即四明知礼，"梵天昭师"即庆昭），即作"憝"字，足证文中"憪"与"憝"同字。

据此，"悔"应是"憪"残坏后的讹字，"悔""憪"异文间反映的乃是正与讹的字际关系，而不是一字正俗之别。

（八）躁—躁

《汇释与研究》："佛经中，'躁'乃'躁'字。《瑜伽论记》卷八：'前卷末说世间离欲者相，威仪寂静，言语敦肃，而无躁动等。今此与彼相似，故言当知无异等。''躁'，民国十一年金陵刻本作'躁'。根据文义，'躁动'即'躁动'，其中'躁'即'躁'之换声旁俗字。"（第 395 页）

按：与其据"躁""躁"异文判定前者为后者之"换声旁俗字"，不如将"躁"看作"躁"之形近讹字更得其实。"躁""躁"异文是文字正误关系，当非一字异体。

三、应分辨异文对应关系的真实性和有效性

异文一方所表示的字形 A 因发生错讹变成 A'，成为疑难字，但 A'并非实际具在的文献用字，那么对于异文另一方字形 B 而言，只有 A 才是它的真实对应项，A'虽然表面上也和 B 具有对应关系，但实际上并不具有真实性。当以异文作为考释的起点和依据时，只有"A—B"才能沟通双方，亦即具备论证有效性，而"A'—B"并不能建立真实的系联关系。在佛经疑难字考释中，若未能察知 A'的讹误实质，未能体认"A'—B"的真实性和有效性，反而将"A'""B"贯通等同起来，必然发生误释；有时"A'—B"貌似能够沟通系联，那不过是 B 与 A 恰好同字，实质上乃是"A'—A"。

（九）候—俟

乞伏秦圣坚译《佛说除恐灾患经》："妾为女人，在家闲处，可持妾分，以候此客。"

《汇释与研究》："'候'，……乃'俟'字。'候'，宫本《佛说除恐灾患经》作'俟'。"（56 页）

按：《汇释与研究》据大正藏本与宫内厅图书寮本的"候—俟"异文推定"候"即"俟"字，乍看起来，似无问题，由此可知通行之"俟"还有一个写作"候"的异体。但进一步考察异文真实性的话，上述结论就未必可靠了。

大正藏本《佛说除恐灾患经》的底本是高丽藏再雕本，覆检高丽藏本，字实作"**候**"，与高丽藏本属同一版本系统的金藏本作"**候**"，"**候/候**"即"候"，亦即"候"字，元刻本《古今韵会举要·宥韵》："候，本作候，从人矦声，今文书作候。"由此可见，"候"实际上是大正藏据底本排印时出现的错讹，也就是说，"候"是"**候**"的形近之误，是一个凭空而造、子虚乌有的"字形"。

依照上文所述,大正藏本与宫本间异文双方所表示的字形 A 和 B 本来应是"候"和"俟",由于发生错讹,"A—B"("候—俟")变成"A'—B"("倏—俟")。事实上,"A—B"("候—俟")才具备真实对应关系,双方能够有效沟通,而"A'—B"("倏—俟")乃是一种虚假对应,徒具异文之貌而已,A'(倏)所能对应、沟通的只有 A(候)。若混淆"A'—B"("倏—俟")的性质,自然就会错判它们之间的关系。据此分析,A'(倏)与 B(俟)无法建立真实有效的系联,"倏"自然也就不可能是"俟"字。

(十) 瓫—瓫

北凉昙无谶译《大般涅槃经》卷十六《梵行品之二》:"所谓世间文字、言语、男女、车乘瓶瓫、舍宅城邑、衣裳饮食、山河园林、众生寿命,是名亦知亦见。""瓫",元本作"瓫"。

《汇释与研究》:"'瓫',……根据异文,即'瓫'字之讹。……构件'公'与'分','瓦'与'凡'草写形体近似。"(第 65 页)

按:据异文以为大正藏本之"瓫"为"瓫"之讹。检高丽藏本实作"瓫",即"瓫"之俗("瓦"俗作"瓦",见《干禄字书》),"瓫"即"盆"字,《广韵·魂韵》:"盆,瓦器,亦作瓫。"大正藏本从"凡"之"瓫",实为"瓫"之形近讹字(不识"瓦"为"瓦"字,讹作"凡")。① "瓫—瓫"异文为正误之异,"瓫—瓫"异文为异词之异,"瓫—瓫"不能构成真实有效的异文,"瓫"为"瓫"之讹自然也无从谈起。

(十一) 枫—杋

西晋竺法护译《生经》卷一《佛说五仙人经》:"或云白捣、或

---

① 从汉字俗写的角度看,"瓫"即"瓫"之俗,因为"瓦"除了写作"瓦"以外,还可作"凡",如"瓫"或作"瓫""瓫",不过这里底本作"瓫",大正藏本之"瓫"还是应该看作"瓫"的讹字较宜。

云五枛截耳割舌挑目杀之。""枛",宋、元、明本作"杌"。

《汇释与研究》:"'枛'乃'杌'之讹。……构件'兀'与'瓦'草写近似。"(第 161—162 页)

按:大正藏本《生经》之"枛",高丽藏本作"柷",即"杌"之俗写,"兀"俗作"凡";大正藏本编印时,不识"柷"为"杌"之俗,生造出"枛"这样一个"字形"。《汇释与研究》据异文谓"'枛'乃'杌'之讹",固然不误,但从异文双方的真实性、有效性来看,确切地讲,应该是"柷—枛"为正(确)讹(误)异文,"杌—柷"为正(体)俗(体)异文。

(十二) 湙—案

唐道宣撰《续高僧传》卷二六"释昙瑎":"常读经盈箱满湙,记注幽隐,追问老耄,皆揖其精府,反启其志。""湙",宫本作"案"。

《汇释与研究》:"'湙',大型字典失收,乃'案'字之讹。……《草书大字典·木部》:'案'作'夅'。'湙'与'夅'形体近似。"(第 165 页)

按:大正藏本《续高僧传》之"湙",高丽藏本作"柰",即"案"字,大正藏本之所以作"湙",全因粗疏而将"柰"破成"止""朿"两部分,又将其认作"止""条",以至于产生"湙"这样一个不成字的"符号"。《汇释与研究》据异文指出"湙"乃"案"字之讹,正确;但认为"湙"的形成与"案"的草书"夅"有关,或因尚未看清"湙"的真实来历。

辞书编纂应重视文献异文

——兼谈《汉语大词典》书证之"一本作"

大型历史性语文辞书的编纂与历史文献关系密切,无论摘词、立目还是释义、举证,均要以历史文献为依据。历史文献在生成和流传过程中会出现大量异文,这些异文对于辞书编纂具有重要影响:一方面具有较高的研究、利用价值,如可据异文辨讹误、据异文明通假等,凡此均有助于正确立目与释义;另一方面也可能误导编纂者,以致辞书出现伪目、伪义和伪证。本文在考察相关辞书中的若干实例的基础上,认为编纂大型历史性语文辞书面对海量历史文献时,应重视并充分利用文献异文,应注意查异、考异;同时对《汉语大词典》书证所标示的"一本作"异文做了初步讨论。

一、立　　目

历史文献在流传过程中不可避免会出现讹误,辞书据历史文献摘词时,如果不察讹文,就可能将讹文或带有讹文的词立为词目,以致造成"伪目"。有些讹文比较隐蔽,仅从本身不易觉察有误,但若能够注意异文,则能显示讹误,从而祛除"伪目"。

(一) 本出

《汉语大词典》"本出"条:

> 本乡,故土。《魏书·孙绍传》:"士人居职,不以为荣;兵士

役苦，心不忘乱。故有竞弃本出，飘藏他土。"

按：《汉语大词典》之所以将"本出"释作"本乡，故土"应是基于下句之"他土"，但这种意义的"本出"似无他例，颇为可疑。

"本出"，《魏书》之北监本、汲古阁本、殿本、《北史》同传、《册府元龟》卷四七二并作"本生"。"本生"本是动词，指亲生，[①]《汉书·王莽传中》："初，莽妻宜春侯王氏女，立为皇后。本生四男：宇、获、安、临。"谓宇、获、安、临四人均系王皇后亲生。后转指生身父母。《魏书·高崇传》："初，崇舅氏坐事诛，公主痛本生绝胤，遂以崇继牧犍后，改姓沮渠。""本生"即公主之亲生父母。《隋书·郑译传》："译从祖开府文宽，尚魏平阳公主，则周太祖元后之妹也。主无子，太祖令译后之。……文宽后诞二子，译复归本生。"又《房彦谦传》："十五，出后叔父子贞，事所继母，有逾本生，子贞哀之，抚养甚厚。"白居易《为崔相陈情表》："臣亡父某官、亡妣某氏，是臣本生。"由此可见，当亲生父母讲的"本生"是六朝隋唐时期的习语。[②]《魏书·孙绍传》"本出—本生"异文，"出"当为"生"之形近讹字。"竞弃本生，飘藏他土"是说弃离父母而转徙他方。《汉语大词典》据误文而立的"本出"条，实属"伪目"。

（二）廉嗜

《汉语大词典》"廉嗜"条：

> 犹廉贪，南朝宋颜延之《庭诰》："廉嗜之性不同，故畏慕之情或异。"

按：《庭诰》出《宋书·颜延之传》。"廉""嗜"义不相属，无以连

---

① 《诗·大雅·文王》："文王孙子，本支百世。"毛传："本，本宗也；支，支子也。"后"本"即指具有血缘关系的嫡系子孙。"本生"之"本"当据此。

② 亦有"本生父母"之称，如后秦鸠摩罗什译《大智度论·释初品中赞尸罗波罗蜜义》："白衣来欲求出家，应求二师：一和上、一阿阇梨。和上如父，阿阇梨如母；以弃本生父母，当求出家父母。"《礼记·丧服小记》"夫为人后者"孔颖达正义："夫为本生父母期，故其妻降一等服大功，是从夫而服，不论识前舅姑与否。""本生父母"就是亲生父母。

文;且"廉嗜"仅此一见。"廉",《册府元龟》卷八一六、《戒子通录》卷四并作"嫌"。"嫌嗜"反义连文,"嫌"谓厌恶,"嗜"言喜好,与下文"畏慕"意义相应。《宋书·袁淑传》:"劫晋在于善觇,全郑实寄良谋,多纵反间,汩惑心耳,发险易之前,抵兴丧之术,冲其猜伏,拂其嫌嗜。"亦"嫌嗜"连文例。《庭诰》"廉"当为"嫌"之误,"廉嗜"应属"伪目"。

(三)僮牧

《汉语大词典》"僮牧"条:

> 犹僮仆。南朝宋刘义庆《世说新语·俭啬》:"司徒王戎,既贵且富,区宅、僮牧、膏田、水碓之属,洛下无比。"

按:《俭啬》例中"区宅"与"僮牧"平列;"区宅"同义复合,但"僮""牧"义不相属,无由并举,且"僮牧"这一组合形式似乎仅见于今本《世说》,颇启人疑。

《太平御览》卷四七二引《世说》"僮牧"作"僮役","牧-役"异文。"僮役"屡见于中古文献,《宋书·孝义传·许昭先》:"昭先父母皆老病,家无僮役,竭力致养,甘旨必从,宗党嘉其孝行。"《南齐书·孝义传·江泌》:"无僮役,兄弟共舆埋之。"《太平御览》卷四一一引《晋中兴书》:"何琦,字万伦。遭母忧,停枢在殡,为邻火所逼,烟焰已交,家乏僮役,计无从出,乃匍匐棺所,号哭而已。"《晋书·何琦传》作"僮使"。《南史·谢弘微传》:"混仍世宰相,一门两封,田业十余处,僮役千人,唯有二女,年并数岁。"《宋书》同传作"僮仆"。"僮"谓僮仆,"役"谓仆役,"僮役"同义连文,合于《世说》文意,且正与"区宅"并列,应是原文;"牧"是"役"的形近误字。汉语史上其实并无"僮牧"一词,它在《汉语大词典》中也属"伪目"。

(四)指宜

《汉语大词典》"指宜"条:

犹阐明。《晋书·王浑传》："可令中书指宜明诏,问方土异同,贤才秀异,风俗好尚。"《梁书·武陵王纪传》："今遣散骑常侍、光州刺史郑安忠,指宜往怀。"

按:若"指宜"有阐明义,则"宜"的构词理据颇费解。"宜",百衲本、武英殿本及中华书局点校本并作"宣"。"宜-宣"异文,"宜"显然是"宣"的形近讹字。"宣"有宣布、阐明义,所谓"指宣"就是前往宣布、说明之义。《汉语大词典》"指宜"条为"伪目",应剔除。

二、释　义

上述"本出""廉嗜""僮牧""指宜"等是基于文献讹误而衍生出来的,实属无中生有。有的时候,由误字衍生出来的形式恰好是某个实际存在的词,但由于其中包含着错讹,释义必然郢书燕说。因此,辞书在结合书证释义时,也要注意辨异文、订讹误,从而设立正确的义项,避免"伪义"。

(五) 器重

《汉语大词典》"器重"条:

②才能。《北史·序传》："(李冲)少孤,为承训养。承常言,此儿器重非恒,方为门户所寄。"③犹质朴,厚重。《梁书·冯道根传》："微时不学,既贵,粗读书,自谓少文,常慕周勃之器重。"

按:"器重"表示"才能"和"质朴、厚重"义均未见他例。《北史》之"器重",《魏书》同传作"器量";《梁书》之"器重",《南史》同传、《册府元龟》卷七九二亦并作"器量"。"器量"有器局、度量、才能等义,是汉魏以来之常词,不烦举例。由此看来,"重"乃是"量"的形讹。这样一来,《北史》《梁书》均为"器量"而非"器重",因此"器重"也就没有"才能""质朴、厚重"二义。《大词典》"器重"条所设的这两个义项即属"伪义"。

（六）竦秀

《汉语大词典》"竦秀"条：

②庄重文雅。《北史·王肃传》："（王）诵宣读诏书，言制抑扬，风神竦秀；百僚倾属，莫不叹美。"

按：《北史·王肃传》"竦秀"，《魏书》同传作"疏秀"，"竦-疏"异文。"竦秀""疏秀"均为中古以来产生的新词，但用法划然有别，词义也不尽一致："竦秀"用以形容事物的体型、姿态等高峻特出，①如南朝宋谢灵运《山居赋》："孤岸竦秀，长洲芊绵，既瞻既眺，旷矣悠然。"《艺文类聚》卷八六引南朝宋孝武帝《芳春琴堂橘连理颂》："列访神秘，详观瑞策，通柯竦秀，寔灵所锡，离条别幹，奄一荣戚，道被遐夷，承我正历。"《全唐诗》卷七六五王周《赠怠师》诗："庭前有孤柏，竦秀岁寒期。""疏秀"则用以形容人的容貌、风度、气质等疏朗秀逸，如《梁书·侯景传》："景长不满七尺，而眉目疏秀。"《续高僧传》卷七"释宝琼"条："琼洁润山水，峰澜早被，身长七尺五寸，背胛龙文，口三十九齿，异相奇挺，故能疏秀风采，蕴籍威容。"《云溪友议》卷中"买山谶"条："邕州蔡大夫京者，故令狐相公楚镇滑台之日，因道场见僧中，令京挈瓶钵，彭阳公曰：'此童眉目疏秀，进退不慑，惜其单幼，可以劝学乎？'"依照《汉语大词典》所引《北史》例的语境，"竦-疏"异文显然

---

① "竦秀"之"秀"非指秀丽，而是与"竦"同义连文，指高峻、特出。"秀"之此义，屡见于《水经注》，如《滱水》："南则秀鄣分霄，层崖刺天，积石之峻，壁立直上。"["层崖"之"层"亦谓高峻，参看方一新、王云路《中古汉语读本》（修订本）（上海：上海教育出版社，2006年，第316页注6）；"秀鄣（嶂）"与"层崖"对文，"秀"之高峻义显然。] 又："北岭虽层陵云举，犹不若南峦峭秀。""峭秀"同义连言。又《湿水》："西径大翮小翮山南，高峦截云，层陵断雾，双阜共秀，竞举群峰之上。"又《涑水》："其西则石壁千寻，东则磻溪万仞，方岭云回，奇峰霞举，孤标秀出。"又《渭水》："三峰霞举，迭秀云天，崩峦倾返，山顶相捍，望之恒有落势。"又《湘水》："（营水）蟠基苍梧之野，峰秀数郡之间。"此四例之"秀"亦均谓高峻特出。

"竦"非"疎"是,"竦"为"疎"的形近讹字。① 既然书证有误,据以设立的义项"庄重文雅"就不可靠了,也就是说,"竦秀"一词根本没有"庄重文雅"义,《大词典》"竦秀"条下的义项"庄重文雅"其实是"伪义"。

当词目中包含通假字,如果释义时不能读其本字的话,轻则不能准确释义,重则误释词义。有些异文恰好能够沟通本字与通假字,据异文明其本字,有助于准确释义。因此,辞书释义时还应辨异文、明通假,从而设立准确的义项。

(七) 迸

《汉语大字典》"迸"条:

> (二) pēng① 同"拼"。使。《集韵・耕韵》:"拼,《尔雅》:'使也。'或作迸。"《搜神记》卷十八:"迸从者还外,惟持一大刀,独处亭中。"

《汉语大词典》"迸₂"条:

> 使;支派。举例同《大字典》。晋干宝《搜神记》卷十八:"吏启不可,应不听,迸从者还外,唯持一大刀,独处亭中。"

按:从上下文看,"迸"释作"使""令"可以讲通。但"迸(拼)"之此义只见于辞书,文献用例除《汉语大字典》《汉语大词典》所举《搜神记》外,别无所见;因此《搜神记》例实际是孤证,是否确作使、令讲,可疑。如果注意到异文的话,"迸"可有别解。

---

① 古代文献屡见"疎(疏)""竦"异文相讹例,《春秋繁露・天辨在人》:"天无乐气,亦何以疏阳而夏养长。"苏舆义证引卢(文弨)云:"'疏'俗作'疎',本或作'竦'者,误。"《文苑英华》卷四八李华《含元殿赋》:"悬橝骈凑,疎柱奔迒。""疎"下宋人校记云:"一作竦。"《李太白文集》卷二八《方城张少公厅画师猛赞》:"张公之堂,华壁照雪,师猛在图,雄姿奋发,森竦眉目,飒洒毛骨。""竦"下宋刻本旧校:"一作疎。"黄伯思《东观余论》卷上《法帖刊误下》"弟六王会稽书上"条:"自适得书,至慰驰疎耳。""疎"下校记云:"或作竦。"张之洞《张文襄公诗集》诗集二《游紫柏山留侯祠》:"森森庭柏竦,涓涓砌泉绕。""竦"下校记云:"一作疏。"

"迸从者还外",《太平广记》卷四三九"汤应"条引《搜神记》作"悉屏从者还外","迸-屏"异文。"迸"读作"屏",《说文新附》:"迸,散走也。"钮树玉《新附考》:"按经传'迸去'字并作'屏',唯《大学》作'迸诸四夷',《释文》引皇侃疏云'迸犹屏也'。"《礼记·大学》:"唯仁人放流之,迸诸四夷,不与同中国。"朱熹集注:"迸,读为屏,古字通用。迸,犹逐也。"上举"迸-屏"异文也应反映了这一通假关系。因此,根据"迸-屏"这条异文,将《搜神记》中的"迸"读作"屏",谓斥退、屏退,义似更胜。

三、书　　证

如果说释义是词条的灵魂,那么书证就是血肉,其重要性可见一斑。书证是历史文献在辞书中的最直接体现,历史文献的讹误也就往往表现在书证中;若能考索异文,则有助于订正书证之误,以避免误用书证,减弱举证效力。

(八) 举指

《汉语大词典》"举指"条:

> 犹举止,行动。《北齐书·崔瞻传》:"吏部尚书尉瑾性褊急,以瞻举指舒缓,曹务繁剧,遂附驿奏闻,因而被代。"

按:《北齐书·崔瞻传》之"举指",《北史》同传、《册府元龟》卷四八一并作"举措"。中古习以"举措"表举止、举动义,《三国志·蜀志·王平传》:"(马)谡舍水上山,举措烦扰,平连规谏谡,谡不能用,大败于街亭。"《魏书·尉古真传》:"世祖见其效人举措,忻悦不能自胜。"《周书·叱罗协传》:"协形貌瘦小,举措偏急。"《北齐书·唐邕传》:"显祖或时切责侍臣不称旨者:'观卿等举措,不中与唐邕作奴。'"又《武成十二王传·琅邪王俨》:"请帝曰:'琅邪王年少,肠肥脑满,轻为举措,长大自不复然,愿宽其罪。'"以"举指"表举止、举动义,除《汉语大词典》所引例外,别无所见。据此,"指"当为"措"之形近误字。既然《北齐书·崔瞻传》之"举指"为"举措"之误,就不能作为书证了。

(九) 占₂募

《汉语大词典》"占₂募"条:

1. 招募;募集。……《南史·贼臣传·留异》:"侯景之乱,(留异)还乡里,占募士卒。"

按:《南史》"占募",《陈书》同传、《册府元龟》卷九四一及《通志》卷一四五并作"召募","占-召"异文。"占募"指自"占"而投募,"占"和"募"的主体都是应募者;从《南史》例看,"占募"显然不合文意,故"占"当为"召"之误。《晋书·桓彝传附桓谦》:"后与纵引谯道福俱下,(桓)谦于道占募,百姓感(桓)冲遗惠,投者二万人。"《南史·贼臣传·周迪》:"侯景之乱,迪宗人周续起兵于临川,梁始兴王萧毅以郡让续,迪占募乡人从之。"从文意看,应是桓谦、周迪召募,而非投募,"占"均为"召"之误。《晋书》"占募",《册府元龟》卷四三八即作"召募";《南史》"占募",《陈书》即作"召募",正可为证。"召"或作"𠮶""㕚",与"占"字形近;甚至有与"占"形体全同者,如可洪《新集藏经音义随函录》卷一二《长阿含经》音义"征占"条:"下直照反,呼也,正作召或㕚。"因此"召""占"二字在传写时极易讹混。既然《汉语大词典》所引《南史》"占募士卒"之"占"为讹字,那么它就不能作为书证了。

一字异体在汉字史上是很普遍的现象,不过有相当一部分异体字较为生僻,罕觏其文献用例,《汉语大字典》在沟通异体关系时,仅以古代辞书的记载为依据,缺乏文献例证。通过调查文献异文可以发现,异文双方有时体现了一字异体的关系,恰好可以和辞书所载相证发,若《汉语大字典》在引述辞书材料的同时,又尽可能地充分列举文献异文,则对沟通异体关系起到合证的作用,这样既能补充文献用例,又能提高论证效力。

《汉语大字典》在某些字下已经综合运用字书和异文两项证据来系联同字异体,如"稀"字条:"同'稚'。……《玉篇·禾部》:'稀,幼禾也。稚,同上。'……晋陶潜《归去来兮辞》:'僮仆欢迎,稀子来迎。'按:'稀',一本作'稚'。"又"櫼"字条:"同'蘍'。砍伐。《水经注·漾水》:'山道嶮绝……诩乃于沮受傲直约自致之,即将吏民按行,皆烧石櫼木,开漕船道,水运通利。'朱谋㙔笺:'《后汉书》作"烧石蘍木"。'"

难能可贵的是,《汉语大字典》在系联一字异体时也注意到了佛经异文,如"撅"字条:"同'弶'。唐玄应《一切经音义》卷二:'在弶,(弶)经文作撅,俗字。'《别译杂阿含经》卷十六:'有一猎师名连迦,去尊者不远施鹿羂撅。'按:宋本作'弶'。"又如"黢"字条:"同'黬'。《龙龛手鉴·黑部》:'黢',同'黬'。《出曜经》卷二十五:'日光布大明,夜光便黝黢。'按:宋、元、明本作'黬'。"又如"犙"字条:"同'犁'。《增一阿含经》卷四十五:'若犙牛时不留遗余,尽取犙之……终不能长养其牛。'按:明本作'犁'。"但总的说来,论证一字异体,佛经异文还远未得以充分运用。

下面以《汉语大字典》为中心,略举十例,以见一斑。

(十) 傛

"傛"字条:

> 同"劳"。《集韵·豪韵》:"劳,或作傛。"

三国吴康僧会译《六度集经》卷二《须大拏经》:"大子入城顿首谢过,退劳起居。""劳",宋、元本作"傛"。

按:"劳"即"劳问"之"劳",指慰问、慰劳。这种行为的实施者为人,故字又从"亻"旁作"傛"。可洪《新集藏经音义随函录》卷六《六度集经》音义出"退僗"条,则可洪所见写本亦作"僗",宋、元本当承写本用字。

(十一) 偔

"偔"字条:

> 同"恶"。《集韵·铎韵》:"恶,或从人。"

三国吴康僧会译《六度集经》卷二《须大挐经》:"颜状丑黑,……举身无好,孰不偔憎?""偔",宋、元、明本作"恶"。旧题失译附后汉录《禅要经·诃欲品》:"臭秽不净聚以为身,往来五道炽然众苦,犹如浮尸随流东西,所至之处物皆可偔。""偔",宋、元、明及宫本作"恶"。西晋竺法护译《修行道地经》卷五《数息品》:"当为蚤、虱、蚊、虻见食,在中可恶。""恶",宋、宫本作"偔"。北凉法众译《大方等陀罗尼经》卷二:"诸根不具,人所偔见。""偔",宋、元、明本作"恶"。

按:慧琳《一切经音义》卷二六《大般涅槃经》音义"恶贱"条:"上乌故反。憎嫌也,亦作偔字。"又卷七五《道地经》音义"恶露"条:"上乌固反。顾野王云:恶犹憎也。《玉篇》云:'恶露泄漏无覆盖也。'形声字。经从人作偔露,俗字,非正体。""偔"为"恶"之增旁字。

(十二) 趧

"趧"字条:

> 同"舓(舐)"。《集韵·纸韵》:"舓,《说文》:以舌取食也。或从是。"

三国吴康僧会译《六度集经》卷三《布施度无极经》:"其灵集梵志小便之处,鹿趧小便,即感之生。""趧",宋、元、明本作"舐"。西晋竺法护译《修行道地经》卷一《分别五阴品》:"两种在发根:一名舌舐,二名重舐。""舐",圣本作"趧"。

按:玄应《一切经音义》卷十一《正法念经》音义"舓手"条:"以舌

取食也。经文作呧、䟗二形,未见所出。”“䟗”为“舓(舐)”的改换声旁异体字。

(十三) 掏

“掏”字条:

同“掬”。撮取。《古今韵会举要·屋韵》:“掬,《说文》:‘撮也。’本作掏。今文作掬。”

西晋法立共法炬译《大楼炭经》卷六《天地成品》:“二者阿罗陀山,中间长百六十八万里,其中生青红黄白莲华,甚众多大香好,掏日大城郭之光明,用是故令日城郭寒,是为二事。”“掏”,宋、元、明本作“掬”。南朝梁宝唱编《经律异相》卷三〇:“时海神出掏水,问波利言:‘海水为多?掏水为多?’”“掏”,宋、元、明、宫本作“掬”。

按:可洪《新集藏经音义随函录》卷二二《法句喻经》音义“掏水”条:“正作掬也。”又卷二三《经律异相》音义“掏水”条:“正作掬也。”“掏”应为“掬”的讹俗字。

(十四) 捌

“捌”字条:

同“擿”。挑。《集韵·锡韵》:“擿,挑也。或作捌。”

失译附东晋录《菩萨本行经》:“时有一妇人,炒谷作麨,有牂牴来拙炒麦,不可奈何,捉捌火杖用打牂牴。”“捌”,宋、元、明本作“擿”。

按:“捌”应为“擿”之后起形声字。

(十五) 㤞

“㤞”字条:

同“嫉”。《篇海类编·身体类·心部》:“㤞,同嫉。”

元魏般若流支译《正法念处经》卷六二《观天品之四十一》："不诣曲憎慊，常说于爱语。""慊"，宋、元、明、宫本作"嫉"。北凉浮陀跋摩共道泰等译《阿毗昙毗婆沙论》卷三一《使犍度一行品上》："犹如有一端严女人，他人见已，或起敬心，或起欲心，或起恚心，或起慊心。""慊"，宋、元、明、宫本作"嫉"。

按：玄应《一切经音义》卷十八《杂阿毗昙心论》音义"为嫉"条："古文誎、㛎、慊三形，同。"慧琳《一切经音义》卷三二《顺权方便经》音义"悭嫉"条："经从心作慊。""慊"为"嫉"的异体字，"嫉"为一种心理活动，故又可从"忄"。

（十六）酙

"酙"字条：

> 同"斟"。《龙龛手鉴·酉部》："酙，俗。音针。正作斟。"《字汇补·酉部》："酙，与斟同。"

旧题失译附后汉录《杂譬喻经》卷下："客皆来坐饭斟羹，客作既厨且饥，食之其羹，客呼厨士人，取好肉以噉之。""斟"，宋、元、明本作"酙"。西晋法炬共法立译《法句譬喻经》卷二《刀仗品》："吾本所居在舍卫国，时国大臣名曰须达，饭佛众僧诣市买酪，无提酪者，左右顾视倩我提之，往到精舍使我斟酌。""斟"，《诸经要集》卷六引作"酙"。

按：玄应《一切经音义》卷四《十住断结经》音义"斟水"条："经文……或从酉作酙。"又卷十四《四分律》音义"斟酌"条："律文作酙，未见。""斟"的对象常为"酒"，故字又从"酉"旁；"酙"为"斟"之俗字。

（十七）蟄

"蟄"字条：

同"鼕"。《玉篇·鼓部》："鼕,鼓声。或作鼛。"

《广弘明集》卷二九元魏懿法师《檄魔文》："灵鼓竞,鼕响冲,方外高步陆亮。""鼕",宋、元、明本作"鼛"。

按:"鼕"为"鼛"的换声旁字。可洪《新集藏经音义随函录》卷三〇《广弘明集》音义"競鼕"条："徒登反。皷声也。"

(十八) 墎

"墎"字条：

同"𩫖(郭)"。城郭。《集韵·铎韵》："𩫖,或作墎。"清段玉裁《说文解字注·𩫖部》："城𩫖字今作郭。"

西晋竺法护译《等目菩萨所问三昧经》卷上《等目菩萨幻事品》："复现城墎、县邑聚落。""墎",宋、元、明、宫本作"郭"。后秦佛陀耶舍共竺佛念译《长阿含经》卷十三《阿摩昼经》："彼诸大仙颇起城墎,围遶舍宅,居止其中,如汝师徒今所止不?""墎",宋、元、明本作"郭"。东晋僧伽提婆译《中阿含经》卷五四《大品阿梨咤经》："是谓比丘度壍、过壍、破墎、无门、圣智慧镜。""墎",元、明本作"郭"。

按:玄应《一切经音义》卷六《妙法莲华经》音义"城郭"条："经文有从土作墎。"城郭以"土"建造,故字又增益意符"土"作"墎"。

(十九) 䮫

"䮫"字条：

同"驴"。《集韵·鱼韵》："驴,《说文》:'似马,长耳。'或从娄。"《篇海类编·鸟兽类·马部》："䮫,与驴同。"

元魏吉迦夜共昙曜译《杂宝藏经》卷三《老仙缘》："駏䮫怀妊死,骡䮫亦复然。""䮫",《法苑珠林》卷九二引作"驴"。

按："驉"为"驴"的改换声旁字。

限于篇幅,仅举十例。实际上佛经中能与字书合证异体的异文很多,若能全面收集整理,对于辞书编纂具有重要价值。

四、谈《汉语大词典》书证"一本作"

实际上,当下大型语文辞书在编纂时已经非常重视异文了。以《汉语大词典》为例,据不完全统计,《汉语大词典》以"一本作"的形式标列异文的书证应该在 3500 条以上。这些"一本作"标示的异文对于辞书立目、释义等均有重要价值,限于篇幅,不再赘说。不过标列"一本作"的原则、条例,标列"一本作"所存在的问题,似应进一步探讨,这里就后者略举数例。

据讹文或带讹文的词立目,所标示的"一本作"异文实为原文,但疏于考按是非,以致出现"伪目",可谓失之眉睫。例如:

(二〇)离错

《汉语大词典》"离错"条:

错杂。《周书·异域传论》:"戎夏离错,风俗混并。"按:一本作"杂"。

按:"离错"未见于其他文献,只有孤例,即《汉语大词典》所举之《周书·异域传论》。此例"离错"之"离",宋本作"杂"。"杂错"谓混杂交错,汉魏以来沿用不绝,《汉书·地理志下》:"是故五方杂厝,风俗不纯。""厝"通"错"。《说文·殳部》:"殽,相杂错也。"《风俗通·怪神》:"于驾乘烹杀,倡优男女杂错,是何谓也?"《三国志·魏志·方技传》:"(杜)夔、(柴)玉更相白于太祖,太祖取所铸钟,杂错更试,然后知夔为精而玉之妄也。"《抱朴子内篇·杂应》:"余所撰百卷,名曰《玉函方》,皆分别病名,以类相续,不相杂错。"《隋书·地理志上》:

"京兆王都所在,俗具五方,人物混淆,华戎杂错。"由此看来,"离（離）"应该是"杂（雜）"的形近错字,①那么"离错"就是无中生有之"词"了。

有时所标示的"一本作"异文与词目无关,仅针对所举书证的其他文字。"一本作"异文是正确的,原文讹误但失于订正。例如:

（二一）蹩步

《汉语大词典》"蹩步"条:

> 跛行。唐柳宗元《天对》:"胘躬躄步,桥梐勘踏。"胘,一本作"胝"。

按:《说文·肉部》:"胘,牛百叶也。"《广雅·释器》:"胃谓之胘。""胘躬"不辞,"胘"必为讹字。"胝"即硬皮、老茧,《说文·肉部》:"胝,腄也。"朱骏声《说文通训定声》:"腄,俗谓之老茧。""胝躬"即指长出老茧的肌体,合于上下文意。"胝"或作"胝",《广韵·脂韵》:"胝,皮厚也。俗作胝。"又作"肵",见《龙龛手镜》。"胘"当即"胝"之形近讹字。其实柳文之"胘躬",前人早已指出"胘"为"胝"之误,宋刻《河东先生集》此句下廖莹中注:"胘当作胝。"

书证所标示"一本作"异文乃是讹文,正讹参见,易滋迷惑,使读者无所适从。例如:

（二二）占₂募

《汉语大词典》"占₂募"条:

> 2. 报名应募。唐张继《阊门即事》诗:"耕夫占募逐楼船,春

---

① 古籍中"杂""离"讹混是常见之事,如《全唐诗》卷二六四顾况《独游青龙寺》诗:"积翠暖遥原,杂英纷似霰。""杂"下校记谓"一作离"。《文苑英华》卷三八七苏颋《授卢藏用检校吏部侍郎制》:"自四年掌诰,九品作程,峻而不离,重轻咸当,简而能要。""离"下宋人校记谓"一作杂"。此二例均"杂"误作"离"。

草青青万顷田。"占,一本作"召"。

按:"占募"之义上文已述。异文作"召"实即"占"的讹字。

(二三) 考行

《汉语大词典》"考行"条:

> 考察行为事迹。唐元稹《赠于頔谥》:"昔羽父为无骇请谥于鲁侯,而卫君亦自称公叔文子之迹,则考行必在于有司,赐谥或行于君命久矣。"考,一本作"孝"。

按:"考行""赐谥"相对为文。"孝"字不伦,应即"考"的形近讹字。

(二四) 优矜

《汉语大词典》"优矜"条:

> 体恤,因怜悯而给予照顾。唐陈子昂《上西蕃边州安危事》之二:"然同城先无储蓄,虽有降附,皆未优矜,蕃落嗷嗷,不免饥饿。"优,一本作"复"。

按:"复矜"不辞,"复(復)"显然是"优(優)"的形近讹字。

书证所标示"一本作"的异文乃是讹文,据此讹文立目,并参见正条,这样正误并存,同样会让读者不知所从,或误以为属于一词多形的现象。例如:

(二五) 女仉、女丑

《汉语大词典》"女仉"条:参见"女丑"。

《汉语大词典》"女丑"条:

> 1. 亦作"女仉"。神名。《山海经·海外西经》:"女丑之尸,生而十日炙杀之。在丈夫北,以右手鄣其面。十日居上,女丑居

山之上。"晋郭璞《山海经图赞·女丑尸》:"十日并煤,女丑以毙,暴于山阿,挥袖自翳。"晋葛洪《抱朴子·释滞》:"女仞倚枯,贰负抱桎。"仞,一本作"丑"。

按:对于《抱朴子内篇·释滞》"仞-丑"异文之是非,其实前人早已做出判断。孙诒让《札迻》卷十:"作丑是也。《山海经·海外西经》云:'女丑之尸,生而十日炙杀之。'亦见《大荒西经》。即葛氏所本。丑讹为刃,又讹为仞耳。""仞"既为错字,则不能将"女仞"列为词目,在"女丑"条中也不可谓"一作'女仞'"。

将含有通假字的形式立为正条,"一本作"异文实际上是本字,以含有本字的形式为参见条。这样的做法消泯了词语构成的理据,以致释义也未能精确。例如:

(二六)露拍、露陌

《汉语大词典》"露拍"条:见"露陌"。

《汉语大词典》"露陌"条:

> 宝刀名。《太平御览》卷三四六引晋张协《露陌刀铭》:"露陌在服,咸灵远振。"一本作"露拍"。

按:《释名·释兵》:"短刀曰拍,髀带时拍髀旁也;又曰露拍,言露见也。"刘熙解释了作为短刀的"拍"的得名之由。"露拍"又写作"露陌",王先谦疏证补:"陌、拍同。"孙诒让《札迻》卷二:"露拍即露陌,音相近。""陌"实为"拍"的通假字。"露陌"构词理据不明,其义自然晦涩,以致只能以含糊之"宝刀名"释之。

中古文献校读研究

中古小说校释琐记

　　近年来,中古小说校勘整理工作取得了很大的成绩,传世的小说基本上都有了点校本,为相关研究提供了便于使用的文本。不过校书如扫落叶,讹误旋扫旋生,行世的中古小说点校本也不免出现一些失校、误校以及误注误释。平日读书发现这些校而未中、改而未安之处,便于书眉略做笺识。今就《冤魂志》《搜神记》《搜神后记》《异苑》《观世音应验记(三种)》五种小说试做条辨,都为一篇,谨供治中古小说史及文献整理的学者参酌。

　　01. 碛砂藏本《法苑珠林》卷四四引《冤魂志》:"及高帝崩,吕后候如意到长安而爉杀之。"

　　"爉",大正藏本及四部丛刊本《法苑珠林》作"拉",《冤魂志校注》(以下简称《校注》)据以改之。① 按:据大正藏本和中华大藏经本《珠林》之校勘记,宋(资福藏)、宫(日本宫内厅藏旧宋本)、南(永乐南藏)本亦作"爉"。字书无"爉"字,"爉"应即"擸"之讹俗——俗写"扌"或误作"火",②"巤"又习误作"葛"③。《广雅·释诂一》:"擸,折也。"异文作"拉",《玉篇·手部》:"拉,折也。""擸"

------

　　① 罗国威《冤魂志校注》,成都:巴蜀书社,2001 年。
　　② 慧琳《一切经音义》卷五《大般若波罗蜜多经》音义"揆模"条:"下……或作燘,燘皆古字也。""燘"是"橅"的讹误字,《集韵·模韵》:"橅,《说文》:'法也。'亦作橅。"俗写"木""扌"混用,皆易误作"火"。此例可与"擸"从"火"旁相参证。
　　③ 如"臘"或作"臈"。

"拉"声近义通。① 据此,应订"燭"为"攋",而不必改作"拉"。

02. 碛砂藏本《法苑珠林》卷七六引《冤魂志》:"初,中常侍王甫枉诛勃海王悝及妃,妃即后之姑也。甫恐后怨之,乃与太中大夫程何共构后执左道呪咀。"

《校注》将"咀"改作"诅":"诅,原作'咀',大正藏本、丛刊本、《广记》并作'诅'。案作'咀'讹,今据各本改。"按:"咀"非讹字,不必改作"诅"。"咀"即"诅"之异构,"口""言"义通换用。② 西晋竺法护译《普曜经》卷三《王为太子求妃品》:"不恶口,不呪咀,常奉行法。""咀",元、明本作"诅"。姚秦竺佛念译《出曜经》卷二六《双要品》:"或有寂然骂者,心内炽然,呪咀不息。""咀",明本作"诅"。"咀""诅"异文同字。慧琳《一切经音义》卷二四《大方广佛花严经续入法界品经》音义"訕诅"条:"今经本作咒咀,俗用字也。"又卷三二《佛说药师如来本愿经》音义"呪诅"条:"经从口作咀,俗用字也,传用已久。"又卷四三《金刚恐怖观自在菩萨最胜明王经》音义"呪诅"条:"经文作咀。"又卷八六《辨正论》音义"訕诅"条:"论从口呪咀,俗字也。"可见将"诅"写作"咀"乃唐代沿用已久的俗体。

03. 碛砂藏本《法苑珠林》卷九一引《冤魂志》:"晋时羊聃字彭祖。……为人刚克麤暴,恃国姻亲,纵恣尤甚,睚睐之嫌,辄加刑杀。"

《校注》以为"睐"为讹字,据王谟本等将"睐"改作"眦"。按:底本作"睐"不误,不烦改。"睐"即"眦"字,《龙龛手镜·目部》:"睐,俗;眦,通;眦,正。"《玉篇·目部》:"睐,同眦。"《集韵·卦韵》:"眦,或作睐。"《晋书·苻坚载记下》:"微时一餐之惠,睚睐之忿,靡不报

---

① 《说文·辵部》:"邋,攋也。"《广雅·释诂》:"攋,折也。"王念孙疏证:"攋与拉同,邋与攋同。"

② 《汉语大字典》"咀"字下谓"通'诅'",看作通假关系,不妥。

焉。"亦其例。

04. 碛砂藏本《法苑珠林》卷二七引《冤魂志》:"晋明帝杀力士含玄,玄谓持刀者曰:'我颈多筋,斫之必令即断,吾将报汝。'持刀者不能留意,遂斫数疮,然始绝。"

《校注》:"原作'然始绝',……《广记》作'然后绝',王谟本、说郛本、学海本作'然后始绝'。案'后'字当有,今据补。"按:底本作"然始"不误,不当补"后"字。"然始"为中古习语,与"然后"义同。①《资治通鉴·唐玄宗开元二十九年》:"承前诸州饥馑,皆须奏报,然始开仓赈给。"胡三省注:"然始,犹今言'然后'也。"

05. 碛砂藏本《法苑珠林》卷三二引《冤魂志》:"宋琅邪诸葛覆,宋永嘉年为九真太守,家累悉在阳都,唯将长子元崇送职。"

《校注》:"送,敦煌本作'述',《广记》作'赴'。"按:敦煌本作"述"应是原文,底本作"送"乃是"述"之形讹。"述职"中古有上任、赴任义,犹"赴职",《南齐书·陆慧晓传》:"武陵王晔守会稽,上为精选僚吏,以慧晓为征虏功曹,与府参军沛国刘琎同从述职。"《魏书·崔楷传》:"孝昌初,加楷持节、散骑常侍、光禄大夫、兼尚书北道行台,寻转军司。未几,分定相二州四郡置殷州,以楷为刺史,加后将军。……初,楷将之州,人咸劝留家口,单身述职。"张元济《涉园序跋集录》指出"述职"表就职、到任义"自是当时通行之语"。《广记》作"赴"疑出后人臆改。

06. 碛砂藏本《法苑珠林》卷七○引《冤魂志》:"寿性素凶狠猜忌,仆射蔡射等以正直忤旨,遂诛之。"

《校注》:"凶狠,大正藏本作'匈很'。案作'匈很'误,今不取。"

---

① 参看蒋礼鸿《敦煌变文字义通释》(增补定本)"然 乃然 然乃"条,上海:上海古籍出版社,1997年,第446-449页。

按:"匈很""凶狠"为一词异写,无论正误。"匈"通"凶",《文选·潘岳〈西征赋〉》:"怵淫婬之匈忍,剿皇统之孕育。""匈忍"即凶忍。又任昉《奏弹曹景宗》:"方復按甲盘桓,缓救资敌,遂令孤城穷守,力屈凶威。""凶",五臣本作"匈"。《周书·柳庆传》:"其甥孟氏,屡为匈横。""匈",《北史》作"凶"。"很""狠"古今字,不待言。

07. 碛砂藏本《法苑珠林》卷六七引《冤魂志》:"璀入姑臧,立张玄静为凉王。"

《校注》改"静"为"靓":"底本'靓'作'静',各本并同。今据《晋书》本传改。"按:"靓""静"通,实不烦改,人名用通假字,乃古时常事。

08. 碛砂藏本《法苑珠林》卷六七引《冤魂志》:"又谋废玄静而自王,事未遂。间与玄静同车出城西门,桥梁牢壮,而忽摧折。"

《校注》:"间,王谟本、秘籍本、四库本、诒经堂本、说郛本、学海本作'尝'。"按:"间"有中间义,表时间时可指以往的某个时间点,犹言"先前";可指以往某个时间点到说话时的时间段,犹言"近来";也可指以后的某个时间点,犹言"后来"。"间与玄静同车出城西门"之"间"即相当于"后""后来"。大正藏本《法苑珠林》及《法苑珠林校注》"间"均属上,恐非是。

09.《新辑搜神后记》卷二"韶舞"条:"忽有一人,长一丈,黄疏单衣,角巾,来诣之。"①

校勘记:"'疏'原作'踈'。……案:《释名·释采帛》:'纺麤丝织之曰疏。''踈'当为'疏'之形讹,今改。"按:"疏""踈"异体同字。《礼记·曲礼上》:"夫礼者,所以定亲疏,决嫌疑,别同异,明是非也。"

———

① 李剑国《新辑搜神后记》,北京:中华书局,2007 年。

陆德明释文:"(疏)或作踈。"《广韵·鱼韵》:"疏,俗作踈。"又《御韵》:"疏,亦作踈。""疏"之构件"疋"实即"疋"字,《说文·云部》:"疏,通也。从充,从疋,疋亦声。"又《疋部》:"疋,足也。"因此当以"足"替换同义之"疋(疋)"后,便产生异体字"踈";在此基础上又以"束"替换"充"作声旁便产生"踈"字。《晋书·束皙传》:"束皙,字广微,阳平元城人,汉太子太傅疏广之后也。王莽末,广曾孙孟达避难,自东海徙居沙鹿山南,因去疏(踈)之足,遂改姓焉。""去疏(踈)之足,遂改姓"为"束",正可说明以"疏"作"踈"在汉代是一种很流行的写法。既然"疏""踈"一字异体,则不能说"'踈'当为'疏'之形讹",亦无须改字。

10.《新辑搜神后记》卷二"韶舞"条:"郭璞每自为卦,知其凶终。尝行建康栅塘,逢一趋走少年,甚寒。璞便牵住,脱青丝袍与之。此人不解其意,璞曰:'身命卒当在君手,故递相属耳。'"

校勘记:"《四库全书》本《御览》卷六九三、《天中记》卷四七'递'作'逆'。"按:此条李氏"据《太平御览》卷六九三,参酌他引校辑",所用《御览》乃中华书局影印涵芬楼所印宋本,今覆检此本(第三册3094页上栏),"故递相属耳"作"故逆相属耳"。"逆"即"递"之俗字,《龙龛手镜·辵部》:"逆,俗;递,正。"李氏录为正字"递",又据《四库全书》本《御览》《天中记》列异文"逆",而于底本文字未做校改,似以为"递"字不误。今按宋本《御览》作"逆(递)"乃"逆"之形近讹字,李氏新辑本作"递"实踵讹沿谬。"逆"谓预先,[①]《梁书·曹景宗传》:"先是,高祖诏景宗等逆装高舰,使与魏桥等,为火攻计。"又《张弘策传》:"乃命众军即日上道,沿江至建康,凡矶、浦、村落,军行宿次、立顿处所,弘策逆为图测,皆在目中。"此二例"逆"均谓事先、预先,《南史》正作"预",应是李延寿以同义词替换。《搜神后记》此条讲郭璞善

---

① 参看蔡镜浩《魏晋南北朝词语例释》"逆"条,南京:江苏古籍出版社,1990 年,第 242 页。

于占卜，知道自己将以凶终，见此少年便"脱青丝袍与之"，事先做好安排，正是"逆相属（嘱）"。李氏已获正确之异文而终未能采，可谓失之眉睫；究其实，仍因不明"逆"之词义所致。

11.《新辑搜神后记》卷二"镜耗"条："王文献曾令郭璞筮己一年吉凶，璞曰：'当有小不吉利，可取广州二大罂，盛水，置床张二角，名曰镜耗，以厌之。某时撤罂去水，如此其灾可消。'"

校勘记："置床张二角，《御览》鲍崇城校刊本'帐'讹作'张'，旧本同。"按："张"通"帐"。《史记·高祖本纪》："高祖复留止，张饮三日。"裴骃集解："张，帷帐。"《袁盎列传》："司马曰：'君弟去，臣亦且亡，辟吾亲，君何患！'乃以刀决张，道从醉卒隧直出。""张"，《汉书·爰盎传》作"帐"。据此，"张"字不误。

12.《新辑搜神后记》卷三"雷公"条："吴兴人章苟者，五月中于田中耕。乘小船以归。饭箩鱼鲑置舡中，着菰裹。晚饥取食，而饭亦已尽。如此非一。后日晚于菰庐伺之，见一大蛇偷其食。苟遂以鉦叉之，蛇便走去。苟乘船逐之，至一坂，有穴，蛇便入穴。但闻号哭云：'人研伤我某甲。'或云：'当何如？'或云：'符敕雷公，令霹雳杀奴。'"

校勘记："符敕雷公，《御览》卷一三、《广记》'符敕'作'付'，旧本同。据钞本《开元占经》改。"按："付"谓交付、交给，乃六朝习语，如《魏书·崔楷传》："莫犧獮，付崔楷。"《宋书·武帝纪中》："勿跋扈，付丁旿。"《南史·恩幸传·奚显度》："勿反顾，付奚度。"因此"付"字文从字顺，不必改。

13.《新辑搜神后记》卷三"掘头舡渔父"条："临淮公荀序，字休玄。母华夫人，怜爱过常。年十岁，从南临归，经青草湖，时正帆风驶，序出塞郭，忽落水。比得下帆，已行数十里，洪波森漫，母抚膺远望。少顷，见一掘头船，渔父以楫棹船如飞，载序还之，云：'送府君还。’”

校勘记：“‘掘’通‘拙’，秃也。”按：“掘”通“屈”。《说文·尾部》：“屈（屈），无尾也。”引申指短、秃。①

14.《新辑搜神后记》卷五“死人头”条：“新野庾谨母病，兄弟三人，悉在白日侍疾。常燃火，忽见帐带自卷自舒，如此数四。须臾，闻床前狗斗声异常。举家共视，了不见狗，见一死人头在地，头犹有血，两眼尚动，甚可憎恶。其家怖惧。夜持出门，即于后园中埋之。明日往视，出土上，两眼犹尔。即又埋之，后日亦复出。”

校勘记：“后日亦复出，《广记》‘亦’作‘已’。”按：“已”有又、复义，《系观世音应验记》第32条：“（朱）龄石本事佛，并穷厄意专，遂一心系念。得七日，即锁械自脱，狱吏惊怪，以故白崇。崇疑是愁苦形瘦，故锁械得脱。试使还着，永不复入。犹谓偶尔，更钉着之。又经少日，已得如前。”“已得如前”即谓又得如前。《南齐书·良政传·虞愿》：“帝乃怒，使人驱下殿，愿徐去无异容。以旧恩，少日中，已复召入。”《南史·隐逸传上·朱百年》：“（朱）百年少有高情，亲亡服阕，携妻孔氏入会稽南山，伐樵采箬为业，每以樵箬置道头，辄为行人所取，明旦已复如此，人稍怪之。”“已复”同义连文。《世说新语·德行》：“周子居常云：‘吾时月不见黄叔度，则鄙吝之心已复生矣。’”又《排调》：“嵇、阮、山、刘在竹林酣饮，王戎后往，步兵曰：‘俗物已复来败人意！’”刘淇《助字辨略》卷三引《世说》二例云：“此已字，犹又也。”②

15.《新辑搜神后记》卷六“蔡咏家狗”条：“晋穆、哀之世，领军司马济阳蔡咏家狗，夜辄群众相吠，往视便伏。后日，使人夜伺之，见有一狗，着黄衣，戴白帢，长五六尺，众狗共吠之。寻迹，

---

① 参看本书《“屈子”名义小考》。
② 李调元《勦说》卷三亦主《世说》二例“已”为“又”义，可参看。

定是咏家老黄狗,即打杀之,吠乃止。"

校勘记:"《御览》'定'作'乃'。案:定,确定。"按:李氏谓"定"为"确定"之义,误。此处之"定"是副词,义为"终究""到底",[①]在上下文中可以理解为"原来","定是咏家老黄狗"即原来是蔡咏家的老黄狗。《太平御览》作"乃"应是后人以同义词改之。

16.《新辑搜神后记》卷六"白狗变形"条:"王仲文,为河南郡主簿,居缑氏县北。得休应归,因晚行,道经水泽。见车后有一白狗,仲文甚爱之。欲便取之,忽变如人,长六尺,状似方相,目赤如火,磋齿嚼舌,甚可憎恶。"

校勘记:"《广记》卷四三八作'差牙吐舌'。旧本同,改'差'作'磋'。"按:《广雅·释诂三》:"差,磨也。"王念孙疏证:"差之言磋也。《说文》:'齹,齿差也。'谓齿相摩切也。"《说文》"齹,齿差也"段玉裁注:"谓齿相摩切也。齿与齿相切,必参差上下之。差即今磋磨字也。……差者正字,瑳、磋皆加偏旁字也。"北凉昙无谶译《大方等无想经》卷一《大云初分大众健度》:"复有一万八千罗刹王,其名曰煮灰罗刹王、水牛头罗刹王、黄发罗刹王、差齿罗刹王。""差齿"即摩齿。《搜神记》卷十八:"至夜半时,忽有鬼来,登梯与大贤语,瞋目磋齿,形貌可恶。""瞋目磋齿"谓瞪眼磨牙。[②]

17.《新辑搜神后记》卷七"宋士宗母"条:"清河宋士宗母,以黄初中夏天于浴室里浴,遣家中子女尽出户,独在室中。良久,家人不解其意,于壁穿中窥,不见人,正见木盆水中有一大鳖。遂开户,大小悉入,了不与人相承。尝先着银钗,犹在头上。

---

① 参看周一良《魏晋南北朝史札记·宋书札记》"刘彧与方镇及大臣诏书中当时口语"条,北京:中华书局,1985年,第198页;吴金华《三国志校诂》,南京:江苏古籍出版社,1990年,第230页;蔡镜浩《魏晋南北朝词语例释》"定"条,南京:江苏古籍出版社,1990年,第76-77页。

② 《汉语大词典》"磋"字"参齐不齐"义下引此例,不妥。

相与守之啼泣,无可奈何。意欲求去,永不可留。视之积日转懈,遂自捉出户外。"

校勘记:"《珠林》大正新修大藏经本及《御览》'捉'作'投'。"按:"捉"乃"投"之形讹。① "投"有跳跃义,此义《搜神记》中数见,如卷三:"复为投符于井中,数千赤衣人自投水中,旋流没底。"又同卷:"王与之登台,妻遂自投台。"卷十七:"犬得气,冲突内外,见有物大如驴,自投楼下。"卷十八:"初因急行,走之转远,顾视妇人,乃自投陂中。""投"皆谓跳、跃。元魏慧觉译《贤愚经·月光王头施缘品》:"虎豹豺狼禽兽之属,自投自掷,跳踉鸣叫。""投""掷"都是跳跃义。《南史·江祏传附刘暄》:"刘暄,字士穆,彭城人。及闻祏等戮,眠中大惊,投出户外。""投出户外"即跳出门外。《艺文类聚》卷八二引《搜神记》:"无锡上湖陂,陂吏丁初,雨止,见一少妇人,着青衣,戴伞,呼之不得,自投陂中,是大苍獭,衣伞皆是荷花。""投陂中"即跳入陂中。据此,"自投出户外"就是自己跳出门外之义。

18.《新辑搜神后记》卷七"乌龙"条:"狗得食不啖,唯注睛舐唇视奴,然亦觉之。"

校勘记:"《类聚》《初学记》《六帖》'睛'作'精'。案:作'精'亦不误。注精,全神贯注。"按:李氏谓《艺文类聚》《初学记》《六帖》"作'精'亦不误",诚是;然又谓"注精,全神贯注",误。"精"通"睛"乃是古书常例,《汉书·王莽传中》:"莽为人侈口蹷顄,露眼赤精,大声而嘶。""精"即"睛",指眼珠子。荀悦《汉纪·孝平皇帝纪》正作"睛"。《文选·左思〈吴都赋〉》:"乌菟之族,犀兕之党。钩爪锯牙,自成锋颖。精若曜星,声若云霆。"刘良注:"精,目精也。"又宋玉《神女赋》:"望余帷而延视兮,若流波之将澜。"李善注:"流波,目视貌。

---

① 参看曾良《俗字及古籍文字通例研究》第三章《古籍文字相通、相混述例》"'投''捉'相讹例",南昌:百花洲文艺出版社,2006 年,第 107 - 109 页。

言举目延视,精若水波将成澜也。"精""目精"之"精"均同"睛"。李氏将"注精"释作"全神贯注"是不明"精"通"睛",误解为"精神"义。

19.《新辑搜神后记》卷八"徐玄方女"条:"东平冯孝将为广陵太守,儿名马子,年二十余。独卧厩中,夜梦见一女子,年十八九,言:'我是前太守北海徐玄方女,不幸早亡,亡来出入四年。为鬼所枉杀,案生录,当年八十余,听我更生。要当有依凭了,乃得生活,又应为君妻。能从所委,见救活不?'"

校勘记:"《珠林》宣统本、大正新修大藏经本、径山寺本、四库全书本、《法苑珠林校注》'凭了'作'马子',旧本同。《大正藏》校语云宋本、元本、宫本作'凭了'。《广记》引《珠林》作'凭'。《御览》全句作'要当有所依凭'。案:下文云'又应为君妻',此处似不应云'有依马子'。寻徐女之意,乃谓己之复生当有赖于他人相助,不能自生,而又命该为马子妻,故来就马子。疑《珠林》今本讹'冯'(同'凭')为'马',讹'了'为'子',而《广记》《御览》以'了'字义涩而删之。了,了结,了断,附'依凭'之后,以强调确定落实。今据《大正藏》本《珠林》校语改。"按:校语认为"了"字"附'依凭'之后,以强调确定落实",大约看作表示完成的时态助词,但这不合六朝语法。疑"乃"误作"了",[1]后人旁注校语"乃"而未删灭讹字"了",以致"了""乃"俱在正文。

20. 汪绍楹校本《搜神记》卷三"淳于智"条:"高平刘柔夜卧,鼠啮其左手中指,意甚恶之。以问智,智为筮之,曰:'鼠本欲杀君而不能,当为使其反死。'"[2]

"当为使其反死",《太平御览》卷八八五、《太平广记》卷四四引作"当相为使其反死";本事又见王隐《晋书》,"为"前亦有"相"字。

---

[1] 四部丛刊景清赵氏亦有生斋本《毗陵集》卷十三《送张处士申还旧居序》"乃知白云上下盖无心自出","乃"下原校:"《英华》作'了'。"可相参比。

[2]《搜神记》,汪绍楹校注,北京:中华书局,1979年。

按："相为"犹相助，"当相为使其反死"谓当相助使鼠反死。"为"有助义，先秦时已然，如《书·西伯戡黎》："非先王不相我后人，惟王淫戏用自绝。"伪孔传："相，助也。"《诗·大雅·凫鹥》："福禄来为。"郑玄笺："为，犹助也。"《广韵·寘韵》："为，助也。"六朝典籍屡见"相为"作相助解，如《搜神记》卷五"赵公明参佐"条："向闻与尊夫人辞诀，言辞甚苦，然则卿国士也，如何可令死？吾当相为。"此言赵公明相助使其不死。《梁书·沈约传》："帝以为婚家相为，大怒曰：'卿言如此，是忠臣耶！'"《高僧传》卷五"晋长安五级寺释道安"条："时维那直殿，夜见此僧从窗隙出入，遽以白安，安惊起礼讯，问其来意，答云：'相为而来。'安曰：'自惟罪深，讵可度脱？'彼答云：'甚可度耳，然须臾浴圣僧，情愿必果。'具示浴法。"上引各例"相为"都是相助义。

21. 汪绍楹校本《搜神记》卷十"张车子"条："先时有张妪者，尝往周家佣赁，野合有身，月满当孕，便遣出外，驻车屋下。"

按："孕"，犹生、产；"月满当孕"谓怀孕月满当生子。"孕"指生、产义，亦见于六朝典籍，如《西京杂记》卷三："积沙为洲屿，激水为波潮，其中致红鸥海鹤，孕雏产鷇，延漫林池。""孕""产"对文义一。《异苑》卷八："晋安帝义熙中，魏兴李宣妻樊氏怀妊过期不孕，而额上有疮。""怀妊过期不孕"犹谓怀孕月份已足然仍未生育，"孕"亦生产、分娩义。又《搜神记》卷六："哀帝建平四年四月，山阳方与女子田无啬生子。"《法苑珠林》卷一一六引"生子"作"孕"，此亦可证"孕"有生、产义。

22. 汪绍楹校本《搜神记》卷十五"史姁"条："后与邻船至下邳卖锄，不时售。云：'欲归。'人不信之，曰：'何有千里暂得归耶？'答曰：'一宿便还。'即书取报，以为验实。"

"云欲归"，《法苑珠林》卷一一六引作"思欲归"。按：作"思"义长。"思欲"，犹言打算、想要。"思欲归"义即打算回家、想要回家，与上下文义甚契合。"思欲"有打算、想要义,乃汉魏六朝习语,如《说苑·归德》:"孔子之楚,有渔者献鱼甚强,孔子不受。献鱼者曰:'天暑远市,卖之不售,思欲弃之,不若献之君子。'"《艺文类聚》卷三三引《东观汉记》:"(赵熹)少有节操,从兄为人所杀,无子,熹常思欲报之。"后汉竺大力共康孟详译《修行本起经》:"太子念言,久在深宫,思欲出游,审得所愿。"《文选·曹操〈短歌行〉》:"我心何怫郁,思欲一东归。"《高僧传》卷九"晋邺中竺佛图澄"条:"通夜不寝,思欲见澄。"《颜氏家训·勉学》:"未知事君者,欲其观古人之守职无侵,见危授命,不忘诚谏,以利社稷,恻然自念,思欲效之也。"皆其例。

　　23. 汪绍楹校本《搜神记》卷十五"李娥"条:"娥对曰:'闻谬为司命所召,到时得遣出。'"

　　"闻",吴金华《汪校本〈搜神记〉拾补》疑是"间"之讹。① 按:吴说甚塙。"闻""间"字形极近,二字互讹古籍多见。"间",犹言"近来","间谬为司命所召"的意思就是近来错被司命所召。"间"之此义,亦汉魏时口语。"岁忽已终,别久益兼其劳,道远,书问又简,间得来说,知消息,申省次若言面。"《后汉书·方术传·华佗》:"间实伤身,胎已去矣。"②皆其例。

　　24. 汪绍楹校本《搜神记》卷十六"崔少府墓"条:"酒炙数行,谓充曰:'尊府君不以仆门鄙陋,近得书,为君索小女婚,故相迎耳。'便以书示充,充父亡时虽小,然已识得父手迹,即唏嘘,无复辞免。便敕内:'卢郎已来,可令女郎庄严。……充即至东廊,女已下车,立席头,却共拜。'"

　　"却",《太平广记》卷三一六引同,《太平御览》卷八八四引作"即";本事又见《法苑珠林》卷九二引《续搜神记》,亦作"即"。按:

---

① 　吴金华《古文献研究丛稿》,南京:江苏教育出版社,1995年,第351页。
② 　"间",《三国志·魏志·华佗传》讹作"闻",亦"间""闻"相讹之例。

"即",随即,其义显豁;"却"字亦通。"却"犹言随后、继而,"却共拜"就是继而一起拜堂。《搜神记》卷十五"贾文合"条:"女曰:'某三河人,父见为弋阳令,昨被召来,今却得还。'""今却得还"谓今天继而得以回家。"却"之此义习见于汉魏六朝典籍,如三国吴康僧会译《六度集经》卷一:"仙叹得一井水,呼等人汲之,却自取饮。""却自取饮"谓随后自己取井水饮之。《世说新语·言语》刘注引孙盛《遂初赋叙》:"余少慕老庄之道,仰其风流久矣,却感于陵贤妻之言,怅然悟之,乃经始东山,建五亩之宅。"六朝文献又屡见"先""却"对文之例,《六度集经》卷八:"令王取童男童女光华逾众者各百人,象马杂畜事各百头,先饭百等,却杀人畜。"《北史·杜弼传》:"及将有沙苑之役,弼又请先除内贼,却讨外寇。"《乐府诗集》卷二七南朝梁简文帝《度关山》:"先屠光禄塞,却破夫人城。"又卷三二南朝梁简文帝《从军行》:"先平小阴阵,却灭大宛城。"皆其例。

25. 汪绍楹校本《搜神记》卷十七"张汉直"条:"父母诸弟,衰绖到来迎丧,去舍数里,遇汉直与诸生十余人相追。"

校注:"'遇汉直与十余人相追',《太平广记》'追'作'随',当据正。"按:"追"本有随义,"十余人相追"犹言十余人相随。"追""随"同义,此处不必改字。《方言》卷十二:"追,随也。"《集韵·支韵》:"随,《说文》'从也',古作追。""追"有随义,可证以本书例,如卷一:"(赤松子)随风雨上下,炎帝少女追之,亦得去,俱去。"又同卷:"前周葛由,蜀羌人也。周成王时,好刻木作羊入蜀中,蜀中王侯贵人追之,上绥山。""追之",犹言随之。卷十一:"朗至,见母,再拜涕泣,因起出,母追谓之曰:'我几死……'"卷十八:"有一妇人,上下青衣,戴青伞,追后呼:'初掾待我。'"《搜神记》中"追"多有随义,上引各例是也。又可考之他籍,《楚辞·离骚》:"背绳墨以追曲兮,竞周容以为度。"王逸注:"追,随也。"张衡《归田赋》:"谅天道之微昧,追渔父以同嬉。"《西京杂记》卷四:"以青州芦苇为弩矢,轻骑妖服追随于道路。"《后汉书·党锢传·夏馥》:"静追随至客舍,共宿。""追随"同义连文。

26. 汪绍楹校本《搜神记》卷十八"怒特祠"条:"又曰:'秦公将必不休,如之何?'答曰:'秦公其如予何。'"

"将必",《太平御览》卷九〇〇引作"必将"。按:"必将"是。古时表示肯定语气一定、必定者,用"必将"一词,如《荀子·富国》:"所以说之者,必将雅文辨慧之君子也。"《史记·魏世家》:"秦非无事之国也,韩亡之后必将更事,更事必就易与利,就易与利必不伐楚与赵矣。"《论衡·韩非》:"使韩子闻善,必将试之,试之有功,乃肯定之。"《太平御览》卷七二七引《东观汉记》:"明德皇后尝久病,至卜者家为卦,问答崇所在。卜者卦定,释著仰天叹息。卜者乃曰:'此女明年小疾,必将贵。'"皆其例。"将必"一词,语义正与"必将"反,表推测语气,义为"或许"。《高僧传》卷一"汉洛阳白马寺摄摩腾"条:"臣闻西域有神,其名为'佛',陛下所梦,将必是乎?"《抱朴子内篇·对俗》:"神仙方书,似是而非,将必好事者妄所造作,未必出黄老之手,经松乔之目。"上引《搜神记》例,据上下文意,当表确凿、肯定之语气,故作"必将"较胜。

27. 汪绍楹校本《搜神记》卷二〇"孔愉"条:"孔愉少时,尝经行余不亭。"

本事见于《晋书·孔愉传》、《建康实录》卷八,"经行"均作"行经"。按:当作"行经"。"行经"犹言经过,乃六朝常语。《世说新语·赏誉》:"桓温行经王敦墓边过,望之云:'可儿,可儿。'"《搜神后记》卷二:"中兴初,郭璞每自为卦,知其凶终。尝行经建康栅塘,逢一趋步少年,甚寒,便牵住,脱丝布袍与之。"《异苑》卷三:"永阳人李增行经大溪,见二蛟浮于水上,发矢射之,一蛟中焉。"又卷四:"东海徐羡之字宗文,尝行经山中,见黑龙长丈余,头有角,前两足皆具,无后足,曳尾而行。"皆其例。六朝"经行"主要有二义,一谓经术品行,一谓佛教徒旋绕往返或径直来回于一定之地,乃佛教专门语,均不合文义。

28. 范宁校本《异苑》卷二:"长山朱郭夫妻采藻涧滨,见二铜釜,沿流而下,取之而归。有员盖满中,铜器光辉曜目,自然作声。"①

按:此句标点有误。"有员盖满中,铜器光辉曜目,自然作声"当标点为"有员盖,满中铜器,光辉曜目,自然作声"。"满中"乃当时语,本书卷四:"谢晦在荆州,见壁角间有一赤鬼,长可三尺,来至其前,手擎铜盘,满中是血。"又卷五:"忽见空中有一物下,正落母前,乃是天钵,中满香饭。""中满",《太平御览》卷八五引作"满中",当是原文。《宋书·五行志二》:"晋海西太和中,会稽山阴县起仓,凿地得两大船,满中钱,钱皆轮文大形。"《太平广记》卷四七三"施子然"条(出《续异记》):"其作人掘田塍西沟边蚁垤,忽见大坎,满中蝼蛄,将近斗许。"均其例。

29. 范宁校本《异苑》卷三:"凡宗庙所以承祖先嗣,永世不刊,安居摧陷,是煌绝之祥也。"

校勘记:"《开元占经》卷四引'祥'作'徵'。"按:原文作"祥"不误,"祥"与"徵"义同,皆谓预兆、征兆。无论吉凶,皆可言"祥"。《左传·僖公十六年》:"周内史叔兴聘于宋,宋襄公问焉,曰:'是何祥也?吉凶焉在?'"杜预注:"祥,吉凶之先见者。"本书亦数用"祥"表征兆义,如卷四:"任城王魏肇之初生,有雀飞入其手。占者以为封爵之祥。"又卷七:"其后都督入州,威果振主,潜有窥拟之志,每忆折翼之祥,抑心而止。"又同卷:"仲堪因问门前之岸,是何祥乎?""祥"皆谓预兆、征兆。

---

① 《异苑》,范宁校点,北京:中华书局,1996 年。

30. 范宁校本《异苑》卷四："西秦乞伏炽磐都长安,端门外有一井,人常宿汲水亭之下,而夜闻磕磕有声。惊起照视,瓮中如血,中有丹鱼长可三寸,而有寸光。"

校勘记:"《开元占经》卷百二十引'寸'(引按:指下'寸'字)作'赤'。"按:《开元占经》引作"赤"是。前言"丹鱼",则此言"赤"与之对应。"寸光"不可解,"寸"字当是涉上文而讹。

31. 范宁校本《异苑》卷四："晋陵韦朗家在延陵,元嘉初,忽见庭前井中有人出,齐长尺余,被带组甲,麾伍相应,相随出门,良久乃尽。"

校勘记:"'齐'同'脐'。"按:此校可疑。"齐"用同"脐"虽是古书通例,然此处上下文与"脐"无关。今谓"齐"谓尽也,皆也。《史记·平准书》:"民不齐出于南亩。"裴骃集解引李奇曰:"齐,皆也。"杨树达《词诠》卷六:"齐,副词,皆也。"并引《汉书·食货志》:"陛下损膳省用,出禁钱以振元元,宽贷,而民不齐出南亩。"按下文"被带组甲",此又如何得见"脐"?文义前后矛盾。又本书卷八:"晋太元中,桓谦字敬祖。忽有人皆长寸余,悉被铠持槊,乘具装马从坎中出,精光耀目,游走宅上,数百为群。"任昉《述异记》:"后帝幸瓠子河,闻水底有弦歌之声,置肴饍芬芳于帝前,前梁上翁及数年少,绛衣素带佩缨,皆长八寸,一人最长,长尺余,凌波而出,衣不沾湿。"事与此类而作"皆",可证。

32. 范宁校本《异苑》卷五："晋丹阳县有袁双庙,真第四子也。真为桓宣武所诛,便失所在。灵怪太元中形见于丹阳,求立庙。"

校勘记:"《太平广记》卷二百九十四引'怪'作'在'。"按:《太平广记》引文非是。吴新江《古小说〈异苑〉校理献疑》认为此处当作"灵怪",并认为"'灵怪'是六朝以来的成词","其义或泛指神魔鬼怪,或指神奇",其说可信。但他又说:"'怪'与'在'字形较近,或能相讹"。① 今以为"怪""在"形非近,"怪"或作"恠","恠"残坏作"在"。

33. 范宁校本《异苑》卷五:"平昌孟氏,恒不信。躬试往投,便自跃茅屋而去,永失所在也。"

校勘记:"《太平御览》卷三十引'永'作'求'。"按:"永"字不误。"永"犹言始终,是晋宋时习语。本书卷五:"数夜眼烂,于今永盲。""于今永盲"是说到现在眼睛始终是瞎的。又同卷:"忽见一折翅鸭,舒翼当梁头就唆,群永不得过。"《系观世音应验记》:"崇疑是愁苦形瘦,故锁械得脱。试使还着,永不复入。""永"皆谓始终。"永失所在"谓始终不知道孟氏的所在。《太平御览》作"求"当是形近而讹。

34. 范宁校本《异苑》卷六:"(秦)树既进,坐竟,以此女独居一室,虑其夫至,不敢安眠。女曰:'何似过嫌,保无虞,不相误也。'"

按:"何似过嫌"文义难通。"何似"在六朝时有"怎么样"之义,用来询问人或事物的性状,在此未安。秦树之事又见于《甄异传》(《太平广记》卷三百二十四引),"何似"作"何以",当是。"何以"犹云如何、为何,表疑问。"以"讹作"似",当是后世手民误写。

35. 范宁校本《异苑》卷六:"元嘉十四年,徐道饶忽见一鬼,自言是其先人。于是冬日,天气清朗,先积稻屋下,云:'汝明日可曝谷,天方大雨,未有晴时。'"

校勘记:"《北堂书钞》卷三百二十二引'方'作'将'是也。"按:"方"有即将、将要义。《诗·秦风·小戎》:"方何为期,胡然我念之。"朱熹注:"方,将也。"杨树达《词诠》卷一:"方,时间副词,将

① 吴新江《古小说〈异苑〉校理献疑》,《南京师范大学学报》2000 年第 3 期。

也。表未来。"①庾信《哀江南赋》:"小人则将及水火,君子则方成猿鹤。""将""方"对文同义。又有"方将",同义连文。《说苑·杂言》:"孔子观于吕梁,悬水四十仞,环流九十里,鱼鳖不能过,黿鼍不敢居;有一丈夫方将涉之。"曹操《请追赠郭嘉封邑表》:"方将献楚王,乌经宿而死。"皆其例。"方"字不误。

36. 范宁校本《异苑》卷八:"临海乐安章沉年二十余,死经数日,将敛而苏,云:被录到天曹,天曹主者是其外兄,断理得免。"

校勘记:"《北堂书钞》卷二百八十六引'斷'作'料'。"按:"斷"有审理、处决义,《太平御览》卷七〇二引《裴子语林》:"胡母彦国至相州,坐厅事斷官事。""理"亦有此义,《太平广记》卷三二三引《述异记》:"少时梦使来云:'昔枉见杀,诉天得理,今故取君。'"②"斷理"同义连文,谓审理判决。《艺文类聚》卷六引谢承《后汉书》:"羊陟,迁河南尹。……斷理冤徒,进用善士,节操者旌表异行。"《杂宝藏经》卷二《离越被谤经》:"有一弟子见师乃在罽宾狱中,即来告王:'我师离越在王狱中,愿为斷理。'"均其例。《异苑》本事又见《太平御览》卷七一八引《甄异记》,亦作"斷理",可证。"斷"俗作"断","断"讹作"斱",而"斱"又是"料"之异体,③故又作"料"。致讹途径是:斷→断(异体)→斱(讹误)→料(异体)。

37. 范宁校本《异苑》卷八:"门下骖忽如狂,奄失其所在。经日寻得,裸身呼吟,肤血淋漓,问其故,云:'社公令其作虎,以斑皮衣之。'"

"故",《太平御览》卷八九二引作"意故"。按:"意故"是六朝习

<hr />

① 杨树达《词诠》卷一,北京:商务印书馆,1965 年。
② 吴金华《三国志校诂》谓"埋一魂而天下归其义"(《魏志·邓艾传》)之"埋"当作"理",认为"理乃平反冤狱之谓"(第 157 页),其说与本条义近。
③ 《干禄字书》:"斱、料,上俗下正。"《龙龛手镜·米部》:"斱,或作料。"

语,义为缘故、原因。《三国志·魏志·管辂传》:"连梦见青蝇数十头来在鼻上,驱之不肯去,有何意故?"《吴志·孙破虏讨逆传》:"南阳太守张咨闻军至,晏然自若。坚以牛酒礼咨,咨明日亦答诣坚。酒酣,长沙主簿入白坚:'前移南阳,而道路不治,军资不具,请收主簿推问意故。'"《世说新语·假谲5》刘孝标注:"按袁、曹后由鼎跱,迹始携贰,自斯以前,不闻仇隙,有何意故而刿之以剑也?""意故"是同义复词,"意"也有缘由、原因的意思,如《太平御览》卷五五九引《幽明录》:"经年余还,于冢寻觅,欲更殡葬,忽见女尚存,父大惊,问女得活意。"作"故"亦通,但不若"意故"较为近真。

38.《光世音应验记》第1条:"少年辈密共束炬,掷其屋上,三掷三灭,乃大惊惧,各走还家。"①

《译注》校勘记:"'密'写本作'蜜',据《法苑珠林》、《法华传记》改。"按:"蜜"用同"密"。《敦煌变文校注·庐山远公话》:"白庄只于当处发愿,早被本处土地便知,蜜现神通,来至庐山寺告报众僧。"《叶静能诗》:"力士奏曰:'叶净能升云来往,皆用符录之功,今因大殿内设计欲谋杀之,净能何以得知。陛下但诏净能上殿赐座,殿后蜜排五百口剑,陛下洋洋问法,净能道法之次,洋洋振龙威,臣闇点号,五百人一时攒剑上殿,而必杀之。'"《佛说阿弥陀经讲经文(一)》:"意和蜜蜜修行不违背。"中村不折藏敦煌本《律戒本疏》:"第十三恶性不受谏……或隐蜜不障不得谏。"后唐景霄《四分律行事钞简正记》卷十四:"言其相微隐者,总叹此门相貌微妙隐蜜难知。"可洪《新集藏经音义随函录》卷十一《佛性论》音义出"秘蜜"条,则所见本作"秘蜜","秘蜜"即秘密。据此,《光世音应验记》写本之"蜜"正用作"密"。

39.《光世音应验记》第1条:"其后邻比有火,长舒家是草屋,又正在下风,自计火已逼近,政复出物,所全无几。"

---

① 董志翘《观世音应验记三种译注》,南京:江苏古籍出版社,2002年。

《译注》校勘记:"'邻'写本作'怜',据《法苑珠林》、《法华传记》改。"按:其实"怜"就是"邻"之通假字,《史记·高祖功臣侯者年表》:"以骈怜从起昌邑。"司马贞索隐引姚氏曰:"怜、邻声相近。骈怜,犹比邻也。"《太平御览》卷七一〇引邓德明《南康记》:"南野县有汉监匠陈怜,其人通灵。""怜",说郭本《南康记》作"邻"。

40.《光世音应验记》第3条:"石虎死后,冉闵杀胡,无少长,悉坑灭之,晋人之类胡者,往往滥死。"

《译注》校勘记:"'冉'原写本、金刚寺本均作'染',音同。据《魏书·冉闵传》、《晋书·冉闵载记》改。"按:"冉""染"音同,可相通用。①《通志·氏族略四》:"染氏,即冉氏。石虎将染闵,魏郡内黄人,篡石赵,号魏,三年为燕慕容隽所灭。""冉闵"写作"染闵",古籍经见,不赘举。据此写本作"染"不误,不必改。

41.《光世音应验记》第3条:"我实无术。闻官杀胡,恐自不免,唯归心光世音。当是威神怜佑耳。"

《译注》校勘记:"'怜'写本作'粦',金刚寺本同,当是'怜'之俗体。"按:"怜"俗体无写作"粦"者,"粦"当即"矜"字。《诗·小雅·鸿雁》:"爰及矜人。"毛传:"矜,怜也。"《方言》卷一:"矜,哀也。""矜佑"谓怜悯佑护。《赤松子章历》卷六《迁临大官章》:"臣忝荷重任,不胜肉人告诉之至,谨冒清严,拜章上闻,愿垂矜佑。"崔敦诗《玉堂类稿》卷十九《十神太一祝文》:"愿下九天之御,亟垂三日之霖,尽起槁苗,顿还丰岁,吁嗟以请,庶矜佑之。"均其例。

42.《光世音应验记》第5条:"始丰南溪中,流急岸峭,回曲如萦,又多大石。"

《译注》校勘记:"萦,写本作萦,据《法苑珠林》、《太平广记》

---

① 参看真大成《中古史书校证》,北京:中华书局,2013年,第24页。

改。"按:"营"与"萦"通,不烦改。《公羊传·庄公二十五年》:"日食则曷为鼓用牲于社?求乎阴之道也,以朱丝营社,或曰胁之,或曰为暗,恐人犯之,故营之。"释文:"(营)本亦作萦。"《春秋繁露·止雨》:"凡止雨之大体,女子欲其藏而匿也,丈夫欲其和而乐也,开阳而闭阴,阖水而开大,以朱丝萦社十周,衣赤衣赤帻,三日罢。""营社"即"萦社"。《鲍参军集》卷四《采菱歌》:"含伤舍泉花,萦念采云蕚。""营",《乐府诗集》卷五一作"萦"。此均"营""萦"异文而通之例。

43.《光世音应验记》第6条:"舟人不贯,误堕回复中。"

《译注》校勘记:"'堕'写本作'随',据《法苑珠林》、《太平广记》改。"按:"随""堕"同从"隋"声,例得通假。高丽藏本西晋竺法护译《渐备一切智德经》卷一《离垢住品》:"众生……随恩爱江,大患所摄,强在愚痴,心念贪淫,志思危害,欲行贼役。""随",资福藏本作"堕"。"随恩爱江"即堕恩爱江。《敦煌变文集校注·佛说阿弥陀经讲经文(二)》:"必受三归,免沈邪道,归依佛者,不随地狱。""随"读作"堕"。

44.《续光世音应验记》第7条:"时其夫亦依窜草野,昼伏夜行,各相问讯,乃其夫妻也。"

《译注》:"依窜:依,依托;窜,躲藏。"按:"依"读为"庡"。《广雅·释诂一》:"庡,隐翳也。"王念孙疏证:"皆隐蔽之意也。"《宋书·孝武帝纪》:"世道未夷,惟忧在国。夫使群善毕举,固非一才所议,况以寡德,属衰薄之期,夙宵寅想,永怀待旦。王公卿士,凡有嘉谋善政,可以维风训俗,咸达乃诚,无或依隐。"又《明帝纪》:"今藩隅克晏,敷化维始,屡怀存治,实望箴阙。王公卿尹,群僚庶官,其有嘉谋直献,匡俗济时,咸切事陈奏,无或依隐。""依隐"同义连文。"依窜"之"依"亦躲藏义,指藏于草间。

45.《续光世音应验记》第 9 条:"后省,遇赦获免。"

《译注》:"'省'通'眚'。眚:灾异。"按:"省"未必是"眚"的通假字。"省"有审察义,《宋书·少帝纪》:"乙巳,遣侍御史省狱讼,申调役。"《汉书·隽不疑传》"每行县录囚徒还"颜师古注:"省录之,知其情状有冤滞与不也。"本条之"省"亦当指审察(狱讼)。

46.《系观世音应验记》第 7 条:"须史,见北岸有光,如村中燃火,同身皆见,谓是欧阳火也。"

《译注》:"欧阳火,未详为何物。"按:"欧阳"为地名,又称欧阳埭,在长江北岸今仪征一带。《水经注·淮水》:"昔吴将伐齐,北霸中国,自广陵城东南筑邗城,城下掘深沟,谓之韩江,亦曰邗溟沟,自江东北通射阳湖。《地理志》所谓渠水也,西北至末口入淮。自永和中,江都水断,其水上承欧阳埭,引江入埭,六十里至广陵城。"《魏书·萧正表传》:"正表既受景署,遂于欧阳立栅,断衍援军。"《梁书·陈伯之传》:"齐安陆王子敬为南兖州,颇持兵自卫。明帝遣广之讨子敬,广之至欧阳,遣伯之先驱,因城开,独入斩子敬。""欧阳"均其地。"欧阳火"即欧阳埭之火。

47.《系观世音应验记》第 14 条:"值姚苌寇蜀,此人身在陈。"

《译注》校勘记:"'寇'写本作'宼',据《观音义疏》改。"按:"寇"异体或作"宼""宼""宼""宼"等,"宼"亦其比类。

48.《系观世音应验记》第 15 条:"于是顷今绞杀,绳又等[寸]断。"

《译注》校勘记:"'杀'写本作'飯',乃与'杀'之俗体'煞'形近而误。"按:"飯"与"煞"形不近,无由致误。"煞"或作"敠",《干禄字书》:"煞、敠、杀:上俗,中通,下正。""敠""敠"与"飯"字形较近而致误。《系观世音应验记》第 33 条:"得数十日,然锁便寸寸自折,不敢辄去,以语主帅。"《译注》校勘记:"'敢'写本作'煞',据文意改。"按:校作"敢"可从。

49.《系观世音应验记》第22条:"既入便奔,车即粉碎,遂至暝无监。"

《译注》校勘记:"'暝'写本作'冥',据文意改。"按:"冥"为古字,"暝"为后世分化字。《诗·小雅·斯干》:"哙哙其正,哕哕其冥。"郑玄笺:"冥,夜也。"蔡琰《悲愤诗》之二:"冥当寝兮不能安,饥当食兮不能餐。"故写本作"冥"不误,不必改。

50.《系观世音应验记》第29条:"于阗王女婿,名天忍,为从弟所锁系,送往何觉国杀之。"

《译注》校勘记:"'阗'写本作'寘',据文意改。"按:"于阗"写作"于寘",乃古籍常事,惟后世以"于阗"为常尔。写本作"寘",不误,不必改为"阗"。

51.《系观世音应验记》第37条:"孙饮,建德郡人也,为黄龙国典炭吏。亦减耗应死。"

《译注》校勘记:"'减'写本作'咸',据文意改。"按:"减"或写作"咸",《集韵·豏韵》:"减,《说文》:损也。或作咸。"《礼记·月令》:"行春令,则蝗虫为败,水泉咸竭,民多疥疠。"《吕氏春秋》作"水泉减竭"。《左传·昭公二十六年》:"则有晋郑,咸黜不端。"王引之《经义述闻·左传上》:"减与咸古字通。"据此,写本作"咸"也不必看作误字而改。

52.《系观世音应验记》第40条:"道荣心怪之,起视子乔,见其双械脱在脚后,械癰犹尚着脚。"

《译注》校勘记:"'癰'写本作'雍',《法苑珠林》亦作'雍',《太平广记》作'痕',据文意改。""癰"当指着械处受伤化脓而成的肿疡。

"癰"可通作"雍",《素问·大奇论》:"肺之雍,喘而两胠满。"林亿等校正:"《甲乙经》俱作癰。"S. 2512《药师经疏》:"或焦否寒,五藏被离,历岁饮脓,连年吐血,或疮廊竞生,雍疽争出,项羸似綖,面肿如囊。"可洪《新集藏经音义随函录》卷十三《佛说阿那律八念经》音义出"雍疽"条,可见可洪所据本作"雍疽"(高丽藏本作"痈疽")。据此,写本作"雍"本非误字,乃当时用字常例,不须改。

53.《系观世音应验记》第 44 条:"度乃奖率众人,共归命观世音。"

《译注》:"奖率:劝勉带领。"按:"率"与"奖"连文,恐非带领义,而是指勉励、劝勉。《小尔雅·广诂》:"率,劝也。"《史记·孝文本纪》:"农,天下之本,其开籍田,朕亲率耕,以给宗庙粢盛。"裴骃集解引韦昭曰:"借民力以治之,以奉宗庙,且以劝率天下,使务农也。"《论衡·率性》:"论人之性,定有善有恶……有亚者,故可告率勉,使之为善。""奖率"当为同义连文,指劝勉。

54.《系观世音应验记》第 45 条:"苟本肥重,力不举体,得更见四人捧其入船,既入熟视,定都无人。"

《译注》:"定:却。"按:"定"非表转折义,而是指到底、竟然。[1]《三国志·吴志·陆逊传》:"桓后见逊曰:'前实怨不见救,定至今日,乃知调度自有方耳。'"

55.《系观世音应验记》第 48 条:"毛女,秦郡人也,少即出家。有姚氏娉之,不许。"

《译注》校勘记:"'娉'写本作'妈',据文意改。"按:"娉"在中古写本、碑刻中可作"妫""娉",[2]"妈"当即"妫""娉"之类字形的

---

① 参看高育花《中古汉语副词研究》,合肥:黄山书社,2007 年,第 118 页。
② 黄征《敦煌俗字典》,上海:上海教育出版社,2005 年,第 306 页;毛远明《汉魏六朝碑刻异体字典》,北京:中华书局,2014 年,第 675 页。

讹写。

56.《系观世音应验记》第 50 条:"吴因归命观世音,特自苦至,于是天忽大雨,至暝不息。"第 63 条:"至暝日没,还复见灯。"

《译注》第 50 条校勘记:"'暝'写本作'𡨴',据文意改。"第 63 条校勘记:"'暝'写本作'寅',据文意改。"按:"冥"或作"𡨴""𡨴""𡨴",①"𡨴""寅"均即"冥"字上述异体的讹变。据此似将"𡨴"改作"冥"更宜。

57.《系观世音应验记》第 57 条:"邢怀明,河间人也。宋元嘉中为大将军参军,随荆州刺史朱修之北伐。"第 58 条:"其中一人本事佛,知有观世音,即相劝存念。于是皆从其语,欻然便闻有铃声。知是神异,随声而行,即便得出。"第 59 条:"于是,两人径往就虎,虎向前行,两人随之。……明日,随路自进。"

第 57 条《译注》校勘记:"'随'写本作'遂',据《法苑珠林》、《太平广记》改。"第 58 条《译注》校勘记:"'随'写本作'遂',据文意改。"第 59 条校勘记:"'随之'写本作'遂人之','遂'字误,'人'字衍,据文意删改。""'随'写本作'遂',据《续高僧传》改。"按:诸例中"遂"当为"逐"之形讹。逐,随也,从也。《搜神后记》卷二:"殷明日与诸人共江上,看见一棺,逐水流下飘,飘至殷坐处。"逐水,随水。《太平广记》卷三五二"庾季随"条(出《述异记》):"子忽失父所在,至寺,见父有鬼逐后,以皮囊收其气,数日遂亡。"逐后,随后。《初学记》卷十六南朝梁陆罩《咏笙诗》:"人情应节转,逸态逐声移。"逐声,随声。

58.《系观世音应验记》第 59 条:"久闻虏军向晓警角声,曙欲去,唯见山谷万重,不知何处去。"

---

① 参看毛远明《汉魏六朝碑刻异体字典》,北京:中华书局,2014 年,第 618 页。

《译注》校勘记:"'警',写本作'惊',据《续高僧传》改。"按:写本作"惊",《续高僧传》作"警","惊""警"异文而通,不烦改。《诗·小雅·车攻》:"徒御不惊,大庖不盈。"孔颖达疏:"言以相警戒也。"《墨子·号令》:"卒有惊事,中军疾击鼓者三。"孙诒让间诂:"惊,读为警。"又《杂守》:"即有惊,举孔表。"孙诒让间诂:"惊、警同。"《法苑珠林》卷五一引《梁高僧传》(实为《续高僧传》):"良久天晓,始闻军众警角将发。""警",今本《续高僧传》作"惊",异文而通。

59.《系观世音应验记》第62条:"其儿定传卖为益州人为奴,月使作,因一日独卧草中,忽见一道人来相问:'汝是韩睦之儿非?'即惊答曰:'是。'"

《译注》校勘记:"'卧'写本作'秄',据文意改。"按:"秄",《法华传记》卷七"韩睦之"条作"秄"。"秄"即"秅"字。《说文·束部》:"秅,小束也。"又可用作动词,表示束、扎。《广雅·释诂三》:"秅,束也。"《齐民要术·种麻》:"勃如灰便收。秅欲小,秭欲薄,一宿则翻之。"缪启愉校释:"(秅)指扎成小把。"《系观世音应验记》本则当指小儿捆扎草木("中",《法华传记》作"木",义长)。"秄"为"秅"之形近讹字,《译注》改作"卧",失本文矣。

60.《系观世音应验记》第63条:"呆抄《宣验记》,得此事,以示南豫州别驾何意。"

《译注》校勘记:"'豫'写本作'颖',疑为'豫'字。"按:"颖"实为"预"字之误。"豫州"又可作"预州"。《北堂书钞》卷六四引《魏志》:"满宠,字伯宁。拜前将军,领预州刺史及督扬州诸军事。""预州",《三国志》作"豫州"。《后汉书·袁术传》:"刘表上术为南阳太守,术又表坚领豫州刺史,使率荆、豫之卒,击破董卓于阳人。"《资治通鉴·汉献帝初平元年》"豫州"作"预州"。

《抱朴子内篇》校读记

葛洪《抱朴子内篇》(以下简称《内篇》)是研究中古道教史的重要文献,备受学界重视。王明先生《抱朴子内篇校释》①(以下简称《校释》)考订精详,是《内篇》文献整理和中古道教史研究的重要成果。嗣后,杨明照先生发表《抱朴子内篇校释补正》②(以下简称《补正》)等文,对《校释》有所订正。1985 年,王明先生利用几种新的版本并参酌相关成果,对《校释》做了修改和补充,出版了增订本③。《抱朴子内篇》传世弥久,版本众多,又屡为后代文献征引,异文纷繁复杂,尽管《校释》已做胪举辨正,但限于体例,未便展开,故尚有进一步斠考之必要,以使《内篇》整理更臻美备。本文逐条校读,敬希达者董之云尔。

001. 藐然不喜流俗之誉,坦尔不惧雷同之毁。(《畅玄》)

"藐",敦煌本作"莞"。按:"莞"不合文意,乃是误字。"藐"或作"莌"。由于"完"字俗书作"兒",④因而"兒(貌)""完"二字常相讹混,《诗·邶风·燕燕序》"卫庄姜送归妾也"毛传"戴妫生子名完"陆德明释文:"字又作兒。"《穀梁传·隐公三年》"杀其君完"陆德明释文:"本又作兒。"《管子·问》:"无敦于权人,以困貌德,国则不惑,行之职

---

① 王明《抱朴子内篇校释》,北京:中华书局,1980 年。
② 杨明照《抱朴子内篇校释补正》,载中华书局编辑部编《文史》第二十三、二十四辑,北京:中华书局,1985 年。
③ 王明《抱朴子内篇校释》增订本,北京:中华书局,1985 年。
④ 《干禄字书》:"兒、完,上俗下正。"隋《张君妻萧氏墓志》"浣"作"浣"。

也。"戴望注:"宋本'貌'作'皃','皃'乃'完'字之误。……完德,全德也。"均其例。① 这样一来,"薞"的或体"莞"就极易讹作"莞"。②

002. 幽括冲默,舒阐粲蔚。(《畅玄》)

《校释》:"原校:'蔚'一作'郁'。……蔚读作郁,浓盛。"按:"蔚"读作"郁",未闻他例,恐不可从。杨明照《补正》认为"'蔚'殆'蔚'之残误",真大成《〈抱朴子内篇〉异文考释》以为"爵"("鬱"之或体)残去上部后作"時",后人改"時(爵)"作"蔚"。③ 今考《抱朴子》内外篇,有"炳蔚""藻蔚""或蔚"诸词,《崇教》更有"粲蔚"一词("粲蔚"《举正》已发),据此词例,原文当作"蔚",今本作"蔚",传写时用字偶变耳(杨明照以为"残误",未必是)。

003. 其唯玄道,可与为永。(《畅玄》)

《校释》:"'为永'敦煌作'推求'。"按:敦煌本之"推"疑为"惟"之形讹,"求"乃"永"之形讹。"惟永"出《尚书·吕刑》。《抱朴子外篇·博喻》(以下简称《外篇》)"规其宁之惟永",即从《尚书》化出。《外篇·广譬》:"善莅政者,必战战于得失,故享惟永之庆。"亦用"惟永"之例。六朝载籍多用"惟永",此不缕举。"其唯玄道,可与惟永"谓唯玄道可与之长存。

004. 绮榭俯临乎云雨,藻室华绿以参差。(《畅玄》)

《校释》:"'华'敦煌作'朱'。'华绿'慎校本、宝颜堂本作'华橼'。"按:敦煌本作"朱"义长。《外篇·勖学》:"故朱绿所以改素丝,训诲所以移蒙蔽。"又《广譬》:"朱绿之藻,不秀于枯柯;倾山之流,不

---

① 又可参看苏杰《〈三国志〉异文研究》,济南:齐鲁书社,2006年,第62页。

② 亦有"莞"讹作"薞"之例,如《晋书·陆机传》载其《辨亡论》:"由是二邦之将,丧气摧锋,势颙财匮,而吴莞然坐乘其弊。""莞",《三国志·吴志·三嗣主传》注引《辨亡论》误作"薞"。

③ 真大成《〈抱朴子内篇〉异文考释》,《南京师范大学文学院学报》,2014年第6期。

发乎涧源。"可见葛洪习用"朱绿"。"藻室"指绘有花纹、彩饰之房屋，故谓"朱绿""参差"。《文选·张衡〈西京赋〉》："故其馆室次舍，采饰纤缛，总以藻绣，文以朱绿。"《艺文类聚》卷五七引后汉刘梁《七举》："丹楹缥壁，紫柱虹梁，桷榱朱绿，藻棁玄黄。"此二例可以参比。明代慎懋官本、宝颜堂本作"华榱"，殆出臆改。

005. 冶容媚姿，铅华素质，伐命者也。(《畅玄》)

《校释》："'铅'，敦煌作'朱'。"按："华""质"相对而言，六朝文献屡见其例，如《文选·陆云〈大将军宴会被命做诗〉》"遗华反质"，《周书·黎景熙传》"慕质恶华"，北魏《丘哲公墓志》"行质名华"，均其例。"朱""素"对言，也多有其例，如《艺文类聚》卷五七引后汉崔琦《七蠲》"素波朱澜"，《洛阳伽蓝记》"朱柱素壁"，《高僧传》"朱旗素甲"，《御览》卷八三六引成公绥《钱神论》"朱衣素带"等。① 还有"朱素"连文例，如《南齐书·王俭传》"玉石朱素"，《艺文类聚》卷三四引梁沈约《怀旧诗》"纷纶递朱素"。从当时行文成例看，敦煌本作"朱"更为近真。

006. 登峻则望远以忘百忧，临深则俯擎以遗朝饥。(《畅玄》)

《校释》："'擎'敦煌、慎校本作'览'。"按：《说文·手部》："擎，撮持也。"后作"揽"。又通作"览"，《淮南子·冥览》："夫阳燧取火于日，方诸取露于月，天地之间，巧历不能举其数，手徽忽悦，不能览其光。"《玉台新咏》卷一《艳歌行》："赖得贤主人，览取为吾绽。"《太平御览》卷一八八引陆机诗："安寝北堂上，明月入我牖。照之有余辉，览之不盈手。""览"，《御览》卷四引作"揽"。敦煌本作"览"，用借字尔。

007. 履略蜿虹，践跚旋玑。(《畅玄》)

《校释》："敦煌作'蹑践旋机'。《校勘记》：荣案卢本跚作'蹓'。

---

① 《诗·唐风·扬之水》有"素衣朱襮""素衣朱绣"之语，亦"朱""素"对文。

明案'践跚'似当作'践蹋',践踏之意。"按:"跚"字不误。"跚"有践、踏义。《外篇·嘉遯》:"徒闻振翅竦身,不能凌厉九霄,腾跚玄极,攸叙彝伦者,非英伟也。""跚"亦用作践、踏义。陆云《晋故散骑常侍陆府君诔》:"既跚君宿,未跱鼎辰。"《真诰·甄命授第一》:"体象五星,行恒如跚空。""跚空"犹踏空。

008. 吟啸苍崖之间,而万物化为尘氛。(《畅玄》)

《校释》:"'尘氛'敦煌作'埃芥'。宋浙本作'埃氛'。"按:《外篇·逸民》:"万物芸芸,化为埃尘矣。"与此句意相同。《抱朴子》内外篇表达此类意思常用"埃""尘""壤""芥"等词,而不用"氛"(除今本作"尘氛"外,内外篇未见"氛"之他例)。由此推测,敦煌本作"埃芥"更可能是原文,《外篇·交际》:"或有德薄位高,器盈志溢,……褴褛杖策,被褐负笈者,虽文艳相、雄,学优融、玄,同之埃芥,不加接引。"亦"埃芥"之例。《外篇·审举》:"兵兴之世,武贵文寝,俗人视儒士如仆虏,见经诰如芥壤者,何哉?""芥壤""埃芥"义同,可相参比。宋浙本作"埃氛",大约是宋以前写本到明清刻本文本异化的中间过渡阶段。

009. 啜菽漱泉,而太牢同乎藜藿。(《畅玄》)

《校释》:"孙校:'菽'一本作'粟'。案敦煌菽作'叔',叔即'菽'字。"按:敦煌本实作"𦭒",为"叔"之俗写,"啜叔(菽)"当为原文。"啜菽漱泉"显然从《礼记·檀弓下》"啜菽饮水"之辞(亦见《荀子·天论》)化出,①且用其意。"叔"字或体"𦭒",传写中易与"舛"形近而讹②,故"菽"误作"舛"。

----

① "漱"读作"欶",从王念孙《读书杂志·文选杂志》"漱飞泉之沥液"条说。"漱",敦煌本作"𣢆(欶)","欶"也是饮、喝之义。

② 《论语·季氏》"伯夷、叔齐饿于首阳之下",日本正平本《论语集解》"叔"作"𫝹",与"舛"字形极近。黎庶昌《拙尊园丛稿》卷六《跋日本津藩有造馆本正平本论语集解》举《微子》"伯夷叔齐"之"叔"异文作"舛",误。古籍中又有"升"误作"舛"之例,可为参比("叔""升"形讹乃常例)。

010. 不以臭鼠之细琐,而为庸夫之忧乐。(《畅玄》)

《校释》:"'琐'宋浙本作'碎'。"按:"细琐"在先唐文献中未见他例,而"细碎"则是魏晋以来习语,《抱朴子》内外篇也屡用之,如《内篇·道意》"不可以荠麦之细碎",《外篇·广譬》"常分细碎",《外篇·自叙》"乃计作细碎小文",据此颇疑原文当从宋浙本作"细碎"。

011. 直刃沸镬,不足以劫之焉,谤讟何足以戚之乎?(《畅玄》)

《校释》:"'直',敦煌作'白'。直刃,刺杀。沸镬,烹杀。"按:从字面看,"沸镬"显然仍是名词,与之连文的"直刃"也应是名词。"直刃"不辞,"直"当从敦煌本作"白","白""直"形近而讹。"白刃",《抱朴子》内外篇屡见,如《内篇·至理》"以氛禁白刃"、《杂应》"便不畏白刃",《黄白》"白刃流矢不中之",《地真》"白刃临颈""所以白刃无所措其锐",《外篇·行品》"赴白刃而忘生",《酒诫》"于是白刃抽而忘思难之虑",《自叙》"可以入白刃取大戟",可见乃是稚川常语。"白刃""沸镬"结构、含义均相对应。"谤讟",敦煌本作"谤言"。观上文用词,"谤言"更胜。

012. 登朽缗以探巢,泳吕梁以求鱼。(《畅玄》)

《校释》:"'缗',敦煌作'条'。"按:《尔雅·释言》:"缗,纶也。""登朽缗"语义不伦,"朽缗"也难以与"探巢"发生事理联系。敦煌本作"朽条",是也。《说文·木部》:"条,小枝也。""朽条"即朽败之枝条,《易林·节之豫》:"朽条腐索,不堪施用。""登朽条以探巢"谓爬上腐朽树枝以探取鸟巢,自然为危殆之事。《外篇·嘉遁》:"似蹈薄冰以待夏日,登朽枝而须劲风。"《北堂书钞》卷一一五引《抱朴子》:"大将者,凛凛乎若负重而履薄冰,战战若登朽木以临万仞也。"(今本无此句)"登朽条"可与"登朽枝""登朽木"参比。

013. 恢恢荡荡,与浑成等其自然。(《畅玄》)

"浑",敦煌本、宋浙本均作"混"。按:《老子》:"有物混成,先天地生。"王弼注："混然不可得而知,而万物由之以成,故曰混成也。"稚川显然用《老子》之辞。"混成"更近原文。《内篇·遐览》有"《混成经》二卷","混成"亦用此义。

014. 久之,帝令人发其棺,无尸,唯衣冠在焉。(《论仙》)

《校释》："敦煌'唯'作'则'。影古写本同。"按："则"亦言仅、祇,与"唯"义同。《荀子·劝学》："小人之学也,入乎耳,出乎口。口耳之间则四寸耳,曷足以美七尺之躯哉。""则四寸"即言唯四寸、仅四寸。吴昌莹《经词衍释》卷八云："则,犹惟也。《孟子》'心之官则思'、《左传》昭二十年'进退无辞,则虚以求媚',此类则字,并如惟义。"又云："则,犹惟也。惟,词之祇也,适也,故则又可训为祇与适。《孟子》'卒为善士,则之野',言适之也;'则足以杀其躯而已矣',言适足以也。"(表仅、祇义,"惟"亦作"唯")本例敦煌本、影古写本"则衣冠在"即言唯衣冠在、仅衣冠在,更为近古,作"唯"者或出后人改。

015. 进趋犹有不达者焉,稼穑犹有不收者焉。(《论仙》)

《校释》："犹(引按:指上'犹'字)原作尤,疑误。案敦煌、影古写本、宋浙本、藏本、鲁藩本等均作犹,今据改。"按:底本作"尤",实为"犹"的通假字。"尤应"即犹应,尚应。"尤"非误字。

016. 有生最灵,莫过乎人。贵性之物,宜必钧一。而其贤愚邪正,好丑修短,清浊贞淫,缓急迟速,趋舍所尚,耳目所欲,其为不同,已有天壤之降、冰炭之乖矣。(《论仙》)①

"降",宋浙本作"觉"。按："降""觉"异文,亦见于佛经,如《摩诃僧祇律》卷二〇《明单提九十二事法之九》："诸大德,是中分物参差不同,相降四指八指,理不得计。""降",宫本作"觉"。《僧祇律》之"相降",屡见于佛经,如姚秦佛陀耶舍共竺佛念等译《四分律》卷五二

---

① 此条据敦煌本。

《杂揵度之二》："时优波离与诸比丘共论法律,时诸比丘共来听戒,坐处迮狭不相容受,佛言:'相降三岁听共坐木床,相降二岁听共坐小绳床。'"后秦弗若多罗译《十诵律》卷五七《二种毗尼及杂诵》:"三岁净者,比丘中间相降三岁,得共大绳床上坐。"也单称"降",如东晋佛陀跋陀罗共法显译《摩诃僧祇律》卷十一《明三十尼萨耆波夜提法之四》:"若衣有大小,降四指八指不等,不计者我当分。"又同卷:"诸大德,衣相降四指八指不等,若通此者我当分。"卷十二《明单提九十二事法之一》:"时诸比丘尼出城已,各作是言:'若我等向余方者,在在处处皆见驱逐,无得住处。我等今当随世尊后去。'世尊朝所发处,诸比丘尼暮到。如是在道,恒降一日。"卷三一《明杂跋渠法之九》:"大小降三腊得共坐,不得共床眠。"又同卷:"从今日后听降三岁比丘得共床坐,无岁比丘得共三岁比丘坐,如是乃至七岁比丘得共十岁比丘坐。……若床长一肘半,相降三岁得二人共坐,若减应并与上座。若卧床过三肘,得与降四岁比丘共坐,若减者不得共坐。"《四分律》卷六《三十舍堕法之一》:"若比丘一日得衣、二日得衣,三日不得、四日得(如是转降,乃至十日不得衣)。"

对于此类"降"的含义,可据上述"降-觉"异文考知其义。"觉"有相差、差别义,[①]"降-觉"异文,"降"也应指相差、差别。《摩诃僧祇律》卷二九《明杂诵跋渠法之七》:"尔时诸比丘来入,有一比丘作是言:'此堂都好,唯一角差降一爙麦许。'""差降"同义连文。《抱朴子内篇》"降""乖"对文义同,"降"正谓差别。《摩诃僧祇律》等"相降"即相差。

《抱朴子内篇》"天壤之降",宝颜堂本作"天壤之隔";后秦弗若多罗译《十诵律》卷三九《明杂法之四》:"从今三比丘中间隔三岁,得

---

① 参看周一良《魏晋南北朝史札记·南齐书札记》"觉"条,北京:中华书局,1985年,第216页。郭在贻《〈太平广记〉词语考释》"校"条,《郭在贻文集》第一卷《训诂丛稿》,北京:中华书局,2002年,第149-150页。蔡镜浩《魏晋南北朝词语例释》"觉"条,南京:江苏古籍出版社,1990年,第175-177页。

共大床坐。"隔三岁""相降三岁"义同,"降""隔"都是相差、相较之义。①

017. 万物云云,何所不有,况列仙之人,盈乎竹素矣。(《论仙》)

《校释》:"'云云',《校勘记》:'荣案卢本作芸芸,《道德经》夫物芸芸。'明案慎校本、宝颜堂本亦作'芸芸'。芸芸,众多貌。"按:《庄子·在宥》"万物云云",当为葛洪所本,成玄英疏:"云云,众多也。""云云""芸芸"声同义通。《校勘记》所引《老子》"芸芸",马王堆帛书甲本作"云云"。仲长统《昌言·损益》:"为之以无为,事之以无事,何子言之云云也?"《广弘明集》卷二四南朝齐沈约《述僧中食论》:"扰之大者其事有三,……万事云云,皆三者之枝叶耳。"均其例。据此,"云云"不误,晚出之本作"芸芸",殆出臆改。

018. 弃疾良平之智,端婴随郦之辩。(《论仙》)

《校释》:"'婴'敦煌、影古写本作'晏'。"按:敦煌本实作"宴","晏"之或体。前句"弃""疾""良""平"均取其名,后句"端""随""郦"三者皆为姓,如作"婴"(指晏婴)则姓、名错出,文例不协。据此原文当作"晏",则前句皆用名,后句均采姓,相对成文。

019. 水性纯冷,而有温谷之汤泉。(《论仙》)

《校释》:"'温谷'敦煌、影古写本作'浔狏'。罗氏云:'狏'即'豚'别构,'浔'殆'燖'之讹。是。燖,燂,火热也。"按:"燖狏"之"燖"非"火热"之义。《说文·炎部》:"燅,于汤中爚肉。""燅"或作"燖""燂"。"燖狏"指将猪肉浸在沸水中加热使熟,故下文云"汤泉"。

---

① 《世说新语·捷悟》:"魏武尝过曹娥碑下,杨修从。碑背上见题作'黄绢幼妇,外孙齑臼'八字,魏武谓修曰:'卿解不?'答曰:'解。'魏武曰:'卿未可言,待我思之。'行三十里,魏武乃曰:'吾已得。'令修别记所知。修曰:'黄绢,色丝也,于字为"绝";幼妇,少女也,于字为"妙";外孙,女子也,于字为"好";齑臼,受辛也,于字为"辝(辞)";所谓"绝妙好辞"也。'魏武亦记之,与修同,乃叹曰:'我才不及卿,乃觉三十里。'""觉三十里",《语林》作"隔三十里"。"觉""隔"均为相差、相较之义。

020. 贵性之物，宜必钧一。(《论仙》)

《校释》："孙校云：藏本无'一'字。明案鲁藩本亦无'一'字。敦煌、影古写本、宋浙本、慎校本、宝颜堂本、崇文本'一'皆作'齐'。"按：无"一"字前后句失协，非是。敦煌本等作"齐"或是原文。《内篇·极言》："钧器齐饮，而或醒或醉者，非酒势之有彼此也。"乃"钧""齐"对文之例。《后汉书·窦融传》："权钧力齐，复无以相率。"《晋书·孔愉传》："钧法齐训，示人轨则。""钧""齐"连言或对言当是汉晋人语。

021. 水蟥为蛉。(《论仙》)

《校释》："'蟥'原作'蠣'……'蠣'应作'蟥'。"敦煌本作"厉"。按：底本作蠣无烦改。《说文·虫部》："蟥，蚌属。"或作"蠣"，《广韵·祭韵》："蠣，牡蛎，蚌属。蟥，上同。"敦煌本作"厉"，当即"蠣"之省文。

022. 形骸己所自有也，而莫知其心志之所以然焉；寿命在我者也，而莫知其修短之能至焉。(《论仙》)

《校释》："'在我'二字敦煌、影古写本作'老夭'。"按：作"老夭"义长。"老夭"正与下文"修短"相应。"在我"当为"老夭"之残讹。

023. 世人既不信，又多疵毁，真人疾之，遂益潜遁。(《论仙》)

《校释》："'遁'敦煌、影古写本作'退'。"按：作"潜退"较长。《外篇·逸民》："仕人曰：'潜退之士，得意山泽，不荷世贵，荡然纵肆，不为时用，嗅禄利诚为天下无益之物，何如？'"正用"潜退"一词，可证。《晋书·隐逸传·韩绩》："绩少好文学，以潜退为操，布衣蔬食，不交当世，由是东土并宗敬焉。"《北齐书·杨愔传》："愔以世故未夷，志在潜退，乃谢病，与友人中直侍郎河间邢邵隐于嵩山。"亦其例。

024. 魏文帝穷览洽闻，自呼于物无所不经，谓天下无切玉之

刀,火浣之布,及著《典论》,尝据言此事。(《论仙》)

《校释》:"《校勘记》:荣案卢本'自呼'作'自谓'。"按:"呼"有认为、以为义,①《抱朴子内篇》中即有多例,如《论仙》:"陈思王著《释疑论》云,初谓道术,直呼愚民诈伪空言定矣。"《微旨》:"设令见我,又将呼为天神地祇异类之人,岂谓我为学之所致哉?"《勤求》:"其受命不应仙者,虽日见仙人成群在世,犹必谓彼自异种人,天下别有此物,或呼为鬼魅之变化,或云偶值于自然,岂有肯谓修为之所得哉?"《黄白》:"余又知论此曹事,世人莫不呼为迂阔不急,未若论俗间切近之理,可以合众心也。"卢本作"谓",殆因后人不达"呼"义而据上下文意臆改。

025. 刘向博学则究微极妙,经深涉远,思理则清澄真伪,研核有无,其所譔《列仙传》,仙人七十有余,诚无其事,妄造何为乎? 邃古之事,何可亲见,皆赖记籍传闻于往耳。《列仙传》炳然,其必有矣。(《论仙》)

《校释》:"敦煌、影古写本'必有'作'有必'。"按:《文选·嵇康〈养生论〉》:"世或有谓神仙可以学得,不死可以力致者,或云上寿一百二十,古今所同,过此以往,莫非妖妄者,此皆两失其情,请试粗论之。夫神仙虽不目见,然记籍所载,前史所传,较而论之,其有必矣。"稚川当本此语。敦煌本作"其有必矣"当更近真。

026. 学仙之法,欲得恬愉澹泊,涤除嗜欲,内视反听,尸居无心,而帝王任天下之重责,治鞅掌之政务,思劳于万几,神驰于宇宙,一介失所,则王道为亏,百姓有过,则谓之在予。……四海之事,何祇若是,安得掩翳聪明,历藏数息,长斋久洁,躬亲炉火,夙兴夜寐,以飞八石哉? (《论仙》)

《校释》:"'何祇若是',敦煌、影古写本作'何欹(敪)若是'。"②

---

① 参看王云路、方一新《中古汉语语词例释》,长春:吉林教育出版社,1992年,第186页。
② 王明《校释》录作"敪",误。

按:"祗"可表恭敬,又可作语辞,但这两个用法均不合文意。今以为"祗"用同"祇",①而"祇"乃"敠"之借。《广雅·释诂三》:"敠,多也。"《文选·张衡〈西京赋〉》:"炙炰夥,清酤敠。""夥""敠"对文同义。"敠"或通作"祇",《易·复》:"初九,不远复,无祇悔,元吉。"释文:"祇,……九家本作敠。"②王引之《经义述闻》卷"无祇悔"条:"九家作敠是也。《广雅》:'敠,多也。'无祇悔者,无多悔也。……敠字以多为意,以支为声,古音支、歌二部相通,故支声与多相近。……故多谓之敠。祇从氏声,古音氏在支部,亦与多声相近。……故多亦谓之祇。""敠""祇"均是支部字,音同例得通假;而支、歌二部相通,故"敠""祇"(支部字)又与"多"(歌部字)声近义通。王氏在同书"经文假借"条论述"经典古字声近而通则有不限于无字之假借者,往往本字见存,而古本则不用本字而用同声之字"时也举"借祇为敠"之例。据此,古即有"敠""祇"通假之例;而上引《论仙》"祗(祇)-敠"异文恰好体现了这种通假关系。明辨"祗(祇)"读作"敠",则可知"何祗(祇)若是"即谓何多若是,言海内政事何其繁多,与上文"鞅掌"相应。这段话大意是说帝王要处理繁多的政事,无法炼丹修仙。

027. 噎死者不可讥神农之播谷,烧死者不可怒燧人之钻火。(《论仙》)

《校释》:"敦煌'讥'作'议'。影古写本同。"按:"议"有指责、非议义,《论语·季氏》:"天下有道,则庶人不议。"何晏集解引孔安国曰:"无所非议。"邢昺疏:"议,谓谤讪。"《战国策·宋卫策》:"夫在中者恶临,议其事。"鲍彪注:"议,谓谮短之。"《韩非子·内储说上》:"今邯郸去大梁也远于市,而议臣者过于三人矣,愿王察之矣。""议"谓指摘。敦煌本作"议",更为存古近真,作"讥"者殆因后人不明

---

① "祗""祇"音形相近,古籍多混用。
② "祇",或本作"祗",今定作"祇"。

"议"之古义而改。

028. 彭祖言,天上多尊官大神,新仙者位卑,所奉事者非一,但更劳苦,故不足役役于登天,而止人间八百余年也。(《对俗》)

"役役",一本作"汲汲",《御览》卷六六三引作"切切",①敦煌本、影古写本作"促促"。按:"役役"指劳苦不息,②于文意稍隔。一本作"汲汲",《御览》作"切切",并言急迫、急切,与上下文协顺。敦煌本、影古写本作"促促"与"汲汲""切切"义同,时代较古,当为原文。本书《明本》:"是以真人徐徐于民间,不促促于登遐耳。"正可与本例参比。传本"役役"乃"促促"之形讹。写本中"足"(足)(足)与"殳"(殳)(殳)字形甚近,故从"足"从"殳"之字常易讹混,如古籍中经见"投""捉"讹混,③今"促"讹作"役"亦其例。

029. 若道术不可学得,则变易形貌,吞刀吐火,坐在立亡,兴云起雾,召致虫蛇,合聚鱼鳖。(《对俗》)

《校释》:"'合聚'敦煌、影古写本作'取合','取'疑系'聚'之坏字。"按:"取"并非"聚"之残坏,而是"聚"的通假字。"聚"通作"取",于古有例,如《左传·昭公二十年》:"郑国多盗,取人于萑苻之泽。"王引之《经义述闻》卷"取人于萑苻之泽"条:"取,读为聚。"《汉书·五行志下之上》:"内取兹谓禽。"颜师古注:"取,如《礼记》'聚麀'之聚。"敦煌本作"取合"即应读为"聚合"。

030. 黄金入火,百炼不消,埋之,毕天不朽。(《金丹》)

---

① 《太平御览》原仅作"切",当脱一"切"字。
② 《庄子·齐物论》:"终身役役,而不见其成功。"
③ 元魏吉迦夜共昙曜译《杂宝藏经》卷二《佛以智水灭三火缘》(大正藏本):"尔时鹦鹉,深生悲心,怜彼鸟兽,捉翅到水,以洒火上。""捉",宋、元、明三本作"投"。《玉台新咏》卷一〇梁简文帝《咏武陵王左右伍嵩传栖》:"捉杯如欲转,疑残已复留。"吴兆宜笺注:"一作投。"(按:"一作"当指冯惟讷《古诗纪》)又可参看董志翘《〈入唐求法巡礼行记〉词汇研究》,北京:中国社会科学出版社,2000年,第296页;曾良《俗字及古籍文字通例研究》,南昌:百花洲文艺出版社,2006年,第107-109页。

"毕",《云笈七签》卷六七引作"终"。按:"毕""终"义同,"毕天"即终天,①犹久远、永远。《水经注·河水》:"夫金刚常住,是明永存,舍利刹见,毕天不朽,所谓智空罔穷,大觉难测者矣。"亦其例。《齐民要术》卷一○引《神农经》:"玉桃,服之长生不死。若不得早服之,临死日服之,其尸毕天地不朽。"《汉魏南北朝墓志汇编·北齐·夫人赵氏墓志》:"洞房石室,珉床雕户,庶毕天地,永旌不朽。"语意相似,可为参比。

031. 此近易之事,犹不可喻,其闻仙道,而大笑之,不亦宜乎?(《金丹》)

"而大笑之",《云笈七签》卷六七引作"大而笑之"。按:"大而笑之"是葛洪之习用语。《抱朴子内篇·微旨》:"夫寻常咫尺之近理,人间取舍之细事,沈浮过于金羽,皂白分于粉墨,而抱惑之士,犹多不辨焉,岂况说之以世道之外,示之以至微之旨,大而笑之,其来久矣,岂独今哉?"敦煌本《抱朴子内篇·论仙》:"或问曰:'神仙不死,信可得乎?'抱朴子答曰:……于是问者大而笑曰……"(今传世本无"而"字)《晋书·葛洪传》载其《自序》:"世儒徒知服膺周孔,莫信神仙之书,不但大而笑之,又将谤毁真正。"王明以为,"大而笑之者,以为迂阔而笑之也"。后人不明此乃葛洪习语,不了其义,故而颠倒作"而大笑之",由此成异。

032. 想见其说,必自知出潢污而浮沧海,背萤烛而向日月。(《金丹》)

《校释》:"'潢'原作'黄'。《金汋经》、《箧》六七并作'潢',今据订正。"按:"黄""潢"异文而通,无须改字。《初学记》卷三引汉繁钦

---

① 《内篇·对俗》:"服丹守一,与天相毕,还精胎息,延寿无极。"又《金丹》:"服神丹令人寿无穷已,与天地相毕。"又《黄白》:"尽三斤,则步行水上,山川百神,皆来侍卫,寿与天地相毕。""与天相毕""与天地相毕"亦即"毕天"之意。

《秋思赋》:"零雨蒙其迅疾,黄潦汩以横流。""黄",《艺文类聚》卷三五引作"潢"。《晋书·束皙传》载其上议:"以其云雨生于畚畲,多称生于决泄,不必望朝隮而黄潦臻,禜山川而霖雨息。""黄",《册府元龟》卷五〇三作"潢"。《文选·陆机〈赠尚书郎顾彦先〉》:"丰注溢修溜,黄潦浸阶除。"胡刻本及《初学记》卷十一引并作"潢"。"黄"均通作"潢"。"黄(潢)潦"谓积水。《艺文类聚》卷二六引南朝梁王僧孺《答江琰书》:"且登清汉,乍弃黄污。""黄污"即"潢污",聚积不流之水。

033. 其转数多,药力盛,故服之用日少,而得仙速也。(《金丹》)

《校释》:"'盛'原作'成'。《金汋经》'成'作'盛',脱'力'字。慎校本亦作'盛'。《校补》:'成'乃'盛'之坏字。上言九转之丹转数少则药力不足,此言转数多则药力盛。今据改。"按:《校补》以为"成"乃"盛"之误字,未谛。古籍多见"成"读为"盛"之例,如《管子·立政》:"山泽救于火,草木殖成,国之富也。"《韩诗外传》卷五:"物有成衰,不得自若。""成""盛"异文相通之例亦经见,兹不赘举。《抱朴子内篇》作"成",用借字;《金汋经》作"盛",用本字,故无所谓正讹。

034. 柞栖速朽者也,而燔之为炭,则可亿载而不败焉。(《至理》)

《校释》:"孙校:'栖'藏本作'柳'。按宋浙本、鲁藩本、《御览》八百七十一引亦作'柳'。"《埤雅》卷十四"柳"条引作"柳柞"。

按:较古之本及宋代文献引文均作"柳",当是原文。《诗·齐风·东方未明》:"折柳樊圃,狂夫瞿瞿。"毛传:"柳,柔脆之木。樊,藩也。……折柳以为藩,无益于禁矣。""柔脆之木"故言"速朽"。

035. 宝精爱炁,最其急也,并将服小药以延年命,学近术以辟邪恶,乃可渐阶精微矣。(《微旨》)

“乃可”，宋浙本作“尔乃可以”。按：“尔乃可以”固可通，然“乃可”实为本书常语，犹言才可、方可。如《对俗》：“但博识者触物能名，洽闻者理无所惑耳。何必常与龟鹤周旋，乃可知乎？”《金丹》：“合之当先作华池赤盐艮雪玄白飞符三五神水，乃可起火耳。”《仙药》：“服黄精仅十年，乃可大得其益耳。”《杂应》：“欲还食穀者，当服葵子汤下石子，乃可食耳。”《遐览》：“又此文先洁斋百日，乃可以召天神司命及太岁。”《地真》：“有诸不易，而当复加之以思神守一，却恶卫身，常如人君之治国，戎将之待敌，乃可为得长生之功也。”《黄白》：“又黄白术亦如合神丹，皆须斋洁百日已上，又当得闲解方书，意合者乃可为之。”

036. 夫生我者父也，娠我者母也，犹不能令我形器必中适，姿容必妖丽，性理必平和，智慧必高远，多致我气力，延我年命。（《塞难》）

《校释》：“孙校：‘妖’当作‘姣’。”按：孙校无据。“妖”有艳丽义，《文选·宋玉〈神女赋〉》：“近之既妖，远之有望。”李善注：“近看既美，复宜远望。”三国魏曹植《美女篇》诗：“美女妖且闲，采桑歧路间。”玄应《一切经音义》卷一《大方广佛华严经》音义“妖艳”条引《三苍》：“妖，妍也。”《外篇·刺骄》：“昔者西施心痛而卧于道侧，姿颜妖丽，兰麝芬馥，见者咸美其容而念其疾，莫不踌躇焉。”亦用“妖丽”之例。又《疾谬》：“于是嘲族以叙欢交，极媟以结情款，以倾倚申脚者为妖妍标秀，以风格端严者为田舍朴騃。”“妖妍”同义连文。

037. 螨蠓之育于醯醋，芝栭之产于木石。（《塞难》）

《校释》：“孙校：‘栭’当作‘檽’，即《礼记》芝栭也。”按：《集韵·之韵》：“檽，木名。一曰木耳。或从耎。”《广韵·之韵》：“檽，木耳别名。”《字汇·木部》：“栭，与楺同。”“栭”与“檽”同，《礼记·内则》“芝栭”陆德明《释文》：“栭，本又作檽。”“栭”“檽”异文同字。综上，“檽”“檽”“楺”“栭”四字同。

038. 妍媸有定矣,而憎爱异情,故两目不相为视焉。(《塞难》)

《校释》:"孙校:'媸'藏本作'蚩'。"按:"蚩"指丑陋,汉赵壹《刺世疾邪赋》:"荣纳由于闪揄,孰知辨其蚩妍。"《文选·陆机〈文赋〉》:"妍蚩好恶,可得而知。""媸"为"蚩"的后起分化字。

039. 至理之未易明,神仙之不见信,其来久矣,岂独今哉?(《塞难》)

《校释》:"慎校本、宝颜堂本、崇文本'久'作'尚'。"按:《外篇·微旨》:"夫寻常咫尺之近理,人间取舍之细事,沈浮过于金羽,皂白分于粉墨,而抱惑之士,犹多不辨焉,岂况说之以世道之外,示之以至微之旨,大而笑之,其来久矣,岂独今哉?"又《明本》:"世间浅近者众,而深远者少,少不胜众,其来久矣。"①从葛洪词例看,作"久"当是原文("其来尚矣"之类说法未见于《抱朴子》内外篇)。

040. 浑茫剖判,清浊以陈,或升而动,或降而静,彼天地犹不知所以然也。万物感气,并亦自然,与彼天地,各为一物,但成有先后,体有巨细耳。(《塞难》)

"自然",宋浙本作"自生"。按:据上下文意,当从宋浙本作"自生"。《楚辞·招魂》:"乱曰:献岁发春兮,汨吾南征些。"王逸章句:"言岁始来进,春气奋扬,万物皆感气而生。自伤放逐,独南行也。"《艺文类聚》卷五七引三国魏陈王曹植《七启》:"应化即变,感气而成。"均可比读。

041. 譬犹草木之因山林以萌秀,而山林非有事焉;鱼鳖之讬水泽以产育,而水泽非有为焉。(《塞难》)

两处"山林",宋浙本均作"山陵";道藏本、鲁藩本前作"山林",

---

① 《明本》此例宋浙本、鲁藩本、慎校本作"其来久矣",平津馆校刊本作"由来久矣"。参看杨明照《抱朴子内篇校释补正》。

后作"山陵"。按："鱼鳖之讬水泽以产育",则水泽乃是鱼鳖依存之所,鱼鳖并非水泽的组成部分;据此意,"草木之因山林以萌秀"之"山林"当从宋浙本作"山陵",山陵即山岳,乃草木生长之处。若作"山林",草木本即"林"之部分,则上下句意扞格。

042. 天有日月寒暑,人有瞻视呼吸,以远况近,以此推彼,人不能自知其体老少痛痒之何故,则彼天亦不能自知其体盈缩灾祥之所以;人不能使耳目常聪明,荣卫不辍阕,则天亦不能使日月不薄蚀,四时不失序。(《塞难》)

"以远况近",宋浙本作"以近况远"。按:以"以此推彼"例之,当作"以近况远";下文从"人不能自知""人不能使"到"彼天亦不能自知""天亦不能使"均"以近况远""以此推彼"之谓。

043. 夫儒者所修,皆宪章成事,出处有则,语默随时,师则循比屋而可求,书则因解注以释疑,此儒者之易也。(《塞难》)

后一"儒者",宋浙本作"儒家"。按:上文言"道家之难""道家之易",下文又论"钩深致远,错综典坟,该河洛之籍籍,博百氏之云云,德行积于衡巷,忠贞尽于事君,仰驰神于垂象,俯运思于风云,一事不知,则所为不通,片言不正,则褒贬不分,举趾为世人之所则,动唇为天下之所传,此儒家之难也",则此处当作"儒家"方整理一律。

044. 夫弃交游,委妻子,谢荣名,损利禄,割粲烂于其目,抑铿锵于其耳,恬愉静退,独善守己,谤来不戚,誉至不喜,睹贵不欲,居贱不耻,此道家之难也。出无庆吊之望,入无瞻视之责,不劳神于七经,不运思于律历,意不为推步之苦,心不为艺文之役,众烦既损,和气自益,无为无虑,不怵不惕,此道家之易也,所谓难中之易矣。夫儒者所修,皆宪章成事,出处有则,语默随时,师则循比屋而可求,书则因解注以释疑,此儒者[家]之易也。钩深致远,错综典坟该河洛之籍籍,博百氏之云云,德行积于衡巷,忠贞尽于事君,仰驰神于垂象,俯运思于风云,一事不知,则所为不通,片言不正,则褒贬不分,举趾为世人之所则,动唇为天下之所传,此儒家之难也,所谓易中之难矣。(《塞难》)

"所谓难中之易",宋浙本作"所为难中之易";"所谓易中之难",宋浙本、道藏本、鲁藩本作"所为易中之难"。按:"为"通"谓","所为"即"所谓"。《微旨》:"所为术者,内修形神,使延年愈疾,外攘邪恶,使祸害不干。""所为",《黄帝九鼎神丹经诀》卷四作"所谓"。

045. 盖盛阳不能荣枯朽之木,神明不能变沈溺之性,子贡不能悦录马之野人,古公不能释欲地之戎狄。(《塞难》)

《校释》:"'录'原作'禄'。孙校:'禄'当作'录',事见《吕氏春秋·必己》《淮南子·人间训》;前《论仙篇》云,则术家有钩[拘]录之法,用'录'字义正同。明案:录,取也。《吕览·必己篇》云,孔丘行道而息,马逸,食人之稼,野人取其马。子贡请往说之,野人不听。有鄙人始事孔丘者请往说之,其野人大说,解马而与之。孙校是,今据改。"按:《校释》比照《吕览》行文,将"录"释作"取",未尽明晰。"录"谓扣留、拘捕,《汉书·叙传上》:"诸所宾礼皆名豪,怀恩醉酒,共谏伯宜颇摄录盗贼,具言本谋亡匿处。"《搜神记》卷九:"充帐下都督周勤时昼寝,梦见百余人录充,引入一径。""录马"犹言拘马。

046. 常生降志于执鞭,庄公藏器于小吏。(《释滞》)

《校释》:"孙校:'吏'旧本作'史',今校正。"宋浙本、道藏本、鲁藩本、慎校本均作"史"。按:"史"指佐吏,"小史"即小吏。《玉台新咏·古乐府陌上桑》:"十五府小史,二十朝大夫,三十侍中郎,四十专城居。"

047. 初以授人,皆从浅始,有志不怠,勤劳可知,方乃告其要耳。(《释滞》)

"方",宋浙本作"尔"。按:"方乃"犹言才、方才,中古文献屡见;

然《抱朴子》内外篇习用"尔乃"而不用"方乃",如《金丹》:"必入名山之中,斋戒百日,不食五辛生鱼,不与俗人相见,尔乃可作大药。"《君道》:"是以渊蟠者仰赴,山栖者俯集。炳蔚内弸,虩阒外御。政得于上,而物倾于下;惠发乎迩,而泽迈乎远。明哲宣力于攸莅,黔庶让畔于数泽。尔乃镯滋章之法令,振大和之清风。"《交际》:"于是公叔、伟长疾其若彼,力不能正,不忍见之,尔乃发愤著论,杜门绝交,斯诚感激有为而然。"《广譬》:"聆白雪之九成,然后悟巴人之极鄙;识儒雅之汪濊,尔乃悲不学之固陋。"均其例。

048. 初学行炁,鼻中引炁而闭之,阴以心数至一百二十,乃以口微吐之,及引之,皆不欲令己耳闻其炁出入之声。(《释滞》)

宋浙本、道藏本、鲁藩本均无"微"字,《事类备要》前集卷五〇、《锦绣万花谷》卷三〇引亦无"微"。"己",宋本、道藏本、鲁藩本作"自",《事类备要》前集卷五〇、《锦绣万花谷》卷三〇引亦作"自"。按:道家言及引炁均作"口吐"。《养性延命录》卷下:"常以生气时,正僵卧瞑目握固,闭气不息,于心中数至二百,乃口吐气出之。"《云笈七签》卷五九《神仙绝谷食气经》:"以鼻微微引气内之,以口吐之。"《抱朴子》时代或来源较古之本及类书引文均作"乃以口吐之",疑"微"字乃后人臆增。"自耳",义同"己耳","自"表领属是中古以来的新用法,[1]吕叔湘《语文杂记》曾举《三国志》的例子:《魏志·张辽传》:"辽被甲持戟,……大呼自名,冲垒入,至权麾下。"既然古本及类书引文均作"自",颇疑"自"方为原文。

049. 至于文子庄子关令尹喜之徒,其属文笔,虽祖述黄老,宪章玄虚,但演其大旨,永无至言。(《释滞》)

"笔",宋浙本、道藏本、鲁藩本、慎校本均作"华"。按:"文华"是六朝人语,有文辞、文采义。《晋书·袁瑰传附袁湛》:"少有操植,以冲粹自立,而无文华,故不为流俗所重。"南朝梁王筠《寓直中庶坊赠萧洗马诗》:"之子擅文华,纵横富辞藻。""属文华"即属文辞,亦著文之义。

050. 何者,彼诚亮其非轻世薄主,直以所好者异,匹夫之志,有不可移故也。夫有道之主,含垢善恕,知人心之不可同,出处之各有性,不逼不禁,以崇光大,上无嫌恨之偏心,下有得意之至欢,故能晖声并扬于罔极,贪夫闻风而怛怩也。(《释滞》)

"禁",宋浙本作"夺",道藏本、鲁藩本作"集"。按:从宋浙本作"夺"较胜,"集"应即"夺"之形误。上文云"不可移",则下言"不夺",正相呼应。《外篇·刺骄》:"夫节士不能使人敬之,而志不可夺也。"《博喻》:"至大有所不能变,极细有所不能夺。"《弹祢》:"各得顺天分地,不夺其时,调薄役希,民无饥寒。""夺"义均同。

051. 猢猻狌猪疾走,不能迹其兆朕乎宇宙之外。(《道意》)

"兆朕",慎校本、宝颜堂本作"朕兆"。按:当作"兆朕"是。"兆朕"谓形迹、形体。《庄子·应帝王》:"体尽无穷,而游无朕。"郭象注:"任物故无迹。""朕"谓形迹。《国语·晋语八》:"平公说新声,师旷曰:'公室其将卑乎!君之明兆于衰矣。'"韦昭注:"兆,形也。""兆朕"同义连文。《淮南子·俶真》:"有未始有有始者,天气始下,地气始上,阴阳错合,相与优游竞畅于宇宙之间,被德含和,缤纷茏苁,欲与物接而未成兆朕。"高诱注:"兆朕,形怪也。"于省吾以为"'怪'系'性'之讹,性犹体也……此言'未成兆朕',即未成形体"。[1]《抱朴子》"迹其兆朕"则谓追踪其形迹。"朕兆"义为征兆、预兆,与文意未合。[2]

---

[1] 于省吾《双剑誃诸子新证》,北京:中华书局,2009年,第805页。
[2] 《汉语大词典》"朕兆"条释为征兆、预兆,是;首举《文选·左思〈魏都赋〉》"兆朕振古"李善注引《淮南子》:"欲与物接,而未成朕兆者也。"按:《淮南子》"朕兆"(或作"兆朕")谓外形、形体,非指征兆、预兆。

052. 曾所游历水陆万里,道侧房庙,固以百许,而往返<u>径</u>游,
一无所过。(《道意》)

"径",卢本、藏本、鲁藩本、慎校本作"经"。按:"径游"不辞,"经
游"则为当时语,犹言游历。西晋竺法护译《普曜经》卷八《优陀耶
品》:"优陀受教,神足飞行经游虚空,往到本国迦维罗卫。"后秦弗若
多罗共罗什译《十诵律》卷一《明四波罗夷法之一》:"(须提那)夏安
居过三月自恣竟作衣毕,着衣持钵还毗耶离,经游诸国,至本聚落。"
东晋佛驮跋陀罗译《大方广佛华严经》卷六〇《入法界品》:"尔时,善
财童子如是经游百一十城,到普门城边,思惟而住。"范摅《云溪友议》
卷中"吴门秀"条:"在越每经游兰亭,高步禹迹。"并其例。

053. 吴大帝时,蜀中有李阿者,穴居不食,传世见之,号为八
百岁公。(《道意》)

"传",《太平御览》卷六六六引作"累"。按:"传世"既有"留传
世间"之义,亦可引申指历代,与"累世"义同。① 如本书《极言》:"又
安期先生者,卖药于海边,琅邪人传世见之,计已千年。"又《神仙传》
卷一〇"李根"条:"有赵贾者,闻其父祖言传世见根也。"同卷"李意
期"条:"李意期者,蜀郡人也,传世识之。"同卷"王兴"条:"魏武帝时
犹在,其邻里老小皆云传世见之。"同卷"鲁女生"条:"乡里传世见之,
二百余年。"可见"传世"为葛洪习用之词。《太平御览》卷五八一引
《列仙传》:"商丘子胥者,高邑人也。……传世见之,三百余年。"《初
学记》卷二六引张衡《绶笥铭》:"南阳太守鲍德,有诏所赐先公绶笥,
传世用之。"东晋竺昙无兰译《佛说自爱经》:"斯土传世不知有佛,流
俗之书亦无记焉。"则"传世"此义汉晋间沿用不绝。

---

① 有时在具体语境中二义难以截然区判,如刘宋求那跋陀罗译《杂阿含经》卷二五:
"世间二种法传世不灭,一者作善,二者作恶。""传世"似乎既可理解为"流传世间",亦可理
解为"历代"。

054. 论其无，则影响犹为有焉；论其有，则万物尚为无焉。（《道意》）

"尚"，宋浙本、鲁藩本、慎校本作"犹"，道藏本作"梢"。按："梢"即"犹"之误字。前代各本均作"犹"，可从。《微旨》："大而谕之，犹世主之治国焉……小而谕之，犹工匠之为车焉。"《明本》："犹斥鷃之挥短翅，以凌阳侯之波，犹苍蝇之力弩质，以涉昫猿之峻。"《辨问》："隔千里，犹恐不足以远烦劳之攻；绝轨迹，犹恐不足以免毁辱之丑。"《极言》："井不达泉，则犹不掘也；一步未至，则犹不往也。"均"犹""犹"并用之例。

055. 强名为道，已失其真，况复乃千割百判，亿分万析，使其姓号至于无垠，去道辽辽，不亦远哉？（《道意》）

"复乃"，宋浙本、道藏本、鲁藩本、慎校本作"乃复"。按："复""乃"二字当乙。"况乃"连文是汉魏以来习语，犹言"何况""况且"。《抱朴子》内外篇即见多例，如《仙药》："此丹砂汁因泉渐入井，是以饮其水而得寿，况乃饵炼丹砂而服之乎？"《外篇·臣节》："夫废立之事，小顺大逆，不可长也。召王之谲，已见贬抑，况乃退主，恶其可乎！"《外篇·擢才》："夫圭璋居肆而不售，矧乃翳于盘璞乎？奇士扣角而见遏，况乃潜于皋薮乎？"均用"况乃"。

056. 今世之举有道者，盖博通乎古今，能仰观俯察，历变涉微，达兴亡之运，明治乱之体，心无所惑，问无不对者，何必修长生之法，慕松乔之武者哉？（《明本》）

《校释》："孙校：'武'藏本作'式'"。宋浙本、鲁藩本、慎校本亦作"式"。按："式"字是。前言"法"，此谓"式"，"式"亦法度义。《外篇·自叙》："未若修松乔之道，在我而已，不由于人焉。""松乔之式"与"松乔之道"义同。

057. 鸿隼屯飞，而鸾凤罕出。（《明本》）

《校释》:"孙校:'鸿'刻本作'鹰'。"杨明照《补正》:"孙校:'鸿'刻本作'鹰'。慎本、卢本、柏筠堂本、蜀藏本、崇文本作'鹰'。《御览》九四六引作'鸡'。按:'鸿''鸡'与'隼'均不伦类,其为误字无疑。慎本等作'鹰',则臆改。以《外篇·君道篇》'则鹓雏化为鸳鸯',《审举篇》'盖枭鸱屯飞,则鸳凤幽集'例之,'鸿'其'鹓'或'鸥'之误欤?"按:中华书局影宋本《御览》卷九四六引《抱朴子》"鸿"正作"鸥"。《史记·贾生列传》载谊吊屈原赋:"乌呼哀哉兮,逢时不祥。鸾凤伏窜兮,鸱枭翱翔。"葛洪用其辞意。

058. 犹风波骇而鱼鳖扰于渊,纤罗密而羽禽躁于泽,豺狼众而走兽剧于林,爨火猛而小鲜糜于鼎也。(《明本》)

《校释》:"孙校:'糜'藏本作'麋'。"宋浙本、鲁藩本亦作"麋"。按:"麋"通"糜"。《淮南子·兵略》:"攻城略地,莫不降下,天下为之麋沸蚁动。"《素问·气厥论》:"上为口麋。"王冰注:"麋,谓烂也。""小鲜糜(麋)于鼎"谓小鱼沸烂于鼎中。

059. 夫渊竭池漉,则蛟龙不游,巢倾卵拾,则凤凰不集。(《明本》)

《校释》:"'拾'宋浙本作'捨',又云一作'拾'。"按:《大戴礼·易本命》:"故帝王好坏巢破卵,则凤凰不翔焉;好竭水搏鱼,则蛟龙不出焉。"此类语句多见于先秦文献,应是当时流行之语。《明本》"巢倾卵拾"之"拾"当从宋本作"捨"。捨,弃也。

060. 然而喽喽守于局隘,聪不经旷,明不彻离,而欲企踵以包三光,鼓腹以奋雷灵,不亦蔽乎?(《明本》)

《校释》:"孙校:'奋'当作'夺'。案宋浙本'灵'作'震'。""雷灵",道藏本、鲁藩本、慎校本作"电灵"。按:"电灵"不辞,"雷灵"也未见他例。"灵"从宋浙本作"震"。《论仙》:"夫聪之所去,则震雷不能使之闻,明之所弃,则三光不能使之见。"句意与《明本》例可相参比。《外篇·嘉遯》:"犹震雷骇则馨鼓埋,朝日出则萤烛幽也。"《外篇·广譬》:"震雷不能细其音以协金石之和,日月不能私其耀以就曲照之惠。"均日、月与"震雷"并举,与《明本》"三光"(日、月、星)与"雷震"同言相协。《易·震》:"雷出地奋,豫。"孔颖达疏:"奋是震动之状。"《明本》"奋"谓震动,不误,孙校不可从。

061. 上药令人身安命延,升为天神,遨游上下,使役万灵,体生毛羽,行厨立至。(《仙药》)

《校释》:"'使役'一本及《御览》九百八十四引作'役使'。"按:作"役使"较长。除此例外,《仙药》本篇两用"役使":"服之一年,则百病除,三年久服,老公反成童子,五年不阙,可役使鬼神。……服之皆令人长生,百病除,三尸下,瘢痕灭,白发黑,堕齿生,千日则玉女来侍,可得役使,以致行厨。"《抱朴子内篇》全书同样习用"役使",《金丹》:"元君者,大神仙之人也,能调和阴阳,役使鬼神风雨。"《极言》:"昔黄帝生而能言,役使百灵,可谓天授自然之体者也。"《勤求》:"虽治病有起死之效,绝谷则积年不饥,役使鬼神,坐在立亡。"《黄白》:"以白犬血涂一丸,投社庙舍中,其鬼神即见,可以役使。"

062. 服之百日,皆丁壮倍駚于术及黄精也。(《仙药》)

《校释》:"孙校:'駚'旧误作'駃',今校正。"按:"駚"即"驶"字。《龙龛手镜·马部》:"駚,俗;驶,正。"《艺文类聚》卷九三引《抱朴子》:"李南乘赤马行,道逢他人乘白马者,白马先鸣,赤马应之。南谓从者曰:'白马言:汝当见一黄马,左目盲,是吾子,可令驶行相及也。'""驶行"即疾行之义。

063. 得其生花十斛,干之才可得五六斗耳,而服之日可三合,非大有役力者不能辨也。(《仙药》)

《校释》:"一本、崇文本'辨'作'辦'。"按:"辨""辦"古本一字,后虽分化亦往往通用。"辦"在中古有成功、实现义,常写作"辨"。

《内篇·勤求》："其至真之诀，或但口传，或不过寻尺之素，在领带之中，非随师经久，累勤历试者，不能得也。杂猥弟子，皆各随其用心之疏密，履苦之久远，察其聪明之所逮及志力之所能辨，各有所授。"《外篇·正郭》："按林宗之言，其知汉之不救，非其才之所辨，审矣。"《外篇·广譬》："罚上达则奸萌破，而非懦弱所能用也；惠下逮则远人怀，而非俭吝所能辨也。"均其例。

064. 去户外十余丈有石柱，柱上有偃盖石，高度径可一丈许，望见蜜芝从石户上堕入偃盖中。（《仙药》）

《校释》："'堕'原作'随'。孙校云：《御览》九百八十五引'随'作'堕'。明案当作'堕'，今据订正。"谈刻本《太平广记》卷四一三引亦作'随'。按："随（隨）""堕（墮）"均从"隋"声，二字多可通用①。西晋竺法护译《文殊师利现宝藏经》卷上："譬如羯随之鸟王，堕于罗网之中。""堕"，宫内厅藏旧宋本作"随"。杜甫《北征》："况我堕胡尘，及归尽华发。"郭知达《九家集注杜诗》："堕一作随。"《千金要方》卷五九《肾劳》"治虚劳、阴阳失度、伤筋损脉、嘘吸短气、漏溢泄下、小便赤黄、阴下湿痒、腰脊如折、颜色随落方"，旧注："随一作堕。"《仙药》原文作"随"非误字。

065. 饵服之法，或以蒸煮之，或以酒饵，或先以硝石化为水乃凝之。（《仙药》）

《校释》："孙校：'硝'《大观本草》引作'消'。"按："硝"字晚起，为"消"之分化字。

066. 有吴延稚者，志欲服玉，得玉经方不具，了不知其节度禁忌，乃招合得珪璋环璧及校剑所用甚多，欲饵治服之。（《仙药》）

《校释》："原校：'招'一作'始'，'校'一作'装'。"按："校"是装

① 参看本书《中古小说校释琐记》第43条。

饰之义。《三国志·吴志·诸葛恪传》:"钩落者,校饰革带,世谓之钩络带。""校饰"就是装饰。《文选·任昉〈奏弹刘整〉》:"整语采音,其道汝偷车校具,汝何不进里骂之?""校具"乃是用以装饰车子的用具。西晋竺法护译《正法华经》卷三《授声闻决品》:"其佛世界,快乐安隐清净鲜洁,绀色琉璃以为其地,诸树华实七宝合成,普以真珠众华庄校,平等端严众宝具足。"北齐那连提耶舍译《大悲经》卷二《罗睺罗品》:"是比丘见我舍利、形像、塔庙有破坏者,装校修治,以金庄严竖立幢幡,宝盖铃网出微妙音。""庄(装)校"同义连文。《仙药》"校剑所用"当指用以装饰佩剑的玉。《魏书·毕众敬传》载毕众敬临还,献"银装剑一口"。《梁书·诸夷传·婆利国》记婆利国王"带金装剑",所谓"银装""金装"就是用金或银装饰,与《仙药》以玉校剑可相参比。

067. 常见一高岩上,有数人对坐博戏者,有读书者,俯而视文氏,因闻其相问,言此子中呼上否,其一人答言未可也。(《仙药》)

《校释》:"孙校:'闻'藏本作'阅'。案鲁藩本、慎校本亦作'阅'。"宋浙本所附补钞本亦作"阅"。按:"阅"字是,《仙药》此句应标点作:常见一高岩上,有数人对坐博戏者,有读书者,俯而视文氏,因阅其相,问言"此子中呼上否"? 其一人答言"未可也"。阅,观也,察也。《金丹》:"余周旋徐豫荆襄江广数州之间,阅见流移俗道士数百人矣。"《塞难》:"余阅见知名之高人,洽闻之硕儒,果以穷理尽性,研覈有无者多矣,未有言年之可延,仙之可得者也。""阅见"同义连文。

068. 又菖蒲生须得石上,一寸九节已上,紫花者尤善也。(《仙药》)

《校释》:"《校补》:《太平广记》四百十四引'生须'作'须生'。明案慎校本、宝颜堂本、崇文本'生须得石上'作'须得生石上',近是。"按:当从慎校本等作"须得生石上"。"须得",助动词复用,必须、定当。《魏书·夏侯道迁传》:"但留臣权相绥奖,须得扑灭珣等,便即首路。"《梁书·文学传下·伏挺》:"近以蒲槧勿用,笺素多阙,聊效东方,献书丞相,须得善写,更请润诃,悦逢子侯,比复削牍。"均其例。《齐民要术》卷十引《神仙传》:"仙人曰:'吾九疑人也。闻嵩岳有石上菖蒲,一寸九节,可以长生,故来采之。'"可相比观。

069. 昔有绝谷弃美,不畜妻妾,超然独往,浩然得意,顾影含欢,漱流忘味者,又难胜记也。(《辨问》)

《校释》:"孙校:'浩'藏本作'倍',非。明案一本作'浩',亦作'倍'。宝颜堂本、崇文本'浩然'作'悟言'。"按:"浩然"犹言"超然",形容离世脱俗、无所留恋的样子。《艺文类聚》卷三六引陆云《逸民赋》:"世有逸人,栖迟乎一丘,委天形以外心,淡浩然其何求,杖短策而遂往。"《晋书·刘寔传》:"太尉寔体清素之操,执不渝之洁,悬车告老,二十余年,浩然之志,老而弥笃。"《魏书·眭夸传》:"好饮酒,浩然物表。""浩然物表"即超然物表。《北齐书·王昕传附王晞》:"遨游巩洛,悦其山水,与范阳卢元明、巨鹿魏季景结侣同契,往天陵山,浩然有终焉之志。"《辨问》"浩然"也是这种用法。"倍"乃"浩"之误,作"悟言"者恐是不明"浩然"用法而奋臆妄改的产物。

070. 患乎升勺之利未坚,而锺石之费相寻,根柢之据未极,而冰霜之毒交攻。(《极言》)

《校释》:"孙校:'柢'藏本作'移',非。《校勘记》云:荣案卢本'根柢'作'根荄'。""柢",宋浙本作"核",慎校本同卢本作"荄",鲁藩本同道藏本作"移"。按:《说文·艸部》:"荄,艸根也。"或作"核"。①《论衡·超奇》:"且浅意于华叶之言,无根核之深,不见大道体要,故立功者希。"亦其例。《抱朴子》内外篇屡用"根荄"。《论仙》:"醇醪汨其和气,艳容伐其根荄。"《微旨》:"夫根荄不洞地,而求

---

① 《汉书·五行志中之上》:"入地则孕毓根核,保藏蛰虫。"颜师古注:"核,亦荄字也。草根曰荄。"朱骏声《说文通训定声》看作"叚(假)借",今不取。

柯条干云,渊源不泓窈,而求汤流万里者,未之有也。"《极言》:"然埋之既浅,又未得久,乍刻乍剥,或摇或拔,虽壅以膏壤,浸以春泽,犹不脱于枯瘁者,以其根荄不固,不暇吐其萌芽,津液不得遂结其生气也。"《外篇·广譬》:"根荄麁于此,则柯条瘁于彼。""移"当即"核"之讹。平津馆本作"根柢",恐出臆改。

071. 夫修道犹如播谷也,成之犹收积也。(《极言》)

《校释》:"'收积'宝颜堂本、崇文本作'收谷'。"按:《尔雅·释诂下》:"收,聚也。"《说文·禾部》:"积,聚也。""收积"同义连文。《续高僧传》卷二五"释道英"条:"及终前夕集众告曰:'急须收积,明日间多聚人畜损食谷草。'"《隋书·高颖传》:"江北地寒,田收差晚,江南土热,水田早熟。量彼收积之际,微征士马,声言掩袭。""收积"指存聚(粮食)。《隋书·食货志》:"收获之日,随其所得,观课出粟及麦,于当社造仓窖贮之。即委社司,执帐检校,每年收积,勿使捐败。""收积"指储备之粮食。《极言》"收积"与"播谷"相对成文,宝颜堂本、崇文本作"收谷"当见上文作"播谷"而强为整齐。

072. 向使安期先生言无符据,三日三夜之中,足以穷屈,则始皇必将烹煮屠戮,不免鼎俎之祸,其厚惠安可得乎?(《极言》)

《校释》:"慎校本、宝颜堂本'言无符据'作'所言无据'。"按:"符"从专指朝廷封爵、置官、命使和调遣兵将的凭证引申、泛指凭据、依据。《荀子·性恶》:"凡论者,贵其有辨合,有符验。"王念孙《读书杂志·荀子杂志》"节"条引王引之曰:"符验即符节。《哀公六年公羊传》注:'节,信也。'《齐策》注:'验,信也。'或言符节,或言符验,或言符信,一也。"《史记·外戚世家》:"(窦)少君年四五岁时,家贫,为人所略卖。其家不知其处,传十余家……从其家之长安。闻窦皇后新立,家在观津,姓窦氏。广国去时虽小,识其县名及姓,又尝与其姊采桑堕,用为符信,上书自陈。""符验""符信"已无特指义,而是指一般的证据或证物。《极言》"符据"同义连文。慎校本、宝颜堂本作"所言无据"实无据也。

《宋书·颜竣传》："每对亲故，颇怀怨愤，又言朝事违谬，人主得失。及王僧达被诛，谓为竣所谗构，临死陈竣前后忿怼，每恨言不见从。僧达所言，颇有相符据。""符据"用作动词，指符合。

073. 夫木槿杨柳，断殖之更生，倒之亦生，横之亦生。生之易者，莫过斯木也。然埋之既浅，又未得久，乍刻乍剥，或摇或拔，虽壅以膏壤，浸以春泽，犹不脱于枯瘁者，以其根荄不固，不暇吐其萌芽，津液不得遂结其生气也。(《极言》)

《校释》："孙校：'脱'刻本作'免'。"宋本、道藏本、鲁藩本并作"脱"，慎校本作"免"。按："脱"指免除，乃《抱朴子》内外篇常语。①《内篇·金丹》："上古真人愍念将来之可教者，为作方法委曲，欲使其脱死亡之祸耳，可谓至言矣。"《内篇·勤求》："今使人免必死而就戮刑者，犹欣然喜于去重而即轻，脱炙烂而保视息，甘其苦痛，过于更生矣。"《外篇·知止》："进脱亢悔之咎，退无濡尾之吝，清风足以扬千载之尘，德音足以祛将来之惑。""脱""无"对文。《外篇·用刑》："滔天之水已及，而方造舟于长洲之林，安得免夸父之祸，脱沦水之害哉！"《外篇·任命》："盖闻灵机冥缅，混芒眇昧，福祸交错乎倚伏之间，兴亡缠绵乎盈虚之会，迅游者不能脱遂身之景，乐成者不能免理致之败。"此二例"脱"与"免"对文，尤显其义。"脱于枯瘁"即免于枯瘁。

074. 人生之为体，易伤难养，……济之者鲜，坏之者众，死其宜也。(《极言》)

《校释》："'济'宝颜堂本作'培'。"按："济之"犹言活之、成之。《道意》："若乃精灵困于烦扰，荣卫消于役用，煎熬形气，刻削天和，劳

---

① "脱"从离开义引申指免除、解除，先秦已见。《后汉书·王符传》："《诗》刺'彼宜有罪，汝反脱之'。"李贤注："《诗·大雅》也。'此宜无罪，汝反收之；彼宜有罪，汝反脱之'毛苌注云：'脱，赦也。'"今本《诗经》写作"说"，丁晏《毛郑诗释》谓"说、脱古通用"。汉代以来又有"免脱"连文之例。

逸过度,而碎首以请命,变起膏肓,而祭祷以求痊,当风卧湿,而谢罪于灵祇,饮食失节,而委祸于鬼魅,蕞尔之体,自贻兹患,天地神明,曷能济焉?"《道意》:"若养之失和,伐之不解,百痾缘隙而结,荣卫竭而不悟,太牢三牲,曷能济焉?"《外篇·广譬》:"和、鹊虽不长生,而针、石不可谓非济命之器也。"此三例与《极言》例语意类同,均用"济"字,当为稚川常语。

075. 夫奔驰而喘逆,或欸或满,用力役体,汲汲短乏者,气损之候也。(《极言》)

《校释》:"孙校:'满'刻本作'懑'。"宋刻本、道藏本、鲁藩本并作"满",慎校本作"懑"。按:《素问·大奇论》:"肝满,肾满,肺满,皆实,即为肿。"王冰注:"满,谓脉气满实也。"《史记·扁鹊列传》:"济北王病,召臣意诊其脉,曰:'风蹶胸满'。""满"指胀闷、郁滞。"懑"为"满"的后起分化字。

076. 先师不敢以轻行授人,须人求之至勤者,犹当拣选至精者乃教之,况乎不好不求、求之不笃者,安可衒其沽以告之哉?(《勤求》)

《校释》:"慎校本、宝颜堂本、崇文本'衒其'作'自衒'。"按:《祛惑》:"贤者愈自隐蔽,有而如无,奸人愈自衒沽,虚而类实,非至明者,何以分之?彼之守求庸师而不去者,非知其无知而故不止也,诚以为足事故也。"《外篇·汉过》:"进无悦色,退无戚容者,固有伏死乎瓮牖,安肯衒沽以进趋,揭其不赀之宝,以竞燕石之售哉!"《外篇·安贫》:"耻诡遇以干禄,秀衒沽以要荣。"均"衒沽"连文,当是葛洪可语。慎校本等可从。

077. 夫晓至要得真道者,诚自甚稀,非仓卒可值也。然知之者,但当少耳,亦未尝绝于世也。(《勤求》)

《校释》:"宝颜堂本、崇文本'当'作'谓'。"按:晚出之本作"谓"

不可据。《抱朴子》内外篇习用"但当",本书《遐览》:"杂道书卷卷有佳事,但当校其精粗而择所施行,不事尽谙诵,以妨日月而劳意思耳。""但当"犹言"只管"。《遐览》:"虽尔,必得不误之符,正心用之;但当不及真体使之者速效耳,皆自有益也。""但当"犹言"只是"。《外篇·用刑》:"但当先令而后诛,得情而勿喜,使伯氏无怨于失邑,虞、芮知耻而无讼耳。"《用刑》:"但当简于、张之徒,任以法理世;选赵、陈之属,委以案劾。"此二"但当"犹言"尽管"。《省烦》:"人伦虽以有礼为贵,但当令足以叙等威而表情敬,何在乎升降揖让之繁重,拜起俯伏之无已邪?""但当"犹言"只要"。"但当"大体相当于"但"。《勤求》"但当少耳"一句是说世上"晓至要得真道者"尽管少但未曾消失。

078. 世间自有奸伪图钱之子而窃道士之号者,不可胜数也。然此等复不谓挺无所知也,皆复粗开头角,或妄沽名,加之以伏邪饰伪。(《勤求》)

《校释》:"宋浙本'谓'作'肯'。"道藏本、鲁藩本亦作"肯",慎校本作"肯谓"。

按:古本作"肯"可从。"此等"谓上文之"奸伪图钱之子而窃道士之号者","不肯"即不愿,"挺"读为"铤",《方言》卷三:"铤,尽也。物空尽者曰铤。""挺无所知"亦即空无所知之义。这句话的意思是说这些窃冒道士之号的奸伪图钱之子不愿(表现出)空无所知的样子。

079. 夫人生先受精神于天地,后禀气血于父母,然不得明师,告之以度世之道,则无由免死,凿石有余焰,年命已凋颓矣。(《勤求》)

《校释》:"孙校:藏本无'血'字。按宋浙本亦无'血'字。"按:《内篇·对俗》:"若谓世无仙人乎?然前哲所记,近将千人,皆有姓字,及有施为本末,非虚言也。若谓彼皆特禀异气,然其相传皆有师奉服食,非生知也。"又《极言》:"或问曰:'古之仙人者,皆由学以得之,将特禀异气耶?'"①均言"禀(异)气"。又《塞难》:"命之修短,实由所值,受气结胎,各有星宿。""禀气""受气"义同。《文选·班固〈幽通赋〉》:"形气发于根柢兮,柯叶汇而零茂。"李善注引张晏曰:"言人禀气于父母,吉凶夭寿,非独在人。譬诸草木,华叶盛与零落,由本根也。"《群书治要》卷四五仲长子《昌言》:"王侯者,所与共受气于祖考,干合而枝分者也。"均可比读。综观汉魏六朝文献,"禀(受)气"习见,然"禀(受)气血"未闻。平津馆本《内篇·勤求》作"禀气血",疑务与前文"受精神"相俪偶而臆补"血"字。

080. 夫长生制在大药耳,非祠醮之所得也。(《勤求》)

《校释》:"'得'宋浙本作'定'。"道藏本、鲁藩本亦作"定"。按:旧本作"定",可从。《抱朴子》内外篇习用此类"定"字,如《明本》:"由此观之,儒道之先后,可得定矣。"《黄白》:"至于飞走之属,蠕动之类,禀形造化,既有定矣。"《杂应》:"或服葛花及秋芒麻勃刀圭方寸匕,忽然如欲卧,而闻人语之以所不决之事,吉凶立定也。"《外篇·清鉴》:"江、河不待量,而不测之数已定矣。"《太平御览》卷六七〇引亦作"定",当为原文。

081. 若以此之勤,求知方之师,以此之费,给买药之直者,亦必得神仙长生度世也。何异诣老空耕石田,而望千仓之收,用力虽<u>尽</u>,不得其所也。(《勤求》)

《校释》:"宝颜堂本、崇文本'尽'作'勤'。"按:尽,穷也。"用力虽尽"一句谓即使气力用尽,也不能达到目的。宝颜堂本等作"勤",未可据。

082. 颇游俗间,凡夫不识妍蚩,为共吹扬,增长妖妄,为彼巧伪之人,虚生华誉,歃习遂广,莫能甄别。(《勤求》)

---

① 宋浙本及平津馆本作"其"。

《校释》："宝颜堂本、崇文本'吹'作'称'。"按：《宋书·王微传》："江（湛）不过强吹拂吾，云是岩穴人。"《颜氏家训·名实》："有一士族，读书不过二三百卷，天才钝拙……多以酒犊珍玩，交诸名士，甘其饵者，递共吹嘘。""吹拂""吹嘘"均指揄扬。《梁书·刘孺传附刘遵》载简文帝与刘孝仪令："吾之劣薄，其生也不能揄扬吹嘘，使得骋其才用。""吹嘘"与"揄扬"连用。"吹扬"大体就是吹嘘揄扬的凝缩。

083. 而聋瞽之存乎精神者，唯欲专擅华名，独聚徒众，外求声价，内规财力，患疾胜己，乃剧于俗人之争权势也。（《勤求》）

《校释》："慎校本、宝颜堂本、崇文本'力'皆作'利'。"按：《抱朴子》内外篇既见"财力"，也用"财利"。上引《勤求》例，作"财利"者均为晚出之本，古本或来源较古之本作"财力"，当更为近真。《勤求》："此等岂有意于长生之法哉？为欲以合致弟子，图其财力，以快其情欲而已耳。""合致弟子，图其财力"与"独聚徒众，外求声价，内规财力"可相比观。

084. 食此石以口取饱，令人丁壮。（《杂应》）

《校释》："'以'宋浙本作'恣'。"按："以口取饱"云云语意冗余，作"恣"更胜。"恣口"屡见于汉晋文献，《太平经》卷一一四《某诀》："教儿妇常在亲前，作肥甘脆，恣口所食。"《初学记》卷二八引晋傅玄《桃赋》："亦有冬桃，冷侔冰霜；放伸适意，恣口所尝。"《初学记》卷三〇引《抱朴子》："千岁之龟，五色具焉。……夏恣口而甚瘦，冬穴蛰而大肥。"（此句今本无）亦用"恣口"一词。

085. 唯幼伯子、王仲都，此二人衣以重裘，曝之于夏日之中，周以十炉之火，口不称热，身不流汗，盖用此方者也。（《杂应》）

《校释》："《校勘记》：《御览》二十三、八百六十九'衣以重裘'作'衣之以重裘'。"按：宋浙本亦作"衣之以重裘"，与《御览》合。《事类赋》卷四引亦有"之"字。比照下文"曝之於夏日之中","衣"下当有"之"字。

086. 帝以试左右数十人,常为先登锋陷阵,皆终身不伤也。(《杂应》)

《校释》:"孙校:'锋'字疑衍。《校勘记》:《御览》三百三十九作'先登陷陈',无'锋'字。"按:本书《至理》:"乃多作劲木白棒,选异力精卒五千人为先登,尽捉梧彼山贼。"亦用"先登"一词。"先登陷阵"乃汉晋以来习语,《汉书·樊哙传》:"击章平军好畤,攻城,先登陷阵,斩县令丞各一人,首十一级,虏二十人,迁为郎中骑将。"《后汉书·阴识传附阴兴》:"帝后召兴,欲封之,置印绶于前,兴固让曰:'臣未有先登陷阵之功,而一家数人并蒙爵土,令天下觖望,诚为盈溢。'"《三国志·魏志·典韦传》:"韦既壮武,其所将皆选卒,每战斗,常先登陷陈。"《三国志·魏志·张辽传》:"平旦,辽被甲持戟,先登陷陈,杀数十人,斩二将,大呼自名,冲垒入,至权麾下。"《御览》卷四三四引、《册府元龟》卷三九四并作"登锋陷阵",均不可从。

087. 老君真形者,思之,姓李名聃,字伯阳,身长九尺,黄色,鸟喙,隆鼻,秀眉长五寸,耳长七寸,额有三理上下彻,足有八卦。(《杂应》)

《校释》:"孙校:《意林》引无'秀'字。"按:"秀"谓长茂,"秀眉"即长眉。本书《极言》:"又彭祖之弟子,青衣乌公、黑穴公、秀眉公、白兔公子、离娄公、太足君、高丘子、不肯来七八人,皆历数百岁,在殷而各仙去,况彭祖何肯死哉?""秀眉公"当以长眉得名。《杂应》记老君"眉长五寸",故称"秀眉"。《意林》引文多删略,不足据。

088. 老子篇中记及龟文经,皆言药兵之后,金木之年,必有大疫,万人余一,敢问辟之道。(《杂应》)

《校释》："孙校：'药'刻本作'大'。案宋浙本亦作'大'。"按："药兵"不辞。"大兵"指大的战争，《金丹》："上皆生芝草，可以避大兵大难，不但于中以合药也。"亦用"大兵"之词。《礼记·月令》："（仲冬之月）行秋令，则天时雨汁，……国有大兵。"《搜神记》卷十八："神曰：'将有大兵，今辞汝去。'留一玉环曰：'持此可以避难。'后刘表袁术相攻，龙舒之民皆徙去，唯宪里不被兵。"均其例。《老子》："师之所处，荆棘生焉，大军之后，必有凶年。"其意略近。

089. 近易之草，或有不知，玄秘之方，孰能悉解？（《黄白》）

"近"，平津馆本作"延"。按："延"非"近"是。① "近"谓平常、平凡，"易"也是平常之义，"近易"同义连文，与下"玄秘"相对而言。上文言"常药物"，此言"近易之草"，"近易"亦即谓"常"。

"近"表平常、平庸义，本书经见，如《至理》："夫道之妙者，不可尽书，而其近者，又不足说。""近"与"妙"相对，谓平常、浅近。又："而世人守近习隘，以仙道为虚诞，谓黄老为妄言，不亦惜哉？""近"与"隘"义近，谓平庸、浅陋。《微旨》："夫寻常咫尺之近理，人间取舍之细事，沈浮过于金羽，皂白分于粉墨，而抱惑之士，犹多不辨焉。""近理"犹言常理。《黄白》："狭观近识，桎梏巢穴，揣渊妙于不测，推神化于虚诞。""近识"谓平庸之识见。又："故方有用后宫游女，僻侧之胶，封君泥丸，木鬼子，金商芝，飞君根，伏龙肝，白马汗，浮云滓，龙子丹衣，夜光骨，百花醴，冬邹斋之属，皆近物耳，而不得口诀，犹不可知，况于黄白之术乎？""后宫游女"等皆为医家之药，看似隐秘，实则平常，如"后宫游女"即萤火虫，"僻侧之胶"即桃胶（参看唐梅彪《石药尔雅》），其余各物亦如此，故葛洪谓之"近物"，亦即平常之物。

《对俗》："其根元可考也，形理可求也，而庸才近器，犹不能开学之奥治，至于朴素，徒锐思于糟粕，不能穷测其精微也。"《塞难》："吾

---

① "延"或作"迟""冰"（《干禄字书》："迟、延，上通下正。"），与"近"形近，故易致误。

庸夫近才,见浅闻寡,岂敢自许以拔群独识,皆胜世人乎?"《登涉》:"而近才庸夫,自许脱俗,举动所为,耻拣善日,不亦戆愚哉?"《金丹》:"真人所以知此者,诚不可以庸近思求也。"此数例皆"近"与"庸"对文或连文,义同。

"近易"连文亦屡见于本书,如《塞难》:"率有经俗之才,当涂之伎,涉览篇籍助教之书,以料人理之近易,辨凡猥之所惑。"又《金丹》:"此近易之事,犹不可喻,其闻仙道,大而笑之,不亦宜乎?""近易之事"犹平常之事。

090. 而余贫苦无财力,又遭多难之运,有不已之无赖,兼以道路梗塞,药物不可得,竟不遑合作之。(《黄白》)

《校释》:"孙校:'梗'刻本作'逼'。"宋浙本作"隔",道藏本、鲁藩本作"硬",慎校本作"便"。按:"硬塞""便塞"不辞。《玉篇·阜部》:"隔,塞也。""隔塞"同义连文,谓阻塞。《外篇·自叙》:"正遇上国大乱,北道不通,而陈敏又反于江东,归涂隔塞。"亦用"隔塞"一词。"隔塞"为汉晋常语,当时文献习见,如《素问·通评虚实论》:"隔塞闭绝,上下不通,则暴忧之病也。"《汉书·李寻传》:"及京兆尹王章坐言事诛灭,智者结舌,邪伪并兴,外戚颛命,君臣隔塞,至绝继嗣,女宫作乱。"《三国志·魏志·公孙瓒传》:"关东义兵起,卓遂劫帝西迁,征虞为太傅,道路隔塞,信命不得至。"宝颜堂本作"逼塞",其义可取,但其词唐代方见,必非原文;平津馆本作"梗塞","梗塞"虽有阻塞义,然《抱朴子》全书未见以"梗"为阻塞义之例,"梗塞"不合本书词例,且时代晚出,亦不可据。

091. 及欲为道、志求长生者,复兼商贾,不敦信让,浮深越险,乾没逐利,不吝躯命,不修寡欲者耳。(《黄白》)

《校释》:"孙校:藏本无'者耳'二字。"按:宋浙本、鲁藩本亦无"者耳"。"复兼商贾"诸项平列,乃"及欲为道,志求长生者"的各种行为,不当有"者耳",否则不成句。

092. 治丹砂一斤,内生竹筩中,加石胆消石各二两,覆荐上下,闭塞筩口,以漆骨丸封之。(《黄白》)

《校释》:"孙校:'漆'藏本作'染'。"按:宋浙本、鲁藩本作"染",慎校本作"漆"。"染"当即"柒"之形讹,"柒"古通"漆"。《说文·土部》:"垸,以桼和灰而鬃也。"玄应《一切经音义》卷十八《解脱道论》音义"骯节"条引《通俗文》:"烧骨以桼曰垸。"可见古来即将漆与骨灰混合用来涂抹器物。《黄白》所谓"漆骨丸",应指漆掺和骨灰制成的丸子。

093. 又法,临川先祝曰:卷蓬卷蓬,河伯导前辟蛟龙,万灾消灭天清明。(《登涉》)

"卷蓬卷蓬",平津馆本原校:"或作'弓逢弓逢'。"按:"卷蓬"指风卷飞蓬,形容极轻快,如《魏书》卷五三《李安世传》:"百姓为之语曰:'李波小妹字雍容,褰裙逐马如卷蓬。'"本篇前言涉江渡海,故此祝"卷蓬"云云。然"卷"何以讹作"弓"?考中古时期"卷"又写作"弓",如《郑羲下碑》:"遂乘闲述作,注诸经论,撰《话林》数弓。""数弓"即"数卷"。① 又如《魏女尚书冯女郎墓志》"卷"作"丟",实即"弓"之草写(","移至右边)。黄伯思《东观余论·法帖刊误》"论弓字"条:"小宋《太一宫诗》:'瑞木千寻竦,仙图几吊开。'注云:'《真诰》谓一卷为一吊。'殊不知《真诰》所谓'弓'即卷字。"②除"弓"外,"卷"又可写作"弓""弓"等,甚至径作"弓"。后来在"弓"的基础上增笔作"弓",又改点为横,作"弖"。③ 凡此字形均与"弓"相近,故易致讹。

---

① 陆增祥《八琼室金石补正》卷一四"兖州刺史荥阳文公郑羲下碑":"卷作弓,……皆别体字。"

② 黄伯思《宋本东观余论》,北京:中华书局,1988 年,第 139 页。

③ 关于"弓"等形的发展演变,参看张涌泉《"弖"字源》,载张涌泉《汉语俗字研究》(增订本)附录一,北京:商务印书馆,2010 年,第 332－337 页。

094.《灵宝经》曰：所谓宝日者，谓支干上生下之日也，若用甲午乙巳之日是也。(《登涉》)

《校释》："孙校：'宝'当作'保'。明案《太上灵宝五符序》卷中正作'保'，是。"按：此句上文云："而《灵宝经》云：入山当以保日及义日，若专日者大吉，以制日、伐日必死。"亦作"保"。然此作"宝"非误字，实乃"保"之通借。

095. 山中山精之形，如小儿而独足，走向后，喜来犯人。(《登涉》)

宋浙本无"山中"，《太平御览》卷八八六引《抱朴子》亦无"山中"。按：《异苑》卷三："吴孙皓时，临海得毛人。《山海经》云：山精如人而有毛。此蒋山精也。故《抱朴子》曰：山之精，形如小儿而独足，足向后，喜来犯人。"《金楼子》卷五："山精，如小儿而独足，足向后，喜犯人。"疑"山中"殆出后世增益。

096. 凡六甲为青龙，六乙为逢星，六丙为明堂，六丁为阴中也。(《登涉》)

"逢"，宋浙本作"蓬"。按：《汉书·天文志》："(中元二年)其六月壬戌，蓬星见西南，在房南，去房可二丈，大如二斗器，色白。"《晋书·天文志》："十八曰蓬星，大如二斗器，色白，一名王星。状如夜火之光，多至四五，少一二；一曰蓬星在西南，长数丈，左右兑。出而易处。"作"蓬"更胜。

097. 欲知铜之牝牡，当令童男童女俱以水灌铜，灌铜当以在火中向赤时也，则铜自分为两段，有凸起者牡铜也，有凹陷者牝铜也。(《登涉》)

《校释》："'向'一本作'尚'。"按：宋浙本作"尚"，《御览》卷八一三引亦作"尚"。《酉阳杂俎》前集卷十一亦言此事："炼铜时，与一童女俱以水灌铜，铜当自分为两段，有凸起者牡铜也，凹陷者牝铜也。"

据文意,当作"尚"字义长,谓铜在火中犹赤时以水浇之。

098. 有珠玉树沙棠琅玕碧瑰之树,玉李玉瓜玉桃,其实形如世间桃李,但为光明洞彻而坚,须以玉井水洗之,便软而可食。(《祛惑》)

"但为",《艺文类聚》卷八六引作"但"。按:"但"表示轻微的转折,犹言只是、不过,于意可通,然原文"但为"亦不误。"但为"与"但"义同,习见于中古文献,如《法书要录》卷一〇《右军书记》:"事事如去春,但为轻微耳。"又:"吾所奉设,教意政同,但为形迹小异耳。"《周书》卷一一《晋荡公护传》载其母与护书:"又得汝杨氏姑及汝叔母纥干、汝嫂刘新妇等同居,颇亦自适。但为微有耳疾,大语方闻,行动饮食,幸无多恙。"《真诰·阐幽微第二》:"右此五条,皆积行获仙,不学而得,但为阶级之难造,道用年岁耳。""但为"并谓只是、不过。

《抱朴子内篇》亦屡见"但为",除上举例外,又如《仙药》:"今所在有真菊,但为少耳。"又:"又夜见面上有采女二人,长二三寸,面体皆具,但为小耳。"《杂应》:"张太元举家及弟子数十人,隐居林虑山中,以此法食石十余年,皆肥健;但为须得白石,不如赤龙血青龙膏,取得石便可用,又当煮之,有薪火之烦耳。"据此可见"但为"乃葛洪习用之词。《艺文类聚》卷八六引作"但",当为后人删去"为"字。

又《金丹》:"虽各有数十卷书,亦未能悉解之也,为写蓄之耳。"《云笈七签》卷六七引"为"作"但"。按:颇疑《金丹》原文实作"但为",后世传写脱"但"字,而《云笈七签》引述时仅作"但"。①

099. 昔黄帝东到青丘,过风山,见紫府先生,受三皇内文,以

---

① 《金丹》:"然余受之已二十余年矣,资无担石,无以为之,但有长叹耳。"《云笈七签》卷六七引"但有"作"但"。可为参比。

劾召万神,南到圆陇阴建木,观百灵之所登,采若干之华,饮丹峦之水。(《地真》)

《校释》:"'灵'原作'令'。《校勘记》:《御览》七十九'百令'作'百灵'。明案《轩辕记》'令'亦作'灵',当作'灵',今据订正。"按:"令"通"灵"。《后汉书·张衡传》:"鳖令殪而尸亡兮,取蜀禅而引世。"李贤注:"鳖令,蜀王名也。令音灵。""鳖令",《华阳国志·序志》作"鳖灵"。从"令"得声之"零"亦可通"灵",可为旁证。《隶释·故民吴仲山碑》:"神零有知。"洪适注:"碑以零为灵。"

100. 人道当食甘旨,服轻暖,通阴阳,处官秩,耳目聪明,骨节坚强,颜色悦怿。(对俗)郑君时年出八十,先髪鬒班白,数年间又黑,颜色丰悦。(《遐览》)

前例"悦",敦煌本、影古写本作"和";后例"悦",《太平御览》卷六七〇引作"泽"。按:"悦""和""泽"并通。以"和""泽"形容(动物的)毛色或(人的)肤色和润、润泽,古已有之;然"悦"自汉代以来亦有这样的用法,是当时新义。[1]《韩诗外传》卷九:"君不见大泽中雉乎?五步一噣,终日乃饱,羽毛悦泽。"《易林·讼之师》:"凫得水没,喜笑自啄,毛羽悦泽。"此言雉、凫羽毛光润、润泽。三国以来,则可形容(人的)肤色光润、光泽,三国吴康僧会译《六度集经》卷二:"斯儿端正,手足悦泽,不任作劳。"三国吴支谦译《义足经》卷上:"欲快者反生恼,见其华色悦好。"两晋南北朝以来,其例更夥,同样也是葛洪笔下常语,如《内篇·杂应》:"(石)春但求三二升水,如此一年余,春颜色更鲜悦,气力如故。"《内篇·仙药》:"(赵)瞿服之百许日,疮都愈,颜色丰悦,肌肤玉泽。"又如《神仙传》卷三"李八伯"条:"乃使公昉夫妻及舔疮三婢,以浴余酒自洗,即皆更少,颜色悦美。"卷六"李少君"条:

---

① 参看曹婷《〈高僧传〉释词札记》,载《汉语史学报》第十一辑,上海:上海教育出版社,2011年,第319-320页。

"然视之常时年五十许人,面色甚好,肌肤悦泽,尤有光华。""悦"均谓光润、润泽。

101. 凡为道士求长生,志在药中耳,符剑可以却鬼辟邪而已。(《遐览》)

"志",宋浙本原校:"一作制。"按:当从"一作"作"制"是。"制"谓法度,这里犹言关键、决定因素。《内篇·勤求》:"夫长生制在大药耳,非祠醮之所得也。"是为显证。又《辨问》:"人之吉凶,制在结胎受气之日。"谓人之或吉或凶,关键在于结胎受气之日(的具体情况)。

102. 性解音律,善鼓琴,闲坐,侍坐数人,口答咨问,言不辍响,而耳并料听,左右操弦者,教遣长短,无毫厘差过也。(《遐览》)

《校释》:"孙校:刻本'料'作'聪'。案宝颜堂本作'聪'。"按:宋浙本、道藏本、鲁藩本作"料",慎校本作"耕",乃"料"之误。《御览》卷六七〇引亦作"料"。"料"指分辨、辨别。《内篇·塞难》:"率有经俗之才,当涂之伎,涉览篇籍助教之书,以料人理之近易,辨凡猥之所惑。"《外篇·勖学》:"审盛衰之方来,验善否于既往,料玄黄于掌握,甄未兆以如成。"耳既分辨,故下文云"教遣长短"。宝颜堂本作"聪"当无依据而出胸臆也。

103. 诚须所师,必深必博,犹涉沧海而挹水,造长林而伐木,独以力劣为患,岂以物少为忧哉?(《祛惑》)

"挹",宋浙本、道藏本、鲁藩本、慎校本作"捷"。按:各本作"捷"合乎文意。《外篇·君道》:"犹大厦既燔,而运水于沧海,洪潦凌室,而造船于长洲矣。"又《勖学》:"运行潦而勿辍,必将流乎沧海矣。"与《祛惑》"涉沧海而捷水"意相呼应。《玉篇·手部》:"捷,运也。"《说文·手部》:"挹,抒也。"文非其意。

104.（古强）既至，而咽呜挚缩，似若所知实远，而未皆吐尽者。（《祛惑》）

"咽"，宋浙本作"喑"。按：宋本作"喑"更近原文。《内篇·勤求》："而庸人小儿，多有外托有道之名，名过其实，由于夸诳，内抱贪浊，惟利是图，有所请为，辄强喑呜，俯仰抑扬。"《外篇·疾谬》："若问以坟索之微言，鬼神之情状，万物之变化，殊方之奇怪，朝廷宗庙之大礼，郊祀禘祫之仪品，三正四始之原本，阴阳律历之道度，军国社稷之典式，古今因革之异同，则怳悸自失，喑呜俯仰。""喑呜"指说话吞吞吐吐，欲说还休。《祛惑》"喑呜挚缩"也指言语吞吐，①故下文谓"似若所知实远，而未皆吐尽者"。后世诸本作"咽呜"，义既不合，又非六朝语词，难为原文。

《太平御览》卷四八三引《东观汉记》："窦宪恃宫掖声势，遂以贱直夺沁园，公主不敢诉；后肃宗驾出过园，指以问宪，宪阴呜不得对。"又卷一五二引《后汉书》作"喑呜"。今本《后汉书》作"阴喝"，李贤注："阴喝，犹噎塞也。""阴呜""喑呜""阴喝"均指说话嗫嚅。

105. 所从学者，不得远识渊潭之门，而值孤陋寡闻之人，彼所知素狭，源短流促，倒装与人，则靳靳不捨，分损以授，则浅薄无奇能。（《祛惑》）

"捨"，宋浙本作"忍"，道藏本、鲁藩本作"息"。按："忍"有愿意、舍得义，《潜夫论·忠贵》："宁见朽贯千万，而不忍贷人一钱；情知积粟腐仓，而不忍贷人一斗。""不忍"就是不愿、不舍。《祛惑》"倒装与人，则靳靳不忍"言吝惜不舍得倒出与人。道藏本、鲁藩本作"息"，应为"忍"字之误；慎校本、平津馆本作"捨"，当出后人改易。

106. 孔子母年十六七时，吾相之当生贵子，及生仲尼，真异人也，长九尺六寸，其颡似尧，其项似皋陶，其肩似子产，自腰以

---

① 《汉语大词典》"挚缩"条举《祛惑》此例，释作"犹抽搭。哭泣貌"，非是。

下不及禹三寸。(《袪惑》)

"颡",宋浙本、道藏本、鲁藩本、慎校本作"头"。按:《论衡·骨相》:"孔子适郑,与弟子相失,孔子独立郑东门。郑人或问子贡曰:'东门有人,其头似尧,其项若皋陶,肩类子产。然自腰以下,不及禹三寸,儽儽若丧家之狗。'"《孔子家语·困誓》:"孔子适郑,与弟子相失,独立东郭门外。或人谓子贡曰:'东门外有一人焉,其长九尺有六寸,河目隆颡,其头似尧,①其颈似皋繇,其肩似子产,然自腰已下不及禹者三寸,累然如丧家之狗。'"《内篇》各本作"头"是也,平津馆本独作"颡",盖据《史记·孔子世家》载其事作"颡"而改。

107. 又见昆仑山上,一面辄有四百四十门,门广四里。(《袪惑》)

"面",宋浙本、道藏本、鲁藩本、慎校本作"囲"。按:《淮南子·墬形》:"旁有四百四十门,门间四里,里间九纯,纯丈五尺。"高诱注:"面有十门也。"葛洪当本此。

108. 乃复有假托作前世有名之道士者,如白和者,传言已八千七百岁,时出俗间,忽然自去,不知其在。(《袪惑》)

"其",道藏本、鲁藩本、慎校本同,宋浙本作"所"。按:"不知其在"云云不合文法,"其"当作"所"。"不知所在"乃常语,即以《抱朴子内篇》而论,如《道意》:"后一旦忽去,不知所在。"《袪惑》:"忽失此龙,龙遂不知所在。"他书不烦举例。

---

① 《史记·孔子世家》司马贞索隐引《家语》作"颡"。

《周氏冥通记校释》商订

　　《周氏冥通记》是陶弘景弟子周子良自杀前所写的日记,记载梦中与神仙真人交谈的情形,故称"冥通",对于研治中古神仙道教具有重要价值;同时由于是以"日记体"写成,用语通俗,较大程度反映了南朝口语,因而也是研究中古汉语的重要材料。2020 年,中华书局出版《周氏冥通记校释》,该书校勘精当,注释详赡,极便使用。不过在捧读之余,也发现若干语词的解释未能精核无疑,尚待进一步商量考订,今略做释证,都为一篇,以质正于方家。

　　01. 后随往南霍及反木溜,旦夕<u>承奉</u>,必尽恭勤。(卷一)

　　"承奉"下《校释》:"承命奉行。《晋书》卷一百二十八《慕容超载记》:'入则尽欢承奉,出则倾身下士。'《法华经义记》卷一云:'声闻常在佛左右,旦夕承奉,不辨于游方益物,唯护戒清净,行迹交密。'"

　　按:细味上下文意,"承奉"应指侍奉其师。"承"有侍奉义,《宋书·谢景仁传》:"时毅疾病,佐吏皆入参承。"《南齐书·武十七王传·竟陵文宣王子良》:"世祖不豫……日夜在殿内,太孙间日入参承。""参"指参问、问候;"承"指侍奉。《魏书·杨播传》:"椿年老,曾他处醉归,津扶持还室,仍假寐合前,承候安否。""承候"指侍奉问候。南朝梁简文帝《叙南康简王薨上东宫启》:"常愿陪承甲馆,同奉画堂。""陪承"即陪伴侍奉之义,"承""奉"对文。《魏书·恩幸传·赵修》:"修虽小人,承侍在昔,极辟之奏,欲加未忍。""承""侍"同义连文。《墨子·兼爱下》:"奉承亲戚,提挈妻子。""奉承亲戚"指侍奉双亲。"承奉"为"奉承"之逆序形式,义同。《冥通记》"旦夕承奉"就是每日侍奉之义。

02. 以十四年乙未岁五月二十三夏至日,于廨忽未中寝卧弥沦,良久乃起出。(卷一)

"未中"下《校释》:"据本书后文描述此事,'夏至日未中少许,在所住户南床眠',赵威伯乃指责周子良,'今是吉日,日已欲中'云云,明'未中'乃'日未中'之省,指正午以前,非午后未时之中。"

按:"弥沦"应属下与"良久"连读,作"于廨忽未中寝卧,弥沦良久,乃起出"。"中"本有正午义,《后汉书·耿弇传》:"弇度河先击祝阿,自旦攻城,未中而拔之。"①"未中"就是未到午时。《异苑》卷二:"又别有异物藤花,形似菱菜,朝紫、中绿、晡黄、暮青、夜赤,五色迭耀。""中"与"朝""晡""暮""夜"递次相继,其为正午义甚明。《魏书·杨播传附杨椿》:"若有近行,不至,必待其还,亦有过中不食,忍饥相待。""过中不食"就是过午不食。《梁书·贺琛传》:"朕三更出理事,随事多少,事少或中前得竟,或事多至日昃方得就食。""中前"亦即午前。据此,"未中"并不是"日未中"之省,更不至于误会为"未时之中"。

03. 其七月中,乃密受真旨,令外混世迹,勿使疑异。(卷一)

"真旨"下《校释》:"《云笈七签》……《真诰》……按,据本书卷三,周子良于七月十五日得保命授《三天龙文》,并令其'且混人,勿异迹,行来动静任意',即是此处所言之'密受真旨'。"

"世迹"下《校释》:"《真诰》卷二谓许谧:'内明真正,外混世业,乃良才也。'卷二十又云:'虽外混俗务,而内修真学,密授教记,遵行上道。'本书'密受真旨,外混世迹',即仿此而来。'世务'、'俗务'、'世迹'皆指世间俗事。"

---

① 《太平御览》卷三一七引《后汉书》、《册府元龟》卷三六八均无"日"字。

按：这里"旨""迹"义同，均指手迹、手书。"迹"在中古有手迹、手书义，陶弘景作品中即有多例，如《冥通记》卷一："又诸记中往往有黩易字，当是受旨时匆匆，后更思忆改之，昔杨君迹中多如此。"《真诰》卷八《甄命授》："右四条别一手书，陆修静后于东阳所得，不与诸迹同。""真旨"指真人亲笔所写之旨，与之相对的"世迹"即指世间俗人之手迹。"世迹"并非指"世间俗事"。

04. 寻初降数旬中已得闲静，后既混糅，恒亲纷务，<u>不展</u>避人，题之纸墨，直止录条领耳。（卷一）

"不展"下《校释》："不展，当是不方便之意。《太清金液神丹经》卷下云：'古人相传，有一人病眼，卒被时主国王所召，当往到命，不展服药，神师令借其妇一目用之，乃听师言。'"

按：《校释》将"不展"理解为"不方便"，无据。"展"犹言及，"不展"就是不及。[1]"不展"表不及义，乃是六朝常语，有时也说"未展"，如刘宋佛陀什共竺道生等译《五分律》卷七："尔时有贩马人请佛及僧行水已，有人语言：'火烧马屋。'彼以此不展授食。"《世说新语·德行》："吴郡陈遗，家至孝，母好食铛底焦饭，遗作郡主簿，恒装一囊，每煮食，辄贮录焦饭，归以遗母。后值孙恩贼出吴郡，袁府君即日便征。遗已聚敛得数斗焦饭，未展归家，遂带以从军。"《南齐书·王俭传》："俭年德富盛，志用方隆，岂意暴疾，不展救护，便为异世。"《法苑珠林》卷一八引南朝齐王琰《冥祥记》："闵家有《大品》一部，……既当避难，单行不能得尽持去；尤惜大品，不知在何台中。仓卒应去，不展寻搜，徘徊叹咤。"《文选·任昉〈奏弹刘整〉》》："米未展送，忽至户前，隔箔攘拳大骂。"

---

① 参看《世说新语·德行》"吴郡陈遗"条徐震堮《世说新语校笺》注五，北京：中华书局，1984年，第28页；汪维辉《〈汉语大词典〉摘瑕（再续）》，《宁波师院学报》1991年第4期；张万起《世说新语词典》"未展"条，北京：商务印书馆，1994年，第363页；王启涛《中古及近代法制文书语言研究》转述董志翘说，成都：巴蜀书社，2003年，第154页；方一新、王云路《中古汉语读本》（修订本），上海：上海教育出版社，2006年，第387页注22。

05. 但某覆障疑网，不早信悟，追自咎悼，**分贻刻责**。（卷一）

"分贻刻责"下《校释》："合当遭受严责。"

按："分"犹言道理、原则。将"刻责"释作"严责"，可能是受了《汉语大词典》的影响。[①] 其实"刻"也是"责"的意思，《后汉书·申屠刚传》："怀邪之臣，惧然自刻也。"李贤注："刻，犹责也。"《韩非子·安危》："人主不自刻以尧，而责人臣以子胥，是幸殷人之尽如比干。"《汉书·杜钦传》："归咎于身，刻己自责。"《后汉书·周举传》："成汤遭灾，以六事克己，鲁僖遇旱，而自责祈雨，皆以精诚转祸为福。""克"通"刻"。诸例均"刻""责"对举。"刻责"同义连文，可以理解为"要求"或"责备"。《汉书·韩延寿传》："或欺负之者，延寿痛自刻责。"《论衡·四讳》："愧负刑辱，深自刻责，故不升墓祀于先。"《三国志·吴志·吴主传》："闻此怅然，深自刻怪。"据上所述，"分贻刻责"是说按照道理（依据原则）应受到责备。

06. 圣上登于内殿，开读四卷，**委曲备悉**。（卷一）

"委曲备悉"下《校释》："全面了解之义。"

按："委曲"是名词，指详情、原委。《真诰·稽神枢第二》："又当先呈启司命，司命令答道宫室之委曲者，吾乃敢言之耳。"又《握真辅第一》："承纪谒者还，欣之，尊已相见，问其委曲邪？"陶弘景《登真隐诀序》："必须详究委曲，乃当晓其所以，故道备七篇，义同高品。"《魏书·后妃传·孝文幽皇后》："然惟小黄门苏兴寿密陈委曲，高祖问其本末，敕以勿泄。"《周书·孝义传·李棠》："既入成都，萧撝问迥运中委曲，棠不对。""委曲备悉"即备悉委曲，指详知原委。

07. 住屋东向，北边安户，五尺眠床约西壁，即所昼寝者。（卷一）

---

① 《汉语大词典》"刻责"条："严加责备；严格要求。"

"约"下《校释》："此处当作动词，不解其意，待考。"按："约"就是依沿、靠着的意思。① 孔安国《尚书序》"约史记而修春秋"孔颖达疏："准依其事曰约。""约"指依照。当"约"某一具体事物时，就有靠、沿之义。"约西壁"就是靠着西边墙壁。《艺文类聚》卷五三引北齐裴讷之《邺馆公宴诗》："当阶篁筱密，约岸荷蕖长。""约岸"可以理解为沿岸。②《广弘明集》卷二魏收《魏书释老志》："神龟元年司空尚书令任城王澄奏寺塔渐多，坊民居事，略云'如来阐教，多约山林，今此僧徒恋眷城市。'""约"，今本《魏书》作"依"。"约"指凭依。

08. 此人曰："卿趣欲住世种罪，何为得补吾洞中之职？面对天真，游行圣府，自计天下无胜此处。"（卷一）

"趣欲"下《校释》："只打算、一心只想义。"

按：此句标点可议，当作"卿趣欲住世，种罪何为？得补吾洞中之职，面对天真，游行圣府，自计天下无胜此处"。"趣"音 cù，指急、急于。《文选·嵇康〈与山巨源绝交书〉》："若趣欲共登王涂，期于相致，时为欢益，一旦迫之，必发其狂疾，自非重怨，不至于此也。"西晋竺法护译《生经》卷一《佛说和难经》："尔时和难释子多求眷属，不睹其人，不察行迹，有欲出家，便除须发，而为沙门。……趣欲得人，而下须发，授具足戒。"《抱朴子内篇·黄白》："俗人多讥余好攻异端，谓予为趣欲强通天下之不可通者。"姚秦竺佛念译《出曜经》卷十五《利养品下》："求望名誉称者，昼夜伺捕国王大臣一亿居士，猗[倚]豪力势，贪求名称，观察前意，随形应适，趣欲悦彼，以获利养。"诸例"趣欲（＋VP）"均谓"急着想（做某事）"。《冥通记》"趣欲住世"是说周子良热切留住于俗世。《宋书·五行志五》载步骘上疏："伏闻校事吹毛求

① 汪维辉《〈周氏冥通记〉词汇研究》认为是"安"的意思，载浙江大学汉语史研究中心《中古近代汉语研究》，上海：上海教育出版社，2001 年，第 168 页。
② 参看王云路《汉魏六朝诗歌校注释例》，《古籍整理研究学刊》1999 年第 4 期。

瑕,趣欲陷人,成其威福,无罪无辜,横受重刑。"

09. 凡修道者,皆不裸身露髻,<u>枉滥无辜</u>。(卷一)

"枉滥无辜"下《校释》:"枉错淫滥,令无辜受害。"按:"枉滥"连文,"滥"非指淫滥,而是指冤枉。《魏书·宣武帝纪》载永平元年诏:"推滥究枉,良轸于怀。""滥""枉"对文同义。《洛阳伽蓝记·永宁寺》:"于是出诏,滥死者普加褒赠。""滥死"即枉死。《魏书·李彪传》:"高祖自悬瓠北幸邺,彪拜迎于邺南。高祖曰:'……卿罢此谴,为朕与卿,为宰事与卿,为卿自取?'彪对曰:'臣愆由己至,罪自身招,实非陛下横与臣罪,又非宰事无辜滥臣。'""滥臣"犹冤枉臣。《北齐书·循吏传·宋世轨》:"南台囚到廷尉,世轨多雪之。仍移摄御史,将问其滥状,中尉毕义云不送,移往复不止。""滥状"即言冤枉(囚犯)的具体情况。唐戴叔伦《临川从事还别崔法曹》诗:"谬官辞获免,滥狱会平反。""滥狱"即冤案。《后汉书·霍谞传》:"有人诬谮舅宋光于大将军梁商者……谞时年十五,奏记于商曰:'……谞与光骨肉,义有相隐,言其冤滥,未必可谅,且以人情平论其理。'"前言"诬",后言"冤滥",意义相应。"冤滥"同义连文。《宋书·谢庄传》:"顷年军旅余弊,劫掠犹繁,监司计获,多非其实。或规免咎,不虑国患,楚对之下,鲜不诬滥。""诬滥"连文,"诬"与"滥"义相连类。《冥通记》"枉滥"同义连文。

10. 向有大丞游行界域,记人罪福,过造卿,闻二君及府中诸监僚选卿为保籍丞。此位乃始立,以助领诸簿录。其<u>任数</u>小而高清为美,兼得宗庇真仙,二三为宜。(卷一)

"任数"下《校释》:"用心机、用权谋……此言保籍丞一职不需要花费心机,故云'高清为美'也。"按:将"任数"释作"用心机、用权谋",当本《汉语大词典》的释义,恐不合文意。本例"任数"犹言职责、责任。

11. 卿虽缘质有定,亦须用谨。正谨者,邪气不干,神明卫

护，则<u>招感</u>易达。（卷一）

"招感"下《校释》："感应、招降。"

按："招"犹言感，感应、感动。《抱朴子内篇·明本》："夫入九室以精思，存真一以招神者，既不喜諠譁而合污秽。""招神"，犹言感神。《冥通记》卷二："众仙自共语良久，似论子良事，不正了其旨。赵夫人乃见告曰：'子冥契久著，故能招感真仙，良助欣然。'"《魏书·肃宗纪》："时泽弗降，禾稼形损。在予之责，夙宵震惧，虽克躬撤膳，仍无招感。""招感"同义连文。又有"感召"，《太平御览》卷六六七引《法轮经》："仙公斋戒，未及岁年而感召天真下降净室。""招感""感召"义同。

12. 子良仍起，<u>褺纸</u>疏之。（卷一）

"褺纸"下《校释》："裁纸。《真诰》卷一云：'紫微夫人曰："我复因尔作一纸文，以相晓者，以示善事耳。"某又褺纸染笔。'"

按：《说文·衣部》："褺，重衣也。"徐锴系传："褺，折叠衣也。"后泛指折叠。"褺纸"就是叠纸之义。纸叠之后，折痕类似界栏，依此书写方能字迹整齐。《艺文类聚》卷三二引南朝梁简文帝《春宵诗》："采笺徒自褺，无信往云中。"《梁书·文学传·庾肩吾》载简文帝与湘东王书："诗既若此，笔又如之。徒以烟墨不言，受其驱染；纸札无情，任其摇褺。"《金楼子·自序》："又有人名裹褺纸中，射之得☰☷鼎卦。""褺纸"就是折叠起来的纸，这样才能"裹"。《南史·陈本纪下·后主》："先令八妇人褺采笺，制五言诗，十客一时继和，迟则罚酒。"《太平广记》卷二〇〇"罗绍威"条（出《罗绍威传》）："每命幕客作四方书檄，小不称旨，坏裂抵弃，自褺笺起草，下笔成文。"

《抱朴子外篇·尚博》："若夫翰迹韵略之宏促，属辞比事之疏密，源流至到之修短，蕴藉汲引之深浅……清浊参差，所禀有主，朗昧不同科，强弱各殊气。而俗士唯见能染毫画纸者，便褺之一例。"《魏书·崔浩传》："浩明识天文，好观星变。常置金银铜铤于酢器中，令青,夜有所见,即以铤画纸作字,以记其异。""画纸"谓在纸上画出界栏。"襞纸"可与之参比。

13. 勿区区于世间,流连于亲识,眷眄富贵,希想味欲,此并积罪之山川,煮身之鼎镬。善思此辞,勿足为乐。若必写此,则仙道谐矣。(卷二)

"写"下《校释》:"《广雅·释诂》云:'写,尽也。'此两句麦谷译注本翻译作:'如果将这些很好地写下的话,仙道的愿望就达到了。'实谬,应该是:若能致力于此,则仙道之事有望。"

按:《广雅·释诂一》:"写,尽也。"指竭尽。《春秋繁露·天地之行》:"竭愚写情,不饰其过,所以为忠也。"束皙《补亡诗》:"宾写尔诚,主竭其心。"《校释》理解为"致力",恐不合"写"之语义。

"写"应指除去、排除。《广雅·释诂三》:"写,除也。"王念孙疏证:"写之言泻也。《邶风·泉水篇》:'以写我忧。'毛传云:'写,除也。'又《小雅·蓼萧篇》:'我心写兮。'毛传云:'输写其心也。'《周官·稻人》:'以浍写水。'皆除去之意也。"《世说新语·言语》:"谢太傅语王右军曰:'中年伤于哀乐,与亲友别,辄作数日恶。'王曰:'年在桑榆,自然至此,正赖丝竹陶写。恒恐儿辈觉,损欣乐之趣。'""陶"指陶冶(性情),"写"消除(愁闷)。《冥通记》"写此"之"此"指上文"区区于世间,流连于亲识,眷眄富贵,希想味欲",谓除去这些情况则仙道成。[①]

14. 子良答曰:"不以猥俗,少便依道,籍以缘幸能栖林谷,岂期一旦真仙启降,喜惧交心,无以自安。若前因可采,愿赐神仙要诀,以见成就。"(卷二)

"缘幸"下《校释》:"本卷六月六日周子良答辞'幸藉缘会,得在山宅',与此同义。"

---

① 《汉语大词典》"$写_2$"条义项4"泛指解除,脱卸"下举此例,得之。

按："缘"指缘分、机缘,《文选·谢灵运〈还旧园作见颜范二中书〉》:"长与欢爱别,永绝平生缘。"李善注:"缘,因缘也。""幸"犹言机会、机遇,《宋书·檀道济传》:"檀道济阶缘时幸,荷恩在昔。""时幸"犹言时机。《宋书·谢晦传》:"臣阶缘幸会,蒙武皇帝殊常之眷。"《魏书·陆俟传》:"臣等邀逢幸会,生遇昌辰。""幸会"同义连文。《冥通记》"缘幸""缘会"也都是同义复举。"籍以缘幸"谓借助机遇;"幸藉缘会"中,"幸"指侥幸、幸亏,"藉缘会"即籍缘幸之意。

15. 赵又曰:"方当去来,不为久别。"王曰:"赵夫人来,当无不相随。"刘曰:"来月三日当往东华呈学簿,当与陶夫人相过。"（卷二）

"相过"下《校释》:"本意指相互往来,参考本书卷三七月三日记录,乃是刘夫人与陶夫人一起出场,则此处'相过'当是'相约、结伴一起'之意。"

按:《冥通记》卷三:"乙未年七月三日夜有九女人来,……其一女则刘玄微,一则陶智安,余者皆不识,亦不见与语。刘夫人曰:'比修学稍得新业邪?吾旦往东华,今始还。文书事粗得了,见尔名已度上东华青简,甚助为庆。'"可见刘夫人和陶夫人再次到访周子良。"相过"应该是"拜访(你)"的意思。

《冥通记》卷二:"六月六日夜,见一人来。……至良久,乃言曰:'我是桐柏仙人邓灵期。闻子合道,故来相慰。'……仙人曰:'……吾今去矣,下旬间更相过,方事游适。'"又卷三:"二十五日夜,梦见唐、赵二丞来……答曰:'自保勖,不须过忧。便去,君论期运事竟,应相造也。我等且去,寻复相过。'""相过"均指"拜访(你)"。

《异苑》卷六:"晋新野庾绍之字道邃,与南阳宋协中表之亲,情好绸缪。桓玄时,庾为湘东太守,病亡。义熙中,忽见形诣协,一小儿通云:'庾湘东来。'须臾便至,两脚着械。既至,脱械置地而坐。协问:

'何由得顾?'答云:'暂蒙假归,与卿亲好,故相过耳。'""相过"义亦同。

16.（徐君）又曰:"闻子名已入东宫青简,尚未审其事,比当与邓生往为参之。"答曰:"赐与参访,实是所希。"（卷二）

"参访"下《校释》:"探寻访问。"按:"参"犹言"验",指检验、核验。《春秋繁露·立元神》:"察其好恶以参忠佞,考其往行验之于今。"《汉书·何武传》:"（何武）疾朋党,问文吏必于儒者,问儒者必于文吏,以相参检。"《孔子家语·本命解》:"事无擅为,行无独成,参知而后动,可验而后言。"《后汉书·郎𫖮传》:"时卒有暴风,宗占知京师当有大火,记识时日,遣人参候,果如其言。"《后汉纪·桓帝纪》:"臣以会日促迫,故先举所闻,其未审者,方当参实,以除凶类。"均其例。由于此前是"闻"而"未审",故"往为参之",也就是进一步验证,后文"参访"之"参"也是此义。

17. 其姨母本钱塘人,姓张,三岁失父,随母重适永嘉徐家,仍冒姓徐。十岁便出家,随师学道,在余姚立精舍,性至真正,唯摄妹儿子良一人。至年三十五,公制所逼,诸道义劝令其作方便,出适上虞朱家,而遂陷世法。以此耻慨,致结气病。（卷三）

"耻慨"下校释:"引以为耻。《世说新语·仇隙》刘孝标注引《中兴书》:'主者疲于课对,羲之耻慨,遂称疾去郡,墓前自誓不复仕。'"按:"耻"谓羞愧,"慨"指愤激,"耻慨"犹言又羞又怒。《宋书·王景文传》:"景文兄子蕴,字彦深。父楷,太中大夫,人才凡劣,故蕴不为群从所礼,常怀耻慨。"亦其例。

18. 天下人应得道者何限,而偏依依于尔,非直以挺命感真,亦如以亲逮故耳。（卷三）

"挺命"下《校释》:"宿命超群。"

按："挺"在道典中有禀赋、资质、天分义，①《真诰·翼真检第二》："（许谧）虽外混俗务，而内修真学，密授教记，遵行上道，挺分所得，乃为上清真人。""挺分"同义连文。又《运象篇第二》："玄挺亦不可得恃，解谢亦不可得赖也。"《周氏冥通记》卷二："玄者，谓应虚无之气，挺分所至，非修身立功所得。""玄挺"亦同义复举。陶弘景《许长史旧馆坛碑》："太元元年，解驾违世。……谨按《真诰》，君挺命所基，缘业已久，周武王世九宫上相长里薛公之弟也。"《灭魔神慧高玄真经》："自无玄名帝图，刻简来生，金骨玉髓，挺命合仙，不得参闻。""挺命"犹言天命、天赋。《校释》将"挺命"释作"宿命超群"，乃增字解经。

19. 天下人应得道者何限，而偏依依于尔，非直以挺命感真，亦如以亲逮故耳。（卷三）

"亲逮"下《校释》："《尔雅·释诂》：'逮，与也。'邵晋涵正义：'与，谓相及也。'此言'亲逮'，似即亲戚之意。"按："亲"与"逮"不连读。《尔雅·释言》："逮，及也。"由此引申有沾溉、蒙受之义。②《真诰·甄命授第四》："小君郗综妇丁淑英者，有救穷之阴德，又遇赵阜之厄而不言，内慈自中，玄感皇人，故令福逮于（郗）回，使好仙也。"《稽神枢第二》："李湛、张虑，本杜陵北乡人也，在渭桥为客舍，积行阴德，好道希生，故今福逮于靓等。""以亲逮"谓因亲而沾及也。

20. 既从来未尝见此，不能不惧，而犹向其道："但各取重担徐去，必无告讨，正恐君劫道士罪重，我当作好意，相与使后也。"（卷三）

---

① 参看周作明《东晋南朝上清经中的几个道教用词》，载《汉语史研究集刊》第六辑，成都：巴蜀书社，2003年。

② 《真诰·运象篇第二》："济否之阶，幸垂眷逮耳。"《运象篇第三》："每贻翰音，恩逮缱绻。""眷逮""恩逮"之"逮"最初也是沾溉、蒙受义，不过"眷逮""恩逮"凝固成词，"逮"的沾溉、蒙受义已经相当淡薄了。

"告讨"下《校释》："告官追讨。"按："告"有求讨义,《尔雅·释言》："告,请也。"郭璞注："告,求请也。"《国语·鲁语上》："国有饥馑,卿出告籴,古之制也。"韦昭注："告,请也。"《艺文类聚》卷三五引三国魏应璩《与董仲连书》："谷籴惊踊,告求周邻,日获数升,犹复无薪可以熟之。"《真诰·甄命授第三》："疾者自当告乞于玄师,不尔不差。"《搜神记》卷十九："寄乃告请好剑及咋蛇犬。""告讨"同义连文,"告"亦"讨"也。

21. 寻此便是前缘所招,或**咎谴**应至,定录、赵丞,灼然知见,而不可校也。(卷三)

《校释》："因过错而招致罪谴。"按："谴"谓过错、罪过。《后汉书·蔡邕传》："诏书每下,百官各上封事,欲以改政思谴,除凶致吉。"《晋书·向雄传》："(刘毅)尝以非罪咎雄,及吴奋代毅为太守,又以少谴系雄于狱。"《魏书·于栗磾传附于忠》："文明太后临朝,刑政颇峻,侍臣左右,多以微谴得罪。"又《刑罚志七》："先是,皇族有谴,皆不持讯。""谴"均谓过错、过失,与"咎"义同。"咎谴"平列复举,"咎""谴"二语素间并无因果关系,释作"因过错而招致罪谴",未安。①《后汉书·刘般传》："后尚书案其事,二府并受谴咎,朝廷以此称之。"《魏书·高允传》："允历事五帝,出入三省,五十余年,初无谴咎。""谴咎""咎谴"逆序同义。

22. 十二月三日,见徐、隆二君,言:"去二十九日,桐柏府校籍,**顿**误上罪人典簿,三人被责。"(卷四)

《校释》："《广雅·释诂》云:'顿,愍乱也。'顿误当是昏乱致误之意。"按:"顿"做副词,有忽然、立即义,有时可以理解为竟然。《辩正

---

① 这大概是承袭《汉语大词典》的释义。《汉语大词典》"罪谴"条释作"犯罪而受谴",同样误会"罪谴"的结构和语义。《三国志·吴志·张温传》:"而温自招罪谴,孤负荣遇,念其如此,诚可悲疚。"《魏书·杜纂传》:"劝督农桑,亲自检视,勤者赏以物帛,惰者加以罪谴。""罪谴"同义连文。

论》卷七引《幽明录》：“康阿得死三日，还苏，说：初死时，两人扶腋，有白马吏驱之……（府君）问都录使者：'此人命尽耶?' 见持一卷书伏地案之，其字甚细，曰：'余算三十五年。'府君大怒曰：'小吏何敢顿夺人命?'”"顿夺人命"就是竟然夺人性命的意思。“顿误上罪人典簿”谓竟然（将某人）误登记在罪人簿册上。

23. 二十四夕，见定录君云：“念真不密，秽气无辩。”自云：“研莹之。”（卷四）

《校释》：“本卷后文茅司命云：'此可耳，心未真也，当更研莹。' '研莹'当是研磨使莹洁之意。”按：《说文·玉部》：“莹，玉色。”段玉裁注：“引申为磨。”慧琳《一切经音义》卷三四《入法界体性经》音义“磨莹”条：《广雅》云：'莹，磨也。'谓磨拭珠玉使发光明也。”"研莹"同义连文，谓研磨（去除杂秽）。

《朝野佥载》校补

张鷟《朝野佥载》(以下简称《佥载》)"皆纪唐代故事",①具有很高的史料价值,是研治唐代文史的重要典籍。② 此书保存了不少当时的口语词,对于研究唐代词汇史、特别是唐代前期词汇具有重要价值。③

《佥载》原书二十卷,今已不存。现传世《佥载》有六卷本和一卷本两种,前者以《宝颜堂秘籍》本(以下简称"《秘籍》本")为最早,继起的《四库全书》本源出于是并有所校改;后者主要有《说郛》本,《历代小史》本和《古今说海》本当据《说郛》本又有所删简。

《宝颜堂秘籍》校勘质量不高,清人黄廷鉴即谓"凡《汉魏丛书》以及《稗海》《说海》《秘籍》中诸书,皆割裂分并,句删字易,无一完善,古书面目全失",④《秘籍》本《佥载》也存在不少这样的问题。而且此本实由明人从《太平广记》等辑录裒集而成,"检阅未周,多所挂漏",⑤还有

---

① 《四库全书总目》卷一四〇"朝野佥载"条,北京:中华书局,2003 年,第 1183 页。

② 参看赵守俨《张鷟和〈朝野佥载〉》,载中华书局编辑部编《文史》第八辑,北京:中华书局,第 129–140 页;黄永年《唐史史料学》"朝野佥载"条,上海:上海书店出版社,2002年,第 142–143 页;周勋初《唐代笔记小说叙录》"朝野佥载"条,载《周勋初文集》第 5 册,南京:江苏古籍出版社,2000 年,第 333–339 页。

③ 郭在贻《训诂学》(修订本)附录二《俗语词研究参考文献要目》第二部分"为俗语词研究提供原始材料或其中涉及俗语词问题的有关文献"中即列有此书,北京:中华书局,2005 年,第 170 页。

④ 《第六絃溪文钞》卷一《校书说二》,南京:凤凰出版社影印《后知不足斋丛书》本,2010 年,第 4252 页。

⑤ 余嘉锡《四库提要辨证》卷十七"朝野佥载"条,北京:中华书局,2007 年,第 1024–1025 页。

不少实属他书而误收的条目,①因此《秘籍》本《金载》错讹甚多。

1979 年,中华书局出版了点校本《金载》。是本"以《宝颜堂秘籍》本为底本,与《太平广记》《说郛》《历代小史》诸本对校,并参考两《唐书》、《大唐新语》等书校正了《宝颜堂》本的讹脱衍倒",②并补辑佚文近百条,读者称便。但是诚如周勋初所指出的,此书"异文仍应搜求并作考订,……佚文仍应继续发掘",③因此它的校勘和辑佚工作还应进一步展开。④

笔者近来利用《太平广记》等书所引《金载》与点校本对勘一过,发现点校本尚存不少漏校之处,某些条目的校勘也有待进一步商讨,今不揣浅陋,在研读笔记的基础上敷衍成文,条陈如下,敬请方家指正。

01. 泉州有客卢元钦染大疯,惟鼻根未倒。属五月五日官取蚺蛇胆欲进,或言肉可治疯,遂取一截蛇肉食之。……又商州有人患大疯。(第 2 页)

"疯",《太平广记》(以下简称《广记》)卷二一八、陈元靓《岁时广记》卷二三、唐慎微《重修政和经史证类备用本草》卷一引并作"风"。张杲《医说》卷三"蚺蛇治风"条亦载此事,当本《金载》,字同作"风"。按:"风"当是原文,作"疯"者殆出后人改。"风"谓风疾,蛇可以疗之。柳宗元《捕蛇者说》:"永州之野产异蛇。……然得而腊之以为饵,可以已大风、挛踠、瘘、疠,去死肌,杀三虫。"正谓其事。古医籍早

---

① 参看赵守俨《张鷟和〈朝野金载〉》、中华书局点校本《朝野金载》"点校说明"。

② 中华书局点校本《朝野金载》"点校说明"。

③ 周勋初《唐代笔记小说叙录》"朝野金载"条,载《周勋初文集》第 5 册,南京:江苏古籍出版社,第 334 页。

④ 马雪芹《评〈朝野金载〉》亦云:"今中华本仍有可校正补辑之处。"(载黄永年主编《古代文献研究集林》第一集,西安:陕西师范大学出版社,1989 年,第 61 页)对赵校本订讹补遗的论文有刘瑞明《〈隋唐嘉话〉〈朝野金载〉校勘商榷》(《文献》1987 年第 6 期)、刘真伦《〈朝野金载〉点校本管窥》(上、下,《书品》1989 年第 1 期、1989 年第 2 期)、刘真伦《〈隋唐嘉话〉〈朝野金载〉拾补》(《书品》1989 年第 6 期)等。

已记载蛇可治风之功效,南朝宋雷敩《雷公炮炙论》即谓"蛇性窜,能引药至于有风疾处,故能治风"(《本草纲目》卷四三"白花蛇"条引"敩曰")。《集韵·东韵》:"疯,头病。"似为"疯"字首见者。《五音集韵·东韵》:"疯,头风也。"《字汇·广部》:"疯,头疯病。"据此可见"疯"原表头风,为风疾之一种。以"疯"泛指风疾,应为宋元以后事,如郑刚中《封州寄良嗣书》:"泾童已深瘴,又遍身生疮如大疯,人已废物,盖往日拖拽损也。"陈亮《与勾熙载提举书》:"亮六月还自临安,道出麾下,以手足俱中疯湿,不成礼度,不敢进谒。"①高濂《遵生八笺》卷十八"神秘浸酒方"条:"治左瘫右痪、半身不遂、口眼歪斜、一切诸疯。"例不备举。《佥载》唐时书,当用"风"字较合当时用字之实情。

02. 岭南风俗,多为毒药。……或以涂马鞭头控上,拂着手即毒,试着口即死。(第4页)

"控"上《广记》卷二二〇引有"马"字;"试",《广记》卷二二〇引作"拭"。按:"试"字于文意不协,当为"拭"之形讹;四库本《佥载》已改正。又点校本校记谓"口"原作"手",据《广记》改,实际上四库本早已改订。"马鞭头控"不辞,当据《广记》作"马鞭头、马控",后人辑刻时误脱"马"字。"马鞭头"即马鞘,何超《晋书音义》卷下:"长鞘,所交反,马鞭头也。""控"读如"鞚",②"鞚"即马笼头。玄应《一切经音义》卷十四《四分律》音义"射鞚"条引《难字》:"鞚,马鞚也。"慧琳《一切经音义》卷八五《辩正论》音义"坚鞚勒"条:"空贡反。马辔头,人所执者曰鞚。"《初学记》卷二二"武部·辔":"辔之为饰,有衔、勒、镳、缰、鞚之类。……鞚,控制之义也。《通俗文》云:'所以制

---

① 需指出的是,这里虽举宋人例,然而所据文献均非宋椠,用字容或有后人更动之可能。不过也无改字之确据,故而仍定为宋代。

② 《资治通鉴·汉献帝建安二十年》:"亲近监谷利在马后,使权持鞍缓控。"胡三省注:"控,即马鞚。"北京:中华书局,1956年,第2142页。

马曰鞁。'"《太平御览》卷三五八引《埤苍》:"鞁,马勒也。""马鞁
(控)"习见于六朝文献,姚秦佛陀耶舍共竺佛念等译《四分律》卷四一
《衣捷度之三》:"时有射琉璃王营,……或有中马勒、马鞁、马缰。"《宋
书·胡藩传》:"义旗起,玄战败将出奔,藩于南掖门捉玄马控。"①《隋
书·陈茂传》:"后从高祖与齐师战于晋州,贼甚盛,高祖将挑战,茂固
止不得,因捉马鞁。"《太平御览》卷三五八引《晋起居注》载王浃表:
"臣已发许昌,城内北人诸将孙凯等谋欲逼臣留身,……牵臣马鞁。"
《南史·萧坦之传》:"帝又夜醉,乘马从西步廊向北驰走,如此两三将
倒,坦之谏不从,执马控,帝运拳击坦之不着,倒地。"均其例。

03. 其孙佺之北也,处郁曰:"飧若入咽,百无一全。"山东人
谓温饭为飧(音孙),幽州以北并为燕地,故云。(第13页)

点校本校勘记:"温饭,《广记》卷一六三引作'湿饭'。"列异文而
未下按断。按:"温"当即"湿"之形近讹字。②"飧"即"飧"字,《释
名·释饮食》:"飧,散也,投水于中解散也。"故以水和饭谓之"飧"。
《礼记·玉藻》:"君未覆手,不敢飧。"孔颖达疏:"飧,谓用饮浇饭于器
中也。"《太平御览》卷八五〇引《通俗文》:"水浇饭为飧。"《玉篇·食
部》:"飧,水和饭也。"字亦作"餐(餐)",《原本玉篇残卷·食部》:"餐,
苏昆反。……《字书》:'饮浇饭也。'"由此汤水所泡的饭也称"飧",亦
即《金载》所谓之"湿饭"。慧琳《一切经音义》卷六二《根本说一切有部
毗奈耶杂事律》音义"饼麵"条引《韵诠》:"炊米干曰餰,湿曰飧。"

04. 龙朔年已来,百姓饮酒作令云:"子母相去离,连台拗
倒。"子母者,盏与盘也;连台者,连盘拗倒盏也。(第13页)

"拗倒盏",《广记》卷一六三引作"拗盏倒"。按:"拗盏倒"似应

---

① 《初学记》卷二二引《宋书》、《资治通鉴·晋安帝元兴三年》叙其事并作"马鞁"。
② "温""湿"相讹尚有别例,《原本玉篇残卷·糸部》"纳"字下引《说文》"丝温纳纳
也",今本《说文》作"丝湿纳纳也","温"为"湿"之讹字。

为《佥载》原文。"拗盏倒"云云从语法角度而言是述补结构中的分用型(或称"隔开式")的动结式(VOC),①这类结构产生于魏晋南北朝,盛行于唐代,宋元之后逐渐少用乃至衰亡,代而起之的是 VCO 型。②《广记》所引《佥载》之"拗盏倒"正是唐时常见的句式,③今本《佥载》作"拗倒盏"者或因明人据《广记》辑录时由于当时已不习用 VOC 式、又因上文"拗倒"连文而改作 VCO 式。

05. 太常卿卢崇道坐女婿中书令崔湜反,羽林郎将张仙坐与薛介然口陈欲反之状,俱流岭南。经年,无日不悲号,两目皆肿,不胜凄楚,遂并逃归。(第 16 页)

"楚",《广记》卷一四六引作"恋"。按:颇疑"恋"为《佥载》原文。"凄恋"是南北朝以来的新词,《南史·沈炯传》载炯表:"但雀台之吊,空怆魏君;雍丘之祠,未光夏后,瞻仰烟霞,伏增凄恋。"庾信《为阎大将军乞致仕表》:"但瞻仰天威,方违咫尺,徘徊城阙,私增凄恋,不任知止之情。"均指心绪凄凉眷恋。唐时之例又如《旧唐书·太宗诸子传·吴王恪》载太宗书:"汝方违膝下,凄恋何已,欲遗汝珍玩,恐益骄奢,故诫此一言,以为庭训。"(亦见《唐会要》卷五)《文苑英华》卷六〇四李峤《谢恩敕许致仕表》:"林壑长辞,俟卉木而俱槁;云霄坐隔,仰阙庭而增慕,无任犬马凄恋之至。"《佥载》"不胜凄恋"谓卢崇道等人流配岭南而不堪悲伤眷恋之情,故而逃归。明人不察文意,以为"恋"字不伦而又常见"凄楚",遂将"恋"臆改作"楚"。

---

① 梅祖麟《从汉代的"动杀"和"动死"来看述补结构的发展》,载《语言学论丛》第十六辑,北京:商务印书馆,1991 年,第 112-136 页。

② 参看蒋绍愚《汉语动结式产生的时代》,载《国学研究》第 6 卷,北京:北京大学出版社,1999 年,第 327-348 页;蒋绍愚《魏晋南北朝的"述宾补"式述补结构》,载《国学研究》第 12 卷,北京:北京大学出版社,2003 年,第 293-322 页;蒋绍愚、曹广顺主编《近代汉语语法史研究综述》第十章《述补结构》(赵长才执笔),北京:商务印书馆,2005 年,第 305-351 页。

③ 《佥载》卷二:"昌仪打双脚折,抉取心肝而后死。""打双脚折"与"拗盏倒"句法一律。

06. 平王诛逆韦,崔日用将兵杜曲,诛诸韦略尽,绷子中婴孩亦樘杀之。(第17页)

按:玩索文意,"樘"当即"捏"字,《广记》卷一四六引《金载》正作"捏"。《秘籍》本《金载》作"棍",亦即"捏(捏)"之讹字。点校本据《秘籍》本排印,因形近而误成"樘"。"捏"应是汉魏间出现的新词,玄应《一切经音义》卷十四《四分律》音义"捻髭"条引《通俗文》:"手捏曰捻。"慧琳《一切经音义》卷三八《金刚光焰止风雨陀罗尼经》音义"素捏"条引《埤苍》:"捏,探搦也。"[1]但现存唐以前文献中罕见可靠的用例;[2]大约自唐代起,"捏"在书面文献中的用例逐渐增加,成为一个常用词。

07. 逆韦之变,吏部尚书张嘉福河北道存抚使,[3]至怀州武涉驿,有敕所至处斩之。(第17页)

"涉",《广记》卷一四六引作"陟"。按:作"陟"是。唐代怀州有武陟县,《元和郡县图志》卷十六《河北道·怀州》谓"管县五",内有

---

① "探"疑当作"捺",玄应《一切经音义》卷十四《四分律》音义"捻髭"条引《字林》:"捏,捺也。"慧琳《一切经音义》卷四二《大佛顶经》音义"捏所"条引《古今正字》:"捏,捺也。"《埤苍》今佚,陈鳣《简庄诗文钞》卷二《〈埤仓拾存〉自叙》:"此所谓埤,盖杂取汉、魏间俗字。"由此推断"捏"极可能是汉、魏间新生之词语。

② 今本葛洪《肘后备急方》有数例"捏",但目前所见之《肘后》早非原貌,其中"捏"字未必可靠;大正藏本西晋竺法护译《普曜经》卷三《为太子求妃品》有"扑捏杀之",据藏校勘记可知宋、元、明三本"捏"并作"地";又大正藏本姚秦佛陀耶舍共竺佛念等译《四分律》卷五一《杂揵度之一》:"彼捻髭令翘,佛言不应尔。"玄应《一切经音义》卷十四《四分律》音义"捻髭"条谓"律文作捏",又据校勘记知日本圣语藏乙种写本作"涅"(应是"捏"的误钞),可见当时确有别作"捏"。总的说来,唐以前"捏"的可靠用例很罕见。又《汉语大词典》"捏"下义项⑥"伪造,虚构"下首举晋干宝《搜神记》卷二:"刺史阴谋欲夺我马,私捏人诉,意欲杀我。"此例实际上出于八卷本《搜神记》;据江蓝生《八卷本〈搜神记〉语言的时代》(载江蓝生《近代汉语探源》,北京:商务印书馆,2000年,第320—337页)、汪维辉《从词汇史看八卷本〈搜神记〉语言的时代》(载《汉语史研究集刊》第三辑,成都:巴蜀书社,2000年,第208—222页;《汉语史研究集刊》第四辑,成都:巴蜀书社,2001年,第244—256页)考证,八卷本《搜神记》实出唐宋人手。

③ "福"字后疑脱"为"字。

"武陟县"："本汉怀县地，隋开皇十六年分修武县、置武陟县，[①]理武德故城，今县东二十里武德故城是也，属殷州。皇朝因之，贞观元年省殷州，属怀州。"今本《金载》作"涉"者当与"陟"形近而误。

08. 沈君亮见冥道事，上元年中，吏部员外张仁袆延生问曰："明公看袆何当迁。"（第 17 页）

"生"，《广记》卷一五〇引作"坐"。按："延生"不辞，"生"当作"坐"。"生""坐"形近而误。"延坐"谓张仁袆延请沈君亮就坐（座）而咨事。

09. （刘）知元乃拣取怀孕牛犊及猪羊驴等杀之，其胎仍动，良久乃绝。无何，舜臣一奴无病而死，心上仍暖，七日而苏。云见一水犊，白额，并子随之，见王诉云："怀胎五个月，扛杀母子。"（第 18 页）

点校本校勘记："'扛'，《广记》卷一三二引作'柱'。"按："扛"谓举物，《说文·手部》："扛，横关对举也。"段玉裁注："以木横持门户曰关，凡大物而两手对举之曰扛。""扛杀"云云，义不可通。"扛"应为"柱"之讹字，刘知元杀怀孕牛犊，牛犊母子无辜而死之，故云"柱杀"。

10. 开元八年，契丹叛，关中兵救营府，至渑池缺门，营于谷水侧。夜半水涨，漂二万余人。惟行绸夜楞蒲不睡，据高获免，村店并没尽。（第 21 页）

点校本校勘记："行绸，《广记》卷一四〇引作'行纲'，疑是。"按：校记所疑当是。《南部新书》卷七亦载此事，应本《金载》，字同作"纲"，可为旁证。唐时成批运送货物钱粮谓之"纲"。《旧唐书·食货志》载贞元五年十二月度支转运盐铁奏："比年自扬子运米，皆分配缘路观察使差长纲发遣。"此以运米为纲。又《后妃传下·穆

---

① 参看《隋书·地理志中》"河内郡"条，北京：中华书局，1973 年，第 848 页。

宗贞献皇后萧氏》言萧皇后有弟一人，文宗命人查访，"有户部茶纲役人萧洪，自言有姊流落"，《资治通鉴·唐文宗太和二年》亦载此事，胡注云："凡茶商贩茶，各以若干为一纲而输税于官。"《唐会要》卷三一《舆服上·杂录》载"其骡纲、车纲等，缘常押驴骡于诸州府搬运……"《宣和画谱》卷十著录当时内府所藏王维画作，中有"骡纲图"，当绘以驴骡押运货物之情状。《五代会要》卷二六《盐铁杂条上》又有"般（搬）盐船纲"，当谓以船运送食盐之纲。《旧唐书·韦坚传》："坚贬黜后，林甫讽所司发使于江淮、东京缘河转运使，恣求坚之罪以闻，因之纲典、船夫溢于牢狱。"此事又见《资治通鉴·唐玄宗天宝六载》，胡注："十船为一纲，以吏为纲典。"①"纲典"即负责纲运之官吏。《五代会要》卷二六《盐铁杂条上》有"押纲军将"，职责当与"纲典"同。唐代文献中又可见"纲吏""纲商""纲使""租纲""纲运"等词，"纲"之所指均同。又有"行纲"一词，当指运"纲"，《旧唐书·韩滉传》："滉既掌司计，清勤检辖，不容奸妄，下吏及四方行纲过犯者，必痛绳之。"《册府元龟》卷四八七《邦计部·赋税》载玄宗开元九年十月敕："如闻天下诸州送租庸，行纲发州之日，依数收领。"又卷四九八《邦计部·漕运》载贞元十三年判度支苏弁奏："领南行纲送钱物数满二万贯无损折者，即依旧敕，例与改官。"其例尚多，不备举。《金载》所称之"行纲"大抵即押纲之人，《太平广记》卷二六三"李宏"条（出《朝野金载》）："（李宏）每高鞍壮马，巡坊历店，吓庸调租船纲典，动盈数百贯，强贷商人巨万，竟无一还。商旅惊波，行纲侧胆。"②"行纲"义亦同。

11. 北齐南阳王入朝，上问何以为乐，王曰："致蝎最乐。"遂收蝎，一宿得五斗，置大浴斛中。令一人脱衣而入，被蝎螫死，宛

① 胡注"十船为一纲"或本《新唐书·食货志三》："（刘）晏为歇艎支江船二千艘，每船受千斛，十船为纲，每纲三百人，篙工五十。"
② 此条未见于《秘籍》本，点校本补辑。

转号叫,苦痛不可言,食顷而死。帝与王看之。(第 29 页)

"螫死",《广记》卷二六七引作"所螫";"看之"后有"极喜"二字。按:此事始见于《北齐书·武成十二王传·南阳王绰》,或为张鷟所本。"螫死"应据《广记》引作"所螫","被蝎所螫"乃至"食顷而死",事理文情俱怡然理顺;若依今本作"螫死",则下文又云"宛转号叫""食顷而死",事理矛盾且文意重复,必非《佥载》原文。又检《北齐书》高绰本传,有"帝与绰临观,喜噱不已"云云,据此《广记》引文"帝与王看之,极喜"应是《佥载》之旧。今本脱"极喜"二字,当补。

12. 周推事使索元礼,时人号为"索使"。讯囚作铁笼头,縠(原注:呼角反)其头,仍加楔焉,多至脑裂髓出。(第 30 页)

《广记》卷二六七引《佥载》同作"縠"字;《新唐书·酷吏传·索元礼》亦载此事,当本《佥载》,"縠"作"鞪"。《旧唐书·酷吏传上·索元礼》载左台御史周矩上疏,中有"泥耳笼头,枷研楔縠"之语,①《资治通鉴·则天皇后垂拱二年》叙元礼作铁笼头事、《资治通鉴·则天皇后长寿元年》载周矩疏,字并作"縠"。按:当以"縠"为正字,《玉篇·革部》、《广韵·觉韵》、《龙龛手镜·殳部》、《通鉴》胡注并释"縠"为"急束",亦即紧束,与文意合。"縠"从革殸声,以"殸"为构件之字既可为左右结构,又可为上下结构,如"戳"又作"鏧",②"縠"又作"鞪",③可以模拟。如此"縠"又可作"鞪"(见《篆隶万象名义·革部》、敦煌文献 S.2071《笺注本切韵·觉韵》、S.5731《时要字样》、P.2011《王仁昫刊谬补缺切韵·觉韵》、宋跋本王仁昫《刊谬补缺切韵·觉韵》《广韵·觉韵》),而"殸"有时又与"殼"混用,④"革""韦"混用则为汉字常例。据此,"鞪"应为"縠(鏧)"之换旁异体字,"鞪"

① 《文苑英华》卷六九七亦载此疏,"縠"作"愨",误。
② 《篇海类编·鸟兽类·鼠部》:"鼀,亦作鼀。"
③ 《集韵·候韵》有"縠"字,《玉篇·牛部》《广韵·候韵》均作"鞪"。
④ 如《字汇补·殳部》:"鞪,同鏧。"

则是"罄"的形近讹字。"縠"字生僻,《记纂渊海》卷五八、《锦绣万花谷》后集卷二〇叙索元礼事,或作"箍",或作"罩",均以臆改字。

13. 以橡关手足而转之,并斫骨至碎。(第 30 页)

点校本校勘记:"《广记》卷二六七汪(引按指汪绍楹)校云,明钞本'斫'作'研'。义长。"按:《说郛》本《金载》亦作"研"。"研"谓研磨碾压,义较胜。"斫"与"研"形近而误。

14. 此日可怜偏自许,此时歌舞得人情。(第 31 页)

点校本校勘记:"《本事诗》《唐诗纪事》卷六'此日'作'昔日','偏自许'作'君自许'。"按:乔知之美婢碧玉为武承嗣所夺而作《绿珠怨》事屡见于唐宋文献。《绿珠怨》辞多异文,盖出手民钞刻讹误者半,出口耳流传有别者亦半(此为诗作异文之常事)。上引二句皆为《绿珠怨》中辞,《本事诗》《唐诗纪事》《万首唐人绝句》《吟窗杂录》"此日"并作"昔日"。按之诗意,似作"昔日"义长。"昔日"言在乔处,"此时"则谓得武承嗣之欢心,意相对而宛转。

15. 承嗣撩出尸,于裙带上得诗,大怒,乃讽罗织人告之。(第 31 页)

《广记》卷二六七引《金载》文字全同。按:"罗织人"一词似未闻,颇疑"人"当在"罗织"前。"讽人罗织告之"谓讽人罗织其罪并控告之。《资治通鉴考异》卷十一引《金载》作"讽人罗告之","罗告"即罗织(罪名)并告发的省称。《旧唐书·文苑传中·乔知之》述此事作"因讽酷吏罗织诛之",《本事诗》则作"遣酷吏诬陷知之",均可为旁证。

16. 监察御史李嵩、李全交、殿中王旭,京师号为三豹。……每讯囚,……遣仙人献果、玉女登梯、犊子悬驹、驴儿拔橛、凤皇晒翅、猕猴钻火、上麦索、下阑单,人不聊生,囚皆乞死。(第 34 页)

点校本校勘记:"《广记》卷二六八引'遣'下有'作'字,是。又汪校云,明钞本'驹'作'拘'。按:本卷下文云:'缚枷头着树,名曰犊子悬车。'疑当作'车','驹''拘'皆以音近致讹。"按:校勘记疑当作"车",应是。宋祝穆《事文类聚》别集卷二二引《唐朱[宋?]掇遗》即作"犊子悬车",可为旁证。又文渊阁《四库全书》本《太平广记》引《佥载》正作"车",已校正明本讹字。

17. 牵船皆令系二䌫于胸背,落栈着石,百无一存,满路悲号,声动山谷。(第36页)

"牵船"下《广记》卷二六八引有"夫"字。按:当有"夫"字。《新唐书·食货志》:"其后将作大匠杨务廉又凿为栈,以挽漕舟。挽夫系二䌫于胸,而绳多绝,挽夫辄坠死。"可为旁证。

18. 监察御史李全交素以罗织酷虐为业。(第36页)

"素",《广记》卷二六八引作"等"。按:作"素"者当为辑录者见"等"字不合文意而改。《说郛》本《佥载》、宋马永易《实宾录》卷九、潘自牧《记纂渊海》卷三〇、《翰苑新书》前集卷十三并作"专",揆之文意,《佥载》原文似作"专"义胜。《广记》引作"等",盖因与"專(专)"形近而讹。

19. 又苏州嘉兴令杨廷玉,则天之表侄也,贪狠无厌。著词曰:"回波尔时廷玉,打獠取钱未足。阿姑婆见作天子,傍人不得㥛触。"(第37页)

"狠",《广记》卷三二九引作"猥"。按:"贪狠"固有其词,然《佥载》原文以作"贪猥"较合文意。考"贪猥"为唐代以来之新词,义为贪婪鄙劣,多用于表达某人贪求钱物之语境中,试看下举文例:《旧唐书·李石传》:"石用金部员外郎韩益判度支案,益坐赃系台。石奏曰:'臣以韩益晓钱谷录用之,不谓贪猥如此!'"又《王缙传》:"又纵弟妹女尼等广纳财贿,贪猥之迹如市贾焉。"《旧五代史·晋书·安重荣传》："自梁、唐已来,藩侯郡牧,多以勋授,不明治道,例为左右群小惑乱,卖官鬻狱,割剥蒸民,率有贪猥之名,其实贿赂半归于下。"《太平广记》卷一三三"章邵"条(出《野人闲话》)："章邵者,恒为商贾,巨有财帛,而终不舍路歧,贪猥诛求。"此四例"贪猥"均涉钱财赃赂。唐裴庭裕《东观奏记》卷中："广州节度使纥干㤚以贪猥闻,贬庆王府长史,分司东都。"下载舍人韩宗所作制又有"钟陵问俗,澄清之化靡闻;南海抚封,贪黩之声何甚! 而又交通诡遇,沟壑无厌"云云,正与"贪猥"相应,言纥干㤚贪求无厌。元结《元鲁县墓表》："元大夫……未尝求足而言利,苟辞而便色,不颂之何以戒贪猥佞媚之徒也哉?""苟辞而便色"正言"佞媚","求足而言利"则正言"贪猥"。《金载》作"贪猥"与上下文中"无厌""取钱未足"照应,固得唐人语意。《文苑英华》卷六四九许敬宗《代御史王师旦弹莒国公唐俭文》："臣闻古人莅职,不膳池鱼,前良罢官,尚留家犊。……若乃营求不已,贪猥无厌,徇私利而黩官方,挟朝权而侮天宪,有一于此,必寘明科。"亦用"贪猥无厌"之语。又检张鷟《龙筋凤髓判》卷一有"贪猥辈好行贿赂,请托多有"及"恐贪猥之吏,政以贿成;黩货之夫,情随利动"云云,可证"贪猥"正乃文成之词。今本作"狠"者或因与"猥"形近而讹,或经后人臆改。

　　20. 禅师是日领僧徒谷口迎候,文宣问曰:"师何遽此来?"稠曰:"陛下将杀贫僧,恐山中血污伽蓝,故此谷口受戮。"(第39页)

　　"僧",《广记》卷九一引作"道"。按:"贫僧"固是常词,然颇疑为辑录者改,"贫道"方是《金载》原文。"贫道"作为僧人自称,乃六朝以来之习语。[①]《世说新语·言语》："竺法深在简文坐,刘尹问:'道人何以游朱门?'答曰:'君自见朱门,贫道如游蓬户。'"《宋书·颜

　　① 参看钱大昕著,方诗铭、周殿杰校点《廿二史考异》卷二五"高逸传"条,上海:上海古籍出版社,2004年,第434页;蔡镜浩《魏晋南北朝词语例释》"道人"条,南京:江苏古籍出版社,1990年,第68页。

竣传》:"初,沙门释僧含粗有学义,谓竣曰:'贫道粗见谶记,当有真人应符,名称次第,属在殿下。'"《南齐书·周颙传》载西凉州智林道人遗颙书曰:"贫道年二十时,便得此义,窃每欢喜,无与共之。……贫道捉麈尾来四十余年,东西讲说,谬重一时……""道人""贫道"均谓僧人。智林是南朝宋、齐时高僧,《高僧传》卷八有传。颜之推《冤魂志》:"宋高祖平桓玄后,以刘毅为抚军将军,荆州刺史,到州便收牛牧寺僧主,云藏桓家儿,度为沙弥,并杀四道人。后夜梦见此僧来云:'君何以枉见杀贫道? 贫道已白于天帝,恐君亦不得久。'"唐时仍沿用。宋叶梦得《避暑录话》卷下云:"晋宋间,佛学初行,其徒犹未有僧称,通曰道人……'贫道'亦是当时仪制,定以自名之辞,不得不称者,疑示尊礼,许其不名云尔。今乃反以名相呼而不讳,盖自唐已然,而'贫道'之言废矣。"其说以为唐宋以来"'贫道'之言废矣",恐不尽确。据文献用例看,当时僧人仍习以"贫道"自称,例多不备举。

21. 道逢一道人,着衲帽弊衣,掐数珠,自云贤者五戒讲。(第 41 页)

"搯",《广记》卷一二七引作"掐"。按:"搯"谓掏、挖,与文意不合,当是"掐"之讹混字。"掐数珠"谓用拇指拨弄数珠。唐阿地瞿多译《陀罗尼集经》卷二《佛说作数珠法相品》:"若以此等宝物数珠,掐之诵呪诵经念佛诸行者等,当得十种波罗蜜功德满足。"唐菩提流志译《不空羂索神变真言经》卷十九《神变真言品》:"如是真言三遍,加持数珠取珠持掐。"均其例。

22. 去店十余里,忽袖中出两刃刀矛,便刺杀畅。(第 41 页)

"矛",《广记》卷一二七引作"子"。按:"矛"无由置于袖中,当为"子"之形近误字。

23. 时同宿三卫子被持弓箭,乘马赶四十余里,以弓箭拟之,即下骡乞死。(第 42 页)

"赶",《广记》卷一二七引作"趁"。按：疑"趁"是《金载》原文。"趁"表追逐、追赶是隋唐五代时期的习语，①《金载》本书也有用例，如卷五："其石走时，有锄禾人见之，各手把锄，趁至所止。"卷六："至怀州路次拜，怀恩突过，不与语。步趁二百余步，亦不遣乘马。"而"赶"的可靠用例要在唐末五代的文献中方才出现，②如孙棨《北里志》"王苏苏"条："怪得犬惊鸡乱飞，羸童瘦马老麻衣，阿谁乱引闲人到，留住青蚨热赶归。"刘崇远《金华子杂编》："厨人馈食于堂，俄手中盘馔皆被众禽搏撮，莫可驱赶。"因此颇疑今本《金载》作"赶"实经后人臆改，盖不明"趁"之义也。

24. 姜师度好奇诡，为沧州刺史兼按察，造抢车运粮，开河筑堰，州县鼎沸。（第47页）

"抢"，《广记》卷二五九引作"枪"。按：当作"枪"是。因"扌"旁、"木"旁常讹混，故"枪"误作"抢"。《隋书·仪礼志七》："又造六合殿、千人帐，载以枪车，车载六合三板。其车轮解合交叉，即为马枪。……两车之间，施车轮马枪，皆外其辕，以为外围。"其车之车轮拆开后即为马枪，由此得名。姜师度所造"枪车"，当即此物。

25. 太宗闻之，令上宫赉金壶觥酒赐之。（第59页）

"壶"，《广记》卷二七二引作"胡"。按：颇疑原文当作"胡"，今

---

① 参看蒋礼鸿《敦煌变文字义通释》（增补定本），上海：上海古籍出版社，1997年，第153－155页；真大成《说"趁"——基于晋唐间（5—10世纪）演变史的考察》，《中国语文》2015年第2期。

② 今本《搜神记》卷一八"吴兴老狸"条："晋时，吴兴有一人，有二男，田中作时，尝见父来骂詈赶打之。"此条辑自《太平广记》，而时代较早之《法苑珠林》卷三一引作"打拍之"。颇疑今本《搜神记》之"赶"亦经后人窜改。《敦煌变文集》（《敦煌变文集新书》）中有数例"赶"，然皆为"趁"或"赴"之误录，参看郭在贻等《敦煌变文集校议》，载《郭在贻文集》第二卷，北京：中华书局，2002年，第8、256页。黄征指出："敦煌卷子中罕见'赶'字，表示追逐之义多用'趁'、'逐'、'赴'等字。"（《敦煌变文校注·难陀出家缘起》注释九六，北京：中华书局，1997年，第600页）这是很准确的看法。

本作"壶"盖出后世浅人臆改。"金胡瓶"为金质酒器,①产于西域,故时人称为"胡瓶"。《太平御览》卷七五八引《前凉录》:"张轨时,西胡致金胡鉼。"又引《西域记》:"疏勒王致魏文帝金胡鉼二枚,银胡鉼二枚。"则魏晋时已有此物。亦流行于唐代,《册府元龟》卷五四九载唐太宗与李大亮书:"今赐御金胡瓶一枚,虽无千镒之重,是朕自用之物。"②《旧唐书·吐蕃传上》载吐蕃上表:"谨奉金胡瓶一、金盘一、金椀一、马脑杯一、零羊衫段一,谨充微国之礼。"唐代文献中又多见"胡瓶",当即一物,惟未必以金制也。

26. 葬毕,官人路见鬼师雍文智。(第62页)

"路",《广记》卷二八三作"赂"。按:本条下文云"有告文智诈受赂贿验",据此,"路"当为"赂"之讹字。

27. 孟知俭合运出身,为曹州参军,转邓州司金。……满授邓州司金。(第68页)

"金",《广记》卷一一二引作"仓"。按:"司金"云云,唐代无闻,"金"当作"仓"。作"金"者或为后人以后代职官臆改。"司仓"则是唐代职官,为郡佐(参看《通典·职官一》),屡见于当时文献。

28. 迥秀畏其盛,嫌其老,乃荒饮无度,昏醉是常,频唤不觉。(第69页)

"是"下《广记》卷二三六引有"务"字。按:当有"务"是。"务"与"是"连读,"常"字属下读,作"昏醉是务,常频唤不觉",语意更为明畅。

29. 顾直典回宅取杯酒暖瘇。(第75页)

---

① 《资治通鉴·唐太宗贞观三年》"赐以胡鉼",史炤《释文》:"汲水器。"胡三省《通鉴释文辨误》:"盖酒器也,非汲水器也。"

② 传世本《贞观政要》作"金壶瓶"或"金盏瓶"(参看谢保成《贞观政要集校》,北京:中华书局,2003年,第105页),恐亦出后人臆改。两《唐书》作"胡瓶"。

"回",《广记》卷二四二引作"向";"瘑",《广记》同卷引作"癗"。按：上文言阎玄一"鞭送书人","瘑"谓病，于文意未尽密合，"癗"谓鞭打所致之伤口、创伤，正得其意。"瘑"应是"癗"之形近误字。"回"作"向"义更长。

30. 有首领取妇，裴郎要障车绫，索一千疋，得八百匹，仍不肯放。（第 77 页）

"郎",《广记》卷二四三引作"即"。按：作"即"义胜，"郎"当为"即"之讹。

31. 我亦不记，得有姓薛者即与。（第 78 页）

"有"前《广记》卷二四三引有"但"。按：有"但"字是。"记得"连文，"但"属下读，作"我亦不记得，但有姓薛者即与"。"记得"为唐代口语，"得"是结构助词。

32. 甲仗縱抛却，骑猪正南蹿。（第 87 页）

"縱",《广记》卷二五四引作"揔";《绀珠集》卷三叙此事作"總"，《类说》卷四十叙此事作"總";《说郛》本《金载》作"總"。按："揔""總""總""總"即"總（总）"字。"总"谓皆、都，本书卷三："沧州南皮县丞郭务静初上，典王庆通判禀，静曰：'尔何姓?'庆曰：'姓王。'须臾庆又来，又问何姓，庆又曰姓王。静怪愕良久，仰看庆曰：'南皮佐史总姓王。'"卷五："三十头牛总是外甥牸牛所生。"均其例。本条"总抛却"即谓都抛却，皆抛却，与上文"军资器械遗于道路"相应。"縱"字无意，疑为后人臆改。

33. 唐兵部尚书姚元崇长大行急，魏光乘目为"赶蛇鹳鹊"。（第 90 页）

"赶",《广记》卷二五五引作"趁"，《酉阳杂俎》续集卷四、《实宾录》、《事类备要》别集卷六六亦并作"趁"。按：当作"趁"是，参看第 3 条。

34. 又有舍人郑勉为"醉高丽"。（第 91 页）

"有"，《广记》卷二五五引作"目"。按：据文中"目御史张孝嵩为'小村方相'。目舍人杨伸嗣为'熟［热］鏊上猢狲'。目补阙袁辉为'王门下弹琴博士'。目员外郎魏恬为'祈雨婆罗门'。目李全交为'品官给使'。目黄门侍郎李广为'饱水虾蟆'"云云，"有"当是"目"之误。"目"谓品评，这里有谐谑之意。

35. 吃饱即鸣杖以驱之还。（第 101 页）

"杖"，《广记》卷四六六引作"板"。按："鸣杖"无意，"杖"当作"板"。"鸣板"即敲击木板以发声，起警示提醒作用。朱熹《太孺人邵氏墓表》"晨兴鸣板"，杨简《和至斋记》"每晨鸣版"，均其例。

36. 子云令送（王）敬府狱禁，教追盗牛贼李进。（第 108 页）

"府"，《广记》卷一七一、《事类备要》外集卷二六引作"付"。《折狱龟鉴》卷七引《疑狱集》载其事亦作"付"。[①] 按：裴子云时为"新乡县令"，以常情言，必无送王敬入"府"狱之理。"府"当是"付"之误。"付狱禁"，投入监狱关押。

37. （李）进急，乃吐款云"三十头牛总是外甥犗牛所生，实非盗得"云。遣去布衫，进见是敬，曰："此是外甥也。"（第 108 页）

下"云"《广记》卷一七一、《事类备要》外集卷二六引作"雲"。《疑狱集》卷一载其事作"子雲"。按："云"当作"雲"，属下读，作"雲遣去布衫"。"雲"谓裴子雲。

38. 不良主帅魏昶有策略，取舍人家奴，选年少端正者三人，布衫笼头至衙。（第 108 页）

"衙"，《广记》卷一七一引作"街"。按："衙"字无意，当是"街"

---

① 今本《疑狱集》作"令送恭狱禁"，当脱"付"字。

之误。

39. 行成至街中见，嗤之曰：“个贼住，即下驴来。”（第109页）

“嗤”，《广记》卷一七一引作“叱”。按：“嗤”谓嘲笑、讥笑，与文意不合。原文当作“叱”，“叱”“嗤”音近而误。“叱”谓呵斥、呼喝，“个贼住，即下驴来”云云显然是呵斥之语。

40. 尚书饭白而细，诸人饭黑而粗，呼驿长嗔之曰：“饭何为两种者？”驿客将恐，对曰：“邂逅浙米不得，死罪。”（第111页）

按：“浙”字下点校本标专名线，当以为地名。然唐代以“浙米”为精白之米，向所未闻，故以“浙”为地名，恐无据。窃以为“浙”当是“折”字之误。《齐民要术》卷九《飧饭》记载“折粟米法”：“取香美好谷脱粟米一石，勿令有碎杂。于木槽内，以汤淘，脚踏；泻去潘，更踏；如此十遍，隐约有七斗米在，便止。漉出，曝干。炊时，又净淘。下馈时，于大盆中多着冷水，必令冷彻米心，以手接馈，良久停之。折米坚实，必须弱炊故也，不停则硬。投饭调浆，一如上法。粒似青玉，滑而且美。又甚坚实，竟日不饥。弱炊作酪粥者，美于粳米。”缪启愉注：“折：凡粗粝使精白，或粉碎，贾氏《食经》《食次》都称为‘折’，意谓耗折。这粟米一石只剩下七斗，确实折耗很多，很精白……所以炊成饭很坚实，又滑溜细腻好吃。”可见“折米”即经过折耗变得精细之米。《南齐书·崔祖思传》：“汉文集上书囊以为殿帷，身衣弋绨，以韦带剑，慎夫人衣不曳地，惜中人十家之产，不为露台。刘备取帐钩铜铸钱以充国用。魏武遣女，皂帐，婢十人。东阿妇以绣衣赐死，王景兴以浙米见诮。”“浙”亦当是“折”之误，《三国志·魏志·王朗传》注引《魏略》：“太祖请同会，啁朗曰：‘不能效君昔在会稽折粳米饭也。’”即其事。一误作“浙”，一误作“浙”，可相模拟。

41. 宋明帝嗜蜜渍蟛蜞，每啖数升。（第113页）

“蟛”，《广记》卷二〇一引作“蟛”。按：“蟛”为“蟛”之形近误字。"蝰蛦"又作"逐夷",宋明帝嗜蜜渍逐夷事见《南齐书·良政传·虞愿》:"帝素能食,尤好逐夷,以银钵盛蜜渍之,一食数钵。""逐夷"为何物,说法不一,或以为是鱼肠,见《齐民要术》卷八《作酱等法》、《广韵·脂韵》"鲐"字、沈括《梦溪笔谈》卷二四、程大昌《演繁露》续集卷五等;或以为是鱼鳔,见陈藏器《本草拾遗》卷六、李时珍《本草纲目》卷四四、徐文靖《管城硕记》卷二二等。①

42. 其夜欻电霹雳,风雨晦冥,寺浮图佛殿一时荡尽。(第116页)

按:"欻"字与文意不合,当是"覢"字之误。"覢电"即闪电。《说文·见部》:"覢,暂见也。"段玉裁注:"猝乍之见也。"因闪电乍见乍灭,故以"覢"称之,后又借作"闪"。宋楚圆《汾阳无德禅师歌颂》卷下:"驱雷风,击覢电,霹雳锋机如击箭。"亦其例。玄应《一切经音义》卷一《大威德陀罗尼经》音义"覢电"条谓"经文作闪",则至晚唐代即已写作"闪电"。

43. 东都丰都市在长寿市之东北。(第118页)

"长寿市"之"市",《广记》卷三九一引作"寺"。按:东都即洛阳,未闻唐代洛阳有"长寿市"。"市"当作"寺",涉上而误。当时洛阳有长寿寺。唐圆照《代宗朝赠司空大辨正广智三藏和上表制集》卷一《制许搜访梵夹祠部告牒》"中京慈恩等寺及东京圣善长寿寺","中京"即长安,"东京"即洛阳。洛阳有"圣善长寿寺","长寿寺"即其简称。智升《开元释教录》卷九谓菩提流志"至开元十二年随驾入洛,敕于长寿寺安置"。白居易《画弥勒上生帧赞并序》:"南赡部洲大唐国东都城长寿寺大芘蒭道嵩、存一、惠恭等六十人与优婆塞士良、惟俭等八十人,以大和八年夏受八戒、修十善。"卢仝《寄赠含曦上人》诗前

---

① 参看吴世昌《中国饮食史料丛谈》"蜜渍逐夷"条,载《罗音室学术论著》第四卷,北京:社会科学文献出版社,1998年,第866—868页。

小序:"含曦,元和、太和间僧,住洛京长寿寺。"是均可证唐时洛阳有长寿寺。

44. 初筑市垣,掘得古冢,土藏无砧甓,棺木陈朽,触之便散。(第 118 页)

"砧",《广记》卷三九一作"塼(砖)"。按:"砧"指捣衣石或锻铁时受锤的垫具,与文意不合,与"甓"连文也显不伦。原文当作"塼","塼甓"同义连文,指砖,古代文献习见。

45. 止戈龙者,言太后临朝也,止戈为武,武,天后氏也。(第 118 页)

"太",《广记》卷三九七作"天"。按:当作"天"是。天后,指武则天。

46. 赵州石桥甚工……望之如初日出云,长虹饮涧。(第 119 页)

"日",《广记》卷三九八、蔡梦弼《草堂诗笺》补遗卷二引并作"月"。按:"日"当作"月",字之误也。初月即新月,指每月初出的弯形的月亮,与赵州桥之弧形桥拱形状正相合。"日"字不契事理。

47. 山南五溪黔中皆有毒蛇,乌而反鼻,蟠于草中。其牙倒勾,去人数步,直来疾如缴箭,螫人立死。(第 121 页)

"缴",《广记》卷四五六引作"激"。按:"缴箭"未闻,"缴"应是"激"之形近误字。"激箭"谓疾飞的箭,用以比况毒蛇直来之迅速。《抱朴子外篇·自叙》:"夫期颐犹奔星之腾烟,黄发如激箭之过隙。"《北史·綦连猛传》:"谣言曰:'七月刘禾太早,九月啖糕未好,本欲寻山射虎,激箭旁中赵老。'"《初学记》卷二二引唐太宗《咏弓诗》:"上弦明月半,激箭流星远。"均其例。

48. 时有行客,云解符镇,取桃枝四枝书符,绕宅四面钉之,

蛇渐退,符亦移就之。(第 122 页)

"四枝"之"枝",《广记》卷四五七作"枚"。按:作"枚"较长。"枚""枝"形近,又涉上"枝",故而致误。

49. 七月三日,破家身斩,何异鷾鸸栖于苇苕,大风忽起,巢折卵破。(第 124 页)

"鷾鸸",《广记》卷二四〇引作"鹡鴂"。按:《文选·陈琳〈檄吴将校部曲文〉》:"鹡鴂之鸟,巢于苇苕,苕折子破,下愚之惑也。"《佥载》当用此文之意,则"鷾鸸"应是"鹡鴂"之误。疑"鴂"先误作"鸸",后人见"鸸"与"鹡"无属,遂改"鹡"为"鷾"。

50. 猖獗小人,心佞而险,行僻而骄,折支势族,舐痔权门,谄于事上,傲于接下,猛若饥虎,贪若饿狼。(第 124 页)

"饥",《广记》卷二四〇引作"虣"。按:《说文新附》:"虣,虐也,急也。"《周礼·地官·大司徒》:"以形教中,则民不虣。""虣"同"暴"(见《广韵·号韵》)。疑《佥载》原文即作"虣","虣虎"即暴虎;然"虣"字僻,后人据下文"饿"而臆改作"饥"。

51. 于后巡检坊曲,遂至京城南罗城,有一坊中,一宅门向南开,宛然记得追来及乞杖处。(第 131 页)

校勘记云:"《广记》卷三八〇引'乞'作'喫'。"按:校记列出异文,未做辨析,实则犹可申说。此处"乞"并非误字,亦非谓乞讨,而是用作"吃(喫)"字。① "吃杖"即谓受杖,犹言挨打,乃唐以来俗语。唐赵璘《因话录》卷三:"若一一以官高下为优劣,则卿合书上上考,少卿合上中考,丞合中上考,主簿合中考,协律合下考,某等合吃杖矣。"唐佚名《玉泉子》:"又判决祗承人云:'如此痴顽,岂合吃杖五下?'或语

---

① "乞"用作"吃(喫)"可参看江蓝生《被动关系词"吃"的来源初探》,载《近代汉语探源》,北京:商务印书馆,2000 年,第 37－53 页。

据曰:'岂合吃杖,不合吃杖也。'"《敦煌变文校注·庐山远公话》:"解事速说情由,不说眼看吃杖。"均其例。而宋明以来之俗写屡将"乞"用同"吃",如明万历刻本《唐三藏西游释厄传·玉帝遣将征悟空》:"巨灵神冷笑道:'这泼猴这等无状,乞吾一斧。'"①明容与堂刻本《水浒传》第三六回:"刘唐答道:'奉山上哥哥将令,特使人打听得哥哥乞官司,直要来郓城县劫牢。'"②明嘉靖刻本《清平山堂话本·五戒禅师私红莲记》:"清一不敢隐匿,引长老到房中,一见乞了一惊。"③"乞"均用同"吃(喫)"。《秘籍》本《金载》为明刊本(点校本之底本),本条之"乞"就是当时的流俗用字。

52. 常使一仆杜亮,每一决责,皆由非义。平复,遭其指使如故。(第 133 页)

"遭",《广记》卷二四四引作"遵"。按:作"遵"义长,谓杜亮疮伤平复后仍旧遵照指使。"遭"当为"遵"之形近误字。

53. 敬宗时,高崔巍喜弄痴。(第 133 页)

"喜",《广记》卷二四四引作"善"。按:作"善"义长。"弄痴"谓装痴以娱人,乃高崔巍擅长之事,故云"善"。《酉阳杂俎》续集卷四载其事亦作"善"。

54. 一夕暴卒,亲宾具小殓,夫人尉迟氏,敬德之孙也,性通明强毅,曰:"公算术神妙,自言官至方伯,今岂长往。"即安然不哭。(第 136 页)

"即",《广记》卷三〇〇引作"耶"。按:作"耶"义长,属上读,作"今岂长往耶",语义、语气均较通畅。

---

① "国立"政治大学古典小说研究中心主编《明清善本小说丛刊》影印本,北京:天一出版社,1985 年。
② 上海人民出版社据中华书局上海编辑所影印本翻印,1973 年。
③ 《古本小说集成》影印本,上海:上海古籍出版社,1994 年。

55. **佺至并州祈县界而卒。**（第 145 页）

"祈"，《广记》卷一四三引作"祁"。按：当作"祁"是。祁县属并州，《元和郡县志》卷十六"祁县"条："本汉旧县，即春秋时晋大夫祁奚之邑也。《左传》曰：晋杀祁盈，遂灭祁氏。分为七县，以贾辛为祁大夫。注曰：'太原祁县也。'按：汉祁县在东南五里故祁城是也。后汉迄后魏并不改，高齐天保七年省。隋开皇十年重置，属并州。武德二年改属泰州，六年省泰州，还属并州。"

《新唐书·西域传下》米国条
"献璧"校读

《新唐书·西域传下》"米国"条云:

> 米,或曰弥末,曰弥秣贺。北百里距康。其君治钵息德城,永徽时为大食所破。显庆三年,以其地为南谧州,授其君昭武开拙为刺史,自是朝贡不绝。开元时,献璧、舞筵、师子、胡旋女。十八年,大首领末野门来朝。天宝初,封其君为恭顺王,母可敦郡夫人。①

按:开元年间米国入贡事不见于《通典》《旧唐书》《唐会要》,检《册府元龟》卷九七一《外臣部朝贡四》云:

> (开元)六年二月,契丹、新罗、米国、石(卷九七四作"石国")、靺鞨、钱利、鞨涅蕃守并遣使来朝。四月,米国王遣使献拓壁舞筵及鍮。②

又云:

> (开元十六年)十一月……米国王遣使献狮子。

又云:

> (开元)十七年正月,米使献胡旋女子三人及豹、狮子各一。

---

① 中华书局点校本,1975 年,第 6247 页;《玉海》卷一五三《朝贡·外夷来朝》同。
② 中华书局影明本,1960 年,11406 页;其中"钱利""鞨涅",文渊阁四库全书本《册府元龟》分别作"铁利""拂涅"。

又云:

> (开元)十八年……四月,米国、石国、吐蕃、突厥各遣使来朝贡。

此四条中,开元六年二月事又见《册府元龟》卷九七四《外臣部·褒异一》,十七年、十八年二事又见卷九七五《外臣部·褒异二》(《册府元龟》作"三",误),文字稍有增减;综合明言贡品种类的开元六年四月、十六年十一月及十七年正月三条,可知贡品有拓壁舞筵、鍮、狮子、胡旋女子及豹。[①]

检《册府元龟》卷九九九《外臣部》请求载玄宗开元七年二月安国王笃萨波提遣使上表论事,略云:

> 臣笃萨波提言……今奉献波斯骦二、佛菻绣氍毹一、郁金香三十斤、生石蜜一百斤。……又臣妻可敦奉进柘必大氍毹二、绣氍毹一上皇后。

按:"柘必",宋本《册府元龟》作"柘壁"。[②] 又检《新唐书·西域传》"东安"条云:

> 开元十四年,其王笃萨波提遣弟阿悉烂达拂耽发黎来朝,纳马豹。后八年,献波斯骦二,拂菻绣氍毹一,郁金香、石蜜等,其妻可敦献柘辟大氍毹二,绣氍毹一,丏赐袍带、铠仗及可敦袿襦装泽。

开元十四年安国王笃萨波提遣弟来朝事,又可见于《册府元龟》卷九七一:"(开元十四年)五月,安国王波婆提遣其弟可悉烂达干拂

---

① 参看蔡鸿生《唐代九姓胡与突厥文化》上编第三篇中所附"唐代九姓胡入贡年表",北京:中华书局,1998 年,第 49－52 页;许序雅《唐代丝绸之路与中亚历史地理研究》第四章所附"中亚诸胡国朝贡与唐朝册封、赏赐年表",西安:西北大学出版社,2000 年,第 171－189 页。
② 《宋本册府元龟》,北京:中华书局,1989 年,第 4040 页。

耽发黎来朝,献马及豹。""后八年"(开元二十二年)事不见《册府元龟》记述。对比开元七年和二十二年所贡物品,可知"柘必(壁)""柘辟"当为同一物,再比较上揭开元六年四月米国所献"拓壁舞筵",可知"柘必(壁)""柘辟""拓壁"亦皆属一物。

据许序雅统计,中亚九姓胡始朝贡于唐高祖武德七年(624),终贡于代宗大历七年(772),149年间凡朝贡134次。① 综观蔡、许二氏所列表及查考相关文献,似未见米国曾于开元年间"献璧",而据上揭《册府元龟》米国"献拓壁舞筵及鍮""献狮子"及十七年正月"献胡旋女子三人及豹、狮子各一"的记载,颇疑今所见《新唐书》"开元时,献璧、舞筵、师子、胡旋女"云云乃杂糅《册府元龟》这三条史料而成,"献璧"也很可能是"献拓(柘)壁"之误。

此中有两种可能:一是《新唐书》本作"拓(柘)壁",然而在流传过程夺"拓(柘)"字,又讹"壁"为"璧"字(中华书局点校本对"璧"字未出校记,可见今传世诸本均作"璧");二是《新唐书》作者据前代史料(极可能就是《册府元龟》)述开元年间米国入贡事时,不明"拓(柘)壁"之义,妄改作玉璧之"璧"。据南宋人王应麟《玉海》即作"献璧"(《四库全书总目》"玉海"条言其"宋一代之掌故,率本诸实录、国史")来看,很可能就是宋祁、欧阳修辈改,而《新唐书》好改前代史料文字前贤已具论(参看赵翼《陔余丛考》《廿二史札记》相关各条)。

据上揭史料,米国、安国所献"拓壁",或作"柘壁""柘必""柘辟",今以为"柘"当是"拓"之讹字,古书"木"旁"扌"旁常相混用,故"柘壁""柘必""柘辟"中之"柘"皆当作"拓"。"拓壁"又可写作"托壁""託壁",见于敦煌文献,如 S.1776《显德五年某寺法律尼戒性等交割常住什物点检历状》:"床梯壹,除;拓壁两条,内壹破。"P.2880《习字杂写》:"银椀,花氈一领,银盏,漆椀,托壁。"P.3391《杂集时要

---

① 参看许序雅《唐代丝绸之路与中亚历史地理研究》,西安:西北大学出版社,2000年,第170页。

用字》:"毛锦,氍毹,託壁,花氈。"①"拓""託"均隶《广韵》他各切,透母铎韵;"托"在《集韵》闼各切,亦为透母铎韵,三字音实同,故可相借。

"拓壁"大约是一种毛织品,这从《元龟》"拓壁舞筵""柘(拓)必大氍毹"、《新唐书》"柘(拓)辟大氍毯"的叙述中可略见一二;在敦煌文献中又和"床梯(绨)""花氈""毛锦""氍毹"同时出现,益可推度其为当时一种织品。而无论作"拓壁",还是作"柘(拓)必""柘(拓)辟""托壁""託壁"都是外来音译词(字无定形也恰好为这一点提供佐证)。劳费尔(B. Laufer)《中国伊朗编》(Sino-Iranica)认为它是一种舞毡,"这些字相当于古代 ta-blik(壁或辟)或 ta-biδ(必),显然可以推原到两个中古波斯字 tābiχ 和 tābeδ 或 tābīδ";②刘正埈等释作"一种产于波斯的布料"③;薛爱华(E. H. Schafer)《唐代的外来文明》(The Golden Peaches of Samarkand)认为是"羊毛地毯";④林梅村认为是地毯或挂毯,并怀疑是犍陀罗语 thavitaga 的音译;⑤蔡鸿生则以为"无非是一种粗纺毛料";⑥而许序雅虽未明言"拓壁"到底为何物,但也认为它是"中亚两河(阿姆河、锡尔河)流域土特产"。⑦

正因"拓壁"为一外来语之音译词,且流行未广,宋祁、欧阳修在据前代史料修西域传时便以意改"拓壁"作"璧",如此则为常见物事。当然,目前还找不到能直接证明米国在开元年间不曾献璧的确凿史料,以上所述仅为献疑,未敢自必。

---

①　参看杜朝晖《敦煌文献名物研究》,北京:中华书局,2011 年,第 60 页。

②　劳费尔《中国伊朗编》,林筠因译,北京:商务印书馆,1964 年,第 322 页。

③　刘正埈等《汉语外来词词典》,上海:上海辞书出版社,1984 年,第 351 页。

④　薛爱华《唐代的外来文明》,吴玉贵译,北京:中国社会科学出版社,1995 年,第 448 页注 24。

⑤　林梅村《古道西风:考古新发现所见中西文化交流》,北京:三联书店,2000 年,第 386 页。

⑥　蔡鸿生《唐代九姓胡与突厥文化》,北京:中华书局,1998 年,第 66 页。

⑦　参看许序雅《唐代丝绸之路与中亚历史地理研究》,西安:西北大学出版社,2000 年,第 218 页。

　　另蔡鸿生认为"拓壁""即慧琳《一切经音义》卷一〇释为'毛席'的'氀壁'",①此说恐非是。慧琳《一切经音义》此条转录玄应《一切经音义》,本释三国吴支谦译《大明度经》卷六《普慈阎士品》:"普慈阎士及诸女闻之大喜,俱以杂香金缕织成杂衣有散上、作幡、氀壁、敷地者。"而此经为后汉支谶译《道行般若经》的异译本,对应该品的是卷九《萨陀波伦菩萨品》:"萨陀波伦菩萨及五百女人,闻是大欢欣……持杂华杂香散般若波罗蜜上,持金镂织成杂衣,中有持衣散上者,中有持衣作织者,中有持衣㲲壁者,中有持衣布地者。""氀壁"即"㲲(㩙)壁",而后者与前后的"散上""作织""布地"平列,都是萨陀波伦菩萨及五百女人持衣所进行的活动。"㲲壁"是动宾词组,"持衣㲲壁"谓持衣着壁以作装饰。因此玄应《一切经音义》卷三释"氀壁"云"氀壁,毛席也,施之于壁,因以名焉。经文作闒,非体也",实为未明经文原义而在词目中改易当时所见"闒"作"氀",同时误释为"毛席"。实际上两者是风马牛不相及。

---

① 蔡鸿生《唐代九姓胡与突厥文化》,北京:中华书局,1998 年,第 66 页。

柒

中古语文辞书研究

《声类》索隐

　　《声类》在中国语言学史上具有特殊的地位,一般认为,它是韵书之始。南宋以后,其书日渐佚亡。清代以还,虽有多家辑本,然于佚文不能无遗,且多有误录。在中国语言学史的研究中,专论《声类》之文甚尟,笔者所寓目者惟高明、龙宇纯、殷正林、张清常诸家而已,余者惟于探讨中国语言文字递进时稍稍及之,然又不能无误。职是之故,本文在重辑《声类》佚文的基础上从流传、辑本、内容和性质以及价值几个方面对其书展开讨论,并对前人在辑考过程中出现的漏略讹误有所补苴发正,敬请方家指教。

一、《声类》之流传

　　文献中最早记载李登著《声类》,当在北魏宣武帝延昌三年(514)江式求作《古今文字》所上表:

　　　　(吕)忱弟静别放故左校令李登《声类》之法作《韵集》五卷,宫、商、角、徵、羽各为一篇。

稍后贾思勰《齐民要术》、顾野王《玉篇》均引及,可见其书盛行于南北朝。《隋书·经籍志一》著录:

　　　　《声类》十卷,魏左校令李登撰。

　　隋唐以降之文献亦多有援引,如颜之推《颜氏家训》、曹宪《博雅音》、吉顺《弥勒经游意》、陆德明《经典释文》、虞世南《北堂书钞》、颜师古《匡谬正俗》、《汉书注》、玄应《一切经音义》、慧琳《一切经音义》、张守节《史记索隐》、殷敬顺《列子释文》等,据此可以想见《声类》在隋唐之际应流传甚广,广为学者所利用。至宋(辽、金)引据渐稀,各种官私书目如《崇文总目》《郡斋读书志》《直斋书录解题》《遂初堂书目》等均未著录,但种种迹象表明,宋(辽、金)人犹见其书。

辽释希麟《续一切经音义》引《声类》凡 30 次(包括重复条目)。麟音虽多有承袭前代佛经音义之处,但所引《声类》不乏逸出玄应《一切经音义》、慧琳《一切经音义》引及的条目,如:

> 嬉,美也,游也。
>
> 沃,以水淋下也。
>
> 蓳,踰也。
>
> 裹,裹束缠缚也。
>
> 掂,拾穗也。①

上揭诸条未见于前此佛经音义,外典亦未引及,当可推断应为希麟依《声类》本书而揭举之,非踵袭转述前代文献之引文。

《汉书·杜邺传》"陈平共壹饭之馔而将相加骧"下所附宋祁校语引《声类》:

> 馔字或作籑。

又《纬略》卷六"襳襨"条引《声类》:

> 襳襨,不晓事之称也。

"馔""襳襨"二条均未见宋以前人引用,由此亦可推测宋祁、高似孙曾见及《声类》,当时仍存其书。

两宋文献征引《声类》的次数较前代文献大幅度减少,可见它在

---

① 为行文简洁计,本文径出《声类》佚文,一般不标出处。

当时流传已不甚广;大约在南宋以后,日渐亡佚,①元代脱脱等编纂《宋史·艺文志》、明初编《永乐大典》之现存各卷均未言(引)及《声类》,则元明之时其书或已不存。②

二、《声类》之辑本

《声类》本书虽自南宋以来逐渐亡散,然诸往籍(注疏、类书、字书、音义等)多有征引,保存了不少条目。虽是零篇散章,但也弥足珍贵。清代以来,在辑佚学勃兴的背景下,曾有多位学者收集《声类》佚文,排比成书。这些辑本为进一步研究、使用《声类》比较集中地提供了相关材料,其功非细;但毋庸讳言,其中仍然存在着不少缺陷和不足,甚至错误,亟待明辨,以免相关研究踵讹袭谬。

(一)《声类》辑本叙录

1. 任大椿辑本

见《小学钩沈》卷一一。此本据《玉篇》、玄应《一切经音义》、《文选注》、《颜氏家训》、《汉书音义》、《经典释文》、《古易音训》、《周易会通》、《广韵》、《史记正义》、《后汉书注》、《史记索隐》、《集韵》、《龙龛手镜》、《北堂书钞》、《汉书注》、《太平御览》、《列子释文》、《孟子音义》、《齐民要术》、《佩觿》、《广雅音解》③、《国语补音》、《匡谬正俗》、《汉书》校本等书所引,共辑录佚文237条,是《声类》最早的辑本。佚文字头随书移录,未加编次。王念孙曾手校此本,勘正了原文中的若干讹文误字。

---

① 关于《声类》亡佚的时间,或以为"佚亡于唐代",或以为"唐以后失传",或以为"唐代中叶以后才散失",均未谛。王欣夫《蛾术轩箧存善本书录·癸卯稿》《声类》一卷谓"其书当亦亡于南宋"(上海:上海古籍出版社,2002年,第816页),此说得之。

② 前代《声类》辑本有从元、明文献中辑出《声类》条目者,似乎当时仍传其书,但实际上不可为据,详下文。

③ 即隋曹宪《博雅音》。

2. 马国翰辑本

见《玉函山房辑佚书·经编·小学类》。此本据玄应《一切经音义》、《集韵》、《经典释文》、《文选注》、《广韵》、《北堂书钞》、《匡谬正俗》、《太平御览》、《玉篇》、《汉书注》、《龙龛手镜》、《后汉书注》、《国语补音》、《翻译名义集》、《颜氏家训》、《齐民要术》、《篇海》、《尔雅正义》、《史记正义》、《史记索隐》所引,共辑录佚文 237 条。佚文字头"隐依今韵排次"。① 马辑本与任辑本虽同辑 237 条,实则二家所采互为有无。

3. 黄奭辑本

见《黄氏逸书考·汉学堂经解·小学》(《汉学堂丛书·经解逸书考·小学》)。此本全据任大椿辑本,黄氏之功仅在于据玄应《一切经音义》另得佚文 16 条为补遗,共辑录佚文 253 条。② 任辑本误字亦未改正,所附王念孙校语则删去"念孙"二字,尤为未当。③

4. 顾震福辑本

见《小学钩沈续编》卷三。此本续补任大椿辑本未备者,据《北堂书钞》、《类篇》、《倭名类聚钞》、《杨慎集》、《史记索隐》、原本《玉篇》残卷、玄应《一切经音义》、慧琳《一切经音义》、慧苑《新译大方广佛华严经音义》、希麟《续一切经音义》、《急就篇补注》所引,共辑录佚文 311 条。此本所据材料虽稍少,但较此前诸辑本具有鲜明的特点,即主要利用了当时由海东传入中土的新材料,如慧琳《一切经音义》、希麟《续一切经音义》、原本《玉篇》残卷以及日本古辞书《倭名类聚

---

① 《玉函山房辑佚书·经编·小学类·声类》小序。
② 高明《黄辑李登〈声类〉跋》(载高明《高明小学论丛》,台北:黎明文化事业公司,1971 年)统计得 252 条,当漏略 1 条;林明波《唐以前小学书之分类与考证》(中国学术著作奖助委员会,1975 年)统计得 257 条,亦不确。
③ 高明《黄辑李登〈声类〉跋》认为"黄氏所辑亦非尽善尽美,即如引玄应《一切经音义》而不著玄应之名……又如引玄应《一切经音义》而不取众本互校,往往据误本所引……又如引玄应《一切经音义》而不举其名及卷数",这种议论当是因为高氏不明黄奭辑本实际上全录任大椿辑本而发。他所述的这些缺点都来源于任辑本,黄辑本晚出却承其不足而弗知改进,不能后出转精,这才是它的最大失误。

钞》。这些文献保存了不少《声类》遗文,前人无缘得睹,因此顾辑本中的许多条目为前代辑本所未见。除此以外,顾辑本进一步捃拾中土传世文献如《北堂书钞》、《史记索隐》、《类篇》中为任辑本所漏略的条目,①较以往辑本更为周备详密。不少条目下附有顾氏按语,勘正原文误字,颇有精核之论。

5. 姚东升辑本

见《佚书拾存》。② 此本为稿本,据《经典释文》、《文选注》、《汉书注》、《五音集韵》、《国语补音》、《后汉书注》、《广韵》、《孟子音义》、玄应《一切经音义》、《芋谱》、《史记正义》、《尔雅疏》、《广雅注》,③共辑录佚文 98 条。此本所辑佚文条目较少,大抵不出任、马二家。佚文字头按四声排列,每条下略有疏证考校。

6. 龙璋辑本

见《小学蒐逸》下编。此本据卷子本《玉篇》、④玄应《一切经音义》、慧琳《一切经音义》、《经典释文》、《文选注》、《古易音训》、《周易会通》、《玉篇》、《匡谬正俗》、《集韵》、希麟《续一切经音义》、《北堂书钞》、《太平御览》、《广韵》、《汉书注》、慧苑《新译大方广佛华严经音义》、《龙龛手镜》、《颜氏家训》、《汉书音义》、《后汉书注》、《国语补音》、《孟子音义》、《佩觿》、《齐民要术》、《汉书注》、《史记索隐》、《汉书》校本、《广雅音解》、《列子释文》、《史记正义》等书所引,共辑录佚文 527 条。此本搜罗佚文最为周备,佚文字头按四声分韵编录。

7. 章宗源辑本

未见。据王欣夫《蛾术轩箧存善本书录·癸卯稿》"《声类》一

---

① 任辑本缺而马辑本有的 20 条佚文,顾辑本补得其半。

② 姚东升,浙江秀水(今嘉兴)人,清代嘉庆、道光年间人。辑撰《佚书拾存》共辑佚书 173 种,内容极为广博。成书后一直未能梓行于世,稿本今藏国家图书馆。殷梦霞、王冠选编《古籍佚书拾存》(北京:北京图书馆出版社,2003 年)据以影印。

③ 即隋曹宪《博雅音》。

④ 即收入黎庶昌《古逸丛书》之"影旧钞卷子原本玉篇零卷"。

卷"著录,章辑本"从群书所引,采集得二百一十余条"。① 南京图书馆藏有清抄本。②

8. 陈鳣辑本

未见。陈鳣《〈声类拾存〉自叙》云:"魏左校令李登撰《声类》十卷,《隋书·经籍志》载其目,唐以后失传。鳣从群书所引采集得二百余条,因元本以五声命字,次弟不可考见,姑依陆法言书部分,录为一卷。"③然据《蛾术轩箧存善本书录·癸卯稿》"《声类》一卷"著录,陈鳣仅对章辑本复做了补正。他的《声类拾存》主要建立在章辑本的基础上,④却又"没去逢之原辑之迹"。⑤ 据《自叙》,陈辑本共辑录佚文200余条,佚文字头按《广韵》分韵排次。国家图书馆藏有稿本。⑥

除此以外,林明波《唐以前小学书之分类与考证》第四类《音韵》"一六八. 李登《声类》"下列举任、马、黄、顾、龙诸家辑本后又云:"阮元《声类拾存》,待访。"⑦按:阮元并未辑《声类》,据上文所述,《声类拾存》实出陈鳣之手,阮元所作乃是《书〈声类拾存〉后》,见谢启昆《小学考》卷二九"李氏登《声类》"下引。

(二)《声类》辑本之不足

《声类》各辑本比较集中地提供了一批材料,为学者探寻此书面

---

① 王欣夫《蛾术轩箧存善本书录》,上海:上海古籍出版社,2002 年,第816 页。

② 据《中国古籍善本书目·经部·小学类》,上海:上海古籍出版社,1985 年,第457 页;孙启治、陈建华编《古佚书辑本目录》,北京:中华书局,1997 年,第100 页。

③ 《简庄诗文钞》卷二。

④ 顾震福《小学钩沈续编·自序》:"至我朝昌明经术,诸老宿慨古义之不存,乃群焉衰辑,如兴化任氏《小学钩沉》、海宁陈氏《小学拾存》、历城马氏《玉函山房小学类辑佚书》皆有功于古籍。"据此,陈鳣《小学拾存》也当为荟萃众小学佚书之著,《声类拾存》或为其中一种。

⑤ 王欣夫《蛾术轩箧存善本书录》,上海:上海古籍出版社,2002 年,第815 页。

⑥ 据《中国古籍善本书目·经部·小学类》,上海:上海古籍出版社,1985 年,第457 页;孙启治、陈建华编《古佚书辑本目录》,北京:中华书局,1997 年,第100 页。

⑦ 林明波《唐以前小学书之分类与考证》,第645 页。

貌与价值省却搜讨之劳,实有惠学林。但毋庸讳言,上述辑本或多或少存在着不足与缺陷,甚至错误,以致后人在依据辑本从事《声类》本身及其他相关研究时,踵讹袭谬,得出不准确的结论。下面结合实例试述《声类》诸辑本存在的不足。

1. 所辑佚文未能详备周全

梁启超云:"既辑一书,则必求备。"①佚文是否搜罗详备是检验辑佚工作成败优劣的基本标准之一。这就要求学者辑佚时应用心细,眼界宽,爬梳广,捃拾佚文方能臻于齐备;当然,所获佚文的数量又取决于可供辑佚的材料的多寡,新材料出,则可能获得新佚文。就《声类》辑佚而言,似可以原本《玉篇》残卷、慧琳《一切经音义》等传回中土为界分为两个阶段:前一阶段为任大椿、马国翰、黄奭、姚东升、章宗源、陈鱣辑本,后一阶段为顾震福、龙璋辑本。前者多赖中土固有文献,后者尤仗海东传回中土之故籍,但是撷拾佚文均不能无遗,如:

> 襹襫,不晓事之称也。②
> 祃,师(祭也)。③

宋人高似孙《纬略》为中土经见之书,然而所引《声类》二条上揭各本均失收。即使是作为辑佚渊薮的慧琳《一切经音义》这样的域外传回文献,顾、龙辑本虽然肆力搜采,然而犹有可补,比如以下各条在目前收罗佚文最备的龙璋辑本中均失收:

> 鸧,《声类》作䳒[䳀]。
> 帜,或作帠字。
> 嘂,亦鸣也。

---

① 梁启超《清代学者整理旧学之总成绩》第五章《辑佚书》,北京:商务印书馆,1999 年,第105 页。
② 《能改斋漫录》卷五"襹襫子"条引作《释名》,今本《释名》无此条。
③ 原文有缺字,据《尔雅·释天》"师"下当缺"祭也"二字。

　　默,黑也。

　　絓,有所碍也。

上举五条仅为举例,实际漏略的条目远不止此,因而现有各辑本所漏略之佚文尚待大力补苴。

2. 所辑佚文失真

　　造成佚文失真的原因各异,因此也有多种表现形式,这里着重论述在各辑本中具有一定普遍性的两个问题。

　　第一,佚文所在原书历经传写,讹文误字往往难免,有时错字就存在于佚文之中,这是佚文失真的最常见原因。各辑本往往据误本而录,对于其中错字疏于考辨勘正。①

　　顾震福据原本《玉篇》残卷辑:

　　　　醋,或醋字也;醋,歙酒也,媄也。②

　　按:顾辑本"媄"源自《玉篇》残卷"媄",然实无此从"女"从"發"之字。"媄"究竟为何字,应做查考。《广雅·释诂一》:"醋,美也。"据此,可知"媄"当为"媺"之形近讹字。"媺"即"美"字,《集韵·旨韵》:"媺,善也。通作美。"③《说文·酉部》:"醋,歙酒也。"《声类》"歙酒也,媺也"当是汇集《说文》《广雅》释义而成。古"散"(散、敖)、"發"(發、發)形近,极易误写,④以致"媺"误作"媄"。黎庶昌本摹刻作"媄"。顾震福辑本据黎本录作"媄"而未做校正。

---

　　①　参看刘咸炘《辑佚书纠缪》,《刘咸炘论目录学》,上海:上海科学技术文献出版社,2008 年,第 144 页。按:王念孙曾对任大椿辑本做过一些校勘,但未能毕功;顾震福辑本在某些条目下也有一些校勘性质的按语,但也只是零碎的。

　　②　见《原本玉篇残卷》卷九"食"部,北京:中华书局,1985 年,第 98 页(罗本),又第 300－301 页(黎本)。

　　③　金文、战国文字中有"散",是"媺"的初文,即"美"字。

　　④　百衲本《宋书·刘穆之传》"刘式之于国家耗石發分","耗石發分"义不可通,必有讹字。《南史》同传作"粗有微分",是。意《宋书》原文作"粗有散分"("散"又是"微"的古字),传写中因形近误作"耗石發分"。

顾震福据原本《玉篇》残卷辑：

> 㵐，泠水㵐物也，音含鉴反。①

按："泠"当为"冷"，下"㵐"当为"渍"，均字之误。《集韵·衔韵》："㵐，渍水沾物。""渍"应是"渍"的形误字，《广雅·释诂二》："㵐，渍也。"是为明证。"渍水沾物"当指将物体浸入水中。"㵐"又见于《集韵·陷韵》，释作"沉物水中使冷"，与"渍水沾物"义相贯通；而《声类》"冷水渍物"当是《集韵》释义之所本。

类似的例子还有不少，如顾辑本"绢，缃也，今以为缚字"，"缚"当作"缚"；"垫，湿也"，"垫"当作"垫"；"松，速也"，"松"当作"㑦"；"窟，免所伏也"，"免"当作"兔"等。

有时候辑本所见错讹很可能是底本之误和辑录或刊刻之误综合而成的。

顾震福据慧琳《一切经音义》卷三九辑：

> 黏作粘，亦作黇。

按：遍检辞书，未见"黇"字，此条佚文不禁令人生疑。覆检大正藏本慧琳《一切经音义》卷三九《不空羂索经》音义作："㸦黏，下音胡……《声类》作粘，亦作黇、鬻。"据"下音胡"，"黏"当是"黏"之讹。②《说文·黍部》："黏，黏也。……粘，黏或从米。"据此，"粘"又为"粘"之误。高丽藏本、狮谷白莲社本、频伽精舍校刊本慧琳《一切经音义》并作"黏""粘"。顾氏所据本字有误。"黇"，大正藏本、高丽藏本、狮谷白莲社本、频伽精舍校刊本并同，乃"黏"之异体，《集韵·模韵》："黏，或作黇。"顾辑本作"黇"很可能是辑录或刊刻时致误。

---

① 见《原本玉篇残卷》卷一九"水"部，第361页（黎本）；续修四库全书本《玉篇》（据中国科学院藏日本昭和八年京都东方文化学院编东方文化丛书本影印）卷一九"水"部，第435页。

② 大正藏本《不空羂索神变真言经》亦讹作"黏"。宋、元、明、圣语藏乙本并作"糊"，即"黏"之后起俗字。

另可申说的是,此条漏辑"鸎"字,而"鸎"又为"鸎"之讹字。① 综上所述,此条佚文实当作"黏作粘,亦作黐、鸎"。

第二,不明佚文所在原书的体例,将原书作者之语误作佚文,亦即刘咸炘所谓"本非书文"。② 这是各家误辑佚文以致失真最为普遍的情况,对于后人依据佚文从事相关研究所造成的不利影响也最巨。

顾震福据慧琳《一切经音义》卷七六辑:

> 扮,击也,手握乾剺互相扮击,从手分声。

按:慧琳《一切经音义》卷七六《阿育王经》音义"相扮"条:"汾吻反。《说文》:握也,《声类》:击也,手握乾剺互相扮击,从手分声,经文从木作枌,是木名,误也。"其中哪些文字是《声类》原文? 顾氏以为自"击也"至"从手分声",实际上这是错误的。他之所以这样辑录,原因在于不明《一切经音义》的体例:"手握乾剺[剺]互相扮击,从手分声"是慧琳在引用《声类》"击也"之后的补充说明。南朝梁僧伽婆罗译《阿育王经》卷三《供养菩提树因缘品》:"时阿育王自手行食,从上座为始,尽于一众;于众僧末有二沙弥,以剺相扮欢喜丸等共戏相掷。""手握乾剺[剺]互相扮击"是慧琳对经文文意的进一步申说。而"从手分声"这样的字形分析在《一切经音义》中比比皆是,大抵为慧琳语(引《说文》者自然例外)。③

马国翰据《字经钞》音义(玄应《一切经音义》卷二〇)、《阿毗达磨俱舍论》音义(玄应《一切经音义》卷一七)辑:

> 蚑蛜,多足虫也。关西谓蛜溲,蛜音求俱反,下所诛反。
> 萎,草木萎也。关西言萎,山东云萹,江南亦言矮,方言也。

---

① 高丽藏本、频伽精舍校刊本亦讹作"鸎",狮谷白莲社本作"鸎",是。
② 刘咸炘《辑佚书纠缪》,载刘咸炘《刘咸炘论目录学》,上海:上海科学技术文献出版社,2008 年,第 142 页。
③ 参看徐时仪《〈慧琳音义〉研究》,上海:上海社会科学院出版社,1997 年,第 34 - 35 页、第 64 - 65 页;姚永铭《慧琳〈一切经音义〉研究》,南京:江苏古籍出版社,2003 年,第 33 页。

按：此二条中属于《声类》本文者仅"多足虫也""草木菽也"二句，其余均为玄应之语，马氏误辑作佚文。

任大椿据玄应《一切经音义》卷二、马国翰据《大集日藏分经》音义等、《生经》音义等、《大般涅槃经》音义等、《四分律》音义等辑①：

> 髴髯，谓相似见不谛也。
>
> 挑，抉也，谓以手抉取物也。
>
> 睢矅，大视也，谓张目叫呼也。
>
> 爆，愤起也，谓皮散起。
>
> 拂，扶也，谓以手扶取物，拂音于穴反。

按：此五条中属于《声类》本文者应为"髴髯"②、"抉也"、"大视也"、"愤[烦]起也"、"扶也"，"谓"以下者均为玄应别作解释之语。③

马国翰据《正法念经》音义（玄应《一切经音义》卷一一）、顾震福据玄应《一切经音义》卷二〇辑：

> 鸿或鸿字，同，胡公反，鸿鹄也。
>
> 窠作窼，同，口和反。

按：如上揭二条的行文在玄应《一切经音义》、慧琳《一切经音义》中屡见不鲜，按照二书体例，应在"同"字下绝句，表示《音义》作者认为"鸿"和"鸿"、"窠"和"窼"同字。一般说来，"同"字以下之文句应是《音义》作者本人的注音和释义，④在辑录佚文时不当辑入；而与上举二条情况类似的误辑在各家辑本中也是常见的。

任大椿据玄应《一切经音义》卷二、卷一〇辑：

---

① 马辑本所据众经音义均出玄应《一切经音义》。

② 玄应《一切经音义》卷二《大般涅槃经》音义"仿佛"条："《声类》作髴髯。"

③ 参看徐时仪《〈慧琳音义〉研究》，上海：上海社会科学院出版社，1997年，第62－63页；姚永铭《慧琳〈一切经音义〉研究》，南京：江苏古籍出版社，2003年，第17页。

④ 关于玄应《一切经音义》注音的依据参看徐时仪《玄应〈众经音义〉研究》第三章第四节，北京：中华书局，2005年，第182－184页；《玄应〈一切经音义〉注音依据考》，《黔南民族师范学院学报》2005年第2期。

愳,楚力反。

　　按：玄应《一切经音义》卷二《大般涅槃经》音义"流恻"条、卷一〇《地持论》音义"悲恻"条："《声类》作愳，同。楚力反。"任氏据以辑佚文时，以为"楚力反"属《声类》，便索性把"同"删去，将"楚力反"直接当作《声类》为"愳"所注之音。但实际上它是玄应自己的注语，这从其他条目中可以看得很清楚：卷四《大灌顶经》音义"悬恻"条："下古文愳，同。楚力反。"卷二三《显扬圣教论》音义"恻怆"条："古文愳，同。楚力反。"任辑本"儸，止叶反""劓，之兖反""醱，猪芮反""孖，子思反""䡊，以车反"诸条其误亦同。①

3. 未能辨识某些文献对于采辑佚文的可靠性和有效性，所辑佚文为"假佚文"；有时候佚文所在原书中的"声类"字样，或有讹衍，据以辑录的佚文也可能为"假佚文"

　　《声类》自南宋以后不存于世，如此说来，元明人自不能见其书，但有的辑本中的某些条目却是辑自当时之书，这该如何解释？大体而论，元明文献中出现"《声类》"的条目有两种可能：一种是钞撮前代文献中的引文以为己用，并非亲见其书；另一种很可能就是假佚文，或是书名、作者偶合，或是作者误记、误引，或是别有动机妄造古书。对于前两种情况，只要加以考源即可扫清疑惑，而后一种情况具有更大的迷惑性，需要明辨。

　　顾震福据《杨慎集》辑以下四条：

　　　　水衍沙出曰潬。
　　　　物相杂故曰文，文相滋故曰字。
　　　　優音倚，優俙，彷佛，字一作㜲㜈。
　　　　宫室相连曰誃。

　　按："水衍沙出曰潬""物相杂故曰文"分别出《丹铅总录》卷二

"滩潭字考"条、卷一五"文字"条引《声类》,"僾音倚"出《谭苑醍醐》卷六"叆叇字音"条引"李登云","宫室相连曰誃"出《奇字韵》卷三"纸"韵引《声类》。这四条"佚文"首见于杨慎所著书中,但是否确实可靠,不能无疑。

检杨慎《转注古音略》卷一"支"韵:"誃,音移,《说文》:周景王作洛阳誃台。《广苍》云:宫室相连曰誃。《陆云集》云:曹公有誃塘。"再看《奇字韵》卷三"纸"韵:"誃,《说文》:离别也。读若《论语》'跢子之足'。周景王作洛阳誃台。……《声类》云:宫室相连曰誃。《陆云集》:曹公有誃塘。"两相比照,文字大同,但"宫室相连曰誃"云云一引《广苍》(南朝梁樊恭撰),一引《声类》,这是否说明它同见于《广苍》《声类》,而杨慎又亲睹其书呢?笔者认为,这极可能是由于杨慎本人为炫博而自我作古,著书时随意捏造古小学书,以示博洽,导致同条"引"自两书。[①] 杨慎这种妄造古书的欺人把戏在他的其他著作中也经见,也早已被人揭穿。[②]《四库全书总目》对杨撰《异鱼图赞》即说"万震《南州异物志》一卷,沈怀远《南越志》五卷,仅见于《唐志》,《宋志》已不著录,慎何从而见之?尤出依托。"而在《丹铅余录》等下明确指出他"好伪撰古书以证成己说",在《升庵集》下又言杨氏"恃气求胜,每说有窒碍,辄造古书以实之"。因此,上揭四条《声类》"佚文"的可靠性和真实性大可怀疑,极可能是假佚文。

除了伪造古小学书外,还有一种情况也可能造成假佚文,即"佚

---

① 《广苍》一书很早即已亡佚,唐人征引已稀,宋人更不见其书,《广韵》及《大广益会玉篇》虽有征引,但很可能是承自前代《切韵》系韵书和原本《玉篇》。与杨慎同时的焦竑在《焦氏笔乘》卷六"杨用修字书目"条中详列杨氏"闻见字书目",其中包括不少魏晋南北朝隋唐小学佚籍;进一步探查其《转注古音略》《古音骈字》《古音余》《奇字韵》《升庵经说》《谭苑醍醐》和《山海经补注》等著作,其中确实征引古小学书多种,但是对这些条目的真实性不能无疑。焦竑所谓"闻见"大约是上了杨慎的当。关于杨慎著作征引古小学书,笔者拟另文专门考述。

② 参看《四库全书总目》卷四三《石鼓文音释》提要。

文"所在原书经传抄刻写,所见"声类"字样实有讹衍,并非真的《声类》。

顾震福、龙璋据原本《玉篇》残卷辑:

詎,在人上也。

按:"詎"字从言,"在人上"云云义似不通。检《原本玉篇残卷·言部》:"詎,胡内反。《说文》:胆满气也。《苍颉篇》:胡市也。《声类》:在人上也。《字书》:一曰市决后悔也。"原文似乎确实引《声类》作"在人上也"。然检《说文·言部》:"詎,胆气满,声在人上。"《大广益会玉篇·言部》:"胡内切。胆气满,声在人上也。又胡市切。"("胡市切"之"切"为衍文)①两相比照,颇疑《原本玉篇残卷》中本属《说文》之"声在人上也"经钞胥之手窜乱置于《苍颉篇》"胡市也"下,又衍"类"字。② 这样一来,所谓《声类》"在人上也"显然就是一条本来并不存在的假佚文。又《集韵·队韵》:"詎,胆气满声,一曰胡市也,一曰决后悔也。"根据义项排列次序看,似本原本《玉篇》,从中亦可见"声"本当与"胆满气"连属。

4. 佚文出处标列不明或有误

这种情况表现在有的辑本仅举书名,如顾辑本辑自原本《玉篇》残卷者仅标"原本《玉篇》",不言卷数、部首、字头;任辑本辑自《广韵》者仅标"《广韵》",不言韵目。有的辑本辑自玄应《一切经音义》者仅举经名,如马辑本在相关佚文条目下仅标"四分律音义""大般涅槃经音义"云云,不标卷数,覆按实不敢称便。所列举的佚文出处甚至有不少错误,如马辑本于"韭者,久长也,一种永生"条下标该条出处:"贾思勰《齐民要术》卷三陈氏注",此条为贾氏自注,"陈氏注"云云未知所从出。又龙辑本据《文选·马融〈长笛赋〉》李善注辑"嘈,碎

---

① 胡吉宣《玉篇校释》以为"《仓颉篇》'胡市也'者,切韵同,本书今本误为胡市切"。
② 胡吉宣《玉篇校释》以为"此引'《声类》在人上也',疑衍'类'字,'声在人上'亦《仓颉篇》文",今按"疑衍'类'字"之说可从,"亦《仓颉篇》文"云云似不可据。

声貌,嘈音曹,崒,才喝切",然《文选》各本均引《埤苍》。类似这样佚文出处标列不明、甚而有误的情况在各辑本中都存在着,这里不再赘举。

(三) 误辑佚文对相关研究的不利影响

《声类》各辑本所存在的不足和缺失大抵可归纳为"漏""误""假"三个方面,上文结合实例做了初步分析。无论哪一方面的问题,都会对相关研究产生不利影响。下文以将原书之文误作佚文辑入这一现象为例结合既有研究成果略论之。

将原书之文误作《声类》佚文辑入,以致失真,导致据以研究《声类》本身的内容、体例、性质、价值等方面的问题时极易产生误说。

殷正林《李登〈声类〉性质管窥》从"注音""释形""释义"三个方面谈《声类》注文概况。① 关于《声类》的"注音",殷文认为:

> 李登不仅对书中所列正字注音,两读字也分别注音:
> 篷　所佳、所饥二反。(玄应《妙法莲华经》)
> 剙[掠]　《声类》作剙,同力尚反,抄掠也。(玄应《大庄严经论》卷三)
> 力约反,谓强夺取物也。(慧琳《大般涅经》卷三)

按:玄应《一切经音义》卷六《妙法莲华经》音义:"捣篷,古文籭、蓘二形,《声类》作筛,同。所佳、所饥二反。《说文》:'竹器也。'可以除麤取细也。""所佳、所饥二反"实为玄应之语,所谓《声类》对"两读字也分别注音"根本无从谈起。"掠"条"力尚反"亦为慧琳语,而云公撰、慧琳删补《大般涅槃经》音义"抄掠"条(见慧琳《一切经音义》卷二五)并未引《声类》,未知殷氏何据;但无论如何说不上《声类》对

---

① 《辞书研究》1983 年第 6 期。另有吴礼权《关于〈声类〉的性质与价值》一文(《古籍整理研究学刊》1996 年第 6 期),材料和行文与殷文多有雷同,甚而殷文中的错误也"承袭"之。本文即以殷文为准。

"掠"之两读分别注了音。

殷文还认为:

> 连注文中的僻字也常有注音:
>
> 蚑蛷,多足虫也。关西谓蛮溲,蛮音求俱反,下所诛反。(玄应《字经抄》)

按:据上文所述,"关西"以下并非《声类》佚文,因此所谓《声类》"连注文中的僻字也常有注音"的说法自然是无根之谈。实际上,"连注文中的僻字也常有注音"(甚而包括引书中的文字)恰恰是玄应、慧琳两部《一切经音义》本身的解说体例之一。① 这样的例子在《一切经音义》中俯拾皆是,兹不赘述。

关于《声类》的"释形",殷文以为:

> 《声类》对字形作了多方面的解释。一是释字形构造,对形声字,有时则直言"形声字也"。如:
>
> 挊捉,从手专声也。(慧琳《大宝积经音义》卷一百一十三)
>
> 斑 从班省,从文。(同上,卷一百一十)
>
> 踝 足外附骨也,形声字也。(慧琳《大乘理趣六波罗蜜多经》卷三)
>
> 褓 小儿被子名为襁褓,形声字也。(慧琳《根本说一切有部毗奈耶律》卷一)

按:殷文所举的四条例证中的字形分析无一是《声类》原文,"从手专声""形声字也"云云乃是慧琳之语,前文已述。需要略做申说的是第二条"斑 从班省,从文",此条乍看很像是《声类》原文,但初不其然。慧琳《一切经音义》卷一五《大宝积经》音义"斑骏"条:"上补间反。《说文》作辩,驳文也。《声类》从班省从文。《玉篇》:'杂色也。'"审其文意,"《声类》从班省从文"实际上是针对"《说文》作辩"

---

① 参看徐时仪《〈慧琳音义〉研究》,上海:上海社会科学院出版社,1997 年,第 61–62 页。

而发：此字在《说文》作"辬"（形声字），①而在《声类》则"从班省从文"作"斑"（会意字），"辬""斑"虽然造字法不同，但实际上是一组异体字。"从班省从文"还是慧琳针对《声类》"斑"字所做的字形分析，以示与《说文》之"辬"不同，而非《声类》本身所有。

关于《声类》的"释义"，殷文以为：

> 释文又间有解释方语者：
> 蒌，草木菸也。关西言菸，山东云蔫，江南亦言矮，方言也。

（玄应《俱舍论》卷八）

按：《声类》确有解释方言的条目，但殷文所举的"关西"以下并非《声类》文（详上文），而是玄应对前文释义所补充的当时实际方言情况。这也是玄应、慧琳二《音义》解说词语的行文通例之一。② 玄应《一切经音义》引《声类》"蒌"条凡 4 次，除上举《俱舍论》音义外，还见于卷四《大灌顶经》音义、卷九《大智度论》音义、卷一五《僧祇律》音义；慧琳《一切经音义》引《声类》"蒌"条凡 4 次，除 1 次转引玄应《音义》（即《俱舍论》音义）外，还见于卷四六《大智度论》音义（当本玄应）、卷五八《僧祇律》音义（当本玄应）、卷七六《请宾头卢法》音义，无独有偶，在这些条目引《声类》中均无"关西"云云，这也从一个侧面说明它们并非《声类》之文。又玄应《一切经音义》卷一〇《大庄严经论》音义"菸瘦"条："《韵集》一余反，今关西言菸，山东言蔫，蔫音于言反，江南亦言矮。"与《俱舍论》音义相较，愈可见"关西"云云乃是玄应语，所谓"今"乃是他所在的 7 世纪。

除了影响对《声类》本身的研究外，误辑佚文还直接关系到汉语历史方言学和词汇史的研究。不能准确地把握佚文的真实面貌，就无法对方言词进行正确的定性和断代，在相关研究中对词语的时代

---

① 《说文·文部》："辬，驳文也。从文辡声。"
② 参看徐时仪《玄应〈众经音义〉研究》第三章第四节《玄应〈一切经音义〉注音依据考》。

性和地域性就会出现误判、误说。

《周秦汉晋方言研究史》第九章第一节《三国时期的方言研究》论述当时方言词汇时举如下一条：

> 秔米，不黏稻也，江南呼粳为籼。（玄应《一切经音义》卷四引李登《声类》）[1]

按："江南呼粳为籼"非属《声类》(《尔雅·释草》释文、《文选·长杨赋》李善注引并无此句可为旁证)，[2]因此据此条并不能证明"籼"是三国时期的方言词。

在论述当时方言语音时又举：

> 篡，篾也。今中国蜀土人谓竹篾为篡也。篡，音弥。（玄应《一切经音义》卷一五引李登《声类》）[3]

按："今中国蜀土人谓竹篾为篡也。篡，音弥"非《声类》所有，乃玄应以"今"之方言对"篡"的补述和注音。玄应《一切经音义》卷一二《长阿含经》音义"为篡"条："土支反。《字林》：'竹篾也。'经文或作蔑，义同。今蜀土关中皆谓竹蔑为篡。"又卷一七《阿毗昙毗婆沙论》音义"竹篾"条："莫结反。《埤苍》：相竹皮也。中国谓竹篾为篡，篡音弥。蜀土亦然。"与前条比读，益明"中国"云云非《声类》之文。既然如此，那么书中在该条之下所做的分析要再做裁量。

利用这种误辑而得的佚文研究语音史也会出现不甚可靠的结论。

《黄辑李登〈声类〉跋》云："黄辑《声类》二百五十二条中，涉及字音者，凡三十七条。其标音法大体皆用反切。……诸书引《声类》反

---

① 华学诚《周秦汉晋方言研究史》（修订本），上海：复旦大学出版社，2007 年，第394 页。

② 《集韵·僊韵》"籼"字下云："方言，江南呼粳为籼。"若此"方言"为扬雄书（今本无此条），则玄应即本《方言》。或为编者据"江南"（即据《玄应音义》?）云云而言其为地域方言。笔者倾向于后一种可能。

③ 华学诚《周秦汉晋方言研究史》（修订本），上海：复旦大学出版社，2007 年，第398 页。

切,皆称某某反,惟李善《文选注》引称某某切,按敦煌所出写本韵书残卷无不称某某反,未有称某某切者,盖皆仿诸《声类》。"①又据"诸书所引《声类》反切","考订其与后来韵书之因缘及其得失"。② 黄辑本承袭任辑本而来,其中"诸书所引《声类》反切"大抵是佚文所在原书作者所加,并非《声类》本有,所谓"仿诸《声类》"实不足为信。其所考订,出玄应《一切经音义》者多据"掠,《声类》作剠,同,力尚反"之类,此不可凭,上文已述;又有据《文选·西京赋》注引《声类》"夅,侈字也,昌氏切"者,殊不知"昌氏切"实为李善注语。因此,高文在这样一些条目下所做的考订其实都是无的放矢。其所谓"所为反语有相沿至唐宋而未改者",实则即为唐时反语;其所谓"可以考见字音衍变之迹",究竟归于虚茫。

(四) 重辑《声类》应注意的若干问题

针对以往辑本所存在的不足与缺陷,本节略论在现有条件下重辑《声类》佚文时应注意的两个问题。

第一,细密排查固有材料,大力收集可据以再辑佚文的新材料,力求捃采佚文更为完备。可供辑录佚文的固有传世文献以往各辑本大体已检,但在目前古籍数字化和大型数据库的支持下,对海量的文献进行穷尽式地排查逐渐成为可能。慧琳《一切经音义》、原本《玉篇》残卷等域外传回文献,也具备了这样的条件。实践已经证明,细密搜检固有材料,对于《声类》佚文仍能有所得(详上文)。不过,这里想要着重指出的是,重辑佚文还应大力开掘新材料,尤其是域外文献和出土文献,力求从中发现新佚文。以下几条佚文从日本佛教撰述中搜求而得,上揭各辑本均未及。

---

① 高明《黄辑李登〈声类〉跋》,载高明《高明小学论丛》,台北:黎明文化事业公司,1971 年,第 252 页。

② 高明《黄辑李登〈声类〉跋》,载高明《高明小学论丛》,台北:黎明文化事业公司,1971 年,第 253 页。

不,弗也,词之违也。

幡,亦旛字。

词,辝、䛐、辤、辞四形皆同,《声类》以为皆词字。

虽,两设之辞也。(以上出释中算《妙法莲华经释文》卷上)

倒,颠仆也。

捶,策也。

恚,忿也。

滋,蕃也,长也。(以上出《妙法莲华经释文》卷中)

脓,奴冬反,亦作盥[盥]矣。

髓,骨中脂也。(以上出《妙法莲华经释文》卷下)

催,促也。(释圆珍《佛说观普贤菩萨行法经记》卷上)

又如日僧空海据顾野王《玉篇》所撰《篆隶万象名义·雨部》:

霂,《声类》。

按:《名义》所谓"声类"当出顾野王《玉篇》所引,据此可知《声类》所收释之字头中当有"霂"字。

又日本石山寺藏古钞本《香药字抄》①在多个字头下引及《玉篇》,从内容与体制看,当为顾野王原本之旧,②这些《玉篇》引文亦曾引及《声类》,为各辑本均未见及之佚文:

芽,上[亦?]狼芽也。("芽"字下《玉篇》引)

术,古文秫字。("术"字下《玉篇》引)

总之,《声类》佚文的发掘仍有一定空间。近来笔者正在从事重辑《声类》佚文的工作,据初步统计,目前所得佚文已近七百条,超过以往辑录最为完备的龙璋本一百余条。随着文献调查范围的进一步扩大,

---

① 据日本古典研究会《古辞书音义集成》第十三卷。沼本克明《香药字抄解题》以为当抄于日本院政时代(11世纪末年至12世纪末年)。

② 参看沼本克明《香药字抄解题》。

相信佚文数量仍会增加,可在前人基础上形成一个更为周备的辑本。

第二,注意佚文所在原书的版本。这里所说的注意版本有两层含义,一是辑录佚文应用善本,佚文所在原书若是善本,则能避免文字讹误,保证佚文的真实性和准确性。

顾辑本、龙辑本利用原本《玉篇》残卷辑得《声类》佚文多条,经比照文字,可知二人依据的是黎庶昌《古逸丛书》摹刻卷子本《玉篇》。① 不过,黎本《玉篇》残卷"刊版时颇有校改",②纠正了残卷既有的一些抄误,但也增加了一些原来没有的讹误。顾、龙二辑本中某些条目的失蹉处正是源自黎本校刊之不当。

顾震福据原本《玉篇》残卷辑:

> 訬,亦魏字,魏,健疾也。

按:罗振玉印本《玉篇》残卷卷九"言"部:"訬,《说文》:訬,扰也,一曰狯也。《声类》亦魏字,魏,健也疾。"黎本与顾辑本同。黎本之所以作"健疾也",当以为写卷"健也疾"辞义不明,遂乙"也疾"二字,以"健疾"连读。其实,《玉篇》残卷"健也疾"字序不误,惟"疾"下脱"也"字。原文当作"魏,健也,疾也"。《广雅·释诂》:"魏,健也。"玄应《一切经音义》卷一二《贤愚经》音义"剿了"条引《声类》:"魏,疾也。"③与原本《玉篇》所引相合。《篆隶万象名义·言部》:"訬,侩[狯]也,扰也,健也,疾也。"《大广益会玉篇·言部》:"訬,扰也,健也,疾也。"据此,原本《玉篇》引《声类》作"健也,疾也"灼然无疑。从这个例子可见,据原本《玉篇》残卷辑佚时不能全凭黎

---

① 据《小学钩沈续编》罗振玉序及顾氏自序,可知其书作于光绪十八年(1892)前;龙璋卒于1918年,《小学蒐佚》也必在此前完成。黎庶昌《古逸丛书》刊于光绪十年(1884),罗振玉两次影印《玉篇》残卷则在1916年和1917年,因此顾、龙二人只能利用黎本《玉篇》残卷。

② 罗振玉丙辰年(1916年)第一次影印《玉篇》残卷卷九后附跋,《原本玉篇残卷》,北京:中华书局,1985年,第107页;又《罗振玉校刊群书叙录》,扬州:江苏广陵古籍刻印社,1998年,第356页。

③ 据碛砂藏本。

本,还是应该依据更为近真的影印本,而目前存世的原本《玉篇》残卷大抵已经影印,①足资利用。当然,黎本也不可完全弃置,它对写本中的讹误有不少正确的校改,值得参考。

马国翰据《大般涅槃经》音义(玄应《一切经音义》卷二)辑:

> 憀,旦也。

按:马氏辑"憀,旦也"实据误本,②"旦"当为"且"字。《篆隶万象名义·心部》:"憀,赖也,然也,且也。"《大广益会玉篇·心部》:"憀,赖也,且也。"(《集韵·尤韵》"憀"字同)"憀"表姑且义当是"聊"之通假。③ 对于目前利用玄应《一切经音义》辑录佚文来说,则有更为精善的古本可据,即如上揭此条,高丽藏本及金藏本并作"憀,且也",是也。

二是辑录佚文时应排比众本。随着《声类》佚文所在原书版本的不同,会出现这样两种情况:一是某本引"《声类》",另本则引作他书;一是某本引"《声类》",另本则无所见,这两种情况都会影响佚文的完整性和真实性。只有罗列众本,综合考校,佚文方能臻于齐备、准确。

任大椿辑本有如下一条:

> 贳,音世。

按:任辑本此条的依据是《史记·高祖本纪》司马贞索隐"邹诞生贳音世,与《字林》《声类》并同",但查检《史记》耿秉本、黄善夫本、彭寅翁本、百衲本、殿本及汲古阁单索隐本,包括水泽利忠《史记会注

---

① 目前影印各卷最为全面且国内较易见的当推《续修四库全书》据中国科学院图书馆藏日本昭和八年京都东方文化学院编东方文化丛书本影印本。此本绝大部分是据原写卷影印,仅"卷九詰部六字、卷十九水部泠字起至潦字"共31个字头用黎本配补。

② 碛砂藏本、永乐南藏本、宛委别藏本、海山仙馆丛书本玄应《一切经音义》并误作"旦"。

③ "憀""聊"同属《广韵·萧韵》落萧切小韵,声同例得通假。"憀""聊"在依赖义上也通用,大正藏本《贤愚经》卷八《大施抒海品》:"众贾闻此,愁惨无憀。"宋、元、明三本"憀"作"聊"。大正藏本《法苑珠林》卷二三:"自救无憀,何能利物。"宋、元、明三本"憀"作"聊"。

考证校补》所列各本，"声类"并作"声韵"，是任氏所据本与上述诸本不同，引书题名亦有异。①

胡克家刻本《文选·马融〈长笛赋〉》"挑截本末，规摹籅矩"李善注：

> 《声类》曰：挑，决也。郑玄《毛诗笺》曰：挑，支落之。佗尧切。《说文》曰：摹，规也。莫奴切。籅，亦矱字。王逸《楚辞注》曰：矱，度也。矩，法也。籅，于缚切。

按：胡克家《文选考异》云："注'声类曰挑决也'袁本、茶陵本无此六字。"若据袁本、茶陵本辑《声类》佚文则此条必失去。

碛砂藏本、永乐南藏本、宛委别藏本、海山仙馆丛书本玄应《一切经音义》卷四《菩萨见实三昧经》音义"秔米"条：

> 俗作粳，同。加衡反。《声类》云：不黏稻也。江南呼粳为籼。

按：高丽藏本、金藏本以及日本金刚寺藏本、七寺藏本、西方寺藏本②玄应《一切经音义》并无"声类云"三字。

碛砂藏本、永乐南藏本、宛委别藏本、海山仙馆丛书本玄应《一切经音义》卷一二《贤愚经》音义"剿了"条：

> 仕交反。便捷也。谓劲速剿健也。《说文》作劁。《广雅》：劁，捷也。《声类》：劁，疾也。③

---

① "声类""声韵"异文，何者为是？这涉及佚文的完整性和真实性，不可不辨。《汉书·高帝纪上》"常从王媪、武负贳酒"，颜师古注："贳，赊也，李登、吕忱并音式制反。""李登、吕忱"即指《声类》《韵集》。《汉书》"常从王媪、武负贳酒"承袭自《史记》，而在《史记》此句下司马贞《索隐》先引邹诞生《史记音义》"贳音世"，下文若作"《字林》《声韵》"，则与《汉书》颜师古注之"李登、吕忱"扞格，由此看来，"声韵"极可能是"声类"之误。《史记索隐》只有作"声类"，方能与《汉书》颜注"李登"相协。据上文《史记》耿秉本等并作"韵"，可知其误由来已久。

② 日本金刚寺藏本、七寺藏本、西方寺藏本玄应《音义》据落合俊典主持《日本古写经善本丛刊》第一辑《玄应撰〈一切经音义〉二十五卷》，日本国际佛教学大学院学术フロンティア实行委员会 2006 年。

③ 宛委别藏本、海山仙馆丛书本"劁"作"趫"，字同。

按：高丽藏本、金藏本以及日本金刚寺藏本、七寺藏本、西方寺藏本玄应《一切经音义》并无"声类羲"三字。这样的例子尚有不少，兹不赘举。从玄应《一切经音义》之高丽藏本系与碛砂藏本系各版本的内容差异看，这种情况不仅限于《声类》，而是引书往往前者无、后者有。其中之差异，应该缘于版本系统的不同，①大约各有所自。追溯其源，可能早在唐代写本阶段即有违异，后来的刻本分别承之。② 至于文字繁简之别，究竟是在哪个阶段经过删省或增订，目前还不能定论。因此，虽然文字上高丽藏本（金藏本）更为精审，但所引《声类》条目远比碛砂藏本少，我们据以辑佚时不能独尊一本，仍应罗列众本，综合考校。

三、《声类》之内容与性质

由于《声类》早佚，已不可知其全貌，然据遗文尚能窥其梗概。下面依据文献记述及所辑佚文对《声类》的内容与性质略做研讨。

（一）《声类》的内容

《封氏闻见记》卷二"文字"条载：

> 魏时有李登者，撰《声类》十卷，凡一万一千五百二十字。

据此，《声类》全书共收 11520 字，较《说文》稍多，与稍晚的吕忱《字林》收字数量大抵相近。③ 全书不像《说文》那样设立部首，而是按照"五声"来编排归类这一万多字，④其书曰"声类"当据此而得名。

---

① 参看徐时仪《玄应〈众经音义〉研究》，北京：中华书局，2005 年，第 56 - 60 页。
② 参看徐时仪《玄应〈众经音义〉研究》，北京：中华书局，2005 年，第 86 - 87 页，又第 97 页。
③ 据《封氏闻见记》记载，《字林》收 12824 字。
④ 《封氏闻见记》卷二"文字"条："以五声命字，不立诸部。"其中的"部"到底何指，历来有多种说法，本文采用部首说。

这个"五声"应该就是本文开头所引江式求作《古今文字》表中提及的"宫、商、角、徵、羽"。至于"声"的具体所指,历来聚讼纷纭,或以为指声调,或以为即如《广韵》之上平声、下平声、上声、去声、入声,或以为是韵部,也有学者认为乃是五种发音部位(喉、牙、舌、齿、唇)。由于材料不足,这个问题实际上已经很难获得定案,不妨各存其说。

至于《声类》以"声"为经统贯全书之外,是否已经设立韵部,仅从目前所存佚文材料看,似乎还难以得出确实的结论。[①] 虽然《韵集》仿《声类》之法而作,前者据学者研究已经区别韵部,[②]但是否能据以逆推时代在先的《声类》也已设立韵部,[③]仍须审慎从事。

从现存佚文来看,《声类》兼有加注字音、阐释字义、标列字形三方面的内容。

1. 加注字音

现存《声类》佚文中真正涉及注音的条目并不多,大约二十余条。注音方式主要有反切和直音两种。前者如:

> 佁,嗣理切。
>
> 蹶,渠月切。
>
> 妠,奴绀切。
>
> 脓,奴冬反。
>
> 聆,力丁反。

---

① 何九盈《中国古代语言学史》说:"又如《尔雅音义》说《声类》《韵集》并以'蝗'协庚韵,可证二书都有'庚韵'这样的韵目。"(新增订本,北京:北京大学出版社,2006 年,第 121 页)似仍觉证据不足。有的学者持《声类》未分韵部的观点,其依据是将《封氏闻见记》"不立诸部"的"部"理解成韵部,这应是误解。

② 参看魏建功《王仁昫刊谬补缺切韵韵目下注吕静、夏侯咏、阳休之、李季节、杜台卿诸家韵部考目》,载魏建功《古音系研究》,北京:中华书局,1996 年,第 137 - 140 页。张清常《中国声韵学所借用的音乐术语》(载张清常《语言学论文集》,北京:商务印书馆,1993 年,第 213 页)、何九盈《中国古代语言学史》(新增订本,北京大学出版社,2006 年,第 120 - 121 页)等也持这种观点。

③ 龙宇纯《李登〈声类〉考》认为《声类》已经分韵分调,《韵集》即是证明其然的"一项间接资料":"《韵集》既是仿《声类》而作,由于我们对《韵集》的具体了解,于是《声类》的面目也愈发的宛然可睹了。"(龙宇纯《中上古汉语音韵论文集》,台北:学生书局,2002 年,第 283 页)

　　戁,丑巷反。

　　歁,口感反。

　　戚,千笠反。

　　贳,式制反。

　　戎,人周［同］反。

　　詻,五格反。

　　盏,弌［戈］者反。

　　侑,于来反。

　　辇,顺伦反。

　　刬,初产反。①

　　剔,他计反。

　　溓,含鉴反。

后者如：

　　贳,音执。

　　斡,音管。

　　峓,音起。

　　袷,音叶。

　　某些条目并未采用"某音某"的方式,而是引者以意出之,但可据以推想《声类》原文也当是直音法：

　　李登《声类》以系音羿。——→羿,音系。

　　奎,祖回反,《字书》《声类》音为局促。——→奎,音促。

　　《声类》《集韵》并音蝗为横。② ——→蝗,音横。

_____

　　① 慧琳《一切经音义》卷八一《集神州三宝感通录》音义"刬鏊"条："刬,上初产反。《博雅》云：刬,犹削也。《声类》或作铲,音义并同。"据此或可推定《声类》此条"初产反"为其注音。

　　② 《集韵》当是《韵集》之倒,《尔雅·释虫》释文《声类》《韵集》并以'蝗'协庚韵"可为证。

高明《黄辑李登〈声类〉跋》言及《声类》直音法时,据黄辑本论"妠"字云:

> "妠"字据《后汉书》注引作"音纳",而《文选·繁休伯〈与魏文帝笺〉》注引《声类》则云:"妠,奴绀切。"音"奴绀反"为去声字,"音纳"为入声字,是"音纳"乃为妠字之"又音"。今《广韵》于本音咸用反切(惟"拯"字为例外),而于又音则往往用直音法,……当亦本之于《声类》。①

按:《后汉书·梁皇后纪》李贤注:"《声类》:'妠,妠娶也。'音纳。"这里的"音纳"恐怕不属《声类》,而是李贤注语。② 考"妠"在《广韵》有二切:去声勘韵"奴绀切"和入声合韵"奴答切",后者与"纳"属同一个小韵。据此可见"妠"在唐代很可能即有两读,李贤注"音纳"仅取其一耳。高文云"'音纳'乃为妠字之'又音'"固无不可,但要明确的是,《声类》本身并不即于本音用反切、于又音用直音,因此所谓《广韵》对本音、又音采用不同标注法"当亦本之于《声类》",恐怕是站不住脚的。

2. 阐释字义

现存佚文中最多的是解释字义的条目,由此可见释义也是《声类》的主体内容之一。它的基本释义体式应该是"某,某也",与《说文》一致,例如:

> 迒,迫也。
>
> 宰,治也。
>
> 挽,引也。
>
> 搒,笞也。
>
> 但,徒也。

---

① 高明《高明小学论丛》,台北:黎明文化事业公司,1971年,第252页。

② 《后汉书》李贤注在征引字书后往往注音,或以反切,或以直音,例如卷一《光武帝纪》注:"《说文》曰:'诖,亦误也。'音古卖反。"卷二《明帝纪》注:"《说文》曰:'杅,饮器。'音于。"以例推之,此条"音纳"当亦不为《声类》本文。

其例甚多,兹不赘举。但有时也能见到同一字采用不同的释义体式,例如:

> 袠,长也。
> 袠,犹长也。
>
> 稣,更生也。
> 稣,更生曰稣。
>
> 痼,小儿瘨也。
> 痼,今谓小儿瘨曰痼也。
>
> 扪,摸也。
> 扪,亦摸也。

每组的后一种释义体式(犹、曰、谓、亦)应是引者据《声类》"某,某也"以己意出之,恐非《声类》本书固有。

对于多义词,《声类》释义往往采用两种方式:一是以"一曰"的形式另出别义,一是采用几个含义并列的形式。前者如:

> 諠,哗也,一曰忘也。[①]
> 湃,一曰通去汁也。[②]
> 縩,一曰戟衣也。
> 挻,一曰柔也。[③]

---

① 慧琳《一切经音义》卷五《大般若波罗蜜多经》音义"諠杂"条引《声类》:"諠,哗也;諠,忘也。""忘也"亦即"一曰"之文。又卷一三《大宝积经》音义"諠哗"条引《玉篇》:"志也。""志"当为"忘"之误。

② 胡吉宣以为"'通'字疑为'逼'之形误"(《玉篇校释》,上海:上海古籍出版社,1989年,第3733页),《大广益会玉篇》作"去汁"。

③ 《老子释文》引《声类》径作"柔也",当是陆德明将"一曰"删略。

后三条仅出"一曰"义,当为应释义需要而抉取原文,可据以推想《声类》原文当作"某,某也,一曰……"《声类》这种"一曰"的体式应当承自《说文》。后者如:

> 詧,审也,明也,知也。
> 剔,治也,解也,剃发也。
> 征,责也,求也。
> 挞,捶也,击也。
> 滋,蕃也,长也。
> 殨,没(也),尽也,消绝也。

这种一字之下将几个意义并列训释的体式当也承自《说文》。① 在并列的几个义项中,有的意义相近却有别,有的则时代先后有殊。② 有时不同佚文条目是对同一字做不同释义,如:

> 搜,索也。
> 搜,取也。
> 搜,聚也。
>
> 黯,深黑也。
> 黯,如漆色也。
>
> 搏,捉也。
> 搏,握也。

---

① 《说文·手部》:"承,奉也,受也。"又《夊部》:"夔,龢也,舞也。"(段注以为"龢"当作"龤",上"也"字衍文,"龤舞"连读,兹不从。)又《彡部》:"彔,瞥也,忽见也。"(段注以为"瞥也"为衍文,兹不从。)均为一字下并列数个义项之例。

② 如"剔"表剃去毛发当是战国后期产生的新义。《韩非子·显学》:"夫婴儿不剔首则腹痛。"这大概是比较确实的最早用例。《庄子·马蹄》:"及至伯乐,曰:'我善治马。'烧之,剔之,刻之,雒之,连之以羁馽,编之以皂栈,马之死者十二、三矣。"陆德明释文引《字林》:"剔,剃也。"成玄英疏:"剔,谓翦其毛。"《马蹄》属外篇,写作时代大约在战国末年、秦汉之际。

> 挝,捶也,击也。
>
> 挝,撞也。

这些释义歧异的条目貌似扞格难通,实际上也是《声类》一字之下并列多个义项的一种表现。根据上举条目,我们可以大致还原《声类》相关字头下的释义:"搜,索也,取也,聚也""黭,深黑也,如漆色也""搏,捉也,握也""挝,捶也,击也,撞也"。不同佚文条目之所以呈现不同释义,只是引者应解释需要引原文释义其中一项而已。玄应《一切经音义》卷四《菩萨见实三昧经》音义"勺挠"条引《声类》:"挠,搅也。"又卷一七《俱舍论》音义"沸挠"条引《声类》:"挠,扰也。"据此可以推测《声类》本文当作"挠,搅也,扰也",而慧琳《一切经音义》卷九三《续高僧传》音义"嚣挠"条引《声类》:"挠,搅也,(又)云扰也。"正能证实上述推测。

《声类》还注意辨析同近义词的意义差别:

> 无足曰镫,有足曰锭。
>
> 出气急曰吹,缓曰嘘。

陈鳣论及《声类》"训诂既有以补《说文》之遗"时即以上举第二条为例:"《说文》以嘘为吹,以吹为嘘,《声类》云:'出气缓曰嘘,出气急曰吹。'不有此训,何所分别哉?"[1]实际上,不仅"吹""嘘"如此,"镫""锭"在《说文》中也是互相为训,不见词义差别,此间之异,端赖《声类》别之。[2]

现辑《声类》佚文与《说文》有许多字头是重合的,但释义相同者绝少,例如:

> 默,犬暂逐人也。(《说文·犬部》)

---

① 陈鳣《简庄诗文钞》卷三《〈声类拾存〉自叙》。

② 《急就篇》卷三:"锻铸铅锡镫锭鐎。"颜师古注:"镫,所以盛膏夜然燎者也,其形若杆而中施釭。有柎者曰镫,无柎者曰锭。柎,谓下施足也。"与《声类》说正相反。

默,静不言也。(《声类》)

蓦,上马也。(《说文·马部》)
蓦,踰也。(《声类》)

袤,衣带以上。(《说文·衣部》)
袤,长也。(《声类》)

大抵而言,在释义上,《说文》注重本义,《声类》则多言引申义或假借义。

从收释的词目来看,《声类》不仅解释单音词,对复音词也有所阐发,包括联绵词、叠音词、同义复词等。例如:

滃浹,云起貌也。
乌殟,欲死也。
碨𥐻[磈],不平也。
姻嫪,恋惜也。
硗确,磬薄也。
悝憵,了慧貌。
惄惄,忧貌。
愔愔,和静貌。
黯黮,深黑貌也,不明净也。
詔謍,言不止也。

也解释虚词:

虽,两设之辞也。
弤,词之所之也。

对当时方言也有所措意:

葩,秦人谓花为葩也。

3. 标列字形

与《说文》揭举"重文"相类似,《声类》也有大量条目标列了异体字,可见荟萃字形也是《声类》旨趣之一。《声类》标列异体字用"某亦/亦作/亦为某字""某或作/或为某字"的表述,[①]例如:

> 坌,亦壂字也。
>
> 磥,亦磊字也。
>
> 謇,亦作謇字。
>
> 繟,亦为惮[幝]字也。
>
> 誈,或为短字。

若字有"古文"者,以"某,古文/古文作某"的表述标出,例如:

> 頫,古文俯字。
>
> 霝,古文罜字也。
>
> 曁,古文作臮。

也有称"古字"者,例如:

> 迫,或作皵[敀],古字也。

据统计,现辑《声类》佚文中共有 20 个字头标举"古文/古字"。这些"古文/古字"的字形均未见于前代辞书著录。应该注意的是,《声类》"古文"与汉字史上的"古文字"及《说文》所载"古文"的含义不尽相同,它所谓的"古文"既指来源于战国时东方六国文字的字形,也仅指比字头更为古早的字形,"古"只是相对于"今"而言。前者例如:

> 瑶,古文宝字。

按:郭忠恕《汗简》卷上玉部有"𤤙"字,释文作"瑶",谓"见《尚

---

① 需要注意的是,有的"或作""亦为"未必表示二字异体,也可能是通假关系,详下文。

书》"。据此可见,《声类》所列"宝"的"古文"字形"珤"当来源于战国东方六国文字。后者例如:

> 頫,古文俯字。

按:本条所谓"古文"实指表达低头这一概念"頫"较"俯"更为古早。《说文·页部》:"頫,低头也。……太史卜书,頫仰字如此。……俛,頫或从人免。""頫仰"之"頫"作"俯"当为后起形声字。① 据《声类》此条,可知李登所在时代"俯"字便已出现。又颜师古《匡谬正俗》卷六"趺"条引张揖《古今字诂》:"頫,今俯俛也。"与《声类》所载相参证,益可明"俯"已见于三国时。实际上,汉隶已有"俯"字②,《史晨碑》:"仰瞻榱桷,俯视几筵。"《夏承碑》:"大傅胡公,歆其德美,旌招俯就。"③对于《声类》而言,显然"頫"为古文,"俯"为今字。戴家祥《金石大字典》"頫"字条:"《文选·上林赋》'頫杳眇而无见',李善引李登《声类》云:'頫,古文俯字。'……若然,俯为篆文,许书失收,古文作頫,俗书作俛。"④恐怕是拘挛于《声类》"古文"之意。

总的看来,《声类》一万余字头以"声"编次,注音、释义、标形兼具,而《说文》亦涉形、音、义,惟全书九千余字头以"部首"统摄。《声类》《说文》正代表了我国古代字典的两种主要编排方式,对其书性质的认定也应着眼于这种组织汉字的方式。

(二)《声类》的性质

正因为历代文献中关于《声类》的记载十分有限,而目前所见佚文又呈现音、义、形兼备的面貌,于是就有学者对它的韵书性质表示

---

① 裘锡圭认为"頫""俯"是同义换读的关系,参看裘锡圭《文字学概要》(修订本),北京:商务印书馆,2013 年,第 211 页。
② 参看顾蔼吉《隶辨》,北京:中华书局,1986 年,第 92 页。
③ 录文据高文《汉碑集释》,郑州:河南大学出版社,1997 年,第 324、348 页。
④ 转引自《古文字诂林》第 8 册"頫"字条,上海:上海教育出版社,2003 年,第 24 页。

怀疑。如姜亮夫认为"此等书籍去韵书尚远",并非"韵书体系的著作"。[①] 殷正林对《声类》的性质进一步提出疑问,认为"把《声类》当作一部韵书,实在是一种误会",它实际上"是旨在释义、兼释音读的'音义类'书","由于它兼释字形,又可以看作一部综释形、音、义的字书"。[②]

诚然,《声类》所据以编排字头的"声"是否确指声调,是否包含韵部,至今实已茫昧难明、不易确认,但至少有一点可以肯定,即它是从字音的角度去组织汉字,进而编次成书,从辞书体制发展史来看,这较《说文》以字形为纲是一个显著的不同,完全可以说启后世《切韵》系韵书之先声。至于它的体制是否"与《切韵》实无二致",[③]恐怕仍不易断言。对此赵诚有比较中肯的看法,兹移录于下:

> 李登的《声类》是韵书的胚胎(按五音分类编排的字表);后来隋陆法言的《切韵》是定型之作,两者有一定的差别本是极自然的事,我们不必以《切韵》为准去否定《声类》,也不必因为《切韵》是由《声类》发展而来就说两者完全一样。[④]

当然,《声类》不仅仅是"字表",从上文所述可知,它还解释词义、标列异体,完全具有字典的功效,因此殷正林认为它是"一部综释形、音、义的字书"。其实将《声类》看作字书并无不可,但据此认为"把《声类》当作一部韵书,实在是一种误会",却又是另一种误会。我国之字典,向于每字下注其音,训其义,有异写、异构之形亦附列之,字书如《说文》《玉篇》其然,韵书如《广韵》《集韵》亦其然,[⑤]形、音、义同条共

---

① 姜亮夫《切韵系统》,《浙江师范学院学报》1955 年第 1 期;又收录于姜亮夫《姜亮夫全集》十三《敦煌学论文集》(一),昆明:云南人民出版社,2002 年,第 341 页。

② 殷正林《李登〈声类〉性质管窥》,《辞书研究》1983 年第 6 期。

③ 龙宇纯《李登〈声类〉考》,载龙宇纯《中上古汉语音韵论文集》,台北:学生书局,2002 年,第 273 页。

④ 赵诚《中国古代韵书》,北京:中华书局,2003 年,第 9 页。

⑤ 刘叶秋《中国字典史略》云:"韵书之兼讲文字的形音义,自唐已然,至宋而字书之用益显。"(北京:中华书局,1983 年,第 200 页)其源头当更早。

贯正是我国字典编写之传统。①《广韵》《集韵》诸书,均以声韵分类,后人从其体式,名之曰韵书;而其规制不在于声而在于形,或以形分类者,则名之曰字书,如《说文》《玉篇》,此二类殊途而同归。刘叶秋即云:"这类书(引者按:指《广韵》等韵书)虽以审音辨韵为主,也兼讲文字形义,实际是字书的一种。"②

殷正林还以《封氏闻见记》将《声类》归入"文字"类而不归入"声韵"类作为"《声类》并非韵书"的佐证。对于封演的归类,笔者认为,应从其所在的特定的时代背景去认识。封演大约生活在8世纪中期至9世纪早期,距陆法言《切韵》成书已近200年,而此时王仁昫《刊谬补缺切韵》、孙愐《唐韵》也已问世,正是韵学大兴、韵书蜂出的时代。与这些已经非常成熟的韵书相较,仅以"五声命字"的《声类》看起来势必显得规制简略,仍处于一种以声归字比较初始的、萌芽的阶段,因而封演不将其归在"声韵"类、与陆孙韵书并列也是自然之事;加之其中解释词义、标列字形的内容占据相当大的比重,那么把它与《说文》《字林》《字统》《玉篇》等纳入"文字"类同样不足为奇。

实际上,唐人也未必尽如封演将《声类》归入字书。孙愐《唐韵序》云:

> 今加三千五百字……皆按《三苍》《尔雅》《字统》《说文》《玉篇》、石经、《声类》《韵谱》、九经诸子……③

按:《三苍》至《玉篇》为一类,石经为一类,《韵谱》虽不知作者,然据书名可知应为韵书一类的著作,而《声类》与之并列,则在孙愐看来亦当为韵书之属。此外,在《隋志》《旧唐志》《玉海·艺文》等书志目录中,《声类》也均归于韵书,不与字书相厕,这也反映了六朝至宋

---

① 参看周祖谟《中国辞典学发展史》,载周祖谟《周祖谟学术论著自选集》,北京:北京师范学院出版社,1993年,第460-461页。

② 刘叶秋《中国字典史略》,北京:中华书局,1983年,第2页。

③ 据清卞永誉《式古堂书画汇考》卷八。

人们对《声类》性质的看法。

要之,《声类》以"五声"统摄一万余字头,开创了以字音编次汉字成书的体例,与后世韵书相较,无论内容还是体制,或有疏密详略之别,①但无可否认的是,它们之间"有继承关系,由此可将它们(引者按:指《声类》《韵集》)看成是韵书的先行者,是萌芽,是发展的起点"。②

四、《声类》之价值

《声类》全书虽然已经亡佚,但残存之遗文仍然具有较高的研究价值。从上文所述可知,《声类》注音、释义、标形兼备,因此既有助于音韵、训诂、文字的研究,对于当前辞书编撰也有一定的参考价值。

(一)《声类》与汉语言文字学研究

现辑《声类》佚文涉及反切、直音、释义和异体字,且时代较早,对于音韵、训诂、文字研究都是相当宝贵的材料。由于有关语音的条目相对较少,本文暂时略而不论,下面略论它在文字和词汇(词义)研究上的价值和作用。

1. 提供了一批异体字材料,有助于研究当时异体字的情况

在汉字发展史上很早就出现了一字异体的现象,异体字对于汉字

---

① 隋代潘徽批评《声类》"全无引据,过伤浅局"(《隋书·潘徽传》),实际上也是从当时风气去看待《声类》的。前代字典大略较简,即有引据,也无繁文。大约自齐梁以来,字典的编写逐渐有了广为征引的趋势,这从《原本玉篇残卷》可见一斑,其中缘故或与当时诗赋创作需要有关。据《隋书·潘徽传》所述,他的《韵纂》"即随注释,详之诂训,证以经史,备包《骚》《雅》,博牵子集",据此可见其体制大约是:全书之字"声别相从",每字下有注释,并有详备的书证。由此看来,它实际上与原本《玉篇》当无二致,唯一以声韵编次,一以部首归类而已。后来孙愐《唐韵》"其(有)异闻,奇怪传说,姓氏原由,土地物产,山河草木,鸟兽虫鱼,略载其间,皆引凭据"(《唐韵序》),大约也是这种风气的余绪(周祖谟认为这是"韵书的编纂内容"上的"一个新的变化",恐怕只是相对于陆法言《切韵》而言。《切韵》大概正因简略,不符当时风气,才续有"补缺"之作)。

② 赵诚《中国古代韵书》,北京:中华书局,2003年,第15页。

字形的演化和字量的增减均有重要影响,因而历来是汉字研究的重要课题。历代辞书是保存异体字的重要载体之一,其中所见异体字既是历史累积的结果,在一定程度上也是辞书所在时代实际用字的反映,应开展系统的整理和研究。《声类》也记录了许多异体字,为相关研究提供了材料,比如以下所举诸例均为较早著录于辞书的异体字:

帜,或作恼[帻]字。

傮,亦傧字也。

傮[僐],或为遮字。

紾,亦紧字也。

溢,亦泗[湢]字也。

砭,亦砭字也。

鴻,或鸿字。

鲹,亦糁字也。

棠,或作觜[觜]、倷。

啖,亦作焰[啗]。

嗷,或作咯也。

陵,或为埈字。

髂,此亦髀字。

幡,亦旛字。

朘,又作屡。

巇,亦猊字也。

峭,亦陗字也。

蕭,或为善字。

詾,或詾字也。

譲,亦謇字。

碟,亦礫字也。

　　《声类》中一些有关异体字的条目还能为考定某个字形的产生时

间提供线索,有裨于字源研究。和词有时代性一样,每个汉字也都有自己发生发展的历史。在这一过程中,有许多值得考索的问题,其中确定某个汉字(包括某字的异体字形)产生的时代是特别重要的问题。如何论定字源的年代? 这是一个相当困难而艰巨的课题。一个字产生的绝对年代自不可考,但其相对年代还是可以大致确定的,历代辞书就为这一工作提供了依据。赵振铎即指出:"某个字出现于某部字典,可以说明那个字至少在编写这部字典的时代就已经存在。"在举《说文》等字典之后,他更进一步指出:"除了上面提到的一些字典外,其他的字典,包括已经佚亡的字典佚文,可以作为进一步确定某些字产生年代的依据。"①诚如所言,《声类》虽已佚亡,但其佚文仍有考订字源产生时代的作用。

　　鍼,今作针。

　　按:"鍼"字见于《说文》,从金咸声,形声字。据《声类》所载,"鍼"至晚在三国时已出现异体"針"。"針"从金从十,当为会意字。六朝碑字可见其例,如北魏杜文雅造象作"**針**",②北齐封子绘墓志作"**針**",③北齐娄黑女墓志作"**針**",④均为"針"之异写。唐以来更为常见,应是当时十分通行的写法。⑤ 敦煌文献 S.388《正名要录》"字形虽别音义是同古而典者居上今而要者居下",其中正有"鍼針"。慧琳《一切经音义》卷二九《金光明最胜王经》音义"鍼刺"条:"俗用从十作针,亦顺时且用也,正从金从箴省声。"今简化字"针"即据"針"而来,溯其源,则早在汉魏之际。⑥

---

　　① 赵振铎《字典论·字源考订》,上海:上海辞书出版社,2001 年,第 54 - 55 页。
　　② 秦公《碑别字新编》,北京:文物出版社,1985 年,第 143 页。
　　③ 王平主编《中国异体字大系·楷书编》,上海:上海书画出版社,2008 年,第 456 页。
　　④ 同上。
　　⑤ 参看张涌泉《敦煌俗字研究》(第二版),上海:上海教育出版社,2015 年,第 865 页。
　　⑥ 俞欣《古代简体字研究》(浙江大学博士学位论文,2003 年)曾考"鍼—针"源流,惜未及《声类》此条。

仙,今僊字。

按:"僊"字亦见于《说文》,从人从罨,罨亦声,为会意兼形声字。《声类》所谓"僊"的今字"仙",已见于汉碑,①从人从山,当为汉代新制之会意字。②《声类》谓"仙"为今字,可知汉魏之际"仙"已习用,可与汉碑所载"仙"字相参证。

2. 在一定程度上记录了当时的用字情况,有助于研究字际关系

一个汉字在实际使用中可能会与其他字构成一定的关系,有的还比较纷繁复杂。在考订字源和探讨字形发展外,从共时和历时的角度考察汉字的用字情况、厘清字际关系也应是汉字史研究的内容之一。《声类》中有不少"某或为某字""某或作某字""某亦某字"的条目,在一定程度上反映了当时的字际关系,与文献相参证,则有助于考索李登所在时代的用字情况。

縛,今作绢字。
今正绢字。

按:《说文·系部》:"绢,缯如麦稍色。"又同部:"縛,白鲜卮也。"(均据段注本)"鲜卮"即"鲜支",《广雅·释器》:"鲜支,绢也。""縛""绢"虽同为丝织品,词义有关联,但实是两物。段玉裁在《说文》"縛"字下已做辨析:"据许则縛与绢各物,音近而义殊。二礼之郑注自谓縛,③不谓绢也。縛以其质坚名之,字从專;绢以色如麦稍名之,字从肙。"但是从《声类》"今作绢字"或"今正绢字"的话来看,李登所在的时代,在实际用字时,对"縛""绢"二字已经不加区分而混用,将

---

① 参看(宋)刘球《隶韵》,北京:中华书局,1989 年,第 57 页;(清)顾蔼吉《隶辨》,北京:中华书局,1986 年,第 45 页。

② 以会意的方法创造一个新字,与原来已有的字组成异体字的情况历代皆有,不仅限于汉隶。

③ 《礼记·聘礼》"束纺"郑注:"纺,纺丝为之,今之縛也。"《周礼·天官·内司服》"素沙"郑注:"素沙者,今之白縛也。""二礼之郑注"即指此。

其视为一组异体字。"縛"不见于先秦,应为汉代新词;①"绢"虽已见于先秦,但直至两汉仍不多见,据王凤阳考察,"绢"的大量使用在汉末六朝时代。② 大约正是"绢"的高频使用,逐渐成为表示"丝织品"这个概念的上位词(原先应该是"缯"③),"绢""縛"之间的词义差别在语用中得以销磨,人们也逐渐意识不到二者之异,表现在用字上,即"绢""縛"混用。段玉裁以为《声类》混'縛'、'绢'为一字,由不考其义之殊也",④非不考也,实无别也。

潘,或为瀿。

按:《说文·水部》:"潘,淅米汁也。"又同部:"瀿,大波也。"据《声类》"潘,或为瀿"可知,在李登之时,"潘"这个词还有另外一个书写形式——"瀿"。大正藏本后秦鸠摩罗什译《大智度论》卷一四:"是时,一家有一老使人,持破瓦器,盛臭潘淀,出门弃之。""潘淀",元、明本并作"潘淀"。"潘淀"即沉积多日的淘米水。高丽藏、金藏广胜寺本玄应《一切经音义》卷九《大智度论》音"潘淀"条则云:"《苍颉篇》作瀿,同。""瀿"即"瀿"。慧琳《一切经音义》卷四六转录则"瀿"作"潘",与词目"潘淀"字同,显误。徐时仪《一切经音义三种校本合刊·慧琳音义》此条下校勘记云:"《玄》卷九释此词作'瀿'。据文意似作'潘'。"⑤以为"瀿"是"瀿"误。又高丽藏、金藏广胜寺本玄应《一切经音义》卷一六《沙弥威仪经》音"潘中"条:"《苍颉篇》作瀿,同。"《一切经音义三种校本合刊·玄应音义》此条下校勘记云:"据文意似当作'嬙'。"⑥实际上,玄应《一切经音义》引《苍颉篇》作

---

① 先秦有音 zhuàn 的"縛",此为另一字。
② 王凤阳《古辞辨》(增订本)"绢"条,北京:中华书局,2012 年,第 158 页。
③ 参看王凤阳《古辞辨》(增订本)"缯"条,北京:中华书局,2012 年,第 158 页。
④ 见《说文解字注》"绢"字下。
⑤ 徐时仪《〈一切经音义〉三种校本合刊》(修订版)中册,上海:上海古籍出版社,2012 年,第 202 页。
⑥ 徐时仪《〈一切经音义〉三种校本合刊》(修订版)上册,上海:上海古籍出版社,2012 年,第 355 页。

"潫/瀿"正可与《声类》"潘,或为瀿"相参证,非为误字,徐氏所作校语当昧于"瀿"与"潘"之字际关系;据此亦可见假"潫/瀿"为"潘"乃汉魏之际的用字习惯。"潘""瀿"之间的这种字际关系,现有各辞书"潘""瀿"条下均未揭出。①

3. 记录了汉魏间的一些新词新义,有裨于汉语历史词汇学研究

《声类》作于三国时,其中收录了一些汉魏以来新产生的词语;与《说文》"惟就字说其本义"不同,②《声类》的释义比较关注语言实际,对词语在汉魏以来产生的新义也有所收释。这些都是研治汉语词汇史的宝贵材料,对考定词语、词义的时代性均有一定的参考价值。

> 搦,捉也。

按:《说文·手部》:"搦,按也。"指向下按压。《史记·扁鹊仓公列传》有"搦髓脑"之语,是目前所见最早用例。《周礼·考工记·矢人》:"桡之以视其鸿杀之称也。"郑玄注:"桡,搦其干。"孙诒让正义:"谓抑按其干令曲。"东汉以来又引申出握、持义,即《声类》所谓"捉也"。《后汉书·臧洪传》载其答陈琳书:"每登城勒兵,观主人之旗鼓,瞻望帐幄,感故友之周旋,抚弦搦矢,不觉流涕之覆面也。"李贤注:"搦,捉也。"正可与《声类》相比照。魏晋以来,其例甚多,已经成为"搦"的常用义。《文选·郭璞〈江赋〉》:"舟子于是搦棹,涉人于是攘榜。"李善注:"搦,捉也。""搦棹"即执棹。《文心雕龙·神思》:"方其搦翰,气倍辞前;暨乎篇成,半折心始。""搦翰"犹言执笔。段玉裁《说文解字注》"搦"字下云:"玄应书曰:'搦,犹捉也。'此今义,非古义也。"《声类》所载正当其时之"今义"也。

> 迀,迫也。

按:《说文·辵部》:"迀,迀迀,起也。"本指"作""起"。"引伸训

---

① 《说文通训定声》"潘"字下朱骏声以为"潘"假借为"瀿",诚为卓识。
② 见《说文·叙》"庶有达者,理而董之"段注。

为迫迮"①则为后世产生的新义。"迮"当压迫、逼迫讲,较早的例子如《后汉书·陈忠传》载忠上疏:"是以盗发之家,不敢申告,邻舍比里,共相压迮,或出私财,以偿所亡。"李贤注:"迮,迫也。""压迮"即言压迫。《文选·陈琳〈檄吴将校部曲文〉》:"及诸将校,孙权婚亲,皆我国家良宝利器,而并见驱迮。""驱迮"即言驱迫。《声类》"迮,迫也"及时、准确地收录了当时所产生的新义。在考订"迮"的压迫、逼迫义的产生时代时,结合《声类》所载和文献实例,推定为东汉当可无疑。

蓦,踰也。

按:《说文·马部》:"蓦,上马也。"由此引申又有越过、跨过之义。从现有的文献用例看,表示越过、跨过义的"蓦"最早见于唐代,如李贺《送沈亚之歌》:"雄光宝矿献春卿,烟底蓦波乘一叶。"又《马诗》二十三首之十八:"只今掊白草,何日蓦青山。"王琦注:"蓦,越也。"白居易《闲游即事》诗:"蓦山寻涃涧,踏水渡伊河。"司空图《次韵和秀上人游南五台》诗:"危松临砌偃,惊鹿蓦溪来。"均其例。因此张永言将其称为"唐代口语词"。② 张先生进一步指出"蓦"字亦作"趠/趈",③并追溯至郭璞《江赋》:"鼓帆迅越,趠涨截洄。"④李善注:"趠,犹越也。"认为"这个词早在晋代已见"。现在依据《声类》"蓦,踰也"则可以推定至晚在三国时"蓦"已有越过、跨过义。虽然这个意义的"蓦"的实际用例在魏晋南北朝时未见,但另有一例颇堪玩味:《齐民要术·杂说》:"书带勿太急,急则令书腰折;骑蓦书上过者,亦令书腰折。"(此例出卷中《杂说》)缪启愉校释:"蓦,音陌,超越。'骑蓦书上过者',横扣书上而过。"这里

---

① 见《说文解字注》"迮"字下。

② 参看张永言《李贺诗词义杂记》,载张永言《语文学论集》(增补本),北京:语文出版社,1997 年,第 225 页。

③ 张涌泉以为"趈"为"趠"的俗字,参看张涌泉《汉语俗字丛考》(修订本),北京:中华书局,2020 年,第 631 页。

④ 检胡克家刻本、《四部丛刊》影宋本、日本足利学校藏明州本《文选》,"趠"下均有直音注"陌",当是宋人刻书时所加。

的"骑蓦"显然带有比喻意味,是一种较为形象的说法,据此可以推测"蓦"表越过、跨过义在当时已有较强的口语基础。综合以上几条材料,似可大胆判定这一意义的"蓦"至晚从三国时开始,经两晋南北朝,一直沿用不绝,并延续至唐代。至于为什么在魏晋南北朝文献中没有实际用例,一直要到唐代才用例渐多,是一个值得进一步探讨的问题。此外,"趆/趌"当是"蓦"的后起分化字。《龙龛手镜·走部》:"趆,音陌,越也。今作蓦。"它之所以说"今作蓦"当是因为《手镜》所在时代"蓦"行"趆"废,以致编者以为"趆"古"蓦"今。

(二)《声类》与辞书编撰

《声类》对于当前的辞书编撰也有一定的参考价值。利用它的佚文材料可以进一步完善目前各辞书所存在的不足,主要表现在补充词条、补充义项、提前书证几个方面。下面以《汉语大字典》《汉语大词典》为例略述之。

1. 补充词条

謟,謟詟,言不止。

碨,碨硜[硢],不平也。

婣,婣嫪,恋惜也。

偓龊,迫促貌也。

按:"謟詟""碨硜""婣嫪""偓龊"《汉语大词典》均失收,可据以在相应字头下补入。

2. 补充义项

爆,煏[燷]起也。①

皮散[散]起也。

---

① 校改从蒋礼鸿《玄应〈一切经音义〉校录》,载蒋礼鸿《蒋礼鸿语言文字学论丛》,杭州:浙江古籍出版社,1994年,第140页;下条同。

按：《说文·火部》："爆，灼也。"指烧灼，似与上揭《声类》"墳起""皮散［皵］起"义无涉。实际上，《声类》中的"爆"乃是假借字，本字应即"膔/皵"。玄应《一切经音义》卷一〇《大庄严经论》音义"爆火"条："郭璞注《山海经》云：'爆谓皮散［皵］起也。'"检今本《山海经·西山经》："其中多铜，有鸟焉，其名曰鸱渠，其状如山鸡，黑身赤足，可以已膔。"郭璞注："膔谓皮皴起也。"玄应《一切经音义》所见"爆"即通今本"膔"。《广韵·觉韵》："皵，人皮起。"《集韵·觉韵》："皵，墳起也。""膔""皵"字同，指人的表皮凸起，也特指皮肤因干燥皴裂凸起，[①]《声类》"皮散起"即言此。

王筠《说文解字句读》"爆"字条下云："元应引'爆，灼也'，而说之曰'谓皮散起也，古文膔二形'，案此则与皮部皰字音义同，虽是别义，然今俗谓火迸散为爆，与皮散起之说相似。"按：王筠所谓"元应引"实即玄应《一切经音义》卷六《妙法莲华经》音义"爆声"条："古文皵、膔，二形同。……《说文》：'爆，灼也。'谓皮散［皵］起也。"他将"火迸散"与"皮散［皵］起"相比附，实未明《音义》语意。《音义》"谓皮散［皵］起也"并不是进一步申说前文所引《说文》表"灼"义的"爆"，讲的实际上是"膔/皵"这个词，只不过当时也将"膔/皵"写作"爆"，玄应便合本义（"灼也"）和假借义（"皮散［皵］起"）为一条。

"皵"字出现得可能较晚，可以称为后起本字。《篆隶万象名义·皮部》："皵，膔字，皵也，均［豹］也。"据以推度顾野王《玉篇》已收此字。

综上所述，《声类》表"墳起""皮皵起"义的"爆"为假借字，本字为"膔/皵"。"爆"的本义是烧灼，"墳起""皮皵起"是假借义。根据《声类》的这条材料，可在《汉语大字典》《汉语大词典》"爆"字条下补：通"膔/皵"，指人的皮肤皴裂凸起。

---

① "皵"的这种含义还保留在现代方言中，尤其是冀鲁、胶辽、北京等官话区，参看许宝华、［日］宫田一郎主编《汉语方言大词典》"皵"条，北京：中华书局，1999 年，第 7482 页。

3. 提前书证

书证包括例证和例句。辞书、注疏及可据的考证都是例证。"这些材料可以说明某一个义项什么时候已经为人们发现并见于著录。"[1]因此,辞书书证的首例应尽量举始见书。[2] 这对确定词语(词义)的语源及判定它们的时代性均有帮助。《汉语大词典》《汉语大字典》某些条目下的始见例稍晚,而《声类》佚文则能提前书证。

> 谜,隐语迷人也。

按:谜语古称"廋"或"廋"。程大昌《演繁露》谓"古无谜字","至鲍照集则有廿谜矣"。《汉语大词典》"谜"条下首言南朝宋鲍照有《字谜》诗(《颜氏家训·书证》言"鲍昭《谜字》"、《艺文类聚》卷五六引亦作《谜字诗》),据此似以为"谜"字产生于南北朝。当时文献确有例,如《魏书·献文六王传·咸阳王禧》:"吾愤愤不能堪,试作一谜,当思解之,以释毒闷。"然据上引《声类》,可知早在三国时便已有"谜"字,正可与《文心雕龙·谐隐》"自魏代以来,颇非俳优,而君子嘲隐,化为谜语"相参证。如此看来,"谜"大约是三国时产生的新词,较《大词典》据鲍照《字谜》诗早 200 余年。

> 泱,滃泱,云起貌也。[3]

按:《汉语大词典》收"滃泱",释作"水弥漫,浩茫",首举唐元稹《酬郑从事宴望海亭》诗:"舟船骈比有宗侣,水云滃泱无始终。"据《声类》所载,则知至晚三国时即有此词,较元稹早 500 余年。

---

① 赵振铎《字典论·字典的举例》,上海:上海辞书出版社,2001 年,第 146 页。
② 参看王力《字典问题杂谈》,《辞书研究》1983 年第 2 期。
③ 《说文·水部》:"滃,云气起也。"又同部:"泱,滃也。"《声类》"滃泱"乃连言成词。

后　　记

　　本书是我发表于 2020 年前的部分论文的结集（有几篇未曾刊布）。将这些文章汇辑刊行，一方面能大致看出我从学二十年来致力的主要研究领域，另一方面也能免除四处寻检之劳。

　　本书出版，得到浙江大学文科精品力作出版资助计划与董氏文史哲研究奖励基金的资助，在此表示衷心感谢。

　　本书出版，同时得到上海辞书出版社的大力支持，郎晶晶主任和责编刘博女士尽心尽责，细致认真，给予我很多帮助，谨致谢忱。

　　本书封面"中古语文初学集"七字为浙大汉语史研究中心博士生修俊俊所集，古朴雅致，我很喜欢，感谢俊俊的盛意。

　　出版论文集，往往是对自己学术生涯某一阶段的总结。此刻回首从学廿年历程，感愧良多，尤难为怀，惟情长纸短，言难尽意矣。

作者

二〇二二年七月三十一日于京杭道中